"十二五"国家重点图书出版规划项目

四川建设西部文化强省重点项目

章玉钧 谭继和 主编

巴蜀文化通史

巴蜀文化研究论著索引【五】

李敬洵 编

四川人民出版社

目录

巴蜀文化研究论著索引［五］

第十三章 民族文化 （1999）

　　一、一般论著 / 2001

　　二、氐、羌 / 2039

　　三、僰、僚、濮 / 2045

　　四、纳西族 / 2049

　　五、彝族 / 2053

　　六、藏族 / 2066

　　七、苗族 / 2074

　　八、回族 / 2076

　　九、土家族 / 2077

　　十、其他民族 / 2081

第十四章 巴蜀民俗 （2083）

　　一、一般论著 / 2085

　　二、服饰 / 2095

三、岁时与节庆 / 2098

四、饮食习俗 / 2103

五、婚俗 / 2113

六、丧葬习俗 / 2118

七、掌故及其他民俗 / 2122

第十五章 巴蜀人物　2133

一、分传 / 2135

二、合传 / 2299

三、家族谱牒 / 2322

第十三章 民族文化

一、一般论著

篇、书名	著(译)编者	出处	卷、期	年月日
拉铁摩尔和他的中国问题研究	陈君静	华东师范大学学报（哲社）	2期	1998
中国的亚洲内陆边疆	拉铁摩尔（唐晓峰）	江苏人民出版社		2005
Les tribus anciennes des marches sino-tibétaines（川甘青藏走廊古部落）	R. A. Stein（耿昇）	高等汉学研究所丛书	15辑	1959
		四川民族出版社		1992
石泰安教授关于汉藏走廊古部族的研究	耿昇	青海民族学院学报	4期	1989
关于我国的民族识别问题	费孝通	中国社会科学	1期	1980
谈深入开展民族调查问题	费孝通	中南民族学院学报	3期	1982
民族社会学调查的尝试	费孝通	费孝通从事社会学五十年		1983
有关"藏彝走廊"研究中的几个问题	刘达成	西北民族学院学报	2期	1984
关于"藏彝走廊"研究的几个问题	刘达成	云南社会科学	6期	1993
西南民族走廊发端探讨	段鼎周	四川文物	1期	1999
藏彝民族走廊与茶马古道	申旭	西藏研究	1期	1999
川西民族走廊的历史变迁与特点	石硕	天府新论	1期	2000
从四川汉族肘浅静脉看"藏彝走廊"	胡兴宇 蓝顺清	四川解剖学杂志	1期	2000
藏彝民族走廊与西亚文化	申旭	西藏研究	2期	2000
神奇和独具魅力的川西民族走廊	石硕	西藏旅游	4期	2000
藏彝走廊的历史文化特征	李星星	中华文化论坛	1期	2003
藏彝走廊的历史文化特征（续）	李星星	中华文化论坛	2期	2003
藏彝走廊：思想的源地	石硕 梁枢	光明日报		2003.12.4
中国四川西部人文历史文化综合研究——中国西部南北游牧文化走廊研究报告之二	卢丁 工藤元男	四川大学出版社		2003
藏彝走廊历史文化学术讨论会会议论文	四川大学中国藏学研究所、中国西南民族研究学会	编者刊		2003
藏彝走廊	余耀明	西藏旅游	1期	2004

续表一

篇、书名	著(译)编者	出处	卷、期	年月日
这条走廊	李绍明 石硕	西藏旅游	1期	2004
群山峻岭间的沧海桑田	李星星	西藏旅游	1期	2004
四幅肖像 三个故事		西藏旅游	1期	2004
向西，向南……	焦虎三	西藏旅游	1期	2004
藏彝走廊古代通道的几个基本特点	赵心愚	中南民族大学学报（人文）	3期	2004
族群问题三议：以藏彝走廊民族为例	刘复生	四川大学学报（哲社）	4期	2004
"藏彝走廊"：一个独具价值的民族区域——谈费孝通先生提出的"藏彝走廊"概念与区域	石硕	藏学学刊	2辑	2005
"族群地理"与"生态史学"——由"藏彝走廊"引出的综述和评说	徐新建	藏学学刊	2辑	2005
论"藏彝走廊"	李星星	藏学学刊	2辑	2005
"藏彝走廊"研究与民族走廊学说	李绍明	藏学学刊	2辑	2005
"藏彝走廊"自然环境与社会经济简论	冉光荣	藏学学刊	2辑	2005
族群问题与民族史研究——以"藏彝走廊"民族为例	刘复生	藏学学刊	2辑	2005
从地理学谈"藏彝走廊"	艾南山	藏学学刊	2辑	2005
20世纪上半叶的西康建省与"藏彝走廊"地区的发展初探	孙宏年	藏学学刊	2辑	2005
从纳西族先民的迁徙路线看"藏彝走廊"古代通道的几个基本特点	赵心愚	藏学学刊	2辑	2005
略论"汉藏民族走廊"之民族历史文化特点	任新建	藏学学刊	2辑	2005
"藏彝走廊"的民族语言	刘辉强	藏学学刊	2辑	2005
对藏彝走廊蒙古族后裔传说的几点认识	曾现江	求索	3期	2005
先取西南诸蕃，后图天下——蒙古对藏彝走廊的军事征服	曾现江	西藏研究	4期	2005
藏彝走廊研究中的几个问题	李绍明	中华文化论坛	4期	2005
藏彝走廊：历史与文化	石硕	四川人民出版社		2005
中国的民族识别——56个民族的来历	黄光学 施联朱	民族出版社		2005
四川古代民族历史考证	马长寿	青年中国集刊	1卷4期	1940
			2卷2期	1941

续表二

篇、书名	著(译)编者	出处	卷、期	年月日
从旧石器晚期文化遗存看黄河流域人群向川西高原的迁徙	石 硕	西藏研究	2期	2004
中华民族发祥于重庆可能性之推测	卫聚贤	新中华（复刊）	1卷5期	1943
夏民族发祥于岷江流域说	罗香林	说文月刊	3卷9期	1943
夏民族与巴蜀的关系	赵铁寒	大陆杂志	21卷1期	1960
试论夏商之际的民族迁徙与融合——关于九州"禹迹"的考古学研究	杜金鹏	郑州大学学报（哲社）	2期	1992
夏禹传说与大夏地理	李得贤	中国历史地理论丛	4期	1993
峡川地区的夏、越民族考	罗 漫	中央民族大学学报	3期	1995
禹族西兴东渐及其在黄河中下游的活动初探	彭邦本	禹城与大禹文化文集		2002
夏羌文化简论	杨光成	阿坝师范高等专科学校学报	1期	2003
夏人对巴地的移民新探	曾 超	烟台大学学报（哲社）	4期	2004
三星堆文化的形成与夏人西迁	向桃初	江汉考古	1期	2005
试论古代巴、蜀民族及其与西南民族的关系	蒙 默	贵州民族研究	4期	1983
古代巴蜀民族姓氏初论	罗开玉	成都文物	3期	1990
巴族蜀族族名的由来及意义	钱玉趾	当代电大	3期	1990
从船棺葬俗考察巴蜀的族源	唐昌朴	历史教学问题	5期	1990
巴蜀氏族——部落集团的共同图腾是竹	屈小强	四川师范大学学报（社科）	3期	1992
先秦时期蜀、巴的民族关系	方 铁	云南社会科学	6期	1994
论夏商周三代陕南的族国及其文化	杨东晨	福建经济	1期	1995
巴族蜀族彝族之虎考辨	钱玉趾	四川文物	4期	1996
巴族、蜀族的形成	成家彻郎	先秦史与巴蜀文化论集		1995
古巴蜀人是土生土长还是外来移民	汪 挺	中国商报		2004.6.22
古代巴境内民族考	童恩正	思想战线	4期	1979
重庆古代的"巴人"	胡人朝	重庆日报		1980.10.18
试论古代巴人发源于湖北长阳佷山	张希周	四川大学学报（哲社）	1期	1982
古代巴人廪君时期的社会和宗教——兼及土家族与古代巴人的渊源关系	彭武一	吉首大学学报（社科）	2期	1982
从史学结合民族学看巴国与苗族关系	田玉隆	贵州民族研究	2期	1982
对古代巴人与苗族关系的几点看法——与田玉隆同志商榷	颜 啥	贵州民族研究	2期	1983

续表三

篇、书名	著(译)编者	出处	卷、期	年月日
"巴氏蛮夷"浅论	张 雄	中南民族学院学报（哲社）	2期	1984
巴族渊源探微	李启良	史学集刊	1期	1985
巴人族源试探	邓廷良	南充师院学报（哲社）	2期	1985
巴人的来源和迁徙	何光岳	民族论坛	1期	1986
古代巴族族源综论	田 敏	民族研究动态	1期	1986
彝与巴	邓廷良	重庆史学	1期	1986
古代巴人的起源及其与蜀人、僚人的关系	张勋燎	南方民族考古	1辑	1987
巴人源于古羌人	彭官章	吉首大学学报（社科）	3期	1987
廪君时代考略	彭官章	贵州民族研究	3期	1987
廪君传说考	雷 翔	鄂西大学学报（社科）	1期	1989
巴族史探微	周集云	四川省社会科学院出版社		1989
廪君三题	黄道华	江汉考古	1期	1991
试论"早期巴文化"与"廪君巴"	张 雄	中南民族学院学报（哲社）	6期	1991
廪君在清江流域的足迹	张 侯	湖北民族学院学报（社科）	1期	1993
试论古代巴人的文化原型及其影响	阮荣华	厦门大学学报（哲社）	3期	1993
"务相""廪君"名号考释——兼论虎的别名	吕 冰	湖北民族学院学报（社科）	3期	1993
巴族之"巴"字涵义	杨 华	四川文物	2期	1994
先秦巴族族源研究述评	田 敏	民族研究动态	2期	1994
说蜒——兼论廪君的族属	蒙 默	中华文化论坛	2期	1994
湘西巴迹初探	郭伟民	四川文物	5期	1994
世界巴人之谜	刘洪进	旅游	8期	1994
说阆中之巴	孙 机	考古	9期	1994
巴族之族源考	杨 华	三峡学刊	2、3期	1994
廪君巴与汉上巴之关系探略	田 敏	中南民族学院学报（哲社）	2期	1995
春秋以前巴人史迹辨析	田 耕	贵州民族研究	3期	1995
远古时期巴族与三苗文化的关系	杨 华	四川文物	4期	1995
巴民族性格初探	赵冬菊	四川文物	1期	1996
廪君为巴人始祖质疑	田 敏	民族研究	1期	1996
古代巴族族源综论	田 敏	民族研究动态	2期	1996
从昭通巴蜀土坑墓看巴人南迁	丁长芬	四川文物	3期	1996
先秦巴族族源综论	田 敏	东南文化	3期	1996

续表四

篇、书名	著(译)编者	出处	卷、期	年月日
三峡地区盐资源与巴族起源及社会流动的关系	任桂园	三峡学刊	3期	1996
巴人世系考	田 敏	吉首大学学报（社科）	4期	1996
廪君巴迁徙走向考	田 敏	中南民族学院学报（哲社）	6期	1996
巴族史	管维良	天地出版社		1996
关于古代巴族的几个问题	成家彻郎（李榷生）	中华文化论坛	1期	1997
"楚子灭巴，巴子五人流入黔中"考——楚巴关系及廪君巴迁徙走向新认识	田 敏	湖北民族学院学报（社科）	1期	1997
巴人族源辨——人类学与考古学的审视	董 珞	中南民族学院学报（哲社）	2期	1997
论巴无姬姓	田 敏	东南文化	2期	1997
对"廪君始为巴人祖先说"有关问题的讨论	杨 华	重庆三峡学院学报	3期	1997
武落钟离山 巴人发祥地	郑子华	湖北文史资料	3期	1997
巴族历史经济文化初探	傅德岷	渝州大学学报（哲社）	4期	1997
对"廪君"巴人起源几个问题的分析	杨 华	吉首大学学报（社科）	2期	1998
古代巴の歴史——巴人の分布	大川裕子	史艸	39期	1998
巴人源出东夷考	杨 铭	历史研究	6期	1999
论廪君的历史功绩	王玉德	湖北民族学院学报（哲社）	2期	2000
巴人五姓探源——兼论早期巴人生存的社会条件	阮荣华	湖北三峡学院学报	4期	2000
试论"巴讴"与"巴人"	王建纬	四川文物	5期	2000
对巴人起源于清江说若干问题的分析	杨 华	四川文物	1期	2001
土家族先民——巴人历史文化研究述评	杨 华	中南民族学院学报（人文）	1期	2001
伏羲 廪君 白虎——巴人族源臆说	谭庆虎	湖北大学学报（哲社）	3期	2001
试论巴、越关系	徐南洲	重庆师范大学学报（哲社）	3期	2001
襄樊市"樊"城得名新探——兼论廪君系巴人的起源地	白俊奎 张学文	西南民族学院学报（哲社）	6期	2001
探寻巴人故里	邓爱华	科技潮	12期	2001
试论古代巴人的文化原型及其影响	阮荣华	三峡文化研究丛刊		2001
试论巴人名称的由来	黄秀陵	涪陵师范学院学报	1期	2002

续表五

篇、书名	著(译)编者	出处	卷、期	年月日
巴人，你从哪里来	王善才	科学中国人	7期	2002
对襄樊市"襄""樊"得名的文化人类学诠释——兼论巴楚文化的南北演变及廪君系巴人五姓的起源地	白俊奎	重庆工商大学学报（社科）	3期	2003
巴人传奇之一：聆听巴人余音——开县余家坝战国墓地	王芬	文物天地	6期	2003
巴人传奇之二：廪君部落——云阳县李家坝遗址	黄伟 白彬	文物天地	6期	2003
巴人传奇之三：迷失的王朝——涪陵小田溪遗址	方刚	文物天地	6期	2003
巴人源流·巴人迁徙·宣汉巴人	刘帝智	成都教育学院学报	5期	2003
巴人源流·巴人迁徙·宣汉巴人（续一）	刘帝智	成都教育学院学报	6期	2003
巴人始祖、方国考辨	董珞	中南民族大学学报（人文）	6期	2003
巴人失踪之谜		东西南北	12期	2003
巴人之谜仍有待破解	苑坚	大众科技报		2003.7.3
巴人源流与巴人迁徙	刘美言	达县师专学报（社科）	1期	2004
"巴"字本义与巴人精神通释	陈发喜	恩施职业技术学院学报（综合）	1期	2004
试论廪君的历史地位	曾超	河池师专学报	1期	2004
一个古老神话的再生与传承——湖北长阳廪君神话考察报告	龚浩群	中南民族大学学报（人文）	2期	2004
巴人起源地综考	张正明	华中师范大学学报（人文）	6期	2004
寻找巴人发源地的人类学考察	宫哲兵	广西民族学院学报（哲社）	6期	2004
巴人源流和巴文化考辨	郑若葵	中国社科院古代文明研究中心通讯	8期	2004
巴人起源地新说	周昊	人民日报（海外）		2004.11.19
巴人之谜	王影	华夏出版社		2004
巴人"赤、黑二穴"考	宫哲兵	三峡大学学报（人文）	1期	2005
廪君巴人发源地"武落钟离山"新考——兼论"赤、黑二穴"在长阳柳山	宫哲兵	中南民族大学学报（人文）	1期	2005
廪君即向王说质疑——土家族历史文化札记	刘守华	三峡大学学报（人文）	1期	2005
巴人精武体育刍议	曾超	解放军体育学院学报	1期	2005
巴人的流徙与文明的传播	蔡靖泉	华中师范大学学报（人文）	4期	2005

续表六

篇、书名	著（译）编者	出处	卷、期	年月日
我国巴人起源在考古发现中成功揭秘	王善才	三峡大学学报（人文）	6期	2005
巴人体育简论	曾超	北京体育大学学报	11期	2005
蜀族起源考辨	孙华	民族论丛	2辑	1982
犍为巴蜀墓的发掘与蜀人的南迁	王有鹏	考古	12期	1984
蜀族起源探索	范勇	四川大学学报丛刊	35辑	1987
试论古蜀人的迁徙与西南各族的融合——兼析彝民族的形成	关荣华	西南民族学院学报（哲社）	2期	1989
蜀人渊源考	孙华	四川文物	4期	1990
蜀人渊源考（续）	孙华	四川文物	5期	1990
蜀人南迁考	孙华	成都大学学报（社科）	1期	1991
三星堆出土的古蜀"龙护柱"族标考	骆宾基	四川文物	1期	1992
古蜀人所处的自然环境与种属问题	徐鹏章	文物考古研究		1993
古代蜀人是怎样得名的	徐南洲	社会科学研究	6期	1994
"蜀"名及"蜀人"的来源	杨正苞	成都大学学报（社科）	1期	1995
黄帝婚蜀族 嫘祖诞盐亭	衡平	四川文物	5期	1996
春秋战国时期蜀地的族国和文化	杨东晨	宜宾学院学报	1期	1998
古蜀寻根重沱江	杨德全	巴蜀史志	2期	2002
蜀族族名又一解	钱玉趾	成都文物	2期	2003
蚕族考	伏元杰	四川职业技术学院学报	4期	2003
三足架与拔镰——四川早期铁器的特殊性和古蜀民的汉化过程	佐佐木正治	四川文物	6期	2003
考古揭示蜀人三源说	冯广宏	阿坝师专学报	3期	2005
古蜀人：向成都平原迁移	刘兴诗	成都日报		2005.10.24
鱼凫时代 成都先民的神秘搬迁	刘兴诗	成都日报		2005.10.31
蜀史考——蜀族的起源和变迁	伏元杰	延边大学出版社		2005
扬越、夔越考略	白耀天	中央民族学院学报	1期	1988
论先秦时期四川的民族及其文化	杨东晨	先秦史与巴蜀文化论集		1995
四川龙种族系形成的补证	贺福顺等	四川文物	3期	1997
"和夷"诸解与我见	李宗放	西南民族学院学报（哲社）	6期	1997
哈尼族祖居地考	朱文旭 李泽然	思想战线	2期	1998
论"和夷"——兼及哈尼族历史文化渊源	史军超	云南民族学院学报（哲社）	5期	2002

续表七

篇、书名	著(译)编者	出处	卷、期	年月日
颛顼生于若水考	徐南洲	中华文化论坛	3期	1994
帝颛顼考	叶林生	学海	6期	1994
颛顼传说与荥经	丁培仁	宗教学研究	4期	2005
秦在巴蜀地区的民族政策试析——从云梦秦简中得到的启示	罗开玉	民族研究	4期	1982
战国后期至秦朝四川地区民族融合的基本趋势	冯一下	西南民族学院学报（哲社）	4期	1985
秦统一巴蜀前后与两地民族关系之比较研究	于秀情	内蒙古社会科学（汉文）	1期	2002
论秦汉中央政权对西南夷的经营	刘敏	秦汉史论丛	8辑	2001
试论汉武帝的"西南夷"民族政策	孙长忠	信阳师范学院学报	1期	2005
试论西汉对西南夷地区的经略与开发	程印学	理论学刊	5期	2005
古代四川に土着せる漢民族の来歴について	久村因	歴史学研究	204号	1957
汉代西南夷裔丛考	潘荇	史学专刊	1卷3期	1936
史记"西南夷传"考疏	万先法	西南边疆问题研究报告	1期	1942
西南夷之族类及其名称与地理生活关系	范义田	东方杂志	40卷3号	1944
The "South-Western Barbarians"	（郑德坤）	Journal of the West China Border Research Society	Vol. 16	1946
漢代西南夷の研究	潮田富貴藏	研究集録（人文）（大阪大学）	1輯	1953
汉晋时期的"西南夷"	尤中	历史研究	12期	1957
		西南民族史论集		1982
读史记会注考证札记	施之勉	大陆杂志	30卷6期	1965
史记西南夷列传集解稿	久村因	名古屋大学教养部纪要（人文社科）	14輯	1970
			15輯	1971
			16輯	1972
汉、晋时期"西南夷"中的民族成分（上）（下）	尤中	思想战线	2、3期	1979
史记西南夷传概说	方国瑜	中国史研究	4期	1979
两汉时代的西南夷	祁庆富	历史教学	2期	1982
南夷、西夷考辨	祁庆富	云南社会科学	3期	1982
《史记·西南夷列传》皆氏类解	祁庆富	中国史研究	4期	1982

续表八

篇、书名	著(译)编者	出处	卷、期	年月日
试论汉代西南民族中的夷与羌	蒙 默	历史研究	1期	1985
		南方民族史论集		1993
西南夷	祁庆富	吉林教育出版社		1990
司马迁、班固的民族观及史学实证精神异同论——从《史记》、《汉书》"西南夷传"谈起	张新民	民族研究	6期	1993
秦汉西南夷新论	林超民 秦树才	秦汉史论丛	8辑	2001
《史记》、《汉书》失载西南夷若干史实考辨	方 铁	中央民族大学学报（哲社）	3期	2004
卬都筰都冉駹等夷人的族属及迁徙情形	桑秀云	"中研院"历史语言研究所集刊	52卷3号	1981
冉、駹的来源和迁徙——兼论土家、布依族的一支先民	何光岳	民族论坛	4期	1985
冉駹与冉家人的族属问题	李绍明	中南民族学院学报（社科）	1期	1987
甲骨文中的冉与冉駹	饶宗颐	文物	1期	1998
试论汉代西南民族中的"夷"与"羌"	蒙 默	历史研究	1期	1985
略论汉代川滇西部夷系民族的形成及族属	徐学书	四川文物	增刊	1996
汉代西南夷之"夷"的语境及变化	石 硕	贵州民族研究	1期	2005
试论汉"越巂"的"越"	蒙 默	西南民族学院学报（哲社）	2期	1985
筇竹征故	林鸿荣	中国农史	2期	1986
竹与邛、筰、彝	罗 曲 陈家丽	文史杂志	2期	1990
说"邛"与"邛竹杖"	李绍明	四川文物	1期	2002
"邛"为氐羌系说	胡昌钰	中华文化论坛	4期	2002
盐源地区的民族变迁与笮文化	石应平	中华文化论坛	4期	2002
汉代的"筰都夷"、"旄牛徼外"与"徼外夷"——论汉代川西高原的"徼"之划分及部落分布	石 硕	四川大学学报（哲社）	4期	2004
後漢書南蠻傳小考	狩野直禎	史窗	32号	1974
板楯蛮略论	吕一飞	中国魏晋南北朝史学会成立大会暨首届学术讨论会论文集		1984
论板楯蛮	彭武一	南充师院学报（哲社）	2期	1987

续表九

篇、书名	著(译)编者	出处	卷、期	年月日
板楯蛮为氏羌后裔说质疑——与《羌人·巴人·土家族》一文的几点商榷	兴民	四川文物	3期	1987
略论商时期"板楯蛮"考古学文化	何驽	四川文物	3期	1992
魏晋南北朝时期的板楯蛮	王兴骥	贵州社会科学	4期	1992
板楯蛮源流考	程瑜	广西民族学院学报(哲社)	2期	2002
"白狼歌"族称研究质疑	彦华	西南师范学院学报(哲社)	1期	1983
汉代"白狼夷"的族属新探	刘尧汉 陈久金	西南师范学院学报(社科)	4期	1985
《白狼歌》族称问题新探	朱文旭	凉山民族研究		1993
越嶲的来源和迁徙	何光岳	中央民族学院学报	1期	1990
从四枚青铜古印探讨青衣民族的族属和建国问题	骆承镒	四川文物	4期	1990
中国古代西南地域の異民族——特に後漢巴郡における"漢"と"夷"について	中村威也	中国史学	10卷	2000
读《后汉书·南蛮西南夷列传》札记	王文光 瞿国强	广西民族研究	4期	2004
与缪赞虞君论汉后西南民族北徙书	蒙文通	国风半月刊	5卷 6、7期	1934
汉晋时期白族先民族名的演变——略论僰人消失与叟人和爨人出现的原因	马曜	云南社会科学	4期	1997
三国分立と周辺異民族	小岛市太郎	史学研究	8集	1951
三国民族政策优劣论	朱绍侯	河南师大学报	3期	1981
论魏蜀吴三家处理民族关系的特点	木芹	民族学与现代化	2期	1985
三国争夺中间地带少数民族述论	陈金凤	湖北民族学院学报(哲社)	1期	2002
民族因素与三国鼎立	陈金凤 官士刚	中国魏晋南北朝史国际学术研讨会论文集		2004
民族問題を中心としてみた魏晋段階における四川地域の状況について	川本芳昭	唐代史研究会报告	Ⅷ集	1999
民族問題を中心としてみた五胡十六国南北朝段階における四川地域の状況について	川本芳昭	史渊	136期	1999
民族問題を中心としてみた北朝後期段階における四川地域の状況について	川本芳昭	九州大学東洋史論集	27期	1999

续表一〇

篇、书名	著(译)编者	出处	卷、期	年月日
晋永嘉丧乱后之民族迁徙	谭其骧	燕京学报	15期	1934
魏书"司马睿传"江东民族条释证及推论	陈寅恪	中研院史语所集刊	11本 1、2分册	1943
两晋南北朝时期民族大变动中的廪君蛮	章冠英	历史研究	2期	1957
南中地方势力与蜀统治之争夺及相互利用	方国瑜	滇史论丛	1辑	1982
爨龙颜"平赵广乱"质疑	鲁刚	思想战线	6期	1982
魏晋南北朝时期的"诸蜀"	杨倩描	晋阳学刊	4期	1989
魏晋十六国以来巴人的迁徙与汉化趋势	张雄	中南民族学院学报（哲社）	4期	1998
蜑族的来源质疑	何格恩	岭南学报	5卷1期	1936
疍民的研究	陈序经	商务印书馆		1946
试论夔越与土家族先民蛮蜒的关系	刘美嵩	民族论坛	2期	1985
建平蛮、天门蛮、临江蛮兴衰述略——魏晋南北朝时期的土家族先民	刘美崧	中国魏晋南北朝史学会第二届学术讨论会论文集		1986
古代鄂川湘黔边区蜒人与岭南蜒人之比较研究	吴永章	广西民族研究	2期	1987
说蜒——兼论廪君的族属	蒙默	中华文化论坛	2期	1994
疍民的历史来源及其文化遗存	蒋炳钊	广西民族研究	4期	1998
"宗人"和"賨人"	赵俪生	历史教学	4期	1954
		中国农民战争史论文集		1954
賨人成汉李氏非廪君苗裔考略	芮逸夫	沈刚伯先生八秩荣庆论文集		1976
土家族的语言、风俗与古代賨人	田荆贵	民族研究	3期	1983
论賨人为楚国芈姓之宗裔	周集云	安徽师大学报（哲社）	3期	1987
劲勇喜舞的賨人		文史知识	7期	1985
"巴氏"辨疑	张泽洪	民族研究	5期	1990
崇国的来源和迁徙	何光岳	求索	6期	1991
释賨	刘志成	古汉语研究	2期	1992
古代賨人与现今土家族的共同之处	田荆贵	民族论坛	2期	1994
成汉政权中的民族成分（全文录目）	叶荣	先秦史与巴蜀文化论集		1995
古代巴賨人浅议	梁廷保	四川文物	2期	2003

续表一一

篇、书名	著(译)编者	出处	卷、期	年月日
魏晋杂胡考	唐长孺	魏晋南北朝史论丛		1955
渠搜、叟人的来源和迁徙	何光岳	思想战线	1期	1991
说"叟"	蒙默	思想战线	2期	1992
四世紀の仇池国	前田正名	立正大学教養部紀要	1号	1967
晋代の武都氏楊氏について	谷口房男	東洋大学文学部紀要	30集	1976
仇池山		甘肃日报		1979.8.16
仇池国志	张维	甘肃省银行印刷厂		1949
后仇池国述论	徐日辉	兰州学刊	3期	1986
仇池国志	李祖恒	书目文献出版社		1986
阴平国述论	徐日辉	西北民族大学学报（哲社）	1期	1987
仇池氏族杨氏政权浅探	胡小鹏	西北师大学报（社科）	3期	1987
武兴国述论	徐日辉	西北师大学报（社科）	2期	1988
前仇池国述论	徐日辉	社会科学	3期	1988
武兴国之始末	甄逸伦	兰州教育学院学报	1期	1990
阴平国的兴起和灭亡	甄逸伦	兰州教育学院学报	2期	1990
仇池国二十部护军镇考	郑炳林	西北民族研究	2期	1991
宕昌国	刘仲文	社会科学	2期	1983
宕昌考略	陈启生	兰州大学学报（社科）	3期	1984
"宕昌国"辨	董文义	西北民族学院学报（哲社）	3期	1986
宕昌国考辨	刘仲文	兰州大学学报（社科）	1期	1988
宕昌羌故地遗俗述证	杨士宏	西北民族学院学报（哲社）	3期	1996
炎帝·宕昌羌	杨海帆	阿坝师范高等专科学校学报	3期	2003
宕昌羌源流管窥	周松	西北民族大学学报（哲社）	1期	2004
吐谷浑遣使考（上）、（下）	松田寿男（周伟洲）	史学杂志	48编11、12号	1937
		西北史地	2、3期	1981
Drug-gu（Dru-gu，Drug）に就いて	山本達郎	東洋学報	26卷1号	1938
吐谷渾の名称に就いて	大谷勝真	山下先生還暦記念東洋史論文集		1938
吐谷浑族考证	张一纯	边政公论	3卷5期	1944
吐谷浑之世系与名义	丁骕	边疆研究论丛		1945

续表一二

篇、书名	著(译)编者	出处	卷、期	年月日
吐谷浑为蒙古语系人种说	伯希和（冯承钧）	西域南海史地考证译丛	7编	1957
吐谷浑族与吐谷浑国——吐谷浑历史考察之一	李文实	青海社会科学	1期	1981
吐谷浑国地理考略——吐谷浑历史考察之二	李文实	青海社会科学	2期	1981
关于吐谷浑的来源、迁徙和名称诸问题	周伟洲	西北史地	4期	1983
吐谷浑史	周伟洲	宁夏人民出版社		1985
吐谷浑与内地关系述略	张学明	攀登	1期	1986
论吐谷浑与周邻的关系	马曼丽	社会科学	4期	1987
论吐谷浑的源流及其社会形态	唐嘉弘	中国古代民族研究		1987
《晋书·四夷列传·吐谷浑》刍议	曲青山	青海师专学报	2期	1987
吐谷浑文化概况	慕勒等	西北民族研究	2期	1989
伏罗川吐谷浑古国寻觅录	毛文炳 程起骏	柴达木开发研究	5期	1989
吐谷浑与南北朝关系述论	胡小鹏	社会科学	4期	1990
叶延立国	理力	青海民族研究	3期	1991
折箭遗教	理力	青海民族研究	4期	1991
论吐谷浑民族的形成及其特点	胡小鹏	西北师大学报（社科）	4期	1992
吐谷浑资料辑录	周伟洲	青海人民出版社		1992
试论宗族部族汗国吐谷浑	杨茂盛 郭红卫	民族研究	4期	1995
吐谷浑史质疑二则	李志敏	青海社会科学	4期	1995
古代吐谷浑人自己的"项羽"——吐延	任树民	青海师专学报	3期	1998
近二十年来（1980-1999）吐谷浑史研究述略	伍成泉	中国史研究动态	11期	2000
吐谷浑王阿柴传	谢佐	中国土族	2期	2002
吐谷浑十王画传	谢佐	中国土族	2、3期	2001
敦煌古藏文写本《吐谷浑（阿豺）纪年》残卷再探	胡小鹏 杨惠玲	敦煌研究	1期	2003
吐谷浑的宗法统治	廖杨	青海民族研究	2期	2003
吐谷浑迁徙的原因及影响述略	李吉和	青海民族研究	3期	2003
吐谷浑部始迁人口及始迁时间考辨	李文学	黑龙江民族丛刊	3期	2004

续表一三

篇、书名	著(译)编者	出处	卷、期	年月日
吐谷浑西迁之原因——兼谈鲜卑社会转型时期庶长子的尴尬处境	吕一飞	魏晋南北朝史论文集		2004
吐谷浑地方统治制度的演变	李文学 王希隆	民族研究	5期	2005
白兰羌与白兰山	丁骕	西南边疆	14期	1942
白兰	顾颉刚	史林杂识初编		1963
白兰（Brang）考——吐谷浑地名考释	王民信	大陆杂志	26卷12期	1963
白蘭と Sum pa の rLans 氏	山口瑞鳳	東洋学報	52卷1号	1969
试论格萨尔与不弄（白兰）部落的关系	陈宗祥	西南民族学院学报（哲社）	4期	1981
白兰国址辨	聪喆	青海社会科学	2期	1982
"维州白兰论"质疑	聪喆	青海社会科学	6期	1982
白兰考	周伟洲 黄颢	青海民族学院院报	2期	1983
白兰国址再考	李文实	青海社会科学	1期	1984
白兰与"白岭"的地理位置及其关系	马岱川 扎西东珠	西南民族学院学报（哲社）	4期	1984
白兰国址再辨——答李文实同志	聪喆	青海社会科学	5期	1984
白兰与白狼	任新建	康定民族师专学报		1988
白兰考辨	李开珠	西北师大学报（社科）	5期	1990
白兰国的位置及其交通路线——兼与白兰在柴达木巴隆一说商榷	庞琳	青海社会科学	3期	1992
白狼、白兰考辨	任新建	社会科学研究	2期	1995
从语言学的角度谈"白兰"一词的含义	才仁巴力	青海民族研究	1期	1999
女国に就いての考察	松田寿男	史学雑誌	48编9号	1937
大唐西域記にある東女国と西女国	足立喜六	蒙古	9卷12号	1943
隋唐之女国	任乃强	康藏研究	5、6期	1947
中国史料による女国の一考察——その位置について	三島とよ子	竜谷史壇	52号	1964
東女国と白蘭——rLans と sBran 氏	山口瑞鳳	東洋学報	54卷3期	1971
女国与女国文化	张云	文史杂志	2期	1988
隋唐两女国——两《唐书·东女传》辨证	周维衍	历史地理	8辑	1990

续表一四

篇、书名	著(译)编者	出处	卷、期	年月日
从新出唐代碑铭论"羊同"与"女国"之地望	霍巍	民族研究	1期	1996
神秘的女国文化带	王怀林	康定民族师范高等专科学校学报	4期	2005
"隋书"之吐蕃——附国	岑仲勉	民族学研究集刊	5期	1946
附国非吐蕃——质岑仲勉先生	任乃强	康藏研究	4期	1947
从女国地位再论附国即吐蕃——附任乃强答案	岑仲勉	康藏研究	10期	1947
附国について	伊瀬仙太郎	東洋史学論集	1集	1953
吐蕃の国号と羊同の位置——附国伝と大・小羊同の研究	山口瑞鳳	东洋学报	58卷3、4号	1977
《隋书》之"附国"即早期吐蕃（悉勃野）	孙尔康 唐景福	西北民族学院学报	1期	1982
《隋书》之附国非吐蕃	汤开建	思想战线	4期	1986
"附国"地域考	杨嘉铭	四川民族史志	4期	1988
关于"附国"几个问题的再认识	杨嘉铭	西藏研究	1期	1990
附国与吐蕃	石硕	中国藏学	3期	2003
从唐初的史料记载看"附国"与"吐蕃"	石硕	民族研究	4期	2003
隋唐时期党项部落迁徙考	汤开建	暨南学报（哲社）	1期	1994
隋唐时期巴人的汉化趋势	张雄	中南民族学院学报（哲社）	1期	1999
多弥史钩沉	周伟洲	民族研究	5期	2002
唐朝雲南経営の一考察——特に保寧都護府の設置	藤沢義美	史潮	44号	1951
剣南节度使韦皋の南詔対策——唐、南詔交渉史研究	藤沢義美	歴史	3辑	1951
唐朝雲南経営史の研究（其二）——玄宗代の雲南経営	藤沢義美	岩手大学学芸学部研究年報	11卷	1957
唐朝雲南経営史の研究（其三）——経営雲南の挫折	藤沢義美	岩手大学学芸学部研究年報	13卷1号	1958
唐天宝年间洱海区域战争的具体分析	方国瑜等	云南大学学报（人文）	1期	1960
李隆基"以夷攻夷"的反动政策和天宝战争		思想战线	2期	1977
李宓全军皆没于瘴疫	梁炳学	大理文化	6期	1983
阁罗凤	旭东	云南民族学院学报（哲社）	1期	1984

续表一五

篇、书名	著(译)编者	出处	卷、期	年月日
鲜于仲通生平事迹述评	黄宗谷	大理学院学报	3期	1984
天宝后期唐朝与南诏之间的两次战争	赵文润	史学集刊	4期	1984
论南诏天宝之战与安史之乱的关系	赵鸿昌	云南社会科学	2期	1985
西洱河战争起因辨析	徐兴祥	云南民族学院学报（哲社）	4期	1985
天宝战争背景浅析	李国春	大理方志通讯	3期	1986
试论天宝战争与开步头路	陆韧	思想战线	5期	1997
试论天宝战争与盐资源	施立卓	白族学研究	13期	2003
从南诏碑袁滋摩崖看祖国古代各民族的团结关系	石工	云南文物	6期	1975
唐朝诗人对天宝战争和贞元册南诏的不同态度	李公	白族学研究	14期	2004
南诏大理国史话——从天宝战争到苍山会盟（一）（二）	李公	云南档案	2、3期	2000
开元至贞元年间唐与南诏关系考略	牛秋实	中南民族大学学报（人文）	1期	2005
贞元间唐诏苍洱之盟	木芹	西南民族学院学报（哲社）	1期	1983
异牟寻归唐的原因	杨作民	大理文化	5期	1986
南诏归唐原因之探讨	单文	云南社会科学	1期	1988
郑回与唐诏和盟	薛文	云南师范大学学报（哲社）	1期	1991
南诏王异牟寻与贞元年间的南诏、唐朝和盟	苏建灵	思想战线	3期	1991
论异牟寻在南诏归唐中所起的作用	姚元吉	云南财贸学院学报（经管）	3期	1997
试析异牟寻时南诏归唐的原因及影响	高红梅	西北第二民族学院学报	1期	1999
南诏名相郑回述评	曹阳	中州今古	6期	2000
浅述异牟寻的历史贡献	杨政业	云南文史丛刊	1期	2001
从贞元会盟看西南民族关系的发展与变化	陈斌	思想战线	1期	2003
唐袁滋豆沙关题名跋	向达	金陵大学学报	1卷1、2期	1931
关于唐袁滋题名摩崖	谢钦润	石印本		1973
唐袁滋题名摩崖	陶学宪	昆明师院学报	3期	1979
袁滋题记摩崖	黄如英	云南文物	11期	1982
袁滋摩崖石刻	申戈	民族文化	4期	1983
对关于唐袁滋题名摩崖读后的看法	云岫	云南文物	17期	1985

续表一六

篇、书名	著(译)编者	出处	卷、期	年月日
袁滋篆书题名摩崖品评	谢崇崐	昭通师专学报	1期	1989
千年古道上的石刻档案——唐《袁滋题名摩崖》	蒲骏	云南档案	1期	1995
唐袁滋题名摩崖	殷举盘	云南档案	3期	1998
唐袁滋摩崖——昭通"五尺道"上留下的彝汉文化融合的历史丰碑	王永泉	民族工作	12期	1999
说南诏出兵西川并非为了掠夺奴隶	董绍禹	学术研究（云南）	1期	1963
南诏与晚唐关系之研究	王吉林	华冈学报	7期	1973
雍陶诗中唐代南诏祸蜀之本事	文守仁	四川文献	137期	1974
唐代南诏诗人段义宗的出使和被杀	蔡川右	云南民族学院学报（哲社）	1期	1985
论唐末南诏战争的起因	余和祥	中南民族学院学报	2期	1993
南诏后半期与唐王朝的关系	林谦一郎	思想战线	6期	1995
唐朝后期与南诏的关系考察	牛秋实	学术探索	6期	2004
西川战事及唐南和亲	李公	大理	2期	2003
吐蕃、南诏与唐朝关系之比较	崔明德	烟台大学学报（哲社）	1期	1993
南诏对唐、吐蕃和战政策嬗变考略	肖亮中	陕西师范大学学报（哲学）	2期	1998
论南昭的兴亡及其和唐、吐蕃的关系	宋蜀华	云南民族学院学报（哲社）	5期	2001
南诏、吐蕃与唐朝三者间的关系	方铁	中国藏学	3期	2003
剑南西川节度使同中书门下平章事破吐蕃露布		汉风	1辑	1907
论韦皋镇蜀对唐室中兴的作用	段飏	华东师大学报（哲社）	1期	1982
论韦皋	赵文润	人文杂志	5期	1984
唐代云南第一任安抚使韦皋	潘京京	曲靖师范学院学报	1期	1985
论韦皋在唐和吐蕃、南诏关系中的作用	王永兴	北京大学学报（哲社）	2期	1988
韦皋与唐代的西南边疆	毛德昌	思茅师专学报	1期	1999
韦皋与异牟寻	徐文德	云南文史丛刊	3期	2000
韦皋功烈剧西南	李公	大理	3期	2000
唐传奇《韦皋》嬗变研究	阿进录	青海社会科学	1期	2001
从韦皋"诸葛转世"说看唐人的社会心理	罗绮卫	贵州社会科学	1期	2003
论韦皋镇蜀	罗进	遵义师范学院学报	3期	2004
维州在唐代蕃汉交涉史上之地位	饶宗颐	"中研院"史语所集刊	39本下册	1969

续表一七

篇、书名	著(译)编者	出处	卷、期	年月日
唐蕃对峙与维州之议的关系试评	黄新亚	汉中师范学院学报	4期	1988
唐代吐蕃经营西南的历史作用	郭大烈	西藏研究	3期	1983
试论剑南道在唐蕃战争中的地位	彭起耀	成都大学学报（社科）	1期	1984
唐蕃西南战事述论	董咸庆	思想战线	5期	1987
论唐代吐蕃与麽些的关系	杨福泉	西藏大学学报	1期	1999
说唐与吐蕃相争已久的维州城	宓三能	中国历史地理论丛	2期	1993
唐代麽些蛮与吐蕃、南诏关系初探	杨文顺	云南师范大学学报（哲社）	2期	2003
唐代麽些的分布及其经济文化的发展	黄彩文 杨文顺	云南民族学院学报（哲社）	3期	2003
The Geographical Location of Sum-Yul	山口瑞凤	Acta Asiatica, Bulletin of the Institute of Eastern culture	Vol. 29	1975
唐代西山诸羌考略	李绍明	四川大学学报（哲社）	1期	1980
甲绒与牦牛羌	邓廷良	社会科学战线	2期	1981
隋唐时期的西山诸羌和康巴藏族的形成	格 勒	民族文化	1期	1985
古代藏族同化融合西山诸羌与嘉绒藏族的形成	格 勒	西藏研究	2期	1988
唐代白狗羌探考	史 林	西南民族学院学报（哲社）	3期	1993
唐代弱水西山羁縻部族探考	郭声波	中国藏学	3期	2002
关于东爨乌蛮诸部的族源问题	李绍明 余宏模	思想战线	4期	1979
唐、宋时期的"乌蛮"（彝族）	尤 中	云南社会科学	5期	1982
试论唐代西南地区乌蛮、白蛮若干文化特质	林宗成	中央民族学院学报	2期	1986
杜甫渝、夔二州诗之"乌蛮"考论	白俊奎	杜甫研究学刊	1期	1999
宋朝在四川的民族政策	贾大泉	宋史研究论文集		1987
宋代斗夷源于楚国令尹子文说	徐中书 唐嘉弘	西南民族研究		1983
宋代"泸夷"非乌蛮集团的民族成分	刘复生	西南民族学院学报（哲社）	1期	1987
宋代"泸夷"地区民族关系的演进	刘复生	四川大学学报（哲社）	4期	1995
宋史泸夷社会的演变	刘复生	宋史研究论文集		1996
宋代泸属羁縻州部族及其社会文化再探	郭声波	四川大学学报（哲社）	3期	2000

续表一八

篇、书名	著(译)编者	出处	卷、期	年月日
僰国与泸夷——民族迁徙、冲突与融合	刘复生	巴蜀书社		2000
东蛮考释	胡庆钧	思想战线	5期	1981
唐宋时期"东蛮"族属的探讨	蒙默	南方民族考古		1990
康巴、"东蛮"与宋朝的历史关系	何耀华	云南社会科学	6期	2000
月鲁帖木儿"蒙古族"族属质疑	马思锐	凉山方志	2期	1990
明代凉山地区的民族关系	徐铭	西南民族学院学报（哲社）	2期	1982
试论明代对川西北民族地区的政策	陈泛舟	西南民族学院学报（哲社）	1期	1986
		藏族史论文集		1988
略述明王朝在松潘藏区的统治措施	冉光荣	中国历史博物馆馆刊	总8期	1986
明代湘、桂、川、滇、黔诸少数民族地区科举状况探议	黄明光	民族研究	5期	1994
Black and White People in The Legends of The Kuang Yu t'u	Wen yu	Studia Serica	VoL.1X. nos.1	1950
试论《牧誓》八国与黑白族系	陈宗祥	西南民族学院学报（哲社）	1期	1979
明季《松潘边图》初探——试证图中黑人、白人为两大部落群体	陈宗祥	西南民族学院学报（哲社）	2期	1979
明代松潘卫"番人"略考	任树民	西藏研究	1期	2001
川南"都掌蛮"反明斗争考述	屈川	民族研究	4期	1987
嘉庆本《宜宾县志》中的"都掌蛮"史料及价值	屈川	宜宾师专学报	1期	1989
都掌人是山都木客吗	陶利辉	西南民族学院学报（哲社）	4期	1992
		宜宾师专学报	3期	1992
"都掌蛮"研究二题：明代"都掌蛮"的构成和消亡	刘复生	四川大学学报（社科）	2期	1998
川南僰人反明斗争述略	邓沛	绵阳师范高等专科学校学报	1期	2000
		昭通师范高等专科学校学报	2期	2000
有关"都掌蛮"的两个问题——"都掌蛮"的族属和明朝对之的统治措施	邓前成 倪芳	云南师范大学学报（哲社）	2期	2000
川南"都掌蛮"消亡原因探析	屈川	贵州民族研究	4期	2003
"都掌蛮"消亡原因补证	屈川	四川大学学报（哲社）	5期	2003
"都掌蛮"消亡的历史见证——兴文县建武城崇报祠明碑考述	屈川	四川师范大学学报（社科）	4期	2004

续表一九

篇、书名	著（译）编者	出处	卷、期	年月日
都掌蛮：一个消亡民族的历史与文化	屈川	四川人民出版社		2004
明代建昌"渔人"族属考	刘世旭	云南社会科学	1期	1991
明末における奢安の乱と白莲教	淺井紀	史学	47卷3期	1976
明末天启、崇祯年间的"奢安之乱"	胡庆钧	明清彝族社会史论丛		1981
天启三四年对安邦彦的用兵（上）	方裕谨	历史档案	4期	1983
天启三四年对安邦彦的用兵（下）	方裕谨	历史档案	1期	1984
历史罪人王三善	安尚明	毕节师专学报	3期	1994
近年关于明末奢安事件的研究	东人达	毕节师专学报	4期	1995
论"奢安事件"之起因及其影响	徐明德	贵州文史丛刊	4期	1996
也谈"奢安起事"的性质	胡承宁	贵州文史丛刊	4期	1996
朱燮元与奢安事件	张羽琼	贵州师范大学学报（社科）	2期	1997
论明末川黔少数民族土司奢、安之乱	刘秀兰	西南民族学院学报（哲社）	增刊	1998
明末奢安事件的起因与作用	东人达	贵州民族研究	6期	2005
明史康藏史料证补	朱祖明	中央日报		1948.3.1
明史康藏史料补正	朱祖明	中央日报		1948.3.6
明代丽江木氏土司对滇康藏区的经营及其历史影响	冯智	民族学	4期	1993
丽江木氏土司档案文献概述	陈子丹	云南档案	3期	1994
丽江木氏土司向康藏扩充势力始末	潘发生	西藏研究	2期	1999
明代丽江纳西族木氏土司的发展策略	余海波	中央民族大学学报	3期	1999
纳西族汉文档案史料简论	陈子丹	云南档案	1期	2000
略论丽江木氏土司与噶玛噶举派的关系	赵心愚	思想战线	6期	2001
明代的治藏政策对纳西族和藏族上层之间关系的影响	杨福泉	云南社会科学	1期	2004
丽江木氏土司档案文献评述	陈子丹	古籍整理研究学刊	6期	2004
明代甘青川藏族地区的政治述略	陈庆英	西藏研究	2期	1999
统一青藏高原的固始汗	李延恺	青海社会科学	2期	1982
顾实汗生平略述	马汝珩 马大正	民族研究	2期	1983
		厄鲁特蒙古史论集		1984

续表二〇

篇、书名	著(译)编者	出处	卷、期	年月日
固始汗卒年小考	蔡志纯	民族研究	2 期	1984
固始汗简介	陈庆英	历史知识	4 期	1984
顾实汗	马汝珩	清代人物传稿	上编	1984
浅析和硕特蒙古进据青藏地区的原因	安应民	兰州大学学报（社科）	1 期	1985
浅述顾实汗统一青藏高原及其与清朝的关系	陈柏萍	青海民族研究	2 期	1985
和硕特汗	新海	青海民族研究	4 期	1993
蒙、藏文文献中顾实汗入藏记载的考辨	罗布	清史研究	2 期	1998
和硕特部南征康区及其对川滇边藏区的影响	赵心愚	云南民族学院学报（哲社）	3 期	2002
固始汗与和硕特部（一）	齐·布仁巴雅尔	柴达木开发研究	1 期	2004
固始汗与和硕特部（二）	齐·布仁巴雅尔	柴达木开发研究	2 期	2004
大西政权与川西北少数民族	陈汛舟	西南民族大学学报（哲社）	1 期	1982
西藏交涉史略	谢彬	中华书局		1926
试论清代治理康区的政策	任新建	中国民族史学会第二次讨论会论文集		1990
略论康区民族关系史中的几个问题	任新建	康定民族师专学报	1 期	1993
"安康"问题的由来与发展	杨嘉铭	康定民族师专学报	2 期	1993
西藏文明东向发展史	石硕	四川人民出版社		1994
藏族族源与藏东古文明	石硕	四川人民出版社		2001
论康藏的历史关系	任新建	中国藏学	4 期	2004
		四川藏学研究	8 辑	2004
罕都事件及其对清初川滇藏区的影响	隋浩昀	中国藏学	3 期	1996
试论清廷在康区最早进行的一次政治改革	来作中	康定民族师专学报		1988
试论清代乾隆年间的杂谷事件	李涛	西藏研究	1 期	1992
清代对大小金川及西康青海用兵纪要	伍非百	著者刊		1935
平定金川本末记	蒋作藩	南洋兵事杂志	39 期	1909
			40 期	1909
			41 期	1910

续表二一

篇、书名	著(译)编者	出处	卷、期	年月日
清高宗两定金川始末	庄吉发	大陆杂志	46卷1期	1973
乾隆年间大小金川之战	崔丹	阿坝报		1983.4.9
乾隆平定金川后的善后事宜	曾唯一	四川师范大学学报（社科）	6期	1986
评乾隆朝金川之役	李鸿彬 白杰	清史研究	2期	1988
评乾隆两度平定金川的实质	崔丹	西藏研究	2期	1989
金川之役述评	何飙	阿坝师专学报	1期	1992
《金川纪略》及其相关问题	陈力	四川大学学报（哲社）	3期	1992
试析大小金川之役及其对嘉绒地区的影响	李涛	中国藏学	1期	1993
一场得不偿失的战争——论乾隆朝金川之役	戴逸 华立	历史研究	3期	1993
《平定金川前五十功臣像》卷残本	曾嘉宝	文物	10期	1993
乾隆平定金川对嘉绒文化的影响	张昌富	西藏艺术研究	2期	1995
苯教与大小金川战争	徐铭	康定学刊	1期	1997
论乾隆朝金川之役	李鸿彬 白杰	清史研究	2期	1998
乾隆金川之役	崔丹等	阿坝州地方志编纂委员会		1998
"傅恒宗词碑"与大金川战役	李巍	北京文博	1期	1999
略论乾隆年间大小金川之役	曹启富	四川师范学院学报（哲社）	6期	1999
试论乾隆平定金川之影响	彭陟焱	西藏研究	1期	2003
		民族史研究		2003
铜版《平定两金川得胜图》	童正伦 张群	中国典籍与文化	2期	2003
乾隆初定金川战争钩沉	彭陟焱	西藏民族学院学报（哲社）	4期	2003
乾隆再定两金川战争钩沉	彭陟焱	西藏民族学院学报（哲社）	2期	2004
试析第一次金川战争爆发的直接原因	张婷	四川大学学报（哲社）	增刊	2004
清代前期迁居北京的大小金川藏族	张羽新	西藏研究	1期	1985
试论清代乾隆年间的杂谷事件	李涛	西藏研究	1期	1992

续表二二

篇、书名	著(译)编者	出处	卷、期	年月日
金川之乱后清军中的藏族将领	陈小强	中国藏学	4期	1994
碧血染高原——金川藏族官兵抗击廓尔喀侵藏斗争梗概	蔡仁政	民族	1期	1988
金川藏族士兵1791-1792年参加反击廓尔喀侵藏史略	蔡仁政	四川民族史志	1期	1988
略述甘孜地区藏族军民在反击廓尔喀入侵西藏斗争中的贡献	陈旭	甘孜州史志	2期	1990
略论嘉绒屯兵抗击侵藏巴勒布的作用	王建康	西藏研究	1期	1992
金川藏族士兵保卫祖国的战斗业绩简述	蔡仁政	西藏研究	2期	1993
金川藏兵的丰功	蔡仁政	民族	8期	1993
The Qing State, Merchants, and the Military Labor Force in the Jinchuan Campaigns	Dai Yingcong	Late Imperial China	Vol. 22, No. 2	2001
收瞻定瞻策		东方杂志	2卷5期	1905
瞻对土司之反对		之罘报	5期	1905.4.30
十九世纪中叶川康地区的一次农奴大起义	曾文琼	西南民族学院学报（哲社）	1期	1979
瞻对土司布鲁曼兵变杂议	上官剑璧	西南民族学院学报（哲社）	1期	1980
工布朗结是农奴起义领袖吗	徐铭	西南民族学院学报（哲社）	1期	1980
布鲁曼	邓明浩	西南民族学院学报（哲社）	4期	1980
研究布鲁曼的一份新史料	扎西泽仁	西南民族学院学报（哲社）	1期	1982
布鲁曼其人	丁人	西南民族学院学报（哲社）	4期	1982
试论贡布郎吉其人	郑勤	康定民族师专学报（文科）		1987
第十一世达赖喇嘛掣签认定的情形		中国西藏	增刊	1995
英帝侵藏与"藏瞻之争"	曾文琼	西南民族学院学报（哲社）	3期	1983
清代瞻对事件在藏族地区的历史地位和影响（一）（二）（三）	陈一石	西藏研究	1-3期	1986
鹿传霖在川边藏区的改土归流	曾文琼	西南民族问题新论	1集	1988
清代雍乾两朝之用兵川边瞻对	张秋雯	"中研院"近代史研究集刊	21期	1992
清代嘉道咸同四朝的瞻对之乱——瞻对赏藏的由来	张秋雯	"中研院"近代史研究集刊	22期（上）	1993
清末经营川边与划瞻对归川属	李凤珍	藏学研究论丛	6辑	1994

续表二三

篇、书名	著(译)编者	出处	卷、期	年月日
清季对川边的认识与决策（上）——兼论瞻对问题的由来	徐 君	康定民族师专学报	1期	1999
太平天国革命运动时期松潘羌民起义	艾小惠	新史学通讯	11期	1956
太平天国时期松潘藏羌人民反清斗争纪略（1860-1865年）	张 力	西南民族学院学报（哲社）	2期	1980
一八五九年川黔边猫猫山苗汉人民起义	杨亮升	西南民族学院学报（哲社）	2期	1983
略论1889年川边藏族地区撒拉雍珠领导的农奴起义	陈一石 曾文琼	西南民族学院学报（哲社）	3期	1984
清季雷马屏峨之防务	任映沧	中国边事	3卷5、6期	1944
近代四川藏族人民的反帝反封建斗争	都 淦	民族团结	1期	1964
近代康藏重大事件史料选编 第一编	西藏自治区社会科学院、四川省社会科学院	西藏古籍出版社		2001
近代康藏重大事件史料选编 第二编	西藏自治区社会科学院、四川省社会科学院	西藏古籍出版社		2004
清末帝国主义在川边藏区的侵略活动	徐 铭	西南民族学院学报（哲社）	2期	1980
论丁宝桢对巩固西藏边防的贡献	傅德元	贵州文史丛刊	3期	1992
		西藏研究	4期	1992
丁宝桢川督任内对藏局的因应	张秋雯	"中研院"近代史研究集刊	25期	1996
丁宝桢筹划西藏边防述略	周载章	全面的总结 科学的评价——丁宝桢诞辰180周年纪念暨学术研讨会论文集		2000
梅玉林事件发生地考实	王 炎	中国藏学	1期	1996
驻藏帮办大臣凤奏行抵炉厅招募士勇出关折	凤 全	武备杂志	9期	1904
驻藏帮办大臣凤咨复驻藏大臣有收回三瞻文	凤 全	东方杂志	2卷5期	1905
		政艺通报	4年7号	1905
驻藏帮办大臣凤覆奏收回三瞻折	凤 全	东方杂志	2卷5期	1905
		政艺通报	4年6、7号	1905

续表二四

篇、书名	著(译)编者	出处	卷、期	年月日
驻藏大臣有密咨驻藏帮办大臣凤不便收回三瞻文	有　泰	东方杂志	2卷5期	1905
		政艺通报	4年7号	1905
川督锡奏查明凤大臣等死事情形折	锡　良	政艺通报	4年10号	1905
四川总督锡奏查明帮办驻藏大臣凤等死事情形折	锡　良	东方杂志	2卷12期	1905
川督锡奏炉边用兵军需浩大拟劝收捐款准奖实官等项折	锡　良	武备杂志	13期	1905
成都将军绰四川总督锡会奏提臣亲率诸军进克巴塘教平边乱并前后攻夺关隘搜剿通窜情形折	绰哈布 锡　良	东方杂志	3卷1期	1906
四川总督锡奏议结巴塘教案片	锡　良	东方杂志	3卷4期	1906
四川总督锡奏陈剿办桑披岭寺夷匪情形片	锡　良	东方杂志	3卷6期	1906
巴塘善后汉番军民遵守章程		东方杂志	4卷3期	1907
西康巴塘清末之乱	格桑群觉	蒙藏周报	45、46期	1930
记清光绪三十一年巴塘之乱	吴丰培	禹贡	6卷12期	1937
清季巴塘变乱始末记	朱祖明	康导月刊	5卷10期	1941
清末巴塘变乱之探讨	张秋雯	"中研院"近代史研究集刊	10期	1981
巴塘纷争	万德卡	达赛尔（藏文）	1期	1985
巴塘反洋教斗争论纲	刘传英	康定民族师专学报		1987
"凤全事件"之我见	何云华	西藏研究	4期	1988
巴塘教案与清政府对西藏政策的变化	张学君	中国藏学	3期	1992
巴塘藏族反洋教斗争述论	刘传英	四川藏学研究	1辑	1993
光绪年间"巴塘事件"史料辑译	杨　铭	历史档案	3期	1998
清季经营西康始末记（1－5）	可　权	地学杂志	4卷8－12期	1913
赵尔丰平定西康胜记		边政月刊	7卷	1931
赵尔丰开辟西康史略	陈尊泉	边事研究	1卷2期	1935
赵季和经营西康之经过	陈东府	康导月刊	1卷1期	1938
赵尔丰怎样经营西康	王绍曾	新宁远	1卷8、9期	1941
赵尔丰授建昌道应为何年	万　华	四川师院学报（社科）	2期	1984
赵尔丰经营川边述评	陈国勇	南充师范学院学报（哲社）	2期	1985

续表二五

篇、书名	著(译)编者	出处	卷、期	年月日
从清末川滇边务档案看赵尔丰的治康政绩	陈一石	近代史研究	2期	1985
赵尔丰在川边地区的改革	陈国勇	南充师范学院学报（哲社）	1期	1986
赵尔丰及其巴塘经营	国庆	藏学研究文集	4集	1986
功过两存不相掩——赵尔丰经营川边述论	陈国勇	康定民族师专学报		1988
赵尔丰及其巴塘经营	国庆	西藏研究	4期	1989
赵尔丰的川边新政	沐洲	民族	9期	1991
论赵尔丰人事思想的基本特点	何云华	中央民族学院学报	6期	1993
赵尔丰与乡城之役（1905-1906）	张秋雯	"中研院"近代史研究集刊	33期	2000
评清末在川边、西藏的改革新政	杨策	中央民族学院学报	5期	1991
20世纪初年川边藏区政治经济文化改革述论	何一民	西南民族学院学报（哲社）	6期	2001
清末川边改革新探	赵云田	中国藏学	3期	2002
川督陈筱帅试办川藏自治之政见		广东地方自治研究录	1期	1908.1.23
奏请开放边地		广益丛报	7年2号	1909.3.1
西藏与四川前途之关系	剑夫	四川	2号	1908
西藏与四川前途之关系（未完）	剑夫	广益丛报	163号	1908.3.31
西藏与四川前途之关系（续完）	剑夫	广益丛报	165号	1908.4.10
护督赵参办煽惑滋事佐领兵丁		广益丛报	6年6期	1908.4.20
川藏交界不靖现状况		广益丛报	185号	1908.10.24
请调蜀军驻防西藏		广益丛报	191号	1908.12.22
奏保边防大臣		南洋兵事杂志	27期	1909
西藏请川兵弹压 议改西藏管理法律		广益丛报	192号	1909.1.1
川藏新政之办法		广益丛报	196号	1909.3.21
赵季帅征服土司 饬妥议西藏政教权限		广益丛报	197号	1909.3.31
川藏又启兵衅警报		广益丛报	200号	1909.4.29
川藏交界又有乱事		广益丛报	218号	1909.11.22
川军入藏补记		国风报	1年6期	1910.4.10
清季达赖喇嘛出亡事迹考	吴丰培	中德学志	5卷1、2期	1943

续表二六

篇、书名	著(译)编者	出处	卷、期	年月日
论清末川军入藏和十三世达赖外逃	泽旺夺吉	藏族史论文集		1988
清末西藏新政与川军入藏	李凤珍	藏学研究论丛	4辑	1992
清末川军入藏与达赖喇嘛出走事件	杨铭	中国边疆史地研究	1期	1996
十三世达赖喇嘛逃亡英属印度事件考辨	周源	清史研究	4期	2000
清朝经营川、藏与达赖出逃	李凤珍	西藏研究	3期	2001
清末入藏川军述评	吴彦勤等	思想战线	4期	2003
辛亥革命中驻藏川军起义始末	孔庆宗	文史资料选辑	75辑	1981
蒲罗诸人与赵贼尔丰订割西藏密约驳议		广益丛报	281号	1911.11.30
辛亥革命时期英国分裂中国西藏的阴谋	高鸿志	安徽大学学报（哲社）	5期	2001
西征纪略	尹昌衡	排印本		1912
尹昌衡经营康藏经过	周开庆	四川文献	170期	1979
尹昌衡西藏戡乱	黎仕明 陈明	四川大学学报（哲社）	增刊	2004
驻英使馆为西藏事照会外交部及藏兵攻占巴塘		东方杂志	9卷4期	1912
析论清末民初川边藏情及中英西藏交涉（1906—1912）	冯明珠	西藏研究论文集	3辑	1990
1912年民国政府筹治西藏措施述评	秦和平	中国藏学	4期	1993
藏番进犯川边		东方杂志	15卷4期	1918
川军和藏军议和		东方杂志	15卷10期	1918
民国七年汉藏构兵停战交涉纪实	韩光录	边政	7期	1931
试论1917—1918年川藏纠纷的性质	喜饶尼玛	西藏研究	4期	1991
川藏边界的纠纷与英国驻华使节的调停——1914—1918	光岛督	第二届中外关系史国际学术研讨会论文集		1992
民初川西藏区八角事件是一场复辟帝制的闹剧	张孝忠	西藏研究	2期	1993
藏番进攻川边		东方杂志	16卷3期	1919
藏番侵扰川边		东方杂志	16卷4期	1919
藏人进兵四川		申报		1919.2.16
藏人已占领里塘		申报		1919.2.17
藏番攻陷理塘		东方杂志	16卷4期	1919
藏人猛攻川边		申报		1919.2.23

续表二七

篇、书名	著(译)编者	出处	卷、期	年月日
藏人攻占四川昌都甘孜瞻化等地		申报		1919.2.26
藏人攻占昌都德格		申报		1919.3.26
政府令唐继尧熊克武协助陈遐龄平定藏乱		申报		1919.3.26
熊克武告急：藏要求独立并图吞并邻省		申报		1919.8.1
川藏问题之紧急		申报		1919.8.1
英使抗议并阻川、甘军进攻西藏		申报		1919.8.29
政府复电达赖因川边匪乱派兵镇压		申报		1919.8.30
政府因西藏交涉无结果电边藏省区戒备		申报		1919.8.31
熊克武唐继尧均反对西藏划界以德格为界		申报		1919.9.24
院电川滇两督依议进兵		申报		1919.9.29
西藏交涉因川藏界址划分未定暂停		申报		1919.9.30
边藏界务之川讯		申报		1919.10.6
边藏界务之川讯（续）		申报		1919.10.7
边藏问题与川省会		申报		1919.10.13
川藏间之最新情况		申报		1919.10.23
中英谈判西藏界线问题		申报		1919.11.6
民六民七康藏战争及交涉实况	刘赞廷	康藏前锋	2卷1期	1934
第一次世界大战期间中英西藏交涉与川藏边情（1914—1919）	冯明珠	西藏研究论文集	4辑	1993
藏界问题与陈遐龄		申报		1920.1.12
川边藏民大举侵犯之警报		申报		1920.3.19
刘存厚电报藏番准备大举		申报		1920.11.15
陈遐龄电告，藏番犯边形势益急		申报		1921.1.26
最近所传之川藏问题		申报		1921.3.2
某使要求严禁川边长官干涉藏事		申报		1921.3.28
刘赞廷反攻巴安，藏番图边尤急		申报		1921.4.23

续表二八

篇、书名	著(译)编者	出处	卷、期	年月日
康定等地遭番匪袭击		申报		1921.5.22
院电陈遐龄、刘赞廷伏法，川边乱不难平定		申报		1921.6.9
藏川战事危急		申报		1921.6.11
藏番增兵扰边		申报		1921.6.13
川边危急		申报		1921.6.18
藏匪猖狂进攻，占领九坝旗山等处		申报		1921.6.27
藏乱一时尚难收拾		申报		1921.9.10
陈遐龄电告藏番进攻，炉城危急		申报		1921.10.30
川藏议员发起成立藏事促进会		申报		1924.4.23
藏事促进会之成立与宣言		西北半月刊	8 期	1924
川藏更换军民长官，利用刘湘平川中各派之内幕	野乘	申报		1925.2.25
康藏之警	颂华	东方杂志	26 卷 16 期	1929
康藏问题在国防的重要性	陈云皋	国闻周报	7 卷 26 期	1930
十二年（1919—1930）藏事见闻录	陈启图	康导月刊	1 卷 3 期	1938
大金寺强占白利乡详情并筹处经过	西康政委会	蒙藏周报	45 期	1930
康藏交涉		蒙藏旬刊	1 卷 1 期	1930
康藏交涉尚在调解中		蒙藏旬刊	1 卷 3 期	1930
西藏在南墩宁静两处增兵		蒙藏周报	54 期	1931
大吉寺事件渐形扩大		蒙藏周报	54 期	1931
康定商会派员调解大金寺事件		蒙藏周报	63 期	1931
康藏军事仍未停止		蒙藏周报	68 期	1931
从大金喇嘛寺事件说到康藏问题	杨仲华	蒙藏周报	68 期	1931
为藏军侵犯西康告全国同胞书		蒙藏周报	68 期	1931
佛教徒对于康藏间大金寺与川军冲突之感慨	满智	海潮音	12 卷 3 期	1931
康藏问题鸟瞰	华企云	新亚细亚	2 卷 2 期	1931
甘孜大金寺掠夺白利寺经过详记	杨伯康	边政月刊	6 期	1931
如何应付康藏问题	明真	蒙藏周报	75 期	1931
又告缓和之藏军侵康——达赖已电告停止军事行动、王之觉谈纠纷不至扩大		蒙藏周报	75 期	1931

续表二九

篇、书名	著(译)编者	出处	卷、期	年月日
达赖祸康事实之批露		蒙藏周报	75 期	1931
康藏问题之历史观	邹德高	新亚细亚	2 卷 5 期	1931
藏兵又占炉霍		蒙藏周报	79 期	1931
康藏纠纷有解决趋势		蒙藏周报	80 期	1931
康藏交涉地点问题		蒙藏周报	81 期	1931
康藏纠纷之调查		东方杂志	28 卷 18 期	1931
康藏交涉之面面观		蒙藏旬刊	2 期	1931
康藏交涉又趋停顿		蒙藏旬刊	3 期	1931
国难声中之康藏交涉		蒙藏旬刊	4 期	1931
康藏交涉之日亟		蒙藏旬刊	5 期	1931
康藏交涉之险恶		蒙藏旬刊	6 期	1931
阴霾未开之康藏交涉		蒙藏旬刊	7 期	1931
恍惚迷离之康藏问题		蒙藏旬刊	8 期	1931
康藏交涉之情况		蒙藏旬刊	9 期	1931
康藏交涉似趋缓和		蒙藏旬刊	10 期	1931
康藏纠纷与不抵抗主义	次叔	西北研究	5 期	1932
西康民众驻京代表请明令讨伐达赖		东方杂志	29 卷 4 期	1932
康藏交涉之近况		蒙藏旬刊	14 期	1932
唐柯三谈办康案经过		蒙藏旬刊	15 期	1932
赴康日记	唐柯三	月华报	6 卷 10-17、19-21,28-36 期	1934
		新亚细亚学会		1934
刘文辉约西军击藏番		蒙藏旬刊	15 期	1932
藏兵进攻炉霍被击退,刘文辉电告克甘城		蒙藏旬刊	15 期	1932
康藏问题之紧急	彬	蒙藏旬刊	17 期	1932
康藏风云殷忧未已		蒙藏旬刊	17 期	1932
战云弥漫之西康		蒙藏旬刊	18 期	1932
西康喇嘛电请制止川战移兵御藏		东方杂志	29 卷 6 期	1932

续表三〇

篇、书名	著(译)编者	出处	卷、期	年月日
达赖驻京办事处发表康藏和约签字经过		东方杂志	29卷7期	1932
康藏纠纷解决	作舟	东方杂志	29卷7期	1932
康藏风云近录		蒙藏旬刊	19期	1932
亟待解决之康藏问题		蒙藏旬刊	20期	1932
再论处置康藏事件		蒙藏旬刊	20期	1932
再论处置康藏事件(续)		蒙藏旬刊	21期	1932
动地西来之鼙鼓声		蒙藏旬刊	21期	1932
康藏要人之行动		蒙藏旬刊	21期	1932
战云弥漫之青康藏		蒙藏旬刊	21期	1932
康藏问题不容忽视		国闻周报	9卷26期	1932
康藏问题有望解决		蒙藏旬刊	24期	1932
康藏调解已有进展		蒙藏旬刊	26期	1932
康藏战事稍形缓和		蒙藏旬刊	27期	1932
康藏交涉近况		蒙藏旬刊	28期	1932
解决康藏纠纷之管见	奋生	蒙藏旬刊	28期	1932
解决康藏纠纷之管见(续)	奋生	蒙藏旬刊	29期	1932
康藏问题		蒙藏旬刊	28期	1932
康藏问题(续)		蒙藏旬刊	29期	1932
阴霾未开之康藏纠纷		蒙藏旬刊	31期	1932
康藏纠纷之现势		蒙藏旬刊	32期	1932
康藏战事现势		蒙藏旬刊	33期	1932
最近之康藏问题		蒙藏旬刊	34期	1932
康藏纠纷之近状		蒙藏旬刊	36期	1932
康藏问题有进展		蒙藏旬刊	37期	1933
最近康藏形势之解剖	蒙蕉	蒙藏旬刊	50期	1933
康青藏形势重趋严重		蒙藏旬刊	50期	1933
康藏纠纷难解决		蒙藏旬刊	52期	1933
康藏问题之扑朔迷离		蒙藏旬刊	53期	1933
康藏纠纷近况		蒙藏旬刊	54期	1933
张弛不定之康藏问题		蒙藏旬刊	55期	1933
一步一跛之康藏问题		蒙藏旬刊	56期	1933

续表三一

篇、书名	著(译)编者	出处	卷、期	年月日
康藏问题可望解决		蒙藏旬刊	58 期	1933
论康藏问题	华棠俊	蒙藏旬刊	60 期	1933
		康藏先锋	创刊号	1933
亟待解决之康藏问题		蒙藏旬刊	61 期	1933
论康危机及其解决途径	黄举安	蒙藏旬刊	61 期	1933
		康藏前锋	创刊号	1933
康藏问题无进展		蒙藏旬刊	63 期	1933
康藏问题又形紧张		蒙藏旬刊	64 期	1933
张弛不定之康藏问题		蒙藏旬刊	65 期	1933
康藏问题近况		蒙藏旬刊	67 期	1933
康藏问题近况		蒙藏旬刊	68 期	1933
康藏纠纷仍未已		蒙藏旬刊	69 期	1933
康藏青纠纷又重启		蒙藏旬刊	70、71 期	1933
康藏形势忽又紧张		蒙藏旬刊	72、73 期	1933
一旬来战祸重开之康藏		蒙藏旬刊	81 期	1934
藏军何又侵康	允 恭	东方杂志	31 卷 7 期	1934
达赖逝世后之康藏纠纷	市 隐	东方杂志	31 卷 8 期	1934
藏军再度犯康	天	康藏前锋	1 卷 8 期	1934
藏军未助大金喇嘛		蒙藏月报	1 卷 1 期	1934
班洪形势与康藏关系		蒙藏月报	1 卷 1 期	1934
康藏蒙新之严重危机		蒙藏旬刊	82 期	1934
西陲危机之延扩		蒙藏旬刊	83 期	1934
康藏冲突近讯		蒙藏旬刊	83 期	1934
一旬来之康藏战事		蒙藏旬刊	84 期	1934
西康情况	惠 平	蒙藏旬刊	86 期	1934
青藏西康之和平消息		蒙藏月报	1 卷 4 期	1934
一月来之康藏	常 之	康藏前锋	2 卷 4—6 期	1934.12—1935.2
1935 年之康藏前途	恒	康藏前锋	2 卷 4 期	1934
			2 卷 5 期	1935
中藏关系之史底考察及其给予吾人之教训	苏大成	新亚细亚	7 卷 3 期	1934

续表三二

篇、书名	著(译)编者	出处	卷、期	年月日
康藏问题之研究	懒兵衣	边事研究	1卷3期	1935
一月来之康藏		康藏前锋	2卷7、8期	1935
格桑次仁等发起康藏联欢大会		蒙藏月报	4卷1期	1935
康藏联欢大会详情		西陲宣化	1卷4、5期	1936
康藏纠纷解决		四川月报	10卷1期	1937
英人窥视西康之阴谋		蒙藏旬刊	2期	1931
帝国主义者在西康势力的分析	黄启元	新青海	1卷6、7期	1933
帝国主义在康区的侵略活动	林俊华	西藏研究	3期	1992
康藏纠纷史的追溯	举安	康藏前锋	创刊号	1933
康藏与中国	文斗	康藏前锋	创刊号	1933
康藏问题的关键	腾蛟	康藏前锋	创刊号	1933
西康问题之关键	任乃强	康藏前锋	创刊号	1933
康藏与中国之关系及康藏民族对国家应有之认识	文斗	康藏前锋	1卷2期	1933
复兴中华民族与川康藏国防	祥麟	康藏前锋	1卷2期	1933
康藏青年与康藏前途	马裕恒	康藏前锋	1卷2期	1933
国人对西康应有之认识	炯	康藏前锋	1卷2期	1933
西康青年厄运	言	康藏前锋	1卷2期	1933
对西康、四川的危机	董之学	申报月刊	2卷10期	1933
西藏之现状与康藏纠纷	姚绍华	新中华	1卷11期	1933
康藏青之纠纷	杨生灵	新青海	1卷10期	1933
今日之康藏	唐聘	史地丛刊	1期	1933
英国对西康之侵略企图及其政治经济实力	邓笃中	康藏前锋	1卷3期	1933
大金白利肇事原因及康藏两军启衅之经过		新亚细亚	5卷6期	1933
开发康藏与三殖政策	腾蛟	康藏前锋	1卷3期	1933
			1卷5期	1934
康藏关系之认识		蒙藏半月刊	3卷3期	1934
川康藏在国防上之重要		蒙藏半月刊	3卷3期	1934
处置康藏纠纷三项办法		新中华	2卷1期	1934

续表三三

篇、书名	著(译)编者	出处	卷、期	年月日
康藏问题		边锋半月刊	1卷3期	1934
如何解决康藏之纠纷	刘熙	边锋半月刊	1卷3期	1934
康藏问题之剖析		康藏前锋	1卷8期	1934
新生活运动与康藏青年	清云	康藏前锋	1卷8期	1934
康藏纠纷简言		蒙藏月报	1卷1期	1934
康藏纠纷与西姆拉会议		蒙藏月报	1卷1期	1934
太平洋问题演化与康藏问题	万腾蛟	康藏前锋	1卷9期	1934
康藏政治与军事状况		蒙藏旬刊	85期	1934
解决康藏纠纷之意见		蒙藏月报	1卷4期	1934
康藏问题之史的检讨与今后施行方针	黄举安	开发西北	2卷1期	1934
康藏纠纷中之一件史料——一年前停战条约原文		边锋月刊	2卷1期	1934
对康藏划界之意见		蒙藏月报	1卷6期	1934
康藏界务问题之研究	周馥香	边事研究	1卷1期	1934
康藏问题之症结		蒙藏月报	2卷3期	1934
康藏问题	君亮	蒙藏旬刊	97期	1935
康藏划界问题之研究	冷亮	东方杂志	32卷9期	1935
论川康军事行动	幼愚	康藏前锋	3卷3期	1935
藏军犯康述略	余贻泽	禹贡	6卷12期	1937
Some Recent Events in the Sikang Region	D. C. Graham	Journal of the West China Border Research Society	Vol. 11	1939
康藏大白纠纷始末记	管文阶	康导月刊	2卷1、2期	1939
西藏插手西康大金白利纠纷的真相	孔庆宗	文史资料选辑	93辑	1984
康藏疆域纠纷	吴瘠谥	西北通讯	3卷10期	1948
德门·朗吉平措赴朵麦情由及岗托渡口战事	德门·云中卓玛	西藏文史资料选辑	17辑	1995
康青藏战争与英国的侵略活动	唐洪波	西藏民族学院学报	1期	1995
三十年代初的川藏战争	刘国武	衡阳师范学院学报（社科）	1期	2001
川青藏边域环境史地考察——近代中英康藏议界之再释	冯明珠	公元二千年两岸藏学学术会议论文集		2001
浅析第三次康藏纠纷	王燕	民国档案	2期	2003

续表三四

篇、书名	著(译)编者	出处	卷、期	年月日
对《康藏纠纷档案选编》中三份文电年份的订正	吴彦勤	民国档案	1期	2004
南京政府对康藏纠纷的定性及解决措施分析	刘国武	史学集刊	2期	2004
国民政府在第三次康藏纠纷中的治藏之策	郎维伟	民族研究	4期	2005
周季和经营西康始末	陈东村	康导月刊	1卷1期	1938
昌都诺那呼图克图传略（附略历）	徐少凡	边政月刊	5期	1931
诺那上师传略·开示录	徐少凡 冯重熙	广东佛教会		1934
诺那佛蜕化后之衰荣		蒙藏月报	5卷6期	1936
政治喇嘛诺那早期轶事	陈一石	文史杂志	1期	1987
诺那活佛传奇	陈浩望 孙礼	武汉文史资料	2期	2000
诺那活佛的几个重要史实略考	罗同兵	宗教学研究	2期	2004
记庐山诺那活佛塔	明栋	佛教文化	6期	1994
西康格桑泽仁事件经过	青峰	四川文献	157期	1975
康藏风云人物格桑泽仁	李豫川	民族	5期	1993
四十八年的康藏风云人物——格桑泽仁	李豫川	西藏民族宗教	1期	1995
近代康区著名政治活动家——格桑泽仁	协饶益西	康定民族师专学报	6期	2005
康藏风云人物格桑群觉	李豫川	民族	9期	1999
班禅入川		世界地理杂志	10卷4期	1987
50年前的甘孜事变	孔萨益多	民族	3期	1992
戴季陶甘孜祭奠	冯有志	民族	3期	1993
班禅行辕与刘文辉廿四军之战	旦增加措	西藏文史资料选辑	4辑	1985
甘青川康四省边地藏区之今后	景信 文汉	边疆通讯	3卷8期	1945
英在康藏边筑路前年春早经开始并在康境竖立界碑建房		申报		1937.7.19
英人在康藏筑路 侵我主权及国防		南京新民报		1948.6.29
英人在康藏边境继续向北修公路		大公报		1948.7.7
英人筑路康藏边境 我官厅正调查事实		中央日报		1948.7.11
英印侵略康藏边境述要	孙子和	近代中国	59期	1987

续表三五

篇、书名	著(译)编者	出处	卷、期	年月日
抗战期间四川藏学研究概述	罗润苍	中国藏学	3期	1996
康藏研究社介绍	任新建	中国藏学	3期	1996
近代以来康区人民的革命斗争	盛明	四川藏学研究	1辑	1993
边民响化		广益丛报	6年17期	1908.8.6
Anthropological Data on Tribesmen of Easten Tibet	W. R. Morse	Journal of the West China Border Research Society	Vol. 1	1922—1923
四川西南之异族	邓志福	成大史学杂志	1卷2期	1930
Notes on the West China Aboriginal Tribes	T. Torrance	Journal of the West China Border Research Society	Vol. 5	1932
The Racial Factor in the Kin Ch'wan Grouping	J. H. Edgar	Journal of the West China Border Research Society	Vol. 5	1932
The Horpa of the Upper Nya or Yalung	J. H. Edgar	Journal of the West China Border Research Society	Vol. 5	1932
青藏川甘边境番民之状况		西北研究	3期	1932
四川会理的土著人种	文江	独立评论	36期	1933
康藏社会与人种		蒙藏月报	2卷1期	1934
芦花黑水番族之社会组织及汉人生活情形	杜明盛	川边季刊	1卷3期	1935
川南民族调查	魏大鸣 古振今	新亚细亚	9卷6期	1935
The Nine Yi, Pah Tih, Seven Yong and Six Man	J. H. Edgar	Journal of the West China Border Research Society	Vol. 7	1935
羌戎考察记	庄学本	蒙藏旬刊	110期	1936
		良友图书印刷公司		1937
		西南边疆	创刊号	1938
四川西南边区民族调查		康藏前锋	3卷8、9期	1936
西康之种族情形		四川月报	9卷4、5期	1936
Ancient Historical Aboriginal Ethnic Groups of Szechwan Province, West China	W. R. Morse Y. Yen	Journal of the West China Border Research Society	Vol. 8	1936
西康三大民族缩影	邱述铃	康导月刊	1卷3期	1938
道孚民族调查		康导月刊	1卷12期	1939

续表三六

篇、书名	著(译)编者	出处	卷、期	年月日
理番县羌戎之组织与生活	高中润	斯文	1卷14、15期	1941
宁属边民调查纪实	王一影	新宁远	1卷2-9期	1940.10-1941.5
Blood Group of Various Races in Szechwan	C. H. Yang	Journal of the West China Border Research Society	Vol. 12	1940
峨边汉夷关系综述	无我	益世报（渝）·边疆研究	37期	1941.8.1
川甘数县边民分布概况	李安宅	新西北	4卷3、4、6期	1941
			5卷4-6期	1942
		李安宅藏学文论选		1992
川西边区羌戎民生活考察记	邱明亮	西北论衡	10卷1、3期	1942
川省西北边民社会之剖视	西适	大学	2卷5期	1943
西康宁属的边民	王一影	边政公论	2卷11、12期	1943
川西调查记	教育部蒙藏教育司	编者刊		1943
西康に於ける漢藏関係	中島敏	史学雑誌	55编10号	1944
Tribes of Li-Fan County in Northwest Szechwan	Lin En-lan	Journal of the West China Border Research Society	Vol. 15	1944
康南沿边十七族	李元福	边疆通讯	3卷9期	1945
西康三十九族之由来	朱祖明	边疆通讯	3卷11、12期	1945
四川西北边区民族之检讨	刘恩兰	新中华（复刊）	4卷10期	1946
川康民族分类	马长寿	边疆通讯	1卷5、6期	1946
康藏民族之分类体质种属及其社会组织	马长寿	民族学研究集刊	5期	1946
罗族杂居之理番县	刘恩兰	文化先锋	6卷9、10期	1946
四川第十六区民族之分布——松理茂懋汶靖六县地区	任乃强	康藏研究	24期	1949
康藏民族杂写	古纯仁（李哲生）	康藏研究	26-29期	1949
从历史上探索康藏民族一些名称	邓少琴	成都工商导报		1951.1.24

续表三七

篇、书名	著（译）编者	出处	卷、期	年月日
四川有哪些少数民族		成都日报		1957
改革前的四川省藏彝地区	吕夫	民族团结	9月号	1958
四川西北边区之民族	陈竹七	中国边政	35期	1971
重庆地方的少数民族	冯小舟等	重庆日报		1979.12.13
凉山地区古代民族资料汇编	蒙默	四川民族出版社		1978
四川省民族分布图及其说明	民研所地理组	庆祝建校卅周年学术讨论集（西南民族学院）		1981
木里民族点滴	王文华	庆祝建校卅周年学术论文集（西南民族学院）		1981
四川少数民族	四川省民族研究所	四川民族出版社		1982
六江流域民族综合科学考察报告一：雅砻江下游考察报告	李绍明 童恩正	中国西南民族研究学会		1983
六江流域民族综合科学考察报告二：雅砻江上游考察报告	李绍明 童恩正	中国西南民族研究学会		1985
黔江土家族苗族简况	《黔江土家族苗族简况》编写组	编者刊		1984
四川省苗族、傈僳族、傣族、白族社会历史调查	四川省编辑组	四川省社会科学院出版社		1986
川东民族资料汇编	川东民族资料编委会	编者刊		1986
川东南土家族苗族社会历史经济调查研究的新进展	杨健吾	四川社联通讯	2期	1990
四川秀山土家族与苗族泸州苗族与秀山苗族手皮纹正常值比较	葛承廉 李慕荣	川北医学院学报	2期	1990
川东南少数民族史料辑	四川黔江地区民族事务委员会	四川民族出版社		1996
任乃强民族研究文集	任乃强	民族出版社		1990
川东南土家族苗族社会历史经济调查研究的新进展	杨健吾	天府新论	2期	1990
阿坝州各民族的形成	徐学书	民族	11期	1990
阿坝历史上的民族交往	徐学书	民族	4期	1991
四川少数民族的构成、人口分布特征及形成原因	罗正富 李文碧	西南师范大学学报（哲社）	3期	1994
论康区民族史中的几个问题	任新建	四川藏学研究	3辑	1995

续表三八

篇、书名	著(译)编者	出处	卷、期	年月日
四川西部山区多民族社会的形成	林俊华	四川大学学报（哲社）	5期	1995
松潘草地部落的历史考察	马勇	西北民族学院学报（哲社）	3期	1997
中国四个人群中MICA基因多态性研究	华西医科大学附属第一医院医学遗传学教研室等	中华医学遗传学杂志	6期	2000
清朝遗风深藏"女儿国"	宋明	旅游	12期	2001
邓少琴西南民族史地论集	邓少琴	巴蜀书社		2001
雅安少数民族	雅安市政协学习文史联络委员会、雅安市民族宗教事务局	编者刊		2001
盐源地区的民族变迁与笮文化	石应平	中华文化论坛	4期	2002
盐源及泸沽湖地区汉族的来源	石应平	中华文化论坛	2期	2002
重庆民族史	管维良	重庆出版社		2002
重庆民族研究论文选	彭林绪 冉易光	重庆出版社		2002
蜀西岷山：寻访华夏之根	俄洛·扎嘎	四川人民出版社		2002
"涵化"与岷江上游民族文化多样性	吴宁等	山地学报	1期	2003
羌、藏民族民间文化考察记	李祥林	成都文物	2期	2003
略论纳西族和藏族的历史关系	杨福泉	云南民族大学学报（哲社）	3期	2004
巴蜀民族史论集	李绍明	四川人民出版社		2004
平武的民族	曾维益	平武县民族宗教事务局		2005

二、氐、羌

篇、书名	著(译)编者	出处	卷、期	年月日
氐	顾颉刚	责善半月刊	1卷23期	1941
		史林杂识初编		1963
氐族源流蠡测 并论彩陶之可能联系	岑仲勉	中山大学学报（社科）	1、2期	1959
有关氐族来源和形成的一些问题	黄烈	历史研究	2期	1965

续表一

篇、书名	著(译)编者	出处	卷、期	年月日
氐族的兴衰及其活动范围	张建昌	兰州大学学报（社科）	4期	1982
论氐族的族源与民族融合	李绍明 冉光荣	四川省史学会史学论文集		1982
论氐和巴、三苗的关系	李绍民	西南民族研究		1983
汉魏时期氐族的分布、迁徙及其社会状况	杨铭	民族研究	2期	1991
氐族史	杨铭	吉林教育出版社		1991
氐族的来源和迁徙	何光岳	天水师专学报	1期	1998
The History, Customs and Religion of the Ch'iang	T. Torrance	Chengtu: American Bible Society		1920
		汶川县档案馆		1987
A Summer Collecting Trip among the Ch'iang people	D. C. Graham	Journal of the West China Border Research Society	Vol. VI	1933–1934
China's First Missionaries: Ancient Israelites	T. Torrance	Thynne & CO. Ltd		1937
羌民生活一瞥	吕朝相	风土杂志	1卷 2、3期	1944
史上羌民记载分析	丁骕	边政公论	3卷5期	1944
羌人体质测量（提要）	颜訚	中国文化研究所集刊	5卷	1946
羌民戎官的九子屯	刘恩兰	文化先锋	6卷14期	1946
四川西北边区的羌民	刘恩兰	地理知识	10期	1950
我国的少数民族简介——羌族		光明日报		1957.2.22
Les K'iang des marches sino-tibétaines, exemple de continuité de la tradition（汉藏走廊的羌族）	R. A. Stein（耿昇）	巴黎大学高等实验学院宗教学系 1957—1958年刊		1957
		西北民族研究	1期	1985
羌族	四川少数民族社会历史调查组羌族小组	民族团结	4月号	1961
四川民委召开羌族历史讨论会探讨羌族族源及古代史分期问题	川调	历史研究	2期	1962
		光明日报		1962.3.1
关于羌族历史若干问题的处理意见	科学院民族研究所四川少数民族社会历史调查组	光明日报		1962.9.13, 1962.9.14
关于羌族古代史的几个问题	李绍明	历史研究	5期	1963

续表二

篇、书名	著(译)编者	出处	卷、期	年月日
羌族简史简志合编（初稿）	四川少数民族社会历史调查组	中国科学院民族研究所		1963
西南少数民族简介：羌族		西南民院学报	1期	1971
古代羌族文化简论	任乃强	民族研究通讯	2期	1979
古羌族派分之民族	任乃强	民族研究通讯	2期	1979
从古籍中探索我国的西部民族——羌族	顾颉刚	社会科学战线	1期	1980
1901－1904年羌族人民反土司统治的斗争	曾唯一	四川师范学院学报（社科）	2期	1980
论解放前羌族封建社会的发展阶段	曾唯一	四川师范学院学报（社科）	4期	1980
羌族简介	周锡银	历史知识	2期	1981
茂汶羌族地区没有经历过奴隶制社会阶段	李汝能	西南民族学院学报（哲社）	2期	1982
略述宋代岷江上游羌族历史	陈泛舟	西南民族学院学报（哲社）	3期	1982
岷江上游羌族的来源	李汝能	西南民族学院学报（哲社）	3期	1984
羌族源流探索	任乃强	重庆出版社		1984
羌族调查材料	西南民族学院民族研究所	编者刊		1984
清乾隆初年茂州三齐羌民反对瓦寺土司的斗争	陈泛舟	西南民族大学学报（哲社）	2期	1985
茂汶羌族自治县概况	《茂汶羌族自治县概况》编写组	四川民族出版社		1985
羌族史	冉光荣等	四川民族出版社		1985
汉藏走廊的羌族	石泰安（耿昇）	西北民族研究	创刊号	1986
羌族简史	羌族简史编写组	四川民族出版社		1986
羌族社会历史调查	四川省编辑组	四川省社会科学院出版社		1986
古羌人的起源及其迁徙	史文	民族论坛	2期	1987
试论古代羌人的地理分布	何耀华	思想战线	4期	1988
羌族，"白色"的民族	杨吉生	民族团结	2期	1989
北川羌族述论	冉光荣	民族论丛	7辑	1989
北川县青片乡羌族社会历史调查报告	四川大学历史系赴北川实习组	民族论丛	7辑	1989
羌族族源研究回顾与展望	雍继荣	中国史研究动态	10期	1989
羌年礼花——羌族历史文化文集	羌年礼花编委会	编者印		1989

续表三

篇、书名	著(译)编者	出处	卷、期	年月日
羌人列国要记	中国人民政治协商会议茂县委员会	编者刊		1989
关于羌族的几个问题	滕堂明保（杨 铭）	国外藏学动态	4期	1990
羌在汉藏之间——川西羌族的历史人类学研究	王明珂	中华书局		1990
羌族历史文化文集（第二辑）	《羌族历史文化文集》编委会	阿坝藏族羌族自治州图书馆		1990
岷江怒潮涌 羌寨峰火燃——羌族人民在红军长征过境时期的革命斗争	罗映光	全国少数民族革命史文集		1991
北川羌族史略	王清贵	中国人民政治协商会议北川县委员会		1991
北川羌族资料选集	北川县政协文史资料委员会	编者刊		1991
试论羌族多元一体格局的形成	徐 平	中央民族学院学报	4期	1992
羌族研究 第一辑——《四川民族史志》	《羌族研究》编委会	《四川省志·民族志》编委办公室	增刊	1992
羌族研究 第二辑——《四川民族史志》	《羌族研究》编委会	《四川省志·民族志》编委办公室	增刊	1992
羌族历史文化文集（第三辑）	《羌年礼花》编辑部	编者刊		1991
略论羌族早期的社会结构	赵 曦	阿坝师专学报	1期	1992
清谢遂《职贡图》中的羌族图像	李绍明	四川文物	4期	1992
试论羌族多元一体格局的形成	徐 平	中央民族学院学报	4期	1992
略论羌族的母系氏族制（上篇）	赵 曦	阿坝师专学报	1期	1993
羌村社会：一个古老民族的文化和变迁	徐 平 郑文林	中国社会科学出版社		1993
羌族历史文化文集（第四集）	阿坝州图书馆	编者刊		1993
羌族	周锡银 刘志荣	民族出版社		1993
羌文化研究文选	北川县政协文史资料委员会	编者刊		1993
羌族寻源及其姓氏初考	陈春勤	阿坝师专学报	2期	1994
羌族的民族·母系氏族探索	赵 曦	阿坝师专学报	2期	1994
羌族在经济、文化、科技方面的贡献	周锡银 刘志荣	西北民族大学学报（自然）	3期	1994

续表四

篇、书名	著（译）编者	出处	卷、期	年月日
什么是民族——以羌族为例探讨一个民族志与民族史研究上的关键问题	王明珂	"中研院"史语所集刊	65本4分册	1994
羌族历史文化文集（第五辑）	杨光成	阿坝藏族羌族自治州图书馆		1994
成都周边有关羌族的两处遗迹考略	李绍明	中华文化论坛	1期	1995
治水安民 羌人首功	杨正苞	文史杂志	1期	1995
羌族		民族团结	5期	1995
古羌人姓氏略谈	陈春勤	阿坝师专学报	1期	1996
羌文化——中国文化的又一根	任乃强	中华文化论坛	2期	1995
四川岷江上流域における羌寨の调查	工藤元男	史观	135册	1996
秦汉时期羌族的迁徙及社会状况	尚新丽	南都学坛	5期	1997
汉族边缘的羌族记忆与羌族本质	王明珂	从周边看汉人的社会与文化——王崧兴先生纪念论文集		1997
羌族历史问题	李绍明	阿坝州地方志编委会、阿坝史志学会		1998
四川的羌族	周润	四川统一战线	1期	2000
"西戎牧羊人"——羌族	李永年	神州学人	8期	2000
北川羌族	北川羌族编委会	编者刊		2000
羌族历史文化研究——中国西部南北游牧文化走廊研究报告之一	卢丁 工藤元男	四川人民出版社		2000
汉代羌人各部述论	李宗放	西南民族学院学报（哲社）	6期	2001
羌文化探幽	叶星光	西羌文学	7期	2001
羌族		中国民族报		2001.5.1
20世纪中国民族家庭实录：羌笛新曲	李锦	云南大学出版社		2001
东方大族之谜——从远古走向未来的羌人	徐平 徐丹	知识出版社		2001
甘孜羌族的分布、来源及其迁徙原因	杨国君	康定民族师专学报	1期	2002
羌笛悠悠 江水长流——甘孜羌族社会历史变迁调查	杨国君	康定民族师专学报	3期	2002
川西北羌族探源——唐宋岷江西山羁縻州部族研究	郭声波	中南民族学院学报（人文）	4期	2002

续表五

篇、书名	著(译)编者	出处	卷、期	年月日
Searching for the Qiang Culture in the First Half of the 20th Century	王明珂	Inner Asia	Vol. 4, nos. 1	2002
古羌文化手册	中国古羌文化学会研讨会	编者刊		2002
羌族风情录	张 力	羌族文学编辑部		2002
西羌壮歌	杨光成	《西羌文化》编辑部		2002
羌部落：中心与边缘的文化交融	林俊华	西藏旅游	1期	2003
徘徊在汉与非汉之间——北川羌族的历史人类学研究	王明珂	国家、市场与脉络化的族群——第三届国际汉学会议论文集·人类学组		2003
羌在汉藏之间——一个华夏边缘的历史人类学研究	王明珂	联经出版事业公司		2003
北川羌族（简明读本）	北川羌族自治县成立庆典筹备委员会	编者刊		2003
边界与反思——敬复何翠萍教授对拙著《羌在汉藏之间》的评论	王明珂	汉学研究	22卷1期	2004
羌族研究综述	耿 静	贵州民族研究	3期	2004
翻译在羌族生活中的重要作用	陈玉堂	阿坝师范高等专科学校学报	4期	2004
羌族：西戎牧羊人	张世辉	中国民族报		2004.9.24
平武羌族	向远木	中国文联出版社		2004
羌族：四川汶川县阿尔村调查	何斯强 蒋 彬	云南大学出版社		2004
羌人 远道成都平原的迁徙者	萧 易	成都日报		2005.10.10
羌族口碑古籍略述	余永泉	阿坝师范高等专科学校学报	1期	2005
为大清戍守边防的丹巴羌族	林俊华	阿坝师范高等专科学校学报	2期	2005
陇西李氏羌族——中国古代民族史研究札记之二	景生魁	阿坝师范高等专科学校学报	2期	2005
古羌文化的断想与新探——中国古代民族史研究札记之三	景生魁	阿坝师范高等专科学校学报	3期	2005
"氂牛种越嶲羌"考辨	石 硕	云南民族大学学报（哲社）	4期	2005
论汉晋的氐羌和隋唐以后的羌族	胡昭曦	历史研究	2期	1963
论氐和羌、戎的关系	李绍明	西南民族学院学报（哲社）	4期	1980
氐与羌	马长寿	上海人民出版社		1984
从云南考古材料看氐羌文化	李昆声	思想战线	1期	1988

续表六

篇、书名	著(译)编者	出处	卷、期	年月日
略述氐羌历史民族区	欧潮泉	青海民族学院学报	4期	1992
夏商时期的氐羌	陈连开	云南民族学院学报（哲社）	4期	1993
从氐羌族系南迁看云南海贝文化	刘光曙	云南民族学院学报（哲社）	2期	1994
谈氐羌同源及其最后一次南迁	杨正苞	西南民族学院学报（哲社）	2期	1994
龙与西南古代氐羌系统民族	杨正权	思想战线	5期	1995
试论盘羊与氐羌	薄吾成	农业考古	1期	2000
羌族与白马藏人文化比较研究	李绍明	思想战线	5期	2000
氐羌源流史	何光岳	江西教育出版社		2000
探寻氐羌族的历史轨迹	晏筱梅	中华读书报		2001.2.21
"邛"为氐羌系说	胡昌钰	中华文化论坛	4期	2002
氐羌民族火崇拜与祖先崇拜"叠合"现象的整理研究	周蔚蔚	云南消防	10期	2003
探寻氐羌族的历史脉络	晏筱梅	中国新闻出版报		2004.4.29
论地理环境因素对西南氐羌民族审美观念的影响	张胜冰	中国海洋大学学报（社科）	3期	2005

三、僰、僚、濮

篇、书名	著(译)编者	出处	卷、期	年月日
Historic Notes on the P'o Jen (Beh Ren)	D. C. Graham	Journal of the West China Border Research Society	Vol. 8	1936
川南僰人考	林名均	文史教学	创刊号	1941
僰人考	郑德坤	说文	4卷合订本	1944
僰人考	芮逸夫	"中研院"史语所集刊	23本	1951
		中国民族及其文化	1卷	1974
西康会理的僰人	赵卫邦	中国文化研究汇刊	10卷	1951
说僰——白族族源试探之一	岑仲勉	文汇报		1961.8.24
说"僰人"——白族源流试探之二	岑仲勉	文汇报		1962.1.14
僰为僚说（上）	蒙默	凉山彝族奴隶制研究	1期	1977

续表一

篇、书名	著(译)编者	出处	卷、期	年月日
僰为僚说（下）——兼论古代西南地区濮人与昆明	蒙 默	凉山彝族奴隶制研究	1 期	1978
"僰人"颅骨与汉人颅骨的比较	汪 澜 胡兴宇	四川省博物馆论文集	1 辑	1981
		泸州医学院学报	3 期	1981
"僰人"十具骨架的观察与测量	秦学圣等	四川省博物馆论文集	1 辑	1981
"僰人"71个牙齿的测量与观察	吕启乾	四川省博物馆论文集	1 辑	1981
对"僰人"一例骨病的探讨	吕启乾	四川省博物馆论文集	1 辑	1981
"僰人"的几个体质特征与傣族和川苗的比较	秦学圣	四川省博物馆论文集	1 辑	1981
		中国八个民族体质调查报告		1982
僰说	张增祺	云南社会科学	4 期	1981
僰人是白族先民的质疑	张 旭	大理文化	3 期	1982
《史记》中"僰中"、"西僰"考辨	祁庆富	重庆师院学报（哲社）	3 期	1982
僰不为僚	何泽宇	民族研究	5 期	1982
僰人的族属与迁徙	林超民	思想战线	5 期	1982
僰人考	翁家烈	贵州民族研究	2 期	1986
蜀西南"僰人"与茶初探	李家光	茶叶通讯	4 期	1986
僰人酒文化	夏述贵 勾承益	青海民族学院学报	2 期	1988
僰人源流考	王文光	昆明师专学报	4 期	1988
从《重修越巂城记》碑看僰人在凉山的踪迹	毛瑞芬	四川文物	4 期	1990
近十余年僰人族属研究综述	胡阳全	云南民族学院学报（哲社）	3 期	1992
僰人、西爨白蛮和白人，各有自己的源流	段鼎周	云南学术探索	2 期	1994
"僰人"遗裔考	刘振垠	文史杂志	2 期	1996
僰为彝说	朱文旭	中央民族大学学报	3 期	1996
"僰人"骨骼的观察与测量	胡兴宇 肖洪文	四川解剖学杂志	1 期	1997
僰人的来源和迁徙	何光岳	吉首大学学报（社科）	1 期	1998
僰人源流考辨新解	朱文旭	思想战线	9 期	1998
僰人颅骨的非测量性观察	胡兴宇 肖洪文	解剖学杂志	3 期	1999
僰人颅骨的测量研究	胡兴宇 肖洪文	解剖学杂志	4 期	1999

续表二

篇、书名	著(译)编者	出处	卷、期	年月日
"僰人"上肢骨的测量研究	胡兴宇 蓝顺清	四川解剖学杂志	4期	1999
"僰人"四肢骨的测量研究	胡兴宇 蓝顺清	泸州医学院学报	5期	1999
"僰人"下肢骨的测量研究	胡兴宇 蓝顺清	四川解剖学杂志	1期	2000
僰人之谜	杨树帆	中国西部	6期	2001
僰乃僰,白非僰	张自新	白族学研究	11期	2001
僰为越论	黄懿陆	广西民族研究	3期	2003
谒识千古僰人之谜	朱法飞 侬国恩	云南档案	1期	2004
僰人之谜	朱法飞 侬国恩	西部大开发	2期	2004
"僰人"三题	张 力	遵义师范学院学报	4期	2004
僰人探源	万栋才	云南民族大学学报(哲社)	5期	2005
四川古代僚族问题	马长寿	青年中国季刊	2卷1期	1940
僚为仡佬试证	芮逸夫	"中研院"史语所集刊	20本上册	1948
僚族研究	戴裔煊	民族学研究集刊	6期	1948
僚族杂考	王文才	中国文化研究汇刊	9卷	1950
僚人考	芮逸夫	"中研院"史语所集刊	28本下册	1957
僚的研究与我国西南民族若干历史问题	田曙岚	贵州省民族研究所		1963
躯䐴之祭(论僚人"盅落"为祭白虎)	王家祐	贵州民族研究	1期	1980
僚人入蜀考	刘 琳	中国史研究	2期	1980
古代僚族略述	严英俊	历史教学	1期	1982
也谈僚的族属问题	范宏贵	思想战线	2期	1982
"蜀本无僚"辨	蒙 默	西南民族学院学报(哲社)	3期	1983
唐宋时期的僚族	尤 中	民族研究	4期	1983
中古时期四川的僚族	赵卫邦	西南民族学院学报(哲社)	4期	1984
也说"蜀土无僚"	杨胜章	文史杂志	6期	1987
魏晋南朝蛮、僚、俚族的北徙	张泽洪	四川大学学报(哲社)	4期	1988
魏晋南朝蛮、僚、俚族与汉族的融和	张泽洪	楚雄师专学报	2期	1989

续表三

篇、书名	著(译)编者	出处	卷、期	年月日
《坛经》中"獦獠"一词读法——与潘重规先生商榷	蒙默	中国文化	1期	1995
敦煌写本《坛经》"獦獠"辞义新解	张新民	贵州大学学报（社科）	3期	1997
入蜀僚人的民俗特征与语言遗存——"僚人入蜀"再研究	刘复生	中国史研究	2期	2000
"僚"名的读音与弃用	陈杰	广西民族研究	3期	2002
西南地区僚族与汉族的融合及意义	吴静 张友谊	重庆三峡学院学报	2期	2003
试论"僚人入蜀"及其原因	周蜀蓉	四川师范大学学报（社科）	5期	2003
析"僚人入蜀"的影响	周蜀蓉	西南师范大学学报（社科）	5期	2004
论僚人入蜀及其意义	卢华语	中国魏晋南北朝史国际学术研讨会论文集		2004
南平僚非獠人辨——兼论播州杨保与南平军獠人为同一族类	罗荣泉	贵州民族研究	4期	2005
西南夷——"百濮"之种类及其相互关系	范义田	旅行杂志	18卷3期	1944
论濮、僚与仡佬的相互关系	田曙岚	思想战线	4期	1980
说濮	江应樑	思想战线	1期	1980
百越族属研究	江应樑	西南民族历史研究集刊	1集	1980
濮族的来源和迁徙——兼论楚并濮地	何光岳	贵州社会科学	3期	1984
关于濮人问题（上）	龚荫	西南民族学院学报（人文）	3期	1987
关于濮人问题（下）	龚荫	西南民族学院学报（人文）	4期	1987
"濮"说	张增祺	贵州民族研究	1期	1986
四川古濮人的岩葬文化	杨军 郑从武	文史杂志	6期	1990
论古代云贵高原的濮、僚族及其和百越的关系	宋蜀华	中央民族学院学报	5期	1991
中国古代濮族分布考	田晓岫	中央民族学院学报	5期	1992
试探考古学上的濮文化	舒向今	民族研究	1期	1993
从考古材料看早期的"濮"与"濮文化"	朱世学	四川文物	3期	1995
论古代重庆地区的濮、僚族	杨明	重庆师院学报	4期	1995
论早期濮文化与巴文化的关系	朱世学	民族论坛	2期	1996

续表四

篇、书名	著(译)编者	出处	卷、期	年月日
四川的古居民：濮人——从四川三星堆巨形青铜像说开去	罗曲	中南民族学院学报（哲社）	3期	1996
濮人僚人辨	范增如	安顺师专学报	1期	1999
濮文化新探	李盛铨	成都文物	3期	2000
濮文化再探	李盛铨	成都文物	4期	2000
南土濮人略论	刘自兵	三峡大学学报（人文）	1期	2002
古百濮文化特征试探	李盛铨	文史杂志	1期	2002
重庆地区濮、僚族的相互关系及其社会状况	杨明	三峡文化研究丛刊		2002
百濮考	杨帆	中国边疆考古学术讨论会论文摘要		2005

四、纳西族

篇、书名	著(译)编者	出处	卷、期	年月日
Les Mo-so: Ethnographie des Mo-so, leurs religions, leur langue et leur écriture	Jacques Bacot	E. J. Brill		1913
关于么些之名称、分布和迁徙	陆云逵	中研院史语所集刊	7本1分册	1936
么些民族考	方国瑜	民族学研究集刊	4辑	1944
么些人之社会组织与宗教信仰	吴泽霖	边政公论	4卷3—8期	1945
么些族迁路线之寻访——祭祖经典一段之研究	李霖灿	"中研院"史语所集刊	23本上册	1951
我国的少数民族简介——纳西族		光明日报		1957.1.11
纳西族简史简志合编（初稿）	中国科学院民族研究所云南少数民族社会历史调查组	编者刊		1963
はじめに	白鸟芳郎	中国大陆古文化研究	8集	1978
纳西（麼些）族の伝承とその资料——「人類遷徙記」を中心として	君岛久子	中国大陆古文化研究	第8集	1978

续表一

篇、书名	著(译)编者	出处	卷、期	年月日
人類遷徙記	和志武整理（君島久子、新島翠）	中国大陸古文化研究	第8集	1978
MO-so（Na-Khi）族の文献中の洪水説話	J. F. Rock（村井信幸）	中国大陸古文化研究	第8集	1978
不死の薬を尋ねて	和即仁整理（君島久子、伴幸子）	中国大陸古文化研究	第8集	1978
納西族の動物物語	劉釗搜集（君島久子、橋本善信）	中国大陸古文化研究	第8集	1978
納西族の母系家族	宋恩常（百田弥栄子）	中国大陸古文化研究	第8集	1978
纳西族的渊源、迁徙和分布	方国瑜 和志武	民族研究	1期	1979
试论纳西族的自称族名	和即仁	思想战线	4期	1980
纳西族源于羌人之新证	汪宁生	思想战线	5期	1981
家庭产生和发展的活化石——泸沽湖地区纳西族家庭形态研究	严汝娴	中国社会科学	3期	1982
四川的纳西族	李绍明	历史知识	5期	1982
试论历史上纳西族和藏族的关系	郭大烈	中央民族学院学报	1期	1883
关于纳西族的家庭类型问题	夏之乾	中国社会科学	2期	1983
国内纳西族研究述评	郭大烈	云南社会科学	5期	1983
纳西族史札记	邓少琴	西南民族研究		1983
川滇边境纳日人的族别问题	李绍明	中国社会科学	1期	1984
纳西族支系研究一题	和志武	中央民族学院学报	3期	1984
纳西族简史	《纳西族简史》编写组	云南人民出版社		1984
纳西族	李近春 王承权	民族出版社		1984
元明清时期的纳西族和傈僳族	尤 中	云南社会科学	3期	1986
四个部族的由来	木丽春等	山茶	4期	1986
四川省纳西族社会历史调查	四川省编辑组	四川社会科学院出版社		1987
从创世神话看纳西族的游牧民性与农耕民性	诹访哲郎（姜 铭）	云南民族学院学报（哲社）	2期	1989
纳西族形成的多元论	郭大烈	云南社会科学	2期	1991
纳西族与古羌人的渊源关系	和发源	云南社会科学	4期	1991

续表二

篇、书名	著(译)编者	出处	卷、期	年月日
纳西族族源新说三疑——与诹访哲郎先生商榷	林向萧	云南民族学院学报（哲社）	4 期	1991
"摩些"与"纳木依"语源考	和即仁	民族语文	5 期	1991
纳西族传统文化的历史亲缘关系	刘龙初	民族学研究		1991
再论纳西族的成立过程——答和发源先生及林向萧先生	诹访哲郎（曾 红）	云南民族学院学报（哲社）	2 期	1992
纳西族研究的过去、现在和未来	安东尼·杰克逊（杨健吾）	民族译丛	6 期	1992
《徐霞客游记》鼠落部落探源	陈宗祥	凉山民族研究	创刊号	1992
纳西族族源新说再质疑——与诹访哲郎先生进一步商榷	林向萧	云南民族学院学报（哲社）	1 期	1993
"摩梭"称谓应还其历史本来面目——兼谈纳西族的他称和自称	杨启昌	今日民族	6 期	1994
穿过沙漠 走近绿洲——摩梭母系大家庭何以延续至今	和建华	科技文萃	12 期	1994
纳西族史	郭大烈 和志武	四川民族出版社		1994
浅论藏文化与纳西文化之交汇	和少英	民族研究	1 期	1995
泸沽湖畔的母系家族村落	彭建群	今日中国	3 期	1995
当今母系社会——四川落水村	夏民安	农村·农业·农民	4 期	1995
纳西——奇特的民族	揣振宇	百科知识	5 期	1995
女源男流：从象征意义论川滇边境纳日文化中社会性别的结构体系	翁乃群	民族研究	4 期	1996
摩梭人母系家庭的待解之谜	吴 象	炎黄春秋	9 期	1997
还摩梭称谓的本来含义	杨启昌	中央民族大学学报	1 期	1998
泸沽湖畔"女儿国"	杜奎昌	文史春秋	6 期	1998
走进女儿国——摩梭母系文化实录	拉木·嘎吐萨	云南美术出版社		1998
纳西族石刻档案探析	陈子丹	西南民族学院学报（哲社）	3 期	1999
简论摩梭风情的实质和存在价值	和家修	学术探索	5 期	1999
神秘的泸沽湖和摩梭人	张卫民	国际服装动态	6 期	1999
未解之谜——最后的母系部落	李达珠 李耕冬	四川民族出版社		1999
纳西——摩梭的亲属制度及其文化	孟彻理（徐志英、张 伟）	云南社会科学	4 期	2000
四川的纳西族	王晓天	四川统一战线	5 期	2000

续表三

篇、书名	著(译)编者	出处	卷、期	年月日
泸沽湖畔摩梭人	李兴顺	今日民族	5期	2000
藏文化和纳西文化的交流	徐丽华	青海民族学院学报	2期	2001
纳西族	韩城	西部大开发	5期	2001
泸沽湖畔摩梭人（上）（下）	张昆华	海内与海外	5、7期	2001
摩梭母系制新解	亦平	中国妇女报		2001.2.13
论摩梭"花楼"与"衣杜"的关系	钟继刚 景志明	西昌师范高等专科学校学报	1期	2002
唐代磨些部落与《格萨尔王传·保卫盐海》中的"姜国"	赵心愚	西南民族学院学报（哲社）	4期	2002
泸沽湖与摩梭人	施丕振	丝绸之路	5期	2002
纳西族、藏族同源异流关系考略	杨福泉	云南社会科学	6期	2002
唐代麽些蛮与吐蕃、南诏关系初探	杨文顺	民族问题研究	6期	2002
纳西族与古羌人渊源关系的又一证据	赵心愚	中山大学学报（社科）	2期	2003
走进摩梭人的神秘世界	郑海	寻根	3期	2003
阴阳相谐的摩梭母系制	和钟华	寻根	3期	2003
Y染色体、线粒体DNA多态性与云南宁蒗摩梭人的族源研究	文波等	中国科学（C辑：生命科学）	4期	2003
女性人类学与摩梭母系文化研究的新进展	马世雯	云南民族学院学报（哲社）	6期	2003
摩梭为"母系社会活化石"说质疑——摩梭文化系列考察之一	白庚胜	云南民族学院学报（哲社）	6期	2003
纳西族先民的迁徙路线及特点	赵心愚	西南民族大学学报（人文）	2期	2004
略论纳西族和藏族的历史关系	杨福泉	云南民族大学学报（哲社）	3期	2004
泸沽湖母系遗风	伍参	中国石化	4期	2004
纳西族与藏族关系史	赵心愚	四川人民出版社		2004
母系社会——摩梭人——摩梭文化——走婚	那鹰	云南政协报		2004.11.3
格姆女神与摩梭文化	周建清	云南艺术学院学报	3期	2005
论摩梭母系文化的变迁	杨丽娥	思想战线	6期	2005
近十余年纳西族研究综述	胡阳全	云南民族大学学报（哲社）	6期	2005
泸沽湖：母系社会的最后领地	陈甫林 胡宗平	中国西部	11期	2005
纳西族与藏族历史关系研究	杨福泉	民族出版社		2005

五、彝族

篇、书名	著(译)编者	出处	卷、期	年月日
越夷进化		重庆商会公报	98 期	1908
建昌夷情		广益丛报	6 年 26 期	1908.11.3
凉山平夷	天目	(商务)教育杂志	2 年 4 期	1910
凉山夷务调查记		地学杂志	4 年 5 期	1913
建昌夷考	无生	地学杂志	4 年 7 期	1913
四川峨边夷人现状之调查		地学杂志	13 年 2 期	1922
The Lolos of Szichwan	D. C. Graham	Journal of the West China Border Research Society	Vol. 3	1926—1929
倮罗述略	夏廷棫	语历所周刊	3 卷 35、36 期	1928
罗罗说略	杨成志	岭南学报	1 卷 3 期	1930
凉山夷地调查记		大公报		1931.4.29 – 1931.5.27
从西南民族说到独立倮倮	杨成志	考古学杂志	创刊号	1932
		新亚细亚	4 卷 3 期	1932
西南夷族考察记	曲木藏尧	中国国民党四川省党务特派员办事处		1932
		拔提书店		1933
The Independent Lolo of South-West Szechwan	T. Cook	Journal of the West China Border Research Society	Vol. 8	1936
The Historicl Origins of The Lolo	Feng Hanyi、J. K. Shryoc（陈宗祥、杜品光）	Havard Journal of Asiatic Studies	3 期	1938
		凉山彝族奴隶制研究	1 期	1979
中国西南民族中的倮倮族	杨成志	地学杂志	22 卷 1 期	1934
四川的巴布凉山人——他们的素描	蔡希陶	太白半月刊	1 卷 6 期	1934
四川的巴布凉山人——黑骨头和白骨头	蔡希陶	太白半月刊	1 卷 6 期	1934
四川的巴布凉山人——他们的商业和交通	蔡希陶	太白半月刊	1 卷 6 期	1934
四川的巴布凉山人——他们的起居饮食	蔡希陶	太白半月刊	1 卷 7 期	1934
西南国防与倮夷民族	曲木藏尧讲、高伯琛记	方志月刊	7 卷 5 期	1934

续表一

篇、书名	著(译)编者	出处	卷、期	年月日
四川的巴布凉山人	蔡希陶	太白半月刊	1卷10期	1935
四川境内之倮倮	吴山愁	川边季刊	1卷1期	1935
川南马边夷人之概况	峻德	康藏前锋	2卷9期	1935
马边夷人调查	重庆中国银行调查组	川边季刊	1卷3期	1935
大凉山之倮倮民族	(李旭华)	河北第一博物院画刊	102、103、105、107期	1935.12-1936.2
西南夷族史	岭光电	新夷族	1卷1期	1936
四川宁属的倮倮	张子凌	边事研究	4卷5期	1936
西南夷族问题	潘齐彭	边疆半月刊	2卷7期	1937
川边倮倮占据之地带	羌生	边事研究	5卷2期	1937
川滇秘密区的巴布凉山	宜山	边事研究	5卷3期	1937
宁属小凉山中黑夷之分布		康导月刊	1卷12期	1939
西康宁属倮夷情况	陶继潜	边事研究	9卷3、4期	1939
再论夷汉同源	张廷休	西南边疆	6期	1939
宁属的倮倮	施焰	国讯旬刊	216期	1939
宁属洛苏概况	本刊调查室	蒙藏月刊	12卷2—5期	1940
罗罗之社会学研究	李璜	责善半月刊	2卷7期	1941
我所知的倮倮	黄万里	新宁远	1卷4、5期	1941
雷波小凉山倮族调查	徐益棠	西南边疆	13期	1941
漫谈西康宁属的倮倮	王一影	益世报(渝)·边疆研究	19期	1941.4.3
西康夷族调查报告	庄学本	西康省政府		1941
雷马屏峨夷务鸟瞰	康兴璧 毛筠如	四川省政府		1941
大小凉山之倮倮	寄农	中国边疆	1卷1期	1942
宁属倮夷一瞥	张鸿海	康导月刊	4卷2、3期	1942
倮族	温则	中国边疆	1卷11、12期	1942
宁属夷族鸟瞰	弓也长	康导月刊	4卷4、5期	1942

续表二

篇、书名	著(译)编者	出处	卷、期	年月日
打冤家——倮倮氏族间之战争	徐益棠 杨国栋	边政公论	1卷 7、8期	1942
倮情述论	岭光电	著者刊		1943
大凉山夷区考察记	曾昭抡	求真社		1945
如何安辑大凉山之倮倮	曾问吾	中国边疆	3卷 3、4期	1944
雷波小凉山之倮民	徐益棠	金陵大学中国文化研究所		1944
A Brief Acoount of the Yenching Expedition to the Lolo Community	林耀华	Journal of the West China Border Research Society	Vol. 15A	1944
倮苏概述	岭光电	康藏研究	7期	1947
西康宁属的倮族	王成圣	边疆通讯	4卷7期	1947
我对雷波夷人的观感	岭光电	康藏研究	11期	1947
西康大凉山中的倮倮	傅懋勣	广播周报（复刊）	25期	1947
倮倮夷族	沈绳武	中央日报		1947.7.19
凉山夷家	林耀华	商务印书馆		1947
大小凉山倮族通考	任映沧	西南夷务丛书社		1947
大小凉山之夷族	毛筠如	四川省政府建设厅		1947
倮区汉奴吁天录	刘芷汀			1947
凉山夷族的奴隶制度	江应樑	珠海大学编辑委员会		1948
凉山夷区去来	戴咏修	今日新闻社		1947
川康边区夷族的新估计	余文成	边疆通讯	5卷 6、7期	1948
历史悠久的彝族	束之强	工商导报		1951.4.18
凉山彝人的"打冤家"	唐家弘	工商导报		1951.5.9
关于彝族古代史一些问题的探讨		光明日报		1961.5.22
彝族历史上最大的一次奴隶起义——拉库起义	周锡银	民族团结	11月号	1962
对1914年凉山彝族大起义性质的探讨——兼与周锡银同志商榷	李绍明	江海学刊	3期	1964
九龙冕宁盐源石棉古蔺彝族地区社会简况	中国科学院民族研究所四川民族调查组	编者刊		1964
彝族	云丁	思想战线	5期	1975

续表三

篇、书名	著(译)编者	出处	卷、期	年月日
四川宁属山川及乌蛮分布形势	李璜	四川文献	151、152期	1975
论凉山"赤黑日尔"奴隶起义	克日木嘎等	四川大学学报（哲社）	1期	1976
明代彝族社会的冤家械斗	胡庆钧	凉山彝族奴隶制研究	1期	1977
		明清彝族社会史论丛		1981
西方著作中关于彝族的论述	（张良春等）	凉山彝族奴隶制研究	1期	1978
关于凉山彝族来源问题	李绍明	凉山彝族奴隶制研究	2期	1978
		思想战线	5期	1978
西南少数民族简介：彝族	阿昌	西南民族学院学报（哲社）	2期	1979
凉山彝族"兹莫统治时期"初探	蒙默	社会科学研究	4期	1979
试论彝族的起源问题	蒙默	思想战线	1期	1980
凉山彝族与汉族的历史关系	何耀华	思想战线	3期	1980
彝族	张光显	历史知识	3期	1980
解放前西方人在彝族地区的活动	张春良	凉山彝族奴隶制研究	1期	1981
元代凉山彝族地区的行政与经济	徐铭	西南民族学院学报（哲社）	3期	1981
驳帝国主义文人对凉山彝族的一个谬论	何耀华	思想战线	5期	1983
略论彝族渊源问题	吴恒	西南民族研究		1983
元代彝族地区奴隶制度的发展及其变化	胡庆钧	西南民族研究		1983
"诺苏"不是"罗喋"		四川音乐	5期	1984
四川省凉山彝族社会历史调查	四川省编辑组	四川省社会科学院出版社		1985
明代凉山黑彝反抗土司的斗争	徐铭	西南民族学院学报（哲社）	1期	1986
民国政府对凉山彝区的统治	张全昌	西南民族学院学报（哲社）	2期	1986
大凉山彝家	吴海全	四川民族出版社		1986
《清实录》彝族史料辑要	魏治臻	云南民族出版社		1986
卢族西迁与彝族关系考	孙华	贵州民族研究	1期	1987
论解放前凉山彝族奴隶社会的冤家械斗	李绍明	云南社会科学	4期	1987
凉山彝语地名初探	巴莫阿依	民族研究	6期	1987
彝族简史	《彝族简史》编写组	云南人民出版社		1987
彝族古代史	马长寿遗著、李绍明整理	上海人民出版社		1987

续表四

篇、书名	著(译)编者	出处	卷、期	年月日
四川省凉山彝族社会历史调查资料选编	四川省编辑组	四川省社会科学院出版社		1987
四川省彝族历史调查资料、档案资料选编	四川省编辑组	四川省社会科学院出版社		1987
略论清政府统治凉山彝区的政策演变	秦和平	民族研究	1期	1989
泸定彝族社会历史调查报告	林俊华	民族论丛	7辑	1989
谈四音格词语的结构兼及凉山彝族的源流问题	谢志礼	西南民族学院学报（哲社）	1期	1990
论彝族古代文明的起源	易谋远	贵州民族研究	2期	1991
凉山——彝族的故乡	李明	现代中国	7期	1990
凉山彝族"四十八家"运动始末	朱文旭	中央民族学院学报	5期	1992
清代凉山的"夷患"与王朝的措施	杨明洪	西南民族学院学报（哲社）	5期	1993
中国文明的又一源头——金沙江南北两侧彝族山乡	刘尧汉	寻根	6期	1995
几部彝文典籍记载的彝族兹莫	伍精华	凉山民族研究		1995
凉山彝家的巨变	林耀华	商务印书馆		1995
彝族族源初探——兼论彝族文字的历史作用	王继超 陈长友	中央民族大学学报	3期	1996
川西南彝族在唐宋时期的发展概略	李宗放	西南民族学院学报（哲社）·中华彝学增刊		1996
三星堆文化居民与彝族先民的关系	钱玉趾	成都文物	4期	1996
		贵州民族研究	2期	1998
彝为土著说——兼论语言与民族史研究	朱文旭	西南民族学院学报（哲社）	2期	1998
论彝族起源的主源是以黄帝为始祖的早期蜀人	易谋远	民族研究	2期	1998
民国彝族上层统治集团与滇川黔边彝族社会变迁	潘先林	贵州民族研究	2期	1998
近代化历程中的滇川黔边彝族社会——对中国近代民族史研究理论问题的思考	潘先林	民族研究	3期	1998
凉山土著"邛"人族属及文化考略	朱文旭	凉山民族研究		1998
彝族的民族再生始祖笃慕之族属为昆夷试析	易谋远	中央民族大学学报（哲社）	4期	1999
甘孜州彝族的分布、来源及其迁徙原因	苏静	康定民族师专学报	4期	1999

续表五

篇、书名	著(译)编者	出处	卷、期	年月日
凉山彝族英雄时代	刘宇	云南人民出版社		1999
解放前凉山彝族战事一瞥	罗布合机	西南民族学院学报（哲社）	增刊3	2000
凉山彝家考察	林耀华	凉山大学学报	4期	2000
彝族是开发中国西部的先驱	韦安多	凉山大学学报	4期	2000
彝族史要	易谋远	社会科学文献出版社		2000
甘孜彝族与凉山彝族的关系简介	苏静	康定民族师专学报	2期	2001
浅论凉山彝族古侯、曲涅支系的迁徙	孙子呷呷	凉山大学学报	12期	2001
彝族古地名"玛纳液池"及其彝族深层文化现象透视	普忠良	凉山民族研究		2001
		彝族古文献与传统医药开发国际学术研讨会论文集		2002
喜德县乃彝族中心腹地之说	蒋晓华	文史杂志	1期	2002
从中国彝族的认同谈族体理论——与Steven Harrell商榷	李绍明	民族研究	2期	2002
		凉山大学学报	4期	2002
四川彝学研究文集（一）	四川省彝学会	四川民族出版社		2002
凉山的呼唤	杨晓敏	民族出版社		2002
语言文字与凉山彝族的文化认同	巫达	彝学研究	2辑	2003
说说凉山彝族	胡小平	森林与人类	1期	2004
凉山彝族水田人来源及其文化变迁	朱文旭	彝族文化	2期	2004
彝族史研究一世纪	白兴发	凉山大学学报	2期	2004
从彝汉古籍记载探索中华远古文明和彝族历史分期	陈英	毕节学院学报	4期	2004
从社会习惯法和尔比看凉山彝族传统社会性别的特征	秋么东市	楚雄师范学院学报	4期	2004
千年的凉山，散落在羊皮卷中的文明	凉山彝族奴隶社会博物馆	四川文艺出版社		2004
论三星堆文明与彝族先民的渊源关系	巴且日火	中华文化论坛	1期	2005
凉山彝语地名命名方式及文化内涵	沙马打各	西昌学院学报（人文）	1期	2005
站在凉山望彝族	马尚林	寻根	1期	2005
四川彝族的起源初探——来自人类白细胞抗原-B基因的线索	许铭炎等	汕头大学医学院学报	4期	2005
作为中国最大的彝族聚居区，凉山拥有相对完整的、系统的原生态文化——民族文化独树一帜	刘宏伟	四川党的建设（城市）	7期	2005

续表六

篇、书名	著(译)编者	出处	卷、期	年月日
彝族	摩根	素质教育博览	11期	2005
莫古格埠 凉山彝族的发祥地——寻访古侯、曲涅两支系汇合结盟形成部落式凉山彝族奴隶社会的起点遗址		凉山日报		2005.3.27
川南奇山远古风情	贾金凤 王牧	中国民族博览	4、5期	2005
四川彝学研究文集（二）	四川省彝学会	四川民族出版社		2005
中国彝家第一村——攀枝花迤沙拉民族历史文化研究	王文君	著者刊		2005
峨边倮倮社会	谭英华	风土杂志	1卷1期	1943
凉山倮民之类政治的组织（附表）	徐益棠	中国文化研究汇刊	3卷	1943
大凉山倮倮的阶级制度	林耀华	边政公论	3卷9期	1944
凉山夷区的社会建设	马长寿	边疆通讯	4卷8、9期	1947
凉山夷族的奴隶制度	江应樑	珠海学报	1集	1948
凉山彝族的政治形态	唐家弘	工商导报		1951.5.3
大凉山彝族社会概况	胡庆钧	中国民族问题研究集刊	2期	1955
西康大凉山彝族的社会制度是我们国家的基本制度	杨化南等	科学集刊（中国人大）	4期	1955
论凉山彝族的奴隶制度	胡庆钧	教学与研究	8、9期	1956
再论凉山彝族的奴隶制度	胡庆钧	教学与研究	1、2期	1957
有关凉山彝族社会性质的讨论	高哲	光明日报		1957.4.5
凉山彝族的社会见闻	盛夏	学习	9期	1957
凉山彝族社会的历史发展	江应樑	云南大学学报（人文）	1期	1958
四川凉山彝族地区民主改革以前的社会面貌	四川民族调查组	民族研究	1期	1958
从民主改革以前凉山彝族地区的阶级关系看其当时的社会性质	章峰	云南大学学报（人文）	3期	1958
打碎奴隶的枷锁	纪希晨	民族团结	2期	1958
对民主改革前凉山彝族地区社会性质的探讨	施修霖 陈吉元	民族研究	9期	1959
从奴隶社会向社会主义社会飞跃的凉山彝族		旅行家	10期	1959

续表七

篇、书名	著(译)编者	出处	卷、期	年月日
试论民主改革前凉山彝族社会中阿加的阶级属性	陈可畏	民族研究	6期	1960
从奴隶制度飞跃到社会主义——凉山彝族的昨天和今天	王维训	红旗	6期	1960
与施修霖、陈元吉两同志商榷关于民主改革前凉山彝族社会经济结构问题	梁山	民族研究	6期	1960
我国学术界讨论凉山彝族社会经济结构问题		人民日报		1960.9.1
民主改革以前凉山彝族的社会性质问题	胡庆钧	光明日报		1961.5.10
论凉山彝族解放前的社会性质	束世澂	新建设	6期	1961
民主改革前凉山彝族奴隶社会简介	季超	教学与研究	2期	1962
关于解放前凉山彝族社会性质的几个问题	刘炎	文史哲	4期	1962
解放前凉山的奴隶市场	洲心	学术研究（云南）	1期	1963
解放前凉山彝族社会性质研究述评	胡庆钧	历史研究	2期	1963
		明清彝族社会史论丛		1981
评《解放前凉山的奴隶市场》	科学院民研所云南民族调查组	学术研究（云南）	3期	1963
谈谈解放前凉山彝族社会的性质问题——兼与束世澂、施修霖和陈元吉同志商榷	王景阳	民族团结	7期	1963
关于凉山彝族奴隶社会形成问题的一个看法	赵卫邦	成都晚报		1963.12.13
奴隶的仇恨	乃乃列惹	民族团结	4期	1964
半封建半殖民地的旧中国与凉山彝族的奴隶制	杜玉亭	凉山彝族奴隶制研究	1期	1977
凉山彝族奴隶社会的婚姻与家庭	张光显	凉山彝族奴隶制研究	1期	1977
解放前凉山彝族社会的性质问题	康德琯	凉山彝族奴隶制研究	1期	1977
论凉山彝族奴隶社会曲诺等级的阶级属性	李绍明	凉山彝族奴隶制研究	1期	1977
论"曲诺"的阶级属性	何耀华	思想战线	6期	1977
从我国某些少数民族情况谈奴隶和农奴的区别	王景阳	思想战线	6期	1977
凉山彝族社会性质讨论集	凉山彝族奴隶制编写组	编者刊		1977

续表八

篇、书名	著(译)编者	出处	卷、期	年月日
从奴隶制与封建制的区别看凉山彝族社会性质	侯绍庄	凉山彝族奴隶制研究	1期	1978
奴隶制生产关系的两种类型与解放前凉山彝族的社会性质	康德琯	凉山彝族奴隶制研究	2期	1978
关于阿加子女的赎身	罗运达	凉山彝族奴隶制研究	2期	1978
论川滇大小凉山彝族等级制度的起源	何耀华	思想战线	3期	1978
试论凉山彝族奴隶社会的等级结构	杜玉亭	中央民族学院学报	4期	1978
从生产资料所有制形式看民主改革前凉山彝族社会性质	张光显	凉山彝族奴隶制研究	1期	1979
		民族研究文集		2000
凉山彝族社会等级制形成问题辨析	侯绍庄	凉山彝族奴隶制研究	1期	1979
凉山彝族奴隶制等级结构的形成	赵卫邦	凉山彝族奴隶制研究	1期	1979
试论凉山彝族社会的等级结构	杜玉亭	凉山彝族奴隶制研究	1期	1979
略论彝族奴隶社会的发展阶段	何耀华	思想战线	2期	1979
解放前凉山彝族的等级、家支和婚姻	李坚尚等	民间文学	12月号	1979
凉山彝族社会刍论——几个有关的理论问题的探讨	唐嘉弘	凉山彝族奴隶制研究	1期	1980
从"阿加"看授产奴隶的典型并论授产奴隶在农业生产上普遍使用的原因	胡钟达	武汉大学学报（哲社）	1期	1980
奴隶制和农奴制是同时产生的	侯绍庄	凉山彝族奴隶制研究	1期	1980
凉山彝族一个奴隶市场的调查报告	詹承绪	民族研究	4期	1980
宋代彝族先民地区奴隶制度的繁荣发展	胡庆钧	思想战线	5期	1980
怎样准确地区别奴隶和农奴	张光显	思想战线	6期	1980
关于奴隶制与农奴制的区别问题——兼答张光显同志	王景阳	凉山彝族奴隶制研究	1期	1981
黑白彝关系初探	刘鞠林 郭孝儒	凉山彝族奴隶制研究	1期	1981
关于凉山彝族奴隶制度形成问题	郭孝儒	凉山彝族奴隶制研究	1期	1981
四川凉山奴隶呷西等级的基本特征	都梁	西南民族学院学报（哲社）	2期	1981
关于庶人和曲诺的比较研究	斯维至	思想战线	4期	1981
明代凉山彝族的奴隶制度	胡庆钧	明清彝族社会史论丛		1981
清初以来彝族奴隶制度的变化	胡庆钧	明清彝族社会史论丛		1981

续表九

篇、书名	著(译)编者	出处	卷、期	年月日
论曲诺的被保护民地位与凉山彝族奴隶制的发展阶段	胡庆钧	民族学研究	3辑	1982
郭沫若与凉山彝族奴隶制研究	胡庆钧	学术月刊	7期	1983
解放前西昌彝族社会的奴隶制度	陈汝聪	文史资料选辑	95辑	1984
凉山彝族奴隶社会	《凉山彝族奴隶社会》编写组	人民出版社		1982
凉山彝族奴隶制研究	周自强	人民出版社		1983
凉山彝族社会性质讨论中的几个主要问题	胡庆钧	思想战线	3期	1985
凉山彝族奴隶制研究中的几个理论问题	李绍明 张光显	民族学研究	6辑	1985
凉山彝族奴隶制社会形态	胡庆钧	中国社会科学出版社		1985
关于奴隶制社会形态的研究——兼论凉山彝族的奴隶制	何耀华	思想战线	4期	1987
凉山彝族奴隶社会家庭的社会功能	徐铭	西南民族学院学报（哲社）	1期	1988
凉山彝族奴隶制时代的等级、阶级和阶层结构新论	易谋远	民族论坛	1期	1989
怎样理解奴隶制研究中的一些问题	侯绍庄	贵州民族研究	1期	1989
论民改前凉山彝族社会的等级结构	李绍明	凉山民族研究		1992
凉山彝族奴隶制是"氏族奴隶制"吗——和刘尧汉先生商讨	易谋远	西南民族学院学报（哲社）	3期	1993
会理"娃子寨"奴隶起义	陈汝聪	民族研究文集成		2000
凉山彝族奴隶的法律地位——兼与清代奴婢比较	张晓蓓	西南民族大学学报（人文）	3期	2004
雷马屏峨夷人生活	无畏	新中华	2卷23期	1934
聪惠的倮民	铃	康导月刊	1卷5期	1939
可堪效法之倮民	铃	康导月刊	1卷5期	1939
倮㑩及其文化	王绍曾	新宁远	1卷3期	1940
倮㑩生活考察记	毛筠如	蒙藏月报	12卷2、3期	1940
凉山倮㑩之氏族组织	李景汉	边政公论	1卷3、4期	1941
罗罗之社会学研究	李璜	责善半月刊	2卷7期	1941
倮㑩的职业问题	黄万民	康导月刊	4卷8、9期	1942
倮㑩的家庭问题	黄万民	边疆通讯	1卷5期	1943

续表一〇

篇、书名	著(译)编者	出处	卷、期	年月日
宁南黑彝姑娘	凌葆初	康导月刊	5卷9期	1943
凉山罗夷的族谱	马长寿	边疆研究论丛	31-33年度	1945
		民族学研究集刊	5期	1946
凉山倮族系谱	方壮猷	边政公论	4卷9、10期	1945
凉山倮族系谱（续完）	方壮猷	边政公论	5卷2期	1946
Kin ship system of the LoLo	Lin yueh-hwa	Harvard Journal of Asiatic Studies	VoL.IX, nos. 2	1946
倮㑩的衣食住行	白荻	京沪周刊	1卷31、32期	1947
黑夷和白夷	岭光电	边政公论	7卷2期	1948
西康省盐源县夷族支别表及叙言	袁复礼	边政公论	7卷2期	1948
凉山倮族系谱补	陈宗祥	边政公论	7卷3期	1948
凉山彝人的家庭制度	唐家弘	工商导报		1951.4.11
彝族体质测量之绝对值	颜訚	中国文化研究汇刊	10卷	1951
黑夷风土记	资九	建设	2卷5-7期	1953
彝族人是有姓氏的	安学发	光明日报		1957.1.11
什么是家支		民族团结	5期	1959
四川凉山区倮族之支系	清泉	四川文献	55期	1967
从凉山彝族系谱看它的父系氏族制和氏族奴隶制	刘尧汉	凉山彝族奴隶制研究	1期	1979
		彝族社会历史调查研究文集		1980
倮㑩为氏试证	桑秀云	大陆杂志	59卷6期	1979
凉山彝族的"献血为盟"	周锡银	历史知识	1期	1980
论凉山彝族的家支制度	何耀华	中国社会科学	2期	1981
凉山彝族奴隶社会家支制度初探	伍湛	凉山彝族奴隶制研究	1期	1982
四川人手皮纹研究Ⅱ：彝族人十项手皮纹正常值测定	李忠孝等	泸州医学院学报	1期	1982
彝族姓名考源	马学良	民族语言教学文集		1982
四川彝族家支问题	四川省民族研究学会、四川省民族研究所	编者刊		1985
"曲诺"阶级属性新探	易谋远	思想战线	1期	1986
对凉山彝族"家支"概念的研究	易谋运	西南民族学院学报（哲社）	4期	1986

续表一一

篇、书名	著(译)编者	出处	卷、期	年月日
有趣的彝族名字	马拉呷 吴明光	四川文物	4期	1986
凉山彝族社会的家庭结构	徐铭	思想战线	1期	1987
凉山彝族宗族（家支）制度研究的三个问题	易谋远	西南民族学院学报（哲社）	4期	1987
凉山彝族的传统思维及其文化规定性	冯利	民族研究	4期	1988
彝族亲属称谓考	马锦卫	西南民族学院学报·民族语言学研究专辑		1988
对凉山彝族宗族（家支）的探讨	易谋远	西南民族学院学报（哲社）	1期	1989
宗族（家支）观念与凉山彝族繁荣进步的关系	易谋远	思想战线	3期	1989
凉山彝族亲属称谓的序数词素及其民族学意义	瓦尔巫达	中央民族学院学报	4期	1989
试论凉山彝族社会等级制度的起源	潘蛟	中央民族学院学报	5期	1990
试论凉山彝族（诺合）家支的形成和发展	秦和平	西南民族学院学报（哲社）	6期	1990
凉山彝族等级观念的考察	徐铭	西南民族学院学报（哲社）	1期	1992
试论彝族谱牒的特点及功能	胡金鳌 米正国	民族学研究	11辑	1993
对彝文典籍中妇女形象的探讨	伍呷	凉山民族研究		1992
凉山白彝曲木氏族世家	曲木约质	云南人民出版社		1993
说"诺苏"	李永燧	民族语文论文集		1993
"诺苏"为"黑族"义质疑——兼论从语言研究民族的方法论问题	戴庆厦 胡素华	中央民族学院学报	3期	1993
		语言和民族		1994
彝族的族称、支系及其文化特征	卢义	毕摩文化论		1993
凉山彝族人名的构成及其演变	贾巴乌清	云南民族学院学报（哲社）	2期	1994
凉山彝族人名	陈忠贵 王树国	民族团结	4期	1994
试论凉山彝族自称诺苏的来历	武自立	云南民族语文	1期	1995
再说诺苏——有感于戴等《质疑》	李永燧	中央民族学院学报	2期	1995
再论"诺苏"非"黑族"义	戴庆厦 胡素华	中央民族学院学报	2期	1995
颜色字：族称的标志——兼答戴文质疑	李永燧	中央民族学院学报	2期	1998
论彝族谱牒的特点及功能	胡金鳌 米正国	凉山民族研究		1995

续表一二

篇、书名	著（译）编者	出处	卷、期	年月日
凉山黑彝巴且氏族世家	巴且克迪 巴且乌萨	云南人民出版社		1995
旧话新说——论凉山彝族妇女过去的地位	罗 曲 尔古阿枝	西南民族学院学报（哲社）	4期	1997
凉山彝族新旧社会家支的特征和社会作用	瓦渣克己	四川文物	4期	1999
白彝集团的形成与发展——凉山彝族传统社会的基础	徐 铭	西南民族学院学报（哲社）	1期	2000
凉山彝族谱系特点研究	胡素华	凉山民族研究		2000
凉山彝族非血缘亲属称谓试析	巴且日火	民族语文	5期	2000
凉山彝族人名命名特点及文化内涵	潘正云	西南民族学院学报（哲社）	9期	2000
浅析凉山彝谚所反映的妇女地位的多样性	唐黎明	西南民族学院学报（哲社）	增刊3	2000
论凉山传统社会中"独立白彝"的社会地位	李绍明	西南民族学院学报（哲社）	1期	2001
考析彝族亲属称谓系统及其文化信息	马鑫国	凉山大学学报	12期	2001
浅析凉山彝族家庭形态演变	孙子呷呷	凉山大学学报	12期	2001
略论凉山彝族的等级及其演变	罗家修	凉山大学学报	3期	2002
论甘孜彝族家支的特点与作用	苏 静	康定民族师专学报	4期	2002
简论凉山彝族亲属称谓	罗正明	凉山大学学报	1期	2003
彝族自称与彝语氏族地名——兼谈彝族自称、支系及民族地名繁多的缘由	普忠良	民族语文	1期	2003
		贵州民族研究	1期	2003
颜色、象征与国家权力——凉山彝族等级制度与民族名称	巫 达	彝学研究	2辑	2003
凉山彝族谱系特点及其研究价值	胡金整 胡素华	凉山大学学报	2期	2003
		中国彝学	2辑	2004
印度种姓制度与凉山彝族等级制	陈国光	中央民族大学学报	3期	2003
凉山彝族家支制度论要	张德元	贵州民族研究	4期	2003
凉山彝族谱系（彝文）	《凉山彝族谱系》编写委员会	四川民族出版社		2003
彝族社会中"尔普"形式的变迁	巫 达	民族研究	1期	2004

六、藏族

篇、书名	著(译)编者	出处	卷、期	年月日
康藏民族之起源	黄次书	蒙藏周报	1卷第9、10期	1930
		蒙藏月刊	1卷9期	1931
我对于康藏民族称呼的一点意见	曾承本	康藏前锋	4卷8、9期	1937
藏族简介	李有义	光明日报		1949.10.30
		新华月报		1949.12
解放前后的藏族青年	钦绕	西南青年	12期	1950
我国的少数民族简介：藏族		光明日报		1956.9.21
康巴人等		人民日报		1959.4.28
康巴的由来	邓明洁	甘孜报		1980.3.18
藏族	曾文琼	西南民族学院学报（哲社）	1期	1980
藏族	民研	历史知识	2期	1980
关于藏族名称的几个问题	刘俊才 熊树声	甘孜报		1980.6.7
四川省甘孜州藏族社会历史调查	四川省编辑组	四川省社会科学院出版社		1985
四川藏区与中原的联系	李绍明	民族	9期	1992
试论康区藏族的形成及其特点	石硕	西南民族学院学报（哲社）	2期	1993
四川藏学论文集	四川省社会科学院历史所	中国藏学出版社		1993
任乃强对四川藏区开发的贡献	杜文彬	中国藏学研究中心藏学论文选集		1996
藏族族源与藏东古文明	石硕	四川人民出版社		2001
论四川藏族形成的历史过程	东干·格西奇珠	雪原文史	1、2期	2003
川西南藏族史初探	何耀华	思想战线	4期	1985
川西南藏族地域文化	穆文彬	民族	11期	1992
川西南藏族地域文化初探	多吉	西藏大学学报	3期	1993
明代宣德年间松潘藏族人民起义述论	沈定平	社会科学知识	4期	1984
明中央对川西北岷江上游藏区的治理	王蕾	中央民族大学		2005
清代昌都三岩地区政事拾遗	王川	西藏研究	4期	2000

续表一

篇、书名	著(译)编者	出处	卷、期	年月日
近代四川藏族人民的反帝反封建斗争	都淦	民族团结	1期	1964
民主改革前四川藏族牧区封建生产关系的基础	都淦	民族团结	12期	1962
チャン族と四川チベット族——中国青蔵高原東部の少数民族	松岡正子	ゆまに書房		2000
民主改革前四川藏族政治生活的基本特征	杨健吾	西藏研究	2期	2005
松潘社会调查		川边季刊	1卷4期	1935
从有村社残余现象的部落到封建领主制即将形成的部落——阿坝藏族自治州社会历史考察报告	邓子琴	重庆日报		1962.8.21
川西北草地解放前部落社会形态初探	杨明	西南民族学院学报（哲社）	3期	1982
四川・甘粛の藏族地帯を訪ねて	中根千枝	学術月報	35卷12号	1983
川西北草地部落社会形态的调查——兼谈草地部落的社会性质	杨明	中国牦牛	1期	1983
试论川西北藏族游牧部落次生牧区公社形态	杨明	西南民族学院学报（哲社）	2期	1984
四川阿坝藏族手皮纹分析	李忠孝等	四川解剖学杂志	2期	1984
四川省阿坝州藏族社会历史调查	四川省编辑组	四川省社会科学院出版社		1985
川西北藏族牧区部落联盟遗迹初探	杨明	西南民族学院学报（哲社）	1期	1985
麦注部落历史沿革试探	董良	四川藏学研究	2辑	1994
松潘草地部落的历史考察	马勇	西北民族学院学报（哲社）	3期	1997
黑水藏族的语言、文化与民族认同	王铭珂	当代藏学学术研讨会论文集		2004
西康之富藏与番民之生活		蒙藏旬刊	53期	1933
鱼通河人民生活状况		开发西北	2卷2期	1934
封建社会前期之康藏	君亮	康藏前锋	2卷2期	1934
西康番家生活状况		川边季刊	2卷2期	1936
康部社会之没落及其基因	任汉光	康导刊	2卷3期	1939
牛厂娃	庄学本	康导月刊	5卷1期	1943
康人的日常生活与生计	徐仁常	康导月刊	5卷5期	1943
寺院中心与民族中心	徐益棠	康导月刊	5卷7、8期	1943
甘肃西康藏民社区分布沿革		边疆通讯	2卷11期	1944

续表二

篇、书名	著(译)编者	出处	卷、期	年月日
康北藏民社会状况	林耀华	流星月刊	1卷1-4期	1945
康藏社会演进所受之社会影响	任乃强	边疆文化	11期	1945
康藏的游牧社会	谢国安	华西乡建	7卷8期	1947
康定藏民生活素描	方式	西北通讯	3卷8期	1948
甘孜藏族自治州甘孜县麻书乡如西村调查报告	杨辛 张正明	中国民族问题研究集刊	6辑	1957
甘孜一村庄	遇之	民族团结	7月号	1959
西南师范学院历史系考察甘孜藏族地区社会历史		人民日报		1961.8.1
西南师范学院历史系开展社会调查深入考察甘孜藏族社会历史	李桂海	光明日报		1961.9.19
对解放前四川色达草原游牧部落社会的研究	格勒	西南民族学院学报（哲社）	4期	1982
一个藏族游牧部落的宗教、法律、家庭、婚姻调查和研究——对川西北色达草原游牧部落社会的民族学研究之二	格勒	中山大学研究生学刊	特刊号	1984
多麦历史述略	毛尔盖·桑木旦（云登）	民族论丛	7辑	1989
乡城藏族姓氏谈	王旭东	康巴文苑	1期	1990
解放前康巴社会初探	扎西郎甲	甘孜州史志	2期	1990
甘孜藏区大渡河流域封建社会形态调查	杨嘉铭	民族研究动态	3期	1991
德格地区藏族文化的源流及特色	刘先毅	中国藏学	2期	1993
色达牧区人类学调查报告——约如部落社会和文化	嘎·达哇才仁	中国藏学（藏文）	1期	1996
论草地藏族游牧部落农奴制的特殊社会形态	杨明	四川藏学研究	4辑	1997
色尔藏族	曾维益	四川省格萨尔办公室		1997
瓦虚色达：东部藏区的一个游牧部落群体	格勒、南希·列文（瞿胜德）	世界民族	2期	1998
藏族史诗《格萨尔》与色达牧区文化	秋郎	西藏艺术研究	3期	2002
白玉县盖玉区"戈巴"组织的调查	仁真洛巴	民族研究动态	2期	1986
三岩戈巴父系社会简介	范河川	西藏研究	1期	1999

续表三

篇、书名	著(译)编者	出处	卷、期	年月日
山岩"戈巴"——原始父系部落探秘	李天社	中国西部	4期	2000
昌都三岩揭秘（选章）		西藏旅游	4期	2000
戈巴部落	陈自仁	西部人	1期	2003
大渡河上游丹巴藏族民间文化考察报告	郎维伟 艾建	四川省民族研究所		2001
转型中的康区藏族村寨：丹巴县梭坡乡莫洛村考察报告	徐君	西北民族研究	2期	2004
浅析康区藏族妇女社会地位的变化	贾冰	康定民族师专学报	3期	2004
康区藏族宗法文化形态简论	廖杨	贵州民族研究	4期	2002
《康区藏族社会历史调查资料辑要》概说	赵心愚 秦和平	天府新论	6期	2004
巴底藏族民间文化调查	郎维伟	四川藏学研究	8辑	2004
康区藏族社会历史调查资料辑要	赵心愚 秦和平	四川民族出版社		2004
巴底藏族原生态文化考察报告	郎维伟	西藏研究	1期	2005
清代康区藏族妇女生活探析	刘正刚 王敏	中国藏学	4期	2005
新龙藏区的民间文化	李庆国	康定民族师专学报	6期	2005
鲜水河畔的道孚藏族多元文化	刘勇等	四川民族出版社		2005
The Ancient Yong（戎）and Possible Survivals in Szechwan	J. H. Edgar	Journal of the West China Border Research Society	Vol. 6	1933–1934
嘉戎民族社会史	马长寿	民族学研究集刊	4期	1944
川康嘉戎的家族与婚姻	林耀华	燕京社会科学	1卷	1948
		民族学研究		1985
由克村之住居看戎民社区组织	阮怀熙	边政公论	6卷1期	1947
嘉戎与道孚族源考	李范文	宁夏社会科学	1期	1983
		西夏研究论集		1983
川西北嘉绒藏族的土屯制度	李家瑞	思想战线	5期	1983
嘉绒藏族调查材料	西南民族学院民族研究所	编者刊		1984
勇悍善战的嘉戎藏人	张孝忠 毛万良	文史杂志	4期	1986
嘉绒族源初探	邓廷良	西南民族学院学报（哲社）	1期	1986
四川藏族四土家支指、掌纹分析	张济安等	解剖学杂志	2期	1986

续表四

篇、书名	著(译)编者	出处	卷、期	年月日
四川嘉绒藏区社会调查	李绍明	四川民族史志	1期	1987
嘉绒藏族的成因	王建康	西藏研究	3期	1989
本波教起源地象雄为嘉绒藏区（上）（下）	晏春元	西藏研究	3、4期	1989
从藏文字的渊源探讨象雄为嘉绒藏区	晏春元	西藏研究	3期	1990
嘉绒藏族眼中的自然美	侯光 蒋永志	文史杂志	3期	1991
试论嘉戎藏族的起源与形成	严木初	阿坝师专学报	13期	1991
嘉戎藏族史料集	阿坝州藏族史调查组	阿坝州方志地名办公室		1991
"嘉绒"文化浅说	李仲康	西藏研究	4期	1993
嘉绒地区的傩文化	张昌富	西藏艺术研究	3期	1994
踏着彩云寻找他——嘉绒藏族	葛加林	中国旅游	4期	1994
嘉绒藏族的成因与吐蕃的联系	李文实	青海民族学院学报	3期	1989
丹巴县东谷部落社会历史和习俗的考察	拥中扎西	四川藏学研究	2辑	1994
乾隆平定金川对嘉绒文化的影响	张昌富	西藏艺术研究	2期	1995
丹巴地区村落中"斯基巴"、"日瓦"社会功能调查	多尔吉	中国藏学	4期	1995
		中国藏学研究中心藏学论文选集		1996
嘉绒藏族史志	崔丹	民族出版社		1995
嘉绒藏族研究资料丛编	四川藏学研究所	编者刊		1995
浅论嘉绒藏族的起源与形成	严木初	四川藏学研究	4辑	1997
走进神山石碉——采一回嘉绒藏族风	单子恩	中国旅游	2期	1999
永远的嘉绒	阿来	中国民族	11期	2001
走进阿坝嘉绒藏区	李世军等	人民日报（海外）		2001.8.25
丹巴：嘉绒文化之源	林俊华	西藏旅游	6期	2002
嘉绒释名考	德格·扎茨	康巴文苑	3、4期	2003
绚丽多彩的嘉绒藏族文化	马尔康县旅游文化体育局、阿坝藏族羌族自治州马尔康县文化馆	四川民族出版社		2003
试论嘉绒藏族的族源	德吉卓嘎	西藏研究	2期	2004

续表五

篇、书名	著(译)编者	出处	卷、期	年月日
嘉绒研究综述	曾现江	西藏研究	2期	2004
试论明至清初中央王朝对嘉绒藏区的经营	彭陟焱	西藏研究	4期	2004
解读"嘉绒"	杨嘉铭	康定民族师专学报	3期	2005
嘉戎藏族民间礼节文化浅议	严木初 焦安勤	阿坝师范高等专科学校学报	3期	2005
金川东女国及其文化遗俗探秘	马成富	雪域魂		2005
历史上的氐族和川甘地区的白马人——白马人族属初探	孙宏开	民族研究	3期	1980
试论四川平武等地区的达布人为中国古代氐族后裔说	邓子琴	西南师范学院学报（哲社）	3期	1980
略论"达布人"的族属问题	曾文琼	西南师范学院学报（哲社）	3期	1980
白马藏人族属问题讨论集	四川省民族研究所	编者刊		1980
达布人及其族属	毛尔盖·桑木旦	章恰尔（藏文）	2期	1981
四川省平武县白马藏族体质调查初步报告	李文英等	四川解剖学杂志	1期	1984
对白马藏族的皮纹学研究	黄宣银 程志让	人类学学报	4期	1984
白马人的姓氏	邓廷良	民族文化	6期	1984
白马藏族族源辨析	杨士宏	西北民族学院学报（哲社）	4期	1985
对白马藏族的皮纹学研究	黄新美	广东解剖学通报	1期	1987
用计算机探寻四川"白马藏族"族属	黎彦才等	泸州医学院学报	2期	1987
对"白马藏族"族属的探寻	胡兴宇等	泸州医学院学报	2期	1987
四川平武白马藏族外眼形态学特征	李文英等	人类学学报	3期	1987
对南坪县境内"白马藏族"男女青壮年体质特征的调查研究	胡兴宇等	泸州医学院学报	4期	1987
四川平武白马藏族外眼形态学特征	黄新美	广东解剖学通报	1期	1988
今天的白马人是古氐人的苗裔	钟利戡	文史杂志	3期	1988
白马人论稿	谭昌吉	西北民族学院学报（哲社）	1期	1989
达布人族属之我见	毛尔盖·桑木旦	章恰尔（藏文）	2期	1989
"白马藏族"族源考辨——与谭昌吉同志商榷	卓逊·道尔吉	西北民族学院学报（哲社）	4期	1989
肤纹识别白马藏人的族属	张海国	泸州医学院学报	6期	1989

续表六

篇、书名	著（译）编者	出处	卷、期	年月日
塔博人族属之我见一二	毛尔盖·桑木旦、西藏研究（谢热）		2期	1990
四川南坪县境内"白马人"肢体长与身高关系的研究	黎彦才等	泸州医学院学报	3期	1990
关于"白马藏族"族属之我见——兼与谭昌吉同志商榷	拉措	西北民族学院学报（哲社）	4期	1990
略谈白马人的族属问题	向远木	四川文物	4期	1990
九寨藏民的来源	崔婕	民族	6期	1991
崇山峻岭白马人	余纯顺	教师博览	4期	1994
神秘部族白马人	老盖	中国民族博览	5期	1998
质朴白马寨	石以	今日四川	3期	2000
九寨沟的历史与来历	顾家德	河北企业	8期	2000
走近九寨后沟的神奇部落 白马人	郭同旭	民间文化旅游杂志	5期	2001
白水江上白马人	李天社	中国西部	5期	2001
氐人后裔白马人	丁艾	风景名胜	9期	2001
我国少数民族中的"少数民族"——白马人	洪慧敏	广东科技报		2001.11.28
浅论白马藏族的由来和形成	杨维军	丝绸之路	增刊	2001
九寨沟藏族文化散论	阳·泽仁布秋	四川民族出版社		2001
平武白马藏族	萧猷源	政协四川省平武县委、平武县王朗白马风情节领导小组		2001
白马纪行：我所见到的氐民族后裔	焦红原	中国民族博览	1期	2002
神秘的氐人后裔	陈自仁	西部人	1期	2002
"白马藏人"族源探析	黄英	兰州大学学报（社科）	4期	2002
白马藏族研究文集	曾维益	四川省民族研究所		2002
塔波人及其族属	毛尔盖·桑木旦	读者之友（藏文）	1期	2003
寻找神秘的氐民族后裔	常清民	旅游	11期	2003
白马藏族：神秘的民族后裔	常清民	中国民族报		2003.8.22
白马藏族研究情况简介	曾维益	"藏彝走廊历史文化"学术讨论会会议论文		2003
原始古朴的白马藏族	杜世华	民族论坛	12期	2004
白马藏族深山里的别样风情	赵大督	中国民族报		2004.11.26
白马藏族及其研究综述	曾维益	藏学学刊		2005

续表七

篇、书名	著(译)编者	出处	卷、期	年月日
独日雄风	渠底塔	平武县民族宗教事务局		2005
《弭药与西夏：历史地理和祖先传说》	R. A. Stein	法国远东学院学报	45卷	1951
西康木雅乡西吴王考	邓少琴	中国学典馆		1945
		西夏史论文集		1984
有关弭药和西夏的新的参考资料	R. A. Stein	《戴密微祝寿汉学文集》		1966
西夏遗民调查结束：获得丰富原始资料	卜平	宁夏社会科学通讯	1期	1980
试论西夏党项族的来源与变迁	李范文	民族史论丛	10期	1980
		西夏研究论集		1983
西夏遗民调查记	李范文	宁夏社会科学	1期	1981
		西夏研究论集		1983
木雅藏族的形成及其族属考辨	格勒	康定民族师专学报（哲社）		1988
党项，"弥药"与四川西夏移民	周群华	宁夏社会科学	4期	1993
康定"木雅"藏族部落历史初探	代刚	康定民族师专学报（哲社）	1期	1993
四川的木雅人与西夏	上官剑壁	宁夏社会科学	3期	1994
贡嘎山下木雅人	李范文	宁夏画报	3期	1994
藏文史料中的木雅诸王考	卢梅 聂鸿音	民族研究	5期	1996
西夏龙（洛）族试考——兼谈西夏遗民南迁及其他	黄振华	中国藏学	4期	1998
文本追溯木雅人		西藏旅游	5期	2003
西夏文与木雅人		西部资源	6期	2005
夏尔巴人族源试探	黄颢	西藏民族学院学报（哲社）	3期	1980
夏尔巴人源流探索	陈乃文	中央民族学院学报	4期	1983
"顾塘娃"	扎西郎甲	西南民族学院学报（哲社）	3期	1982
再论鱼通高杨二姓的来历——兼论鱼通土司与天全高杨土司在历史上的关系	吴吉远	西南民族学院学报（哲社）	4期	1998
贵琼人的来源与迁徙初探	郭声波	西南民族学院学报（哲社）	3期	2001
"走廊上"的鱼通人	林俊华	西藏旅游	2期	2002
四川"西番"识别调查小结	张全昌	四川民族史志	1期	1987
凉山州境内的西番及渊源探讨（上）（下）龙西江		西藏研究	1、3期	1991

续表八

篇、书名	著(译)编者	出处	卷、期	年月日
甘洛"西番"尔苏人历史渊源试探	陈国福	西南民族学院学报（哲社）	2期	1991
神秘的甘洛尔苏人	宋明	四川日报		2004.10.8
迷失在银河之中的尔苏人	朱勇钢	中国西部	7期	2005
华夏边缘与"现代性"——九二九年的西番调查	王东杰	读书	6期	2005
康北"霍尔"及霍尔十三座寺院	噶玛降称 泽仁邓珠	中国西藏	2期	1999
淹没在藏文化汪洋中的康北霍尔部落	林俊华	康定民族师专学报	4期	2004
查加部落：回到人类"童年"		中国西部	2期	2002
川西扎巴藏人亲属制度初探	冯敏	康定民族师专学报	6期	2005
"扎巴"族源初探	林俊华	藏学学刊		2005

七、苗族

篇、书名	著(译)编者	出处	卷、期	年月日
The Ch'uan Miao of Southern Szechuen	D. C. Graham	Journal of the West China Border Research Society	Vol. 1	1922–1923
More Notes About the Ch'uan Miao	D. C. Graham	Journal of the West China Border Research Society	Vol. 3	1926–1929
苗族的名称区别及地理上的分布与神话	（杨成志）	中山大学语历所周刊	3卷35、36期	1928
綦边苗人生活之调查	綦江通信	新蜀报		1933.12.11
酉阳苗属调查		川边季刊	1卷2期	1935
中国西南的苗族	程树棠	珞珈	2卷6期	1935
川贵苗族		地学杂志	24卷2期	1935
川苗概况	林名均	新亚细亚	12卷4期	1936
苗族述略	俞兄	新亚细亚	13卷3期	1937
Legends of the Ch'uan Miao	D. C. Graham	Journal of the West China Border Research Society	Vol. 10	1938
滇川黔夷苗实察记	杨砥中	欧亚文化	3卷1期	1940
苗人来源及其迁徙区域	江应樑	边政公论	3卷4、5期	1944

续表一

篇、书名	著(译)编者	出处	卷、期	年月日
叙永苗族的生活程度	胡庆钧	边政公论	3卷6期	1944
川南苗乡纪行	胡庆钧	中央周刊	6卷36、37期	1944
藏苗两区采风记	赤峰 胡庆钧	重庆中周出版社		1944
川南苗人的子从亲称	芮逸夫	台湾新生报		1950.5.30
川南的苗族	唐家弘	工商导报		1951.7.11
川南永宁河源苗族亲属称谓制探源	芮逸夫	考古人类学刊	3期	1954
川南的鸦雀苗及其家制	芮逸夫	"中研院"史语所集刊	34本	1963
四川的白苗	伏流	中国边政	14期	1966
苗家史	古蔺县《苗家史》编写组	四川民族出版社		1979
四川的苗族	陈一石 王端玉	历史知识	3期	1981
川南苗族古史传说试探	陈一石	贵州民族研究	4期	1981
四川苗族人手皮纹正常值测定	李忠孝等	解剖学通报	4期	1983
四川苗族手皮纹正常值测定	冯家骏	广东解剖学通报	2期	1987
苗族的人口、婚姻与家庭——川南古蔺县观文乡调查	李小蓉 陈庆华	中国少数民族人口	1期	1988
		民族研究文集		2000
四川苗族风情一瞥	村闻	文史杂志	3期	1991
川南苗族婚姻消费的过去与现在——44年前后比较研究	郎伟	西南民族学院学报（哲社）	4期	1992
汉文化的传播与川东南苗族的进步	蔡盛炽	民族论坛	4期	1994
木里境内的苗族	王树清 周命藻	木里文史	5辑	1996
四川苗族社会与文化	郎维伟	四川民族出版社		1997
四川的苗族	韩玉忠	四川统一战线	7期	2000
重庆市万盛区苗族志	陈小平	重庆市万盛区民族宗教侨务办公室		2005

八、回族

篇、书名	著(译)编者	出处	卷、期	年月日
西康回民概况	常 之	突崛月刊	创刊号	1933
新都回民概况	苏德宣	突崛月刊	1卷4期	1933
四川金堂内江两县回民概况	苏德君	突崛月刊	2卷2期	1934
四川隆昌县回民概况	宥实尔	突崛月刊	2卷3期	1934
四川荣昌县回民概况	苏德宣	突崛月刊	3卷10、11期	1935
四川金川县回民概况	苏德宣	突崛月刊	3卷12期	1935
四川安县属之塔水桥、花街镇、擂鼓坪、曲山场回民概况	马叶飞	月华报	7卷30期	1935
川西宁属各县回民纪实	苏德宣	突崛月刊	5卷1期	1937
四川全省回民人口统计	苏德宣	突崛月刊	5卷2期	1937
川西三边县回民概况	苏德宣	突崛月刊	5卷3、4期	1937
川西宁远各县回民纪实补志	苏德宣	突崛月刊	5卷3、4期	1937
成都回民现状	虎世文	禹贡	7卷4期	1937
西康回民动态	大 可	月华报	14卷5、6期	1942
四川回民雑考	中田吉信	山本博士還暦紀念東洋史論叢		1972
成都回民状况	虎世文	四川文献	157期	1975
四川的回族	张 忠	历史知识	1期	1981
凉山地区回族源流考	杨思久	西南民族学院学报(哲社)	2期	1983
回族在西南地方史上的分布	穆德全	四川大学学报(哲社)	4期	1989
四川回族	张世海	宁夏社会科学	3期	1990
四川回族历史溯源		四川地方志	6期	1990
成都回族概况	伊斯哈尔·马彦虎	宁夏社会科学	2期	1991

续表一

篇、书名	著(译)编者	出处	卷、期	年月日
四川回族的历史和现状	张泽洪	回族研究	2期	1992
新都县的回族穆斯林	新清管	中国穆斯林	5期	1992
大院回族乡的新颜	吕友森	民族	8期	1992
阿坝史志——回族史料专辑	阿坝州地方志编纂委员会	阿坝史志编辑部		1992
盐亭回族源流考	达鹏轩	民族	1期	1993
民国时期四川的回族	章宏	民族	4期	1993
郫县回民和清真寺	马光德	中国穆斯林	5期	1993
近现代四川回族经济文化述略	张泽洪	宁夏社会科学	1期	1995
叙永回民抗日	马孝	民族	8期	1995
四川回族源流	张泽洪	西南民族学院学报（哲社）	2期	1996
四川回民在一次卫国斗争中的贡献——阆中巴巴寺普慈园考略	李绍明	民族	6期	1996
隆昌回族	马智勇	回族研究	4期	1996
四川回族对抗日战争的贡献	马尚林	西南民族大学学报（人文）	9期	2005
四川回族历史与文化	马尚林	四川民族出版社		2005
盐亭回族	达鹏轩	盐亭县政协学习联谊民族宗教委员会		2005

九、土家族

篇、书名	著(译)编者	出处	卷、期	年月日
湘西北的"土家"与古代的巴人	潘光旦	中国民族问题研究集刊	4辑	1955
我国的少数民族简介——土家族		光明日报		1957.3.15
驳向达，潘光旦关于土家族历史的谬说	王忠	历史研究	11期	1958

续表一

篇、书名	著(译)编者	出处	卷、期	年月日
土家族	文明	民族团结	5期	1959
关于土家族的历史沿革	彭秀枢	吉首大学学报（社科）	1期	1980
土家族	崔蜀远	西南民族学院学报（哲社）	2期	1981
羌人·巴人·土家族（上）（下）	彭官章 朴永子	吉首大学学报（社科）	1、2期	1982
土家族·巴人·槃瓠	彭武一	西南民族学院学报（哲社）	3期	1982
四川省的土家族	周锡银	历史知识	4期	1982
从语言角度看土家族族源	彭武一	重庆师院学报（哲社）	1期	1983
土家族的语言、风俗与古代賨人	田荆贵	民族研究	3期	1983
唐宋年间土家族先民的族属问题	彭武一	江汉论坛	5期	1983
土家族简史	吴永章	民族出版社		1983
四川秀山土家族少年儿童手皮纹调查研究	葛承廉等	南充医专学报	1期	1984
土家族族源的几种看法	张二牧 向天喜	民族研究	1期	1984
古代的乌蛮与今天的土家族——土家族族源初探	王承尧	中南民族学院学报（哲社）	1期	1984
土家族族源新议——兼评潘光旦教授的《湘西北"土家"与古代巴人》	彭秀枢	吉首大学学报（社科）	2期	1984
		贵州民族研究	4期	1984
巴·土·土家	彭武一	民族论坛	1期	1985
近代土家族地区的反教会斗争	王承友	中央民族学院学报	2期	1985
土家族族源探索	石应平	西南民族学院学报（哲社）	3期	1985
川东南土家与巴国南境问题	李绍明	思想战线	6期	1985
巴人后裔——土家族	贾唯英	重庆晚报		1985.12.3
虎方、白虎夷的族源和迁徙——论土家族主要的一支先民	何光岳	中南民族学院学报（社科）	1期	1986
土家族的形成及其发展轨迹述论	伍湛	贵州民族研究	1期	1986
		民族研究文集		2000
相（襄）人的来源和迁徙——论土家族向氏的先民	何光岳	民族论坛	2期	1986
土家族简史	《土家族简史》编写组	湖南人民出版社		1986
清代同光年间土家族地区反教会斗争述论	彭官章	思想战线	6期	1987
土家族族称演变	彭官章	民族研究	2期	1988

续表二

篇、书名	著(译)编者	出处	卷、期	年月日
川黔边土家族历史发展概述	彭武一	民族论坛	2期	1988
土家族姓氏起源演化考述	罗维庆	吉首大学学报（社科）	3期	1988
土家族的主源之一——彭人	彭官章	贵州民族研究	3期	1988
酉阳土家族源流初探	冉敬林	贵州文史丛刊	3期	1989
土家族	刘瑜	民族出版社		1989
略论巴文化和土家族文化的关系	彭英明 段超	湖北民族学院学报（哲社）	2期	1990
酉阳的土家族	鞠传荣	中国民族	9期	1990
巴人与土家族关系问题	李绍明	云南社会科学	3期	1990
土家族人民的反帝反封建斗争	伍湛	中南民族学院学报（哲社）	3期	1990
土家族源考辨	石应平	西南民族学院学报（哲社）	4期	1990
从川黔边杨氏来源看侗族与土家族的历史关系	李绍明	贵州民族研究	4期	1990
简述土家族军民反抗外来侵略的斗争	梅振武 梅兴无	中南民族学院学报（哲社）	6期	1990
略论巴文化和土家族文化的关系	段超	中南民族学院学报（哲社）	2期	1991
土家族族源再探	曹毅	湖北民族学院学报（社科）	4期	1991
四川土家族的源和流	谷千	文史杂志	6期	1991
土家族的"白虎文化"	曹毅	中央民族大学学报（哲社）	5期	1992
土家族族源论析	颜勇	贵州民族研究	3期	1993
"向王天子"、"白帝天王"考——土家族族源探讨中的一个问题	曹毅	湖北民族学院学报（社科）	4期	1993
川东酉水土家	李绍明	成都出版社		1993
土家田氏考略——兼评"造谱"现象	雷翔	湖北民族学院学报（社科）	3期	1994
曲折的回归——四川酉水土家文化考察札记	李星星	上海三联书店		1994
"賨布"与土家族古王名	张应斌	民族论坛	1期	1996
川东、湘鄂西及黔东北冉氏族源考证	陈剑	四川文物	6期	1996
从彝语支土家族族称看僰及乌白蛮源流问题	朱文旭	中央民族大学学报（哲社）	3期	1997
三峡土家	田力	神州学人	1期	1999
土家族族源研究综论	黄柏权	贵州民族研究	2期	1999
试探土家族渊源——兼谈巴人源流	应骥	中南民族学院学报（哲社）	3期	1999

续表三

篇、书名	著(译)编者	出处	卷、期	年月日
对土家族民族共同体形成时间的再认识	杨昌鑫	中南民族学院学报（哲社）	3期	1999
中国土家族源流研究	邓和平	湖北人民出版社		1999
土家族近百年史	陈国安	贵州民族出版社		1999
伍湛民族学术论集	伍 湛	四川民族出版社		1999
重庆地区土家族群体9个STR基因座遗传多态性研究	曹洋等	中国法医学最新科研与实践（一）——全国第六次法医学术交流会论文精选		2000
		全国第六次法医学术交流会论文摘要集		2000
重庆土家族文化研究	冉庄等	渝州大学学报（社科）	4期	2000
土家族族谱与土家大姓土著渊源	黎小龙	西南师范大学学报（社科）	6期	2000
土家族文化史	段 超	民族出版社		2000
土家族在御侮斗争中的历史贡献述评	李忠良	黔东南民族师专学报	1期	2001
土家族先民——巴人历史文化研究述评	杨 华	中南民族学院学报（人文）	1期	2001
土家族百年实录	傅冠群	中国文史出版社		2001
关于土家族形成时间问题的讨论	黄柏权	湖北民族学院学报（哲社）	2期	2002
渝东南土家族探源	汪增阳	涪陵师范学院学报	2期	2002
土家族与古代巴人	杨 铭	重庆出版社		2002
土家族仪典文化哲学研究	萧洪恩	中央民族大学出版社		2002
土家族民间文化散论	曹 毅	中央民族大学出版社		2002
南北朝至宋重庆地区的蛮系民族——向氏、田氏和冉氏研究	杨 明	重庆三峡学院学报	2期	2003
彭士愁的族属及来源新探	曹学群	贵州民族研究	2期	2003
宋王朝的政策与土家族土兵的形成	石亚洲	西南民族学院学报（哲社）	2期	2003
元明时期土家族土兵的发展	石亚洲	西南民族学院学报（哲社）	5期	2003
清前期土家族土兵的衰亡	石亚洲	西南民族学院学报（哲社）	6期	2003
土家族人与蛇文化	刘文奇	湖南林业	9期	2003
土家族与古代巴人的历史文化渊源	杨 铭	中华文化论坛	2期	2004
试论土家族形成和稳定的历史过程	彭英明	广西民族学院学报（哲社）	4期	2004
巴族文化有传人，"灵均""廪君"一转音——论屈原是土家族先民成员之一及巴楚文化之南北混融与流变	白俊奎	西南民族大学学报（人文）	4期	2004

续表四

篇、书名	著(译)编者	出处	卷、期	年月日
石柱土家风情暨历史文化	朱 茂 童中安	中国文史出版社		2004
土家族	马翀炜 陆 群	云南大学出版社		2004
廪君即向王说质疑——土家族历史文化札记	刘守华	三峡大学学报（人文）	1 期	2005
渝东酉水土家族居住文化之民族心理透视	冯智明	重庆社会主义学院学报	4 期	2005
土家族为"僰人"说	朱文旭	中南民族大学学报	4 期	2005
土家族族源释疑——湘、鄂、川、黔土家族渊源考	刘芝凤	民族论坛	10 期	2005

十、其他民族

篇、书名	著(译)编者	出处	卷、期	年月日
何故全四川见不到一个"蜀人"		龙门阵	5 辑	1981
蜀人称"蒿"小考	王仿生	乐山师范学院学报	4 期	1991
竹与邛、筰、彝	罗 曲 陈家丽	文史杂志	2 期	1990
戈基人族属论略	邓 涛	文物考古研究		1993
木里县项脚汉族调查报告	唐 亮	中华文化论坛	4 期	2002
关于"马湖蛮"的几个问题	邓 沛 罗世维	绵阳师范学院学报	4 期	2003
		青海师专学报（教科）	3 期	2004
四川的傈僳族	张全昌	历史知识	4 期	1980
粟粟与傈僳考	冯 魄	民族研究	5 期	1990
对《"粟粟"与"傈僳"考》一文的校正	杨毓才	中央民族学院学报	5 期	1992
木里的傈僳族	周命藻	木里文史	5 辑	1995
傈僳族	双 木	中国民族教育	3 期	1997
德昌傈僳族	边绍伟 宋 明	中国摄影家	2 期	1999
四川的傈僳族	帅 鹏	四川统一战线	3 期	2000
唐至清代傈僳族、怒族流变历史研究	高志英	学术探索	8 期	2004

续表一

篇、书名	著(译)编者	出处	卷、期	年月日
布依族	马贤能	西南民族学院学报（哲学）	4期	1981
四川布依族	曾文琼	历史知识	5期	1980
木里境内的布依族	陈扎西	木里文史	5辑	1996
发展中的变迁——四川宁南县西瑶乡拉落村布依族调查	杨健吾	人类学与乡土中国——人类学高级论坛2005卷		2005
布依族	摩根	素质教育博览	增刊2	2005
四川的傣族	伍湛	历史知识	4期	1981
傣族北上入川的实例——米易萨莲土司的几个问题	李绍明	西南民族学院学报（哲社）	3期	1984
四川的傣族	白柯	四川统一战线	6期	2001
四川的壮族	张全昌	历史知识	5期	1981
木里的壮族	李兴科	木里文史	5辑	1996
四川的壮族	白柯	四川统一战线	5期	2002
白族	杨明	西南民族学院学报（哲社）	3期	1980
白族		云南教育	9期	1991
入川白族历史考述	李宗放	西南民族学院学报（哲社）	6期	1990
四川的满族	王端玉 陈一石	历史知识	2期	1982
四川的满族	白柯	四川统一战线	11期	2001
成都满蒙族史略	刘显之	成都市满蒙人民学习委员会		1983
成都满蒙族志	成都市满蒙人民学习委员会	编者刊		1993
川滇边界蒙古族的由来	娃素·沙拉若	内蒙古社会科学（文史哲）	2期	1989
四川蒙古族乡考察散记	乌力吉巴雅尔 隼鹳尔	内蒙古社会科学（文史哲）	6期	1989
川滇的蒙古人	王德祥 罗仁贵	中国民族	10期	1991
川滇边界蒙古族情况简介	娃素·沙拉若	蒙古学信息	2期	1995
元以后有关四川蒙古族部分资料浅析	李宗放	西南民族问题新论	1集	1988
成吉思汗在西南的后裔	东人达	内蒙古大学学报（人文）	1期	2004
康区余氏蒙古族初探	宝山	中国藏学	3期	2004
明代四川蒙古族历史和演变略论	李宗放	西南民族大学学报（人文）	4期	2004
成吉思汗后裔隐居四川600年	华西	中州今古	9期	2004

第十四章 巴蜀民俗

一、一般论著

篇、书名	著(译)编者	出处	卷、期	年月日
试析巴人乡土工艺的民俗积淀与传承（上）（下）	雷乐中	三峡学刊	1、2 期	1997
从三峡考古看巴人的生活习俗	赵冬菊	三峡大学学报（人文）	4 期	2005
秦汉风俗地理区划浅议	周振鹤	历史地理	13 辑	1996
秦汉时期巴蜀地区生态与民俗	陈业新	江汉论坛	11 期	2000
从《华阳国志》看巴蜀世风的演变	史建辉	郑州大学学报（哲社）	3 期	1995
《华阳国志》所见古代巴蜀民风	史建群	先秦史与巴蜀文化论集		1995
文昌圣诞与民间习俗	黄枝生	中华文化论坛	2 期	1996
文昌祭祀与梓潼民俗	姚光普	绵阳市文艺创作办公室、梓潼文昌民俗文化旅游区		2000
文昌《阴骘文》与梓潼民间美德	仇昌仲	中华文化论坛	2 期	1997
杜甫诗中的成都风物	苟治平	金牛风物	3 期	1983
从杜甫《负薪行》谈古代夔州的民风习俗	蒋先伟	杜甫研究学刊	1 期	2000
从人类学视角再识杜甫夔州诗中"土风"	李祥林	杜甫研究学刊	2 期	2001
唐代长江流域"信巫鬼、重淫祀"习俗考	刘礼堂	武汉大学学报（人文）	5 期	2001
如何评价杜甫夔州诗的风土人情描写	蒋先伟	杜甫研究学刊	3 期	2002
试论唐代三峡少数民族"獠人"的民俗生活特色及影响	鲜于煌	西北民族研究	1 期	2003
从夔州物候民俗诗看杜甫之"仁"	周建军	杜甫研究学刊	1 期	2005
宋代缘边吐蕃风俗文化嬗变之考略	任树民	西藏民族学院学报（社科）	2 期	1996
四川风俗谈——大明一统志中所记载之四川风俗	槿 子	四川文献	71 期	1968
明清川陕楚边区风俗文化论	萧 放	湖北大学学报（哲社）	5 期	1990
《蜀语》与四川民俗	尹强儒 胡永康	川北教育学院学报	2 期	1991
四川通志中之风俗志	怀 裹	四川文献	159 期	1976
麈间之艺	钱廉成	四川人民出版社		1985
Some Strange Customs in Szechwan Province	D. C. Graham	Journal of the West China Border Research Society	Vol. 8	1936

续表一

篇、书名	著(译)编者	出处	卷、期	年月日
清代民国时期四川社会风气演变的过程及特点	郑维宽	成都大学学报（社科）	4期	2004
清末民初成都的市井风情	李 英 任兆祥	龙门阵	7期	2005
近代四川生活习俗的演变趋势及特征	肖 军 赵 可	成都大学学报（社科）	2期	2002
山川早水《巴蜀》与近代四川风情	蓝 勇	西南师范大学学报（人文）	5期	2004
巴蜀旧影——一百年前一个日本人眼中的巴蜀风情	山川早水（李密等）	四川人民出版社		2005
试论民国时期四川社会风尚变化的原因	赵先明等	中共成都市委党校学报	3期	2005
中国风物志丛书：四川风物志	文闻子	四川人民出版社		1985
四川民俗大观	孙旭军等	四川人民出版社		1989
巴蜀民俗文化初探	林忠亮	民俗研究	3期	1992
巴蜀物质生活习俗例述	史占扬	民俗研究	3期	1992
巴蜀民俗文化研讨综述	王定璋	巴蜀史志	5期	1992
四川民俗与四川方言	黄尚军	文史杂志	2期	1994
四川方言与民俗	黄尚军	四川人民出版社		1996
巴山蜀水的民俗与旅游	林忠亮 李 明	旅游教育出版社		1996
民俗文化研究文集	冯 举	四川人民出版社		1997
巴蜀民俗文化略论	李万斌	四川师范学院学报（哲社）	5期	1998
中华民俗大典·四川卷：四川民俗大典	四川省文联	四川人民出版社		1999
四川民俗文化的奢娱性特征	王 欣	焦作工学院学报（社科）	4期	2000
四川客家民俗文化	刘义章 邹一清	四川人民出版社		2001
四川民俗与文化产业发展	李映发	天府新论	4期	2004
中国民俗大系：四川民俗	李 明	甘肃人民出版社		2004
川渝"偷"俗的形成与演变	熊 梅	巴蜀史志	5期	2005
四川民俗文化论	四川省巴蜀文化研究中心、四川民俗学会	四川人民出版社		2005
四川城镇民俗文化传承与创新学术研讨会论文汇编	四川省民俗学会、宜宾市社科联	编者刊		2005

续表二

篇、书名	著(译)编者	出处	卷、期	年月日
四川新都风俗志	鞠式中	妇女杂志	7卷1号	1921
蜀北客族风光	钟禄元	文史教育	3期	1941
成都旧话	姜蕴刚	文史杂志	3卷5、6期	1944
成都青羊场社区之民俗研究	楚玉新	新社会	13卷1期	1961
			13卷4-8期	1961
成都风情	姚蒸民	四川文献	105期	1971
乡风古俗醇如酒	江苇	成都日报		1981.2.5
道教与成都民俗	王纯五	民俗研究	4期	1994
区域民俗资源的征集与发掘初探	赵德贵	四川文物	6期	1995
成都市民俗文化研究会：民俗文化研究文集	冯举	四川人民出版社		1997
从俚语窥民俗	张绍诚	文史杂志	3期	1999
成都的地域习俗与日常生活的精神方式	罗明	成都大学学报（社科）	4期	2001
从《旧帐》看李劼人作品的乡俗风味	周涛	巴蜀史志	5期	2003
乡俗漫谭（1）——场	罗尚	四川文献	26期	1964
乡俗漫谭（2）——年景	罗尚	四川文献	27期	1964
乡俗漫谭（3）——农村应用文举例	罗尚	四川文献	28期	1964
乡俗漫谈（4）——乡村婚嫁	罗尚	四川文献	30期	1965
乡俗漫谭（5）——乡村丧葬	罗尚	四川文献	31期	1965
乡俗漫谭（6）——扫墓	罗尚	四川文献	32期	1965
乡俗漫谭（7）——土地农作农具	罗尚	四川文献	33期	1965
乡俗漫谭（8）——虫子白蜡烛	罗尚	四川文献	34期	1965
乡俗漫谭（9）——香会与庙宇	罗尚	四川文献	35期	1965
乡俗漫谭（10）——油房与油生意	罗尚	四川文献	36期	1965
乡俗漫谭（11）——酒与制酒法	罗尚	四川文献	37期	1965
乡俗漫谭（12）——茶馆风情	罗尚	四川文献	38期	1865
乡俗漫谭（13）——乡村私塾	罗尚	四川文献	39期	1965
乡俗漫谭（14）——俗语俗事	罗尚	四川文献	40期	1965
乡俗漫谭（15）——乡俗白子歌	罗尚	四川文献	41期	1966

续表三

篇、书名	著(译)编者	出处	卷、期	年月日
乡俗漫谭（16）——语言举隅	罗 尚	四川文献	43期	1966
乡俗漫谭（17）——巫医并用	罗 尚	四川文献	44期	1966
乡俗漫谭（18）—（19）——生意经	罗 尚	四川文献	45、47期	1966
乡俗漫谭（20）——泡菜及其他	罗 尚	四川文献	48期	1966
乡俗漫谭（21）——豆花豆腐及其他	罗 尚	四川文献	49期	1966
乡俗漫谭（22）——山中乡村建筑	罗 尚	四川文献	50期	1966
乡俗漫谭（23）——乡村衣着与女红	罗 尚	四川文献	51期	1966
乡俗漫谭（24）——说银耳	罗 尚	四川文献	52期	1966
乡俗漫谭（25）——说菌	罗 尚	四川文献	54期	1967
乡俗漫谭（26）——说猴子	罗 尚	四川文献	55期	1967
乡俗漫谭（27）——说鸟兽	罗 尚	四川文献	56期	1967
乡俗漫谭（28）——说猪儿粑子及其他	罗 尚	四川文献	57期	1967
乡俗漫谭（29）——醪糟作法	罗 尚	四川文献	58期	1967
乡俗漫谭（30）——甘蔗与糖房	罗 尚	四川文献	59期	1967
乡俗漫谭（31）——说饮食	罗 尚	四川文献	60期	1967
乡俗漫谭（32）——说行	罗 尚	四川文献	61期	1967
乡俗漫谭（33）——嘉定坝子	罗 尚	四川文献	62期	1967
乡俗漫谭（34）——筷子蝉花	罗 尚	四川文献	63期	1967
乡俗漫谭（35）——说芋	罗 尚	四川文献	64期	1967
乡俗漫谭（36）——初冬话橘	罗 尚	四川文献	65期	1968
乡俗漫谭（37）——过年谈炮	罗 尚	四川文献	67期	1968
乡俗漫谭（38）——说锣鼓	罗 尚	四川文献	68期	1968
乡俗漫谭（39）——仙娘观花	罗 尚	四川文献	70期	1968
乡俗漫谭（40）——道士上表	罗 尚	四川文献	71期	1968
乡俗漫谭（41）——匾对	罗 尚	四川文献	72期	1968
乡俗漫谭（42）——乡村精神食粮	罗 尚	四川文献	73期	1968
乡俗漫谭（43）——做后家	罗 尚	四川文献	75期	1968
乡俗漫谭（44）——四川花生	罗 尚	四川文献	76期	1968
乡俗杂谭——谈毽子	罗 尚	四川文献	101期	1971

续表四

篇、书名	著(译)编者	出处	卷、期	年月日
乡俗杂谭——谈烘笼、火盆等	罗　尚	四川文献	103 期	1971
乡俗杂谭——谈打与罚	罗　尚	四川文献	104 期	1971
乡俗杂谭——猪年谈猪	罗　尚	四川文献	105 期	1971
乡俗杂谭——谈干菜	罗　尚	四川文献	106 期	1971
乡俗杂谭——成都花会	罗　尚	四川文献	108 期	1971
乡俗杂谭——谈六月民俗	罗　尚	四川文献	109 期	1971
乡俗杂谭——谈桐油	罗　尚	四川文献	112 期	1971
乡俗杂谭——谈香	罗　尚	四川文献	113 期	1972
乡俗杂谭——谈"官""师"	罗　尚	四川文献	114 期	1972
乡俗杂谭——谈窑货	罗　尚	四川文献	115 期	1972
乡俗杂谭——谈帽儿头等	罗　尚	四川文献	116 期	1972
乡俗杂谭——谈清明	罗　尚	四川文献	117 期	1972
乡俗杂谭——谈辣椒	罗　尚	四川文献	118 期	1972
乡俗杂谭——谈银钱	罗　尚	四川文献	119 期	1972
乡俗杂谭——比期与红飞	罗　尚	四川文献	120 期	1972
乡俗杂谭——谈秋收	罗　尚	四川文献	121 期	1972
乡俗杂谭——佃户与粮户	罗　尚	四川文献	122 期	1972
乡俗杂谭——拉纤	罗　尚	四川文献	123 期	1972
乡俗杂谭——字据·中人·画押	罗　尚	四川文献	124 期	1972
乡事忆谈	永　华	四川文献	113－124 期	1971
乡事忆旧	永　华	四川文献	109 期	1971
			111、112 期	1971
巴渝漫话——重庆较场坝	张　镛	四川文献	106 期	1971
巴渝漫话——重庆走马街	张　镛	四川文献	108 期	1971
巴渝漫话——重庆四方土地	张　镛	四川文献	109 期	1971
巴渝漫话——重庆鱼市街与杂粮市场	张　镛	四川文献	111 期	1971
巴渝漫话——重庆米亭子街	张　镛	四川文献	112 期	1971
巴渝漫谈	张　镛	四川文献	113 期	1972
怀乡记——应是"我家江水初发源"	唐君毅	四川文献	148 期	1974
重庆民俗概观	郭同耀	西南师范大学出版社		1998

续表五

篇、书名	著(译)编者	出处	卷、期	年月日
重庆的民俗文化		中外文化交流	1期	1999
重庆民俗旅游资源及其开发	刘 建	重庆商学院学报	4期	2001
重庆民俗风情	杨爱平等	重庆出版社		2001
巴渝民俗风情	余云华	重庆出版社		2004
巴山民俗歌谣选	朱仕珍	四川人民出版社		1988
广汉民俗	《广汉民俗》编写组	成都科技大学出版社		1993
德阳民俗	《德阳民俗》编纂委员会	编者刊		1996
三峡民俗文物考察记	宋兆麟	文物天地	2期	1995
三峡民俗文化初探	马培汶	三峡学刊	2期	1996
谈长江三峡民俗文化	马培汶	职大学刊（哲社）	3期	1996
独具特色的三峡民俗文物	赵冬菊	文物天地	5期	1996
婚丧娶嫁 三峡民间风情集锦		重庆与世界	5期	1998
三峡民间习俗概观	王作新等	陕西旅游出版社		1992
江津民俗	钟永毅 刘达礼	江津市地方志编纂委员会		1998
大巫山民众精神禀赋中的人文品格	任桂园	重庆三峡学院学报	4期	2001
黔江民俗花絮	金 弦	风景名胜	7期	2001
诺水风情——四川通江民俗文化与生态保护研究丛书	张浩良	四川省通江县政协		2001
岳池民俗	岳池县地方志办公室	编者刊		2001
都江堰民俗掌故精选	黎民泰	四川民族出版社		2002
崇州民俗	崇州市民政局	编者刊		2002
古镇磁器口悠悠民风美——磁器口巴渝传统民风视觉艺术审美	徐岳南	重庆工商大学学报（社科）	6期	2003
筠连民俗概览	筠连县文化体育局	编者刊		2003
宜宾李庄民俗文化的传承与发展	王世德	巴蜀史志	5期	2005
四川西南夷风土记	吴天成	广益丛报	83号	1905
"西南夷风土记"跋	方国瑜	南洋学报	5卷1期	1948
西南少数民族风俗志	《思想战线》编辑部	中国民间文艺出版社		1981
四川松潘厅风土记	（刘麟生）	地学杂志	8年10期	1917

续表六

篇、书名	著(译)编者	出处	卷、期	年月日
川边一带土民的俗尚		正风半月刊	4卷8期	1937
The Customs of the Ch'iang	D. C. Graham	Journal of the West China Border Research Society	Vol. 14A	1942
黑水河畔二三事	黄品瑄	风土杂志	1卷4期	1944
黑水民风	于式玉	康导月刊	6卷5—8期	1945
		于式玉藏区考察文集		1990
羌族的生活习俗和歌舞	吴蓉章等	民族文化	1期	1981
羌族习俗	格莱汉（钱 谦）	宗教学研究	1期	1988
羌族的习俗与宗教	陶然士（钱 谦）	四川民族史志	1期	1988
羌族民俗文物琐谈	李德怀	四川文物	5期	1991
漫话羌族风情	王 康	文史杂志	6期	1991
阿坝风情录	达尔基	西南交通大学出版社		1991
羌族风情	茂县地方志编纂委员会办公室	编者刊		1993
下南庄羌族民俗点滴	何玉明	阿坝文史		1996
羌族民俗护生态	熊 艳	中国环境报		2000.7.26
羌族生育文化研究	刘家强等	西南民族大学学报（人文）	1期	2004
丹巴羌族的民俗文化调查	杨国君	康定民族师专学报	4期	2004
九寨沟民俗文化村志	九寨沟民俗文化村志领导小组	电子科技大学出版社		2004
川西民俗调查记录1929	黎光明 王元辉	"中研院"历史语言研究所		2004
阿坝藏羌民俗文化考察与开发对策研究	李万斌	西华师范大学学报（哲社）	3期	2005
羌族居住环境保护与自然意识观	余宗明	阿坝师范高等专科学校学报	4期	2005
羌族民俗与羌族教育	蔡文君 杜学元	贵州民族研究	6期	2005
清《职贡图》所见绵阳藏羌习俗考	李绍明	西南民族大学学报（人文）	10期	2005
The Customs of the Ch'uan Miao	D. C. Graham	Journal of the West China Border Research Society	Vol. 9	1937
The Ceremonies of the Ch'uan Miao	D. C. Graham	Journal of the West China Border Research Society	Vol. 9	1937

续表七

篇、书名	著(译)编者	出处	卷、期	年月日
川苗风俗小志	唐家弘	工商导报		1951. 7. 25
土家族的风俗习惯		四川统一战线	5 期	1995
石柱土家族民俗文化现象初探	阎永锋	涪陵师范学院学报	4 期	2002
论长江三峡地区土家族民俗生活特色	鲜于煌	重庆社会科学	2 期	2005
四川回族习俗	金文明	民族工作	3 期	1994
西康甘孜风俗琐记	杨仲华	蒙藏周报	51、53、58 期	1930
西康图经民俗篇	任乃强	新亚细亚	6 卷 1-3、6 期	1933
			7 卷 1-4 期	1934
		新亚细亚学会		1934
西康风俗杂谈	笑若	康藏前锋	创刊号	1933
康藏特殊风俗	李笑若	康藏前锋	1 卷 2 期	1933
西康雅江之风情记	笑棠	康藏前锋	1 卷 2、3 期	1933
			1 卷 8 期	1934
西康风俗谭	陆诒	开发西北	2 卷 2 期	1934
西康风俗丛谈	黄举安	开发西北	2 卷 2 期	1934
藏康风俗	记者	康藏前锋	2 卷 9 期	1935
西康人民风俗经要		川边季刊	1 卷 2 期	1935
西康人民生活的面面观	张冀昇	边事研究	4 卷 4 期	1936
西康民俗略述	警民	康藏前锋	5 卷 6 期	1938
从"七笔钩"上去体察康藏的风情	苏里虚生	康导月刊	1 卷 9 期	1939
西康风土谈	珂一实	边事研究	11 卷 3 期	1940
康俗杂记	李鉴铭	责善半月刊	1 卷 11 期	1940
			1 卷 23、24 期	1941
			2 卷 12 期	1941
西康风俗志	徐常仁	新新新闻		1941. 6. 18,1941. 6. 22
康人的习俗	徐常仁	康导月刊	6 卷 7、8 期	1945

续表八

篇、书名	著(译)编者	出处	卷、期	年月日
康属见闻	李鉴铭	文史杂志	5卷9、10期	1945
康属见闻拾遗	李鉴铭	益世报		1947.5.16
康定藏民生活素描	方式	西北通讯	3卷8期	1948
（民国）道孚风俗纪略	朱增鋆等	中央民族学院图书馆		1978
解放前藏族牧民的生活方式——对川西北一个藏族游牧部落联盟的调查	格勒	中山大学研究生学刊	2期	1983
康巴特色刍议	郭卫平	贡嘎山	3期	1985
《四川省志·民族志·藏族篇》第五章习俗与宗教	李汝能	四川民族史志	4期	1989
甲摩擦瓦绒见闻	嘎·洛桑班旦	西藏研究（藏文）	1期	1990
康巴民俗杂记	扎西郎甲	康巴文苑	1期	1990
石渠的婚葬俗	杜仁信	康巴文苑	1期	1991
雅江的婚丧俗	龚建康	康巴文苑	2期	1991
石渠草原的婚葬俗	杜仁信	邦锦花	3期	1993
嘉绒藏俗二种	阿布洛·甲都	西藏艺术研究	4期	1994
谈康巴藏族民俗	邓珠拉姆	康巴文苑	2期	1995
木里藏族民俗文化概述	嚼玛降村	中国藏学	3期	1997
区域民俗文化的旅游资源的类型及旅游业价值研究——九寨沟藏族民俗文化与江苏吴文化民俗旅游资源比较研究之一	张捷	人文地理	3期	1997
区域民俗文化旅游资源的定量评价研究——九寨沟藏族民俗文化与江苏吴文化民俗旅游资源比较研究之二	张捷	人文地理	1期	1998
丹巴风情两则	阿智斯当布拉尔吾加	西藏民俗	6期	1997
木里藏族民俗文化	嚼玛降村	西藏民俗	1期	1999
从民歌看川藏康巴人和粤东北客家人的族群性格	何国强	中国藏学	3期	1998
四川大学博物馆藏民族民俗文物札记	江玉祥	四川文物	5期	1998
藏传佛教与四川藏族的民俗文化活动	杨健吾	西藏艺术研究	1期	1999
嘉绒藏族的吉祥物与自然崇拜	张昌富	西藏艺术研究	2期	2000

续表九

篇、书名	著(译)编者	出处	卷、期	年月日
乡城风情录	洼西	民族	2期	2000
丹巴藏家民俗风情	郑友生	西藏民俗	3期	2000
郎木寺乡藏族日常生活风俗考	常清民	西藏民俗	3期	2000
丹巴嘉绒藏族的民俗文化概述	凌立	西北民族学院学报（哲社）	4期	2000
石渠草原藏民习俗	杜仁信	西藏民俗	3期	2001
得荣神奇多彩面民俗风情	得荣·泽仁邓珠	西藏民俗	4期	2001
话说得荣神奇多彩的民俗风情	得荣·泽仁邓珠	康巴文苑	1、2期	2003
赵尔丰对川边藏区风俗的改革	刘严付 向晓东	四川档案	5期	2001
淡淡余味话嘉绒——丹巴风情小览	尹浩英	巴蜀史志	2期	2005
倮倮人民风土志	雷伯伦	地学杂志	12卷1期	1921
倮倮风俗志	毛筠如	蒙藏月报	12卷4、5期	1940
倮倮的婚姻生育及丧葬	庄学本	康导月刊	3卷10、11期	1942
川滇倮人风俗	其升	新民报	4卷9期	1942
倮倮的禁忌	黄万民	康导月刊	6卷1期	1944
再谈倮倮的风俗与人情	善宝	京沪周刊	1卷17期	1947
民俗小记三则	黄承宗	西南民族学院学报（哲社）	4期	1980
千里同俗——四川凉山和广西那坡彝俗比较	王光荣	广西师院学报（哲社）	1期	1990
彝族风俗志	姊妹彝学研究小组	中央民族学院出版社		1992
凉山彝族风俗	伍精忠	四川民族出版社		1993
凉山彝族礼俗	王昌富	四川民族出版社		1994
凉山彝族民俗	凉山彝族自治州文联	编者刊		1994
谈凉山彝族民俗景观	潘兴德 张克蒂	凉山大学学报	12期	2001
论凉山彝族民俗事项中的色彩局域	巴且日火	凉山大学学报	2期	2003
色彩与凉山彝族传统民俗文化	黄平 刘敏	西昌学院学报（人文）	4期	2004
云南四川纳西族文化习俗的几个专题调查	王承权等	中国社会科学院民族研究所民族学研究室		1981

续表一〇

篇、书名	著(译)编者	出处	卷、期	年月日
纳西族风情录	郭大烈	四川民族出版社		1998
纳西族风俗志	白庚胜	中央民族大学出版社		2001
摩梭人之民俗文化探析	徐 旌	云南地理环境研究	1 期	1998

二、服饰

篇、书名	著(译)编者	出处	卷、期	年月日
广汉出土青铜立人像服饰管见	王 㩆 王亚蓉	文物	9 期	1993
从广汉三星堆祭祀坑出土文物看当时蜀人的服饰特征	蔡 革	四川文物	2 期	1995
三星堆服饰文化探讨	黄剑华	四川文物	2 期	2001
殷墟玉石人俑与三星堆青铜人像服饰比较研究	朱彦民	四川文物	1 期	2004
大足石刻服饰史	赵辉志	中国三峡出版社		2001
从永陵石刻看唐五代妇女服饰	刘晓东	成都文物	4 期	2003
从竹枝词看清代四川服饰	黄权生	巴蜀史志	6 期	2004
四川少数民族服饰艺术	王君平等	电子科技大学出版社		1992
四川省少数民族服饰文化论要	冯 敏 尚云川	黑龙江民族丛刊	2 期	2002
先秦及秦汉时期西南地区彝族服饰地理研究	张 瑛	烟台大学学报（哲社）	1 期	2003
西南地区先秦及秦汉时期彝族先民服饰地理研究	张 瑛	贵州文史丛刊	2 期	2003
		青海民族学院学报（社科）	2 期	2003
明清西南地区彝族服饰文化地理研究	张 瑛	湖北民族学院学报（哲社）	5 期	2002
西南彝族服饰文化历史地理	张 瑛	民族出版社		2005
凉山彝族文物图谱·服装	凉山彝族自治州博物馆	四川民族出版社		1985
凉山彝族图案纹义探源——兼论几何图案的产生	冯 敏	民族艺术	2 期	1988
浅谈彝族服饰	林 玉	四川文物	2 期	1989

续表一

篇、书名	著(译)编者	出处	卷、期	年月日
凉山彝族服饰艺术	冯 敏	民族艺术	3 期	1989
		民族研究	1 期	1990
凉山彝族服饰	冯 敏	贵州民族研究	4 期	1989
		民族论丛	7 辑	1989
彝族服饰考	冯 敏	思想战线	1 期	1990
彝族服饰	尹素卿	中央民族学院学报	5 期	1992
擦尔瓦	那晓波	黑龙江民族丛刊	2 期	1993
凉山彝族古代皮铠甲小考	黄承宗	四川文物	4 期	1993
彝族服饰传承初探	杨 晓	今日民族	1 期	1995
多彩多姿的彝族服饰	冷登亿	中国西部	4 期	1997
彝族服饰艺术的文化内涵	杨甫旺 渠昆云	民族艺术研究	5 期	1999
论凉山彝族三大方言区服饰文化差异	王昌富	凉山大学学报	4 期	2000
凉山彝族的察尔瓦	唐玉鲁	凉山大学学报	4 期	2000
义诺服饰艺术浅谈	嘎哈石者	凉山大学学报	4 期	2000
彝族皮甲探源	包燕丽	南方文物	1 期	2001
彝族皮铠甲的来历	泽 辉	中国民族	5 期	2001
四川彝族服饰中的贴花工艺初探	林 玉	四川文物	4 期	2002
火把节上的盛装彝族人	丁绍光	现代交际	6 期	2002
凉山彝族女性头饰的文化审美势态	吉木阿洛 巴且日火	凉山大学学报	1 期	2003
浅析凉山彝族服饰特征	杨忠秀 阿古扎摩	凉山大学学报	4 期	2004
彝族服饰文化研究论文专辑	中共昭觉县委、昭觉县人民政府	编者刊		2004
凉山彝族常装服饰的美学表现	刘冬梅	西南民族大学学报（人文）	2 期	2005
凉山彝族常装服饰中的平常美学	刘冬梅	民间文化论坛	3 期	2005
族群标识与象征——凉山彝族披衣服饰的符号指向初探	刘冬梅	民间文化论坛	6 期	2005
凉山彝族男子发髻"天菩萨"的文化内涵	苏小燕	装饰	9 期	2005
摩梭人的民俗与服饰文化	吴 晶	四川戏剧	5 期	2003
川东南土家族的传统服饰	刘进生	民俗	4 期	1990

续表二

篇、书名	著(译)编者	出处	卷、期	年月日
川南苗族的服饰文化	颜　林	巴蜀史志	5期	2005
理县地区羌族的服饰	陶朝阳	西南民族学院学报（哲社）	4期	1983
羌族服饰	尚云川	四川文物	4期	1992
清谢遂《职贡图》中的羌族图像	李绍明	四川文物	4期	1992
羌族妇女服饰：一个"民族化"过程的例子	王明珂	"中研院"历史语言研究所集刊	69本4分册	1998
羌族服饰文化刍议	耿　静	民族研究文集		2000
浅议"腊呼羌"红绑腿的装饰美内涵	彭代明	阿坝师范高等专科学校学报	1期	2002
西康妇女之发辫		四川月报	12卷1期	1938
番女不袴		康导月刊	3卷10、11期	1942
康藏人之衣	流　均	康导月刊	5卷2、3期	1943
康藏人服饰忆略	马若达	旅行杂志	19卷8期	1945
草地牧民的服饰	晨　钟	阿坝报		1981.2.28
藏族的服饰	龚思雪	四川民族	1期	1986
松潘县藏族妇女装饰	阿　泽	四川民族	3期	1987
白马藏人的传统服饰	周晓钟	民俗	11期	1989
石渠的藏冠和头饰	杜仁信	康巴文苑	1期	1992
白玛藏族花腰带	周晓钟	民族	10期	1992
嘉绒藏族服饰文化调查	多尔吉	中国藏学	2期	1993
		中国藏学研究中心藏学论文选集		1996
奇特的乡城妇女服饰	尚　岳	康巴文苑	2期	1995
康巴藏族头饰寻	石　以	今日四川	3期	1995
中国四川甘孜藏族服饰奇观（中英藏对照）	巴蜀大文化画库编辑部	四川人民出版社		1995
康区藏族服饰文化面面观	杨　环	西藏民俗	3期	1997
康巴人的服饰和佩饰	妮玛娜姆	中国西藏	3期	1998
嘉绒藏族男子着装及其杂谈	甲　都	西藏艺术研究	3期	1998
嘉绒藏族的服饰艺术	张昌富	西藏艺术研究	4期	1998
木里藏族服饰文化旅游资源浅谈	陆文熙	西南民族学院学报（哲社）	9期	2001

续表三

篇、书名	著(译)编者	出处	卷、期	年月日
藏族头饰的地域特征	常清民 林尚斌	丝绸之路	1 期	2003
康巴的五彩天衣		西藏旅游	1 期	2003
康巴藏族服饰文化	格桑益	西藏艺术研究	3 期	2003
川西康巴藏族染织装饰纹样的分类及审美价值	袁姝丽 李明	西南民族大学学报（人文）	5 期	2004
藏族头饰中的原始宗教意蕴	申鸿	阿坝师范高等专科学校学报	4 期	2005
四川藏族头饰艺术	袁姝丽	装饰	8 期	2005
论四川藏族妇女的腰带装饰	袁姝丽	西南民族大学学报（人文）	10 期	2005

三、岁时与节庆

篇、书名	著(译)编者	出处	卷、期	年月日
谈岁时节令	合川县志	四川文献	72 期	1968
宋代成都游乐之风的历史考察	陈世松	四川文物	3 期	1998
中国城市的公共生活与节日庆典——清末民初成都的街道、邻里和社区自治	王笛	近代中国社会与民间文化——首届中国近代社会史国际学术研讨会论文集		2005
巴蜀民间节日	杨启全	四川人民出版社		1992
四川省节日文化理论研究文集	四川省文化厅、四川省群众文化学会	编者刊		1990
成都旧历年节的风俗谈	李侬怜	民俗	53 - 55 期	1929
成都花会考	李致刚	旅行杂志	14 卷 4 期	1940
花会简史	谢慕沙	成都日报		1958.3.16
成都的花会	老青	旅行家	5 期	1958
花会今昔	汝杰 文心	成都日报		1959.3.29
青羊宫"花会"史话	知了	四川日报		1961.4.2
闲话成都花会	陆德枋	"中央"日报		1968.9.22, 1968.9.23
顾复初花会题咏	江苇	成都日报		1980.3.22
花会琐谈	郭雁刚	四川日报		1980.3.23

续表一

篇、书名	著(译)编者	出处	卷、期	年月日
成都花会	周正伦 李荣卿	四川日报		1980.3.23
成都的古花会——物资交流会	魏叔吾	四川日报		1980.10.30
"腊八稀饭"——"赶花会"	舒君实	文明	1期	1981
成都花会	延龄	旅游天府	2期	1981
锦城花会竹枝词选	王体诚搜集	龙门阵	9辑	1982
成都花会探源	陈永健	文史杂志	1期	1992
成都花会小史	彭红碧	巴蜀史志	4期	2004
		成都大学学报（社科）	4期	2004
老照片中的青羊宫花会	史占扬	成都文物	1期	2005
杨庶堪通令筹办1920年青羊宫花会小记	周文林	四川档案	1期	2005
从花会到劝业会——成都庙会文化的历史沿革	孙跃中	文史杂志	3期	2005
锦城灯会史话	王耒	成都晚报		1963.1.24
成都灯会	力刃	旅游天府	2期	1981
灯会	李德鑫	成都风物	3辑	1981
成都灯会	胡贯中	旅游天地	1期	1982
成都灯会纪胜	于竟祁	龙门阵	10辑	1982
冀国夫人与"浣花日"	子规	四川日报		1984.5.10
冀国夫人和"浣花日"	子原	蜀都建设	3期	1994
关于成都春游的一段隐情	申及甫	文史杂志	1期	1998
谈谈人日游草堂	一笔	工商导报		1956.2.20
谈人日游草堂	肇世	成都日报		1958.2.23
楸园随笔——人日草堂游	孙震	四川文献	119期	1972
草堂人日我归来	肇世	成都日报		1979.1.29
"人日"游草堂	李思桢	历史知识	2期	1980
"人日"为什么要游"杜甫草堂"	李思桢	社会科学战线	3期	1981
草堂人日我归来	古元忠	成都日报		1982.1.31
"人日游草堂"风俗考	屈小强	四川文物	2期	1990
少见的奇观——成都菊展	赵纯义	旅游天府	4期	1981
昔时成都端阳节	李英	巴蜀史志	4期	2003
"游喜神方"习俗考	罗开玉	成都大学学报（社科）	6期	2005

续表二

篇、书名	著(译)编者	出处	卷、期	年月日
北碚上元风俗	傅振伦	采风	6期	1946
重庆的灯节	汪今亮	新重庆	1卷2期	1947
闲谈重庆的元宵	段云璞	重庆日报		1983.2.27
四川的正月	毛一波	"中央"日报		1959.2.24, 1959.2.25
川东年俗	杨槟榆	台湾新生报		1962.2.3
过新年忆旧年	周开庆	四川文献	30期	1965
四川烧龙灯	吴昌文	"中央"日报		1967.2.19
四川人过大年	蜀弓	"中央"日报		1967.2.23
四川内江元宵烧龙灯花	钟仁杰	台湾新生报		1969.3.1
川东的元宵节——办灯儿	韦秦松	台湾新生报		1970.2.12
土家族为什么过两个年	彭文	中国民族	1期	1982
旧重庆过节——中元节与中秋节	田苗	红岩春秋	4期	2002
民国巴蜀过年习俗	李泽民	中国档案报		2004.1.16
旧时川戏班新春民俗	蒋维明	巴蜀史志	2期	2005
木雅地区过年习俗	益西贡布	甘孜日报		2005.1.29
端阳节风习	则平	四川文献	119期	1972
川南的端午俗行	毛一波	四川文献	144期	1974
羌族的端午习俗	汪青玉	民俗研究	4期	1988
四川的龙舟竞渡	赵永康	四川师范大学学报（社科）	3期	1988
重庆龙舟轶闻	陈宗树	重庆晚报		1988.6.18
诗人节史话	陈建初	重庆晚报		1988.6.9
四川客家龙	吴金钟	今日四川	1期	2000
"四川客家龙"和火龙节	吴金钟	成都文物	3期	2000
巴蜀龙舟文化的形成、特点及其嬗变	王俊奇 徐国明	山东体育学院学报	3期	2003
达县为什么元九登高	冯通儒	旅游天府	4期	1982
重庆菊展史略	孙玉成	重庆晚报		1986.10.18
正月打毽	木易	彭水文史	8辑	1994
酒与宜宾节日风俗	均红	中华文化论坛	4期	2001
新都二月二木兰庙会	梁静	巴蜀史志	1期	2005
大足宝顶香会	李传授等	中国文联出版社		2005

续表三

篇、书名	著(译)编者	出处	卷、期	年月日
The Tibetan New Year Dances	M. H. Duncan	Journal of the West China Border Research Society	Vol. 4	1930–1931
西康明正土司五月跑马之盛况	佚 名	蒙藏周报	30期	1930
An Idol Festival in Tanpa Hsien	J. H. Edgar	Journal of the West China Border Research Society	Vol. 5	1932
阴历年节在关外	蒋永和	康导月刊	6卷1期	1944
春风吹绿跑马山——康定"转山会"纪实	郑 文	四川日报		1979.8.4
木里县藏历年简介	马光德	凉山报		1980.2.5
康定的"四月八"	龚伯勋	旅游天府	2期	1982
世界高城赛马会	王清河 徐 杰	旅游天府	1期	1982
白马涂墨节	兰寿清	草地	5期	1988
散记巴塘"亚勒"节	尼 马	康巴文苑	1期	1991
四川藏族牧民的夏日节	索文清	中央民族学院学报	2期	1991
介绍高原古城理塘的六月三	顿珠次仁	民族（藏文）	1期	1992
松潘藏族花灯	达尔基	西藏艺术研究	3期	1992
德格的节日与庙会	嘎玛降村	康巴文苑	1期	1993
阿坝"扎崇"节	李作春	西藏民族宗教	4期	1993
木里藏族节日	阿 岚	民族	5期	1993
木里藏族的"俄喜节"	木里·东嘎珠扎	雪域文化（藏文）	1期	1995
木里藏族"俄喜节"简介——特别的煨桑节	普布多吉	邦锦梅朵（藏文）	1期	1995
白玛藏族风趣的采花节	黄 河	西藏民俗	3期	1995
嘉莫绒新年的来历	拉 杰	民族（藏文）	3期	1995
嘉绒藏年的传说	郑传发	中国西藏	1期	1996
嘉绒地区驺日节和观山节的由来及其传说	华尔丹 阿布洛·甲都	西藏艺术研究	3期	1996
嘉绒地区的四月八日"打擦查"	张昌富	西藏艺术研究	4期	1997
嘉绒藏族的节日文化	张昌富	西藏艺术研究	3期	1998
康巴藏区岁时民俗——抢水头	旺 堆	中国西藏	6期	1998
德格人的央勒节	红 杏 张 臣	民族画报	8期	2001
西昌之火把节		四川月报	9卷3期	1936

续表四

篇、书名	著(译)编者	出处	卷、期	年月日
我们彝族过年的风俗概述	曲杰长西	边疆半月刊	2卷 3、4期	1937
倮苏族底火把节——倮苏习俗研究之一	廖友陶	责善半月刊	1卷14期	1940
		新宁远	1卷3期	1940
凉山彝族的年节	林	民族团结	3期	1957
火把节	黄震尧	群众文化	6期	1980
神话般的节日	王志轩	民族文化	2期	1981
彝族过年节的日期以统一为好	阿尔拉杜	民族团结	7期	1982
火把节小考	邓廷良	西南师院学报（哲社）	2期	1982
火把节习俗及其传说浅谈	和钟华	华夏地理	5期	1983
彝族火把的来历	王光荣	广西民族研究	1期	1987
彝族的火把节	马飞	民俗研究	1期	1990
火把节源头的新材料和新思考	杨知勇	民俗研究	4期	1993
独特的凉山彝族风情	罗开林	风景名胜	12期	1994
大凉山彝族火把节	王达军	中国西部	6期	1995
凉山彝族风情拾趣	罗定金	风景名胜	1期	1996
凉山彝族火把节	王达军 冷登亿	中国西部	4期	1997
关于彝族火把节若干问题的探讨	朱文旭 李智雄	中南民族学院学报（哲社）	1期	1999
彝族火把节	朱文旭	四川民族出版社		1999
星回节试考	李智雄	凉山大学学报	4期	2000
火把节"朵洛嗬"中的火文化	阿鲁斯基	凉山大学学报	4期	2000
火把节之乡——普格的火文化	吉克坚	凉山大学学报	4期	2000
西部风情：凉山彝族普格火把节	周鹰	文化交流	4期	2000
凉山火把节	玛查德清	中国民族报		2001.7.20
美姑彝族过年	萨古曲惹	中州今古	6期	2002
神奇的彝族火把节	王国强	中国民族	9期	2002
火的圣典——凉山彝族火把节	胡小平	Women of China	11期	2002
		文化交流	6期	2003
		新西部	11期	2003
		青岛画报	6期	2004
		大自然	5期	2005
		文化月刊	10期	2005

续表五

篇、书名	著(译)编者	出处	卷、期	年月日
彝族风情"火把节"	鼓志军	西南民兵	12 期	2002
凉山彝族火把节考略	阿蕾	凉山大学学报	4 期	2003
朵乐荷：彝族少女的节日	冷文浩	新西部	12 期	2004
凉山彝族火把节	罗凉昭	寻根	1 期	2005
凉山彝寨的婀娜风情	胡小平	中国民族报		2005.1.7
摩梭人最原汁原味的盛大节日——转山节	马黑尔哈 冷文浩	凉山日报		2005.9.8

四、饮食习俗

篇、书名	著(译)编者	出处	卷、期	年月日
试论古代巴蜀饮食文化	李安民	成都文物	3 期	1992
汉画像石中的庖厨图	杨爱国	考古	11 期	1991
汉代四川人的饮食生活	巴家云	农业考古	3 期	1994
从历史文物看两汉时期蜀都饮食文化的发达	冯敏	南宁职业技术学院学报	4 期	2004
蜀汉饮食二三事	吕一飞	四川烹饪	7 期	2000
杜诗《槐叶冷淘》与食槐风俗	纪永贵	杜甫研究学刊	3 期	2003
杜甫居蜀饮食诗歌探究	姚振黎	南宁职业技术学院学报	2 期	2004
大诗人苏轼的烹调实践	廖新德	烹调知识	2 期	1995
东坡肉之源流——宋代名菜考	王洪江	四川烹饪	1 期	1997
吴老酒三醉冯状元	杨荣宇	四川烹饪	8 期	1997
川菜的知音陆游	秦伏男	四川烹饪	6 期	1998
明清移民与四川饮食文化	冯敏	四川烹饪高等专科学校学报	2 期	2004
川菜的桥梁——李调元	杜莉	四川烹饪	9 期	1998
曾懿和《中馈录》	高原	中国食品	10 期	1997
曾懿与《中馈录》	欧阳军	烹调知识	5 期	2002
Dietary Studies in Szechwan	M. C. Agnew	Journal of the West China Border Research Society	Vol. 2	1926–1929

续表一

篇、书名	著(译)编者	出处	卷、期	年月日
四川泡菜	成都市东城区饮食中心店	轻工业出版社		1959
川菜谱	黄刘华萱	四川文献	118-124期	1972
蜀人并非只尚辛辣	邓盾	龙门阵	1辑	1981
川菜杂谈	车辐	重庆出版社		1990
浅议川菜鸣堂的辅餐侍席艺术	赵长松	民俗研究	3期	1992
从川人爱汤食俗说开去	余云华	文史杂志	5期	1992
吃在四川——漫谈四川美食文化的特点	林涤非	四川烹饪	2期	1994
四川风味名肴渊源	佟玉华 张建国	饭店现代化	2期	1994
戏说川菜的"侵略"性——兼述川菜的发展	邓开荣	四川烹饪	5期	1994
四川特产风味指南	《中国特产风味指南》编委会	四川人民出版社		1984
李劼人先生食的艺术	车辐	今日四川	1期	1997
李劼人小说与清末四川饮食	杜莉	四川烹饪高等专科学校学报	3期	1999
李劼人所说的菜料	白忠懋	食品与生活	4期	1999
李劼人笔下的川菜与川菜文化的发展	杨代欣	文史杂志	2期	2001
李劼人先生与川菜文化	柯静	四川烹饪	7期	2001
李劼人先生倾心饮食文化	杨泽本	四川统一战线	6期	2003
艾芜谈川菜	车辐	今日四川	2期	1997
巴蜀饮食烹饪文化精神	熊四智	四川烹饪	10期	1997
川菜演变与发展纵横谈	杜莉	四川烹饪	3期	1998
回锅肉的故事	云云	四川烹饪高等专科学校学报	1期	1999
一方水土 养一方人——从川菜看环境对菜系形成的影响	维舟	四川烹饪高等专科学校学报	3期	1999
劼人先生笔下的川菜	杨代欣	成都文物	4期	2000
川菜文化三性谭	廖伯康	文史杂志	5期	2000
说辣椒——《川味杂考》之一	江玉祥	文史杂志	6期	2000
蜀姜考——《川味杂考》之二	江玉祥	农业考古	3期	2001
蜀椒考——《川味杂考》之三	江玉祥	中华文化论坛	3期	2001

续表二

篇、书名	著(译)编者	出处	卷、期	年月日
略谈川菜的求鲜之道——《川味杂考》之四	江玉祥	中华文化论坛	3期	2002
中国古代辛辣用料的嬗变、流布与农业社会	蓝勇	中国社会经济史研究	1期	2001
腊节食俗谈往	王俊奇	四川烹饪	1期	2001
中国饮食辛辣口味的地理分布及其环境成因	蓝勇	地理研究	2期	2001
汉源花椒随想	简述全	四川烹饪	2期	2001
川菜文化古今谈	黄世礼	四川商业高等专科学校学报	2期	2001
浅析川菜的民族文化特征	赵建民	扬州大学烹饪学报	2期	2001
举箸醉杯思吾蜀——巴蜀饮食文化纵横	熊四智 杜莉	四川人民出版社		2001
川菜文化研究	四川省民俗学会、四川省名人协会	四川大学出版社		2001
蜀中饮食 天下至味	邓洁 邓碧全	巴蜀史志	1期	2002
四川素食的历史和现状	邓碧全	巴蜀史志	6期	2002
浅谈四川民间流行菜	李乐清	烹调知识	4期	2002
花重锦官城·川菜群芳谱	花重锦官城·川菜群芳谱编委会	成都时代出版社		2002
川食断想（一）、（二）、（三）、（四）、（五）、（六）、（七）、（八）	戴卫平	四川烹饪	2-9期	2003
说说巴蜀方言中的吃	张老侃	四川烹饪	11期	2003
漫谈川菜流派的形成与演变	崔戈	四川烹饪	1期	2004
巴蜀文化与川菜	谭继和	绵阳师范学院学报	3期	2004
话说川菜	林珊	绿化与生活	6期	2004
巴蜀俚语说蔬菜	张老侃	四川烹饪	6期	2004
蜀地蜀风数花椒	川号子	饮食科学	8期	2004
张大千与川菜名厨	杨国钦	四川烹饪	2期	2005
荣禄园的往昔	向玉华	成都日报		1980.1.10
成都荣禄园	杨槐	成都风物	3辑	1981
麻婆豆腐	镜	成都日报		1980.1.24
麻婆豆腐	陈雁翚	成都风物	3辑	1981

续表三

篇、书名	著(译)编者	出处	卷、期	年月日
陈麻婆豆腐史话	陈雁荦	四川烹饪	10期	2003
车祸与赖汤元	金泉	成都日报		1980.11.13
赖汤元的由来	刚刚	成都日报		1980.12.4
海会寺	郑方	四川日报		1980.7.9
味之腴	龙在天	成都风物	1辑	1981
皇城坝的汤锅	诸葛加林	文明	2期	1981
耀华今昔	白丁	成都风物	4辑	1982
文庙前街的蛋烘糕	王莹	成都风物	4辑	1982
鸡火状元	周少稷 陈光明	成都风物	4辑	1982
漫话成都锅魁	卢履范	旅游天府	4期	1982
痣胡子龙眼包子	陈华明	成都风物	5辑	1983
蒸蒸糕	周芷颖	成都风物	5辑	1983
老成都食俗画（一）	林洪德	四川烹饪	3期	1994
老成都食俗画（二）	林洪德	四川烹饪	4期	1994
老成都食俗画（三）	林洪德	四川烹饪	5期	1994
老成都食俗画（四）	林洪德	四川烹饪	1期	1995
老成都食俗画（五）	林洪德	四川烹饪	2期	1995
老成都食俗画（六）	林洪德	四川烹饪	3期	1995
老成都食俗画（七）	林洪德	四川烹饪	4期	1995
老成都食俗画（八）	林洪德	四川烹饪	5期	1995
老成都食俗画（十）——旧时成都青羊宫花会食观	林洪德	四川烹饪	1期	1996
老成都食俗画（十一）——春郊野宴	林洪德	四川烹饪	2期	1996
老成都食俗画（十二）——流水席	林洪德	四川烹饪	3期	1996
老成都食俗画（十三）——田席	林洪德	四川烹饪	4期	1996
老成都食俗画（十四）——冷包席	林洪德	四川烹饪	5期	1996
老成都食俗画（十五）——皇城坝食摊	林洪德	四川烹饪	6期	1996
老成都食俗画（十七）——市井百姓人家常见行家里手	林洪德	四川烹饪	2期	1997
老成都食俗画（十八）——昔日的招待	林洪德	四川烹饪	3期	1997

续表四

篇、书名	著(译)编者	出处	卷、期	年月日
老成都食俗画（十九）——走街串巷的零食	林洪德	四川烹饪	4 期	1997
老成都食俗画（二十一）——百姓光顾最多的饮食店铺	林洪德	四川烹饪	6 期	1997
老成都食俗画（二十四）——百姓家里的厨事	林洪德	四川烹饪	9 期	1997
老成都食俗画（二十五）——街边饮食摊	林洪德	四川烹饪	10 期	1997
老成都食俗画（二十六）——居家主妇的厨事	林洪德	四川烹饪	11 期	1997
老成都食俗画（二十七）——街头的零食	林洪德	四川烹饪	12 期	1997
老成都食俗画（二十八）		四川烹饪	1 期	1998
老成都食俗画（二十九）——昔日的茶铺	林洪德	四川烹饪	2 期	1998
老成都食俗画（三十）——昔日的茶铺（续）	林洪德	四川烹饪	3 期	1998
老成都食俗画（三十一）——名菜"翡翠银芽"的由来	林洪德	四川烹饪	4 期	1998
老成都食俗画（三十二）——昔日的老字号名店	林洪德	四川烹饪	5 期	1998
老成都食俗画（三十三）——昔日的老字号名店（续一）	林洪德	四川烹饪	6 期	1998
老成都食俗画（三十四）——昔日的老字号名店（续二）	林洪德	四川烹饪	7 期	1998
老成都食俗画（三十五）——昔日的老字号名店（续三）	林洪德	四川烹饪	8 期	1998
老成都食俗画（三十六）——昔日的老字号名店（续四）	林洪德	四川烹饪	9 期	1998
老成都食俗画（三十七）——昔日的老字号名店（续五）	林洪德	四川烹饪	10 期	1998
老成都食俗画（三十八）——昔日的老字号名店（续六）	林洪德	四川烹饪	11 期	1998
老成都食俗画（三十九）——昔日的老字号名店（续六）	林洪德	四川烹饪	12 期	1998
老成都食俗画（四十）——昔日的老字号名店（续七）	林洪德	四川烹饪	1 期	1999
老成都食俗画（四十一）——昔日的老字号名店（续八）	林洪德	四川烹饪	2 期	1999

续表五

篇、书名	著(译)编者	出处	卷、期	年月日
老成都食俗画（四十二）——昔日的老字号名店（续九）	林洪德	四川烹饪	3 期	1999
老成都食俗画（四十三）——昔日的老字号名店（续十）	林洪德	四川烹饪	4 期	1999
老成都食俗画（四十四）——昔日的老字号名店（续十一）	林洪德	四川烹饪	5 期	1999
老成都食俗画（四十五）——昔日的老字号名店（续十二）	林洪德	四川烹饪	6 期	1999
老成都食俗画（四十六）——昔日的老字号名店（续十三）	林洪德	四川烹饪	7 期	1999
老成都食俗画（四十七）——昔日的老字号名店（续十四）	林洪德	四川烹饪	8 期	1999
老成都食俗画（四十八）——昔日的老字号名店（续十五）	林洪德	四川烹饪	9 期	1999
老成都食俗画（四十九）——昔日的老字号名店（续十六）	林洪德	四川烹饪	10 期	1999
老成都食俗画（五十）——昔日的老字号名店（续十七）	林洪德	四川烹饪	11 期	1999
老成都食俗画（五十一）——昔日的老字号名店（续十八）	林洪德	四川烹饪	12 期	1999
老成都食俗画（五十二）——昔日饮食业的工种划分	林洪德	四川烹饪	1 期	2000
老成都食俗画（五十三）——昔日饮食业的工种划分（续一）	林洪德	四川烹饪	2 期	2000
老成都食俗画（五十四）——昔日饮食业的工种划分（续二）	林洪德	四川烹饪	3 期	2000
老成都食俗画（五十五）——昔日饮食业的工种划分（续三）	林洪德	四川烹饪	4 期	2000
老成都食俗画（五十六）——昔日饮食业的工种划分（续四）	林洪德	四川烹饪	5 期	2000
老成都食俗画（五十七）——昔日饮食业的工种划分（续五）	林洪德	四川烹饪	6 期	2000
老成都食俗画（五十八）——昔日饮食业的工种划分（续六）	林洪德	四川烹饪	7 期	2000
老成都食俗画（五十九）——昔日饮食业的工种划分（续七）	林洪德	四川烹饪	8 期	2000
老成都食俗画（六十）——昔日饮食业的工种划分（续八）	林洪德	四川烹饪	9 期	2000

续表六

篇、书名	著(译)编者	出处	卷、期	年月日
老成都食俗画（六十一）——昔日饮食业的工种划分（续九）	林洪德	四川烹饪	10期	2000
老成都食俗画（六十二）——昔日饮食业的工种划分（续十）	林洪德	四川烹饪	11期	2000
老成都食俗画（六十三）——昔日饮食业的工种划分（续十一）	林洪德	四川烹饪	12期	2000
老成都食俗画	林洪德	四川科学技术出版社		2004
成都回族食文化	晓江	四川烹饪	5期	1994
成都少城食风娓谈（一）	罗亨长	四川烹饪	12期	1999
成都少城食风娓谈（二）	罗亨长	四川烹饪	1期	2000
成都少城食风娓谈（三）	罗亨长	四川烹饪	2期	2000
成都少城食风娓谈（四）	罗亨长	四川烹饪	5期	2000
成都少城食风娓谈（五）	罗亨长	四川烹饪	6期	2000
成都少城食风娓谈（六）	罗亨长	四川烹饪	7期	2000
成都少城食风娓谈（七）——鬼饮食、帽结子的由来	罗亨长	四川烹饪	8期	2000
成都少城食风娓谈（八）	罗亨长	四川烹饪	9期	2000
成都少城食风娓谈（九）	罗亨长	四川烹饪	10期	2000
成都少城食风娓谈（十）	罗亨长	四川烹饪	11期	2000
成都少城食风娓谈（十一）	罗亨长	四川烹饪	12期	2000
成都少城食风娓谈（十二）	罗亨长	四川烹饪	1期	2001
抗战硝烟中的成都"快餐"	李豫川	四川烹饪	10期	2002
成都饮食忆旧	徐正唯	美食	2期	2003
夫妻肺片的由来	张致强	四川烹饪	11期	2004
担担面的祖师爷——姜子洪	罗亨长	龙门阵	5期	2005
成都的抗战快餐	刘西源	龙门阵	8期	2005
去成都探寻历史悠久的川食之源	渡边纪子 曲洪	四川烹饪	12期	2005
郫县豆瓣		中国调味品	1期	1982
郫县豆瓣史话（上）		四川烹饪	10期	1997
郫县豆瓣史话（中）		四川烹饪	11期	1997
郫县豆瓣史话（下）		四川烹饪	12期	1997
郫县豆瓣史话	李豫川	烹调知识	3期	2001
川菜之魂——郫县豆瓣的源流	周涛	巴蜀史志	2期	2003

续表七

篇、书名	著(译)编者	出处	卷、期	年月日
烹饪 川北风味	四川省绵阳地区饮食公司江油编写组	四川省绵阳地区饮食公司		1979
地方菜肴	四川省夹江县饮食服务公司	编者刊		1979
资阳特产——临江寺豆瓣的酿造工艺	赵如新	今日种业	3期	1982
西坝豆腐	雷雨全	西南民兵	7期	1995
剑门山区饮食俗语	魏济明	四川烹饪	2期	1996
"剑泉"古碑与"剑门豆腐"	黄邦红	四川文物	6期	1996
剑门豆腐香千里	段传琛	四川烹饪	6期	1996
剑门豆腐	青杉	税收与社会	10期	1996
剑门山区饮食俗语	魏济明	四川烹饪	2期	1996
剑阁腊肉的由来	张小雷	烹调知识	6期	2003
剑门豆腐 柔滑水嫩	瞿峰	祝您健康	1期	2004
剑门豆腐	戎王	烹调知识	7期	2004
达县灯影牛肉	贾杏年	中国食品	6期	1993
四川达县——灯影牛肉	欧阳军	中国土特产	4期	1996
驰名中外的名食——灯影牛肉	欧阳军	饭店现代化	5期	1996
中外名食——灯影牛肉	欧阳军	食品科技	5期	1996
元稹和灯影牛肉	欧阳军	文史杂志	6期	1997
达州特产——灯影牛肉	朱清华	中国土特产	6期	2000
川西北回族饮食文化的地域特色	马勇	回族研究	4期	1997
水煮系列菜的"祖师爷"——谈自贡"水煮牛肉"的由来	桑词友	四川烹饪	6期	1997
自贡井盐与自贡菜	桑词友	四川烹饪高等专科学校学报	2期	2000
盐都佳肴趣话	自贡市政协文史资料编辑委员会	四川人民出版社		2000
从西昌方言词看其饮食文化	段英	广东教育学院学报	5期	2000
富顺豆花	《富顺豆花》编委会	编者刊		2003
洛表猪儿粑	黎成田	龙门阵	12期	2004
春卷小食也风流	刘志勇	巴蜀史志	1期	2005
漫话北碚豆花	朱大柱	重庆日报		1983.10.23

续表八

篇、书名	著(译)编者	出处	卷、期	年月日
重庆冷饮业史话	魏仲云	重庆晚报		1985.6.18
"留春幄"川味馆趣事	刘振甫	重庆晚报		1986.3.28
朝天门与担担面	张宝彝	重庆晚报		1986.4.1
山城饮食业话旧	余凡	重庆晚报		1986.9.30
重庆小吃史话	明理	重庆晚报		1986.12.6
白市驿板鸭探源	刘祖益	重庆晚报		1987.1.14
白市驿板鸭寻踪	刘祖益	重庆晚报		1987.9.30
重庆饮食业古今谈	柳松	重庆地方志	4期	1988
重庆农历正月食风	吴洛加	四川烹饪	1期	1994
山城棒棒鸡	杨荣宇	四川烹饪	3期	1999
漫话旧时重庆街头小吃	陈嘉祥	四川烹饪	9期	1999
		文史月刊	8期	2003
江湖论菜——兼及巴渝食风	唐沙波	四川烹饪	6期	2000
闲情美味颐之时	张老侃	四川烹饪	10期	2001
巴渝食趣	张老侃	重庆出版社		2001
重庆江湖菜	陈夏辉等	重庆出版社		2001
北碚油醪糟传奇	杨荣宇 李忠英	上海调味品	4期	2002
重庆川菜宝典	陈鉴于	重庆出版社		2002
北碚豆花拾趣	李忠英 杨荣宇	美食	3期	2003
棒棒鸡的由来与变迁	张致强	四川烹饪	12期	2004
漫话鲜味斋	鲜琦	巴蜀史志	3期	2005
长寿薄脆的来历	廉明	重庆日报		1980.6.22
长寿县"血豆腐"的传说	罗良德	重庆晚报		1985.10.4
三峡饮食诸题	潘守水	读书	5期	1998
三峡饮食文化考	郝明工	成都大学学报（社科）	2期	2000
"鬼城"丰都的五碟八大碗	李邦正 万政策	四川烹饪	5期	1996
蒋介石与合川鸡豆花	周云	龙门阵	7期	2004
诸葛亮与全羊汤	马尚平	龙门阵	11期	2004
成都回族食文化	晓江	四川烹饪	5期	1994
四川回族的饮食习俗述略	马尚林	回族研究	3期	2005

续表九

篇、书名	著(译)编者	出处	卷、期	年月日
峨眉山佛教长寿养生膳食	石加凤 汤一凡	科学技术文献出版社		1993
西康人民吃哑巴斋之特俗	佚名	蒙藏周报	29期	1930
糌粑	赵富文	四川日报		1980.5.31
藏族与酥油茶	陈其泰	龙门阵	1辑	1982
青稞酒和哈达	杨承丕	龙门阵	1辑	1982
藏族和茶	崔丹	阿坝报		1982.2.27
藏族冷饮——酸奶	赵富文	四川民族	4期	1986
藏族饮茶趣谈	刘述义	四川民族	4期	1987
藏族与酒文化	远泰	阿坝报		1990.6.9
白玛藏家蜂蜜酒	周晓钟	民族	4期	1992
藏族祝酒诵词（藏汉文本）	达尔基 林么修整理	阿坝史志学会		1994
甘孜藏族牧民吸鼻烟	金建国	中国西藏	6期	1996
康巴藏族的酒文化	金建国	民族	4期	1997
康巴藏族的酒歌与酒文化	金建国	民族团结	4期	1997
炸年果	赵海珊	康巴文苑	1期	1992
丹巴臭猪肉	郑友生	西藏民俗	2期	1999
嘉绒藏族的酒文化	张昌富	西藏艺术研究	1期	1999
巴塘金丝面	张卫	西藏民俗	2期	1999
康区酒歌	才杰	群文天地（藏文）	4期	2001
扎巴人的佳肴臭猪肉	冯敏	四川烹饪	1期	2005
母鹿敬客	铃	康导月刊	1卷5期	1939
请你来喝转转酒——彝族生活习俗	何明华	龙门阵	6辑	1982
泡水酒·苦荞粑·坨坨肉——彝族食品三种	司宇田	食品科技	12期	1983
彝族的酒器和饮酒风俗	宋兆麟	民俗研究	1期	1988
大凉山彝村的共食遗风	巴莫阿依	民俗研究	3期	1988
凉山彝族酒文化	李鉴踪	中央民族学院学报	3期	1990
彝族的炖汤羊肉	宁家鸿	中国食品	12期	1990
四川凉山雷波马湖彝汉杂居区汉族的吃刨面	罗曲	中华饮食文化基金会会讯	2期	1994
凉山彝族酒文化探析	潘正云	西南民族学院学报（哲社）	增刊3	1999

续表一〇

篇、书名	著（译）编者	出处	卷、期	年月日
凉山彝族荞饮食文化面面观	马德清 杨阿洛	凉山大学学报	4期	2000
戒酒与开戒	阳 军	风景名胜	9期	2000
凉山彝族的戒酒与开戒	欧阳军	烹调知识	10期	2000
彝族饮食文化与川菜文化的比较研究	何自国	西南民族学院学报（哲社）	增刊3	2000
凉山彝族饮食文化	马德清 杨阿洛	四川民族出版社		2000
凉山彝族酒文化概论	潘文超	凉山大学学报	2期	2001
大凉山彝族饮食礼俗	王林吉	中州今古	5期	2001
凉山彝族风味佳肴十例	何宗林	烹调知识	11期	2001
凉山彝族饮食文化概要	凉山彝族自治州饮食文化研究会	四川民族出版社		2002
凉山彝族的"砣砣肉"	宋 明	烹调知识	2期	2003
凉山的彝族美味	孙维承	四川烹饪	8期	2004
摩梭人的美食	晓 群	烹调知识	4期	1999
摩梭人的猪膘肉与乳猪烤肉	姚国军	丝绸之路	8期	2001
摩梭人的猪膘肉	于 人	今日民族	11期	2003
羌寨"万年火""锅庄"烤馍馍	戴 柯	中国食品	7期	1988
近代羌族饮食文化——藏、汉或以色列传统	王明珂	第八届中国饮食文化学术研讨会论文集		2004

五、婚俗

篇、书名	著（译）编者	出处	卷、期	年月日
一夫娶二女婚俗起自蜀山	王家祐	成都文物	2期	2000
由《后汉书·南蛮传》上的几个数据看巴部落的氏族及与群婚相适应的群体家庭	邹家俪	贵州文史丛刊	3期	2000
琴与中国古代文人的婚恋	孙 彦	船山学刊	1期	2004
试论三国婚姻的政治性	薛瑞泽	许昌师专学报（社科）	1期	1999
简析三国时代婚制的主要特点	何红英	四川文物	2期	1999

续表一

篇、书名	著(译)编者	出处	卷、期	年月日
蜀汉婚姻的特色	薛瑞泽	文史杂志	3期	2001
四川明代万历年间禁止早婚碑初探	白彬	四川大学学报（哲社）	4期	1990
清代"卖妻包管文约"	左平 孔令帆	四川档案	6期	2005
我乡的婚俗	邓天禽	新女性	1卷6号	1926
四川井研的再婚风俗	廖次山	新女性	2卷6号	1927
北碚转房俗的采访及初步分析	郭豫才	采风	3期	1945
北碚的婚俗	郭豫才	采风	6期	1946
四川偷碗婚俗	姜穆	台湾新生报		1960.10.18
四川的过婚嫂	国柱	台湾新生报		1968.3.15
广安的嫁俗	毛一波	四川文献	82期	1969
民国初年的四川婚俗	干卿	四川文献	84期	
"包办婚姻"的仪节	龙在天	龙门阵	1辑	1982
李劼人《暴风雨前》中的婚礼习俗	单雯	民俗研究	2期	1990
四川汉族民间婚礼与婚嫁歌	匡天齐	音乐探索	4期	1994
四川汉族民间婚礼与婚嫁歌（续一）	匡天齐	音乐探索	1期	1995
四川汉族民间婚礼与婚嫁歌（续二）	匡天齐	音乐探索	2期	1995
四川汉族民间婚礼与婚嫁歌（续三）	匡天齐	音乐探索	3期	1995
四川汉族民间婚礼与婚嫁歌（续四）	匡天齐	音乐探索	4期	1995
成都昔日的媒婆	罗开玉	文史杂志	1期	1996
彭水人的婚礼	罗文锦	彭水文史	8辑	1994
结婚俗礼	王国甫	彭水文史	8辑	1994
四川民俗：哭嫁	胡开锭	今日四川	3期	1997
奇异的隔夜婚俗	王绍明	少数民族史及史料研究（三）		1998
蜀州婚嫁琐闻录	陈柏青	巴蜀史志	2期	2000
近代四川婚姻礼俗变动趋势及特征述略	赵可 毛文君	成都大学学报（社科）	1期	2003
重庆百年婚嫁	杨耀健	文史精华	12期	2003
成都昔日的婚礼	成展	四川档案	3期	2004

续表二

篇、书名	著(译)编者	出处	卷、期	年月日
抗战时期重庆的婚姻问题初探	朱丹彤	西南师范大学学报（人文）	5期	2004
川西乡村婚恋风景线	黎民泰 王东	龙门阵	7期	2004
巴蜀习俗——新婚"过礼"	刘孝利 黄尚军	龙门阵	10期	2004
巴蜀习俗——"合八字"	李朝平 黄尚军	龙门阵	12期	2004
新娘：一种中介状态——土家族婚俗所体现的女性观	李霞	民俗研究	2期	1998
从民间传说看土家族历史上的"初夜权"	董柏权	中央民族学院学报	6期	1989
古蔺苗族婚姻礼词	古玉林	古蔺县宗教事务委员会办公室		2000
"浪帐房"	于式玉	文史杂志	5卷9、10期	1945
氐族的姓氏及婚姻	杨铭	西北民族研究	1期	1992
羌寨婚礼速写	陈世容 王猷川	中国西部	3期	1995
羌族婚俗初探	马宁	阿坝师范高等专科学校学报	3期	2004
桃坪羌寨的羌家婚礼	佟波	中国西部	3期	2004
从羌族民歌《马五哥》透视羌族妇女的历史婚姻	杨碧嫦 陈远贵	阿坝师范高等专科学校学报	4期	2005
四川省松潘县十里乡火烧屯村回族族外婚家庭结构及其习俗变迁的考察	马勇	西北民族研究	2期	2000
巴安婚礼	松月	康导月刊	2卷3期	1939
婚礼		康导月刊	3卷10、11期	1942
西康几种宗族之婚姻范围	杨汉光	边政公论	3卷6期	1944
松潘草地藏族的家庭和婚姻	欧潮泉	教学与研究	4期	1958
对"松潘草地藏族的家庭和婚姻"一文的批判	吴从众 李毓堂	教学与研究	8期	1958
谈康藏的婚俗与庄房制度	任乃强	龙门阵	2辑	1981
草原上的婚俗		甘孜报		1982.8.7
略述木里藏族婚姻与家庭问题	吴文	人口研究	4期	1984
川西北游牧部落的婚姻家庭形态	杨明	西南民族学院学报（哲社）	1期	1988

续表三

篇、书名	著(译)编者	出处	卷、期	年月日
甘孜婚俗简述	格妮措	康定民族师专学报	1 期	1990
记德格婚俗	噶玛降村	康巴文苑	2 期	1991
记藏族扎巴部落婚姻家庭形态变迁	根旺	西藏研究	4 期	1991
嘉绒藏族婚俗	甲都	民族	6 期	1993
嘉绒藏区婚嫁风俗	多尔吉	中国西藏	1 期	1994
康巴藏族婚礼	王达军	中国西部		1992
嘉绒藏族婚俗撷趣	兰卡斯甲	西藏民俗	2 期	1995
色达牧区的嫁妆和聘礼——川西藏族牧区的人类学专题调查之一	格勒等	中国藏学	2 期	1995
川西北藏族婚礼实录	单子恩	中国旅游	5 期	1996
嘉绒藏族婚仪与原始本教仪轨	宋友成	西藏研究	1 期	1997
婚礼奇趣——在川西北嘉绒藏族地区见闻	单子恩	文化交流	1 期	1997
白玛藏族婚俗概述	格桑卓玛	西藏民俗	3 期	1997
丹巴藏家的婚礼	郑友生	西藏民俗	4 期	2001
丹巴县梭坡乡莫落村藏族的婚姻与家庭	张朴	西藏研究	2 期	2004
藏族尔苏人婚礼仪式中饮食文化的族群性	巫达	第八届中国饮食文化学术研讨会论文集		2003
扎坝藏族的母系制原始婚姻形态	《道孚、雅江扎坝藏族母系制遗留的调查与研究》课题组	民族	4 期	2003
宁边夷族之婚礼	铃	康导月刊	1 卷 5 期	1939
九龙倮番婚礼	珩	康导月刊	2 卷 4 期	1939
倮族婚俗琐谈	岭光电	康导月刊	2 卷 12 期	1940
倮倮的婚姻	黄万民	新宁远	1 卷 10、11 期	1941
倮倮的婚姻	庄学本	社会研究	49、50 期	1942
大凉山倮倮的婚俗	柯化龙	边疆通讯	1 卷 5 期	1943
乌蛮统治阶级的内婚及其没落	闻宥 杨汉先	边政公论	2 卷 11、12 期	1943
倮族迎亲	湘子	旅行杂志	18 卷 7 期	1944
倮族迎亲	太风	旅行杂志	18 卷 7 期	1944
倮倮的婚姻制度	王成圣	边疆通讯	3 卷 8 期	1945

续表四

篇、书名	著(译)编者	出处	卷、期	年月日
倮㑩的掠夺婚和嫁女歌	求野	文讯	8卷1期	1948
我们调查了解到的凉山彝族婚姻家庭问题的情况	叶清勋	现代法学	1期	1979
凉山彝族的婚礼	基默热闹	民族文化	1期	1981
凉山境内"西番人"的走婚和母系制的调查研究	熊庸珠等	凉山彝族奴隶制研究	1期	1981
凉山彝族的婚礼	金光	龙门阵	3辑	1981
凉山彝族的"抢亲"习俗	寒梅	历史知识	4期	1981
关于解放前凉山彝族婚姻习俗的几个问题	何精忠	凉山彝族奴隶制研究	1期	1982
论民主改革前凉山彝族的婚姻和家庭形态——兼与张光显同志商榷	史波	民族学研究	7辑	1984
评凉山彝族的等级内婚制	列索子哈	思想战线	4期	1986
四川马边彝族婚俗	罗曲	民俗研究	2期	1988
凉山彝族亲属称谓及其婚姻形态窥探	朱文旭	中央民族学院学报	4期	1988
凉山彝族旧有婚姻家庭形态与现代化问题	李绍明 冯敏	思想战线	6期	1990
彝族婚礼	彭建商	中国西部	1期	1993
凉山彝族婚姻风俗的社会学剖析	阿黑拉机	四川省公安管理干部学院学报	4期	1994
凉山彝族婚姻中的身价钱问题研究	冯敏	西南民族学院学报（哲社）·中华彝学	增刊	1996
彝族婚俗	高国镕	科技与经济画报	2期	1997
凉山彝族婚礼	冷登亿	中国西部	4期	1997
论彝族旧婚姻伦理以及对青年教育的影响	蔡华	民族教育研究	1期	1999
凉山彝族等级婚姻与性学研究简介	罗清国	中国民族医药杂志	增刊	1999
凉山彝族非血缘亲属称谓试析	巴旦日火	民族语文	5期	2000
对凉山彝族婚姻文化变迁及行为调适的考察	马林英	西南民族学院学报（哲社）	1期	2001
浅论大小凉山彝族宗法性的婚姻形态	曾凡贞	玉林师范学院学报	1期	2001
凉山彝族婚改内容解析——兼论传统文化与现代国家的互动	张海洋 胡英姿	中央民族大学学报	4期	2001

续表五

篇、书名	著(译)编者	出处	卷、期	年月日
彝族婚配与数学	阿牛木支	凉山大学学报	4期	2001
凉山彝族父权制与等级内婚制	木乃热哈	凉山大学学报	2期	2003
凉山彝族传统婚俗及改革趋势研究	周云富	西昌师范高等专科学校学报	3期	2003
论泸沽湖畔母系家族在家族婚姻发展中的地位与作用	杨堃	北京师大学报	3期	1983
也谈"走婚制"之谜——与王德祥、罗仁贵同志商榷	拉木·嘎吐萨 阿继祖	华夏人文地理	5期	1992
关于摩梭人阿肖走婚和母系家庭的思考	何文华	山东教育学院学报	1期	1996
摩梭人的走婚习俗	何绍群	民族论坛	2期	1998
从摩梭妇女的婚姻家庭状况看其在经济文化中的地位和作用	蔡华	西南民族学院学报（哲社）	2期	1999
摩梭人婚姻道德研讨会纪要	肖芒	思想战线	6期	1999
Genesis of Marriage among the Moso and Empire-Building in Late Imperial China	Shih Chuan-kang	Journal of Asian Studies	Vol. 60, No. 2	2001
论摩梭女性地位在走婚制中的巩固与消解	钟继刚 景志明	西昌师范高等专科学校学报	3期	2003
摩梭的母系家庭和阿夏婚姻探源	刘遂海	西南民族大学学报（人文）	9期	2004
摩梭母系制婚姻家庭的和谐内涵解析	杨玲	西南民族大学学报（人文）	8期	2005
俄亚纳西族的伙婚仪礼	宋兆麟	云南民族学院学报	1期	1986
俄亚纳西族安达婚姻及其与永宁阿注婚的比较	刘龙初	民族研究	1期	1996
傈僳族婚礼亲历记	胡小平	中国西部	5期	2004
亲历傈僳族原始奇特的婚礼	胡小平	旅游	7期	2004

六、丧葬习俗

篇、书名	著(译)编者	出处	卷、期	年月日
古代西南民族墓葬与地理关系研究	罗开玉	中华文化论坛	4期	2002
三峡新石器时代埋葬习俗考古与同时期人类社会发展历史	杨华	重庆三峡学院学报	2期	1999

续表一

篇、书名	著(译)编者	出处	卷、期	年月日
长江三峡地区远古人类埋葬习俗（墓葬）资料的考古发现与研究	杨 华	东南文化	3 期	2000
三峡地区丧葬文化的地域特色研究——兼论秦汉以后汉族移民对三峡地区丧葬文化的影响	李禹阶 邹登顺	重庆三峡学院学报	4 期	2002
长江三峡地区古代腰坑葬俗的考古研究	杨 华	三峡大学学报（社科）	1 期	2005
关于晚期巴蜀墓中的文化内涵	谢 丹	四川文物	1 期	1987
晚期巴蜀文化墓葬初步研究（上）	罗开玉	成都文物	3 期	1991
晚期巴蜀文化墓葬初步研究（下）	罗开玉	成都文物	4 期	1991
巴蜀墓葬杂谈	张肖马	文物考古研究		1993
巴蜀墓葬某些因素之分析	宋治民	远望集——陕西省考古研究所华诞四十周年纪念文集		1998
巴蜀墓葬的分区与分期初论	江章华 张擎	四川文物	3 期	1999
四川早期同穴合葬墓初论	吴桂兵	四川文物	5 期	2000
三星堆墓葬与古蜀人的丧葬习俗	傅正初	天府新论	3 期	1994
战国秦汉时期巴蜀丧葬习俗——船棺葬及其民俗文化内涵	段塔丽	中国历史地理论丛	1 辑	2002
漢代四川の富裕層における死後の世界観	近藤いずみ	史苑	57 卷 1 期	1997
试析四川汉代葬俗中的商品化问题	唐光孝	四川文物	5 期	2002
		文明起源与城市发展研究		2004
窥视西南夷社会形态的窗口——西南夷大墓的比较研究	刘 弘	先秦史与巴蜀文化论集		1995
论三国时期的"薄葬"之风	蔡美云	汉中师范学院学报	1 期	1997
三国时期的薄葬风俗述论	李乐民	史学月刊	10 期	2002
三国薄葬之风考论	梅铮铮	成都文物	3 期	2002
汉末三国丧葬中若干问题考论	梅铮铮	四川文物	6 期	2002
略谈成都近郊五代至南宋的墓葬形制	洪剑民	考古	1 期	1959
蒲江发现后蜀李才和北宋魏训买地券	龙 腾	四川文物	2 期	1990
从苏适墓葬形制看苏轼家族川俗之保持	曾 劲	江汉论坛	8 期	2005

续表二

篇、书名	著(译)编者	出处	卷、期	年月日
从志聪买地券的发现看元代的丧葬习俗	袁明森 张玉成	四川文物	5期	1996
郫县的明代买地券小考	卫志中	成都文物	4期	1985
一张新出土的明代丰都冥途路引	江玉祥	四川文物	4期	1996
凉山州出土的明代买地券	黄承宗	四川文物	5期	1997
巴中"九天玄女地券"考	乐钊林	四川文物	5期	1999
宋明墓葬出土的石刻九天玄女地券和九天玄女	张勋燎	道教神仙信仰研究		2000
成都市龙泉驿区出土的宋、明石质买地券和镇墓券	成都市龙泉驿区博物馆	考古与文物	增刊·汉唐考古	2002
记四川江津县地券	台静农	大陆杂志	1卷3期	1950
		台静农论文集		2002
四川出土买地券的初步研究	曹岳森	四川文物	6期	1999
买地券研究三题	曹岳森	四川文物	1期	2001
道光年代的家祭文	则平	四川文献	144期	1974
川北之葬俗	T. Torrance	China Branch of the Royal Asiatic Society	41期	
成都自古即有火葬习俗	郑光福	成都日报		1981.5.6
四川叙南室葬调查纪略	四川大学历史系考古专业78级实习队	考古与文物	1期	1985
四川丧葬文化	霍巍 黄伟	四川人民出版社		1992
彭水的葬礼	罗叟	彭水文史	8辑	1994
彭水的民间丧礼	肖尧荣	彭水文史	8辑	1994
彭水历代的墓葬	蔡盛炽	彭水文史	8辑	1994
仪陇馆藏瓮棺葬具浅析	王永平	四川文物	4期	1996
冥钱琐谈	刘敏	四川文物	2期	1997
四川回族丧葬习俗的特点	罗凉昭	西南民族大学学报（人文）	10期	2004
西康的葬仪		北平晨报		1934.9.13
西康人的丧葬奇俗	树德	真理评论	6期	1936
康定乡之埋葬风俗		四川月报	11卷6期	1937

续表三

篇、书名	著(译)编者	出处	卷、期	年月日
记"木雅"藏族的一次火葬	韦 刚	西藏研究	3期	1983
川西少数民族丧葬制度研究	陈宗祥	西南师范学院学报(哲社)	1期	1985
川西藏族天葬纪实	仁真洛色	民族学与现代化	2期	1985
"鱼通藏族"独异的竖棺火葬	仁真洛色	康定民族师专学报	1期	1986
略谈白马人的丧葬制度	向远木	四川文物	1期	1989
甘孜藏区丧葬习俗的地方性和民族性	仁真洛色	中国藏学	2期	1990
树葬	裴得平	康巴文苑	1期	1992
甘孜州藏族土葬习俗初探	郑应红 仁真洛色	西藏研究	1期	1994
冕宁藏族的石板墓	马文中	民族	12期	1994
嘉绒藏族葬俗	阿布洛·甲都	民族	1期	1995
康区水葬	陶 勇	民族	3期	1995
松岗乡直波村丧葬记实	刘 健	草地	6期	1996
试析嘉绒地区藏族的丧葬习俗	多尔吉	中国藏学	4期	2002
The Costly Coffins of Chien Ch'ang	T. Cook	Journal of the West China Border Research Society	Vol. 8	1936
西昌附近的古代火葬墓	黄承宗	文物资料丛刊	7期	1983
凉山、渡口瓮棺葬及其族属问题	李绍明	四川文物	4期	1984
彝家葬礼	白 芝	西南民族学院学报(哲社)	4期	1984
西昌发现古代火葬墓	四川省凉山彝族自治州博物馆	考古	9期	1984
纳日人的葬礼	宋兆麟	世界宗教研究	2期	1985
浅谈西昌的卵塔及曼茶罗	温玉成	四川文物	6期	1988
应杜绝丧葬中的陋习	侯石体	民族团结	8期	1992
摩梭人葬俗述论	张正宁	民俗研究	3期	1992
彝族火葬文化管窥	陈世鹏	毕摩文化论		1993
试论彝族丧葬习俗的演变	米吾作	毕摩文化论		1993
凉山彝族守灵唱丧礼仪浅谈	伍 芝	凉山大学学报	12期	2001
凉山彝族绿色丧葬的启示	胡子龙	大理日报		2005.2.22
彝族、纳西族"火葬氏羌说"质疑	陈 东	四川大学学报(哲社)	增刊	2004
Na-Khi族の葬制	斋藤达次郎	中国大陆古文化研究	第8集	1978

续表四

篇、书名	著(译)编者	出处	卷、期	年月日
奇异的摩梭葬俗	沈澈 柳依依	社会科学战线	2 期	1984
摩梭人葬俗述论	张正宁	民俗研究	3 期	1992
羌族释比与丧葬	于一	阿坝师范高等专科学校学报	4 期	2003
羌族火葬习俗探析	马宁	阿坝师范高等专科学校学报	1 期	2005
从两个数字看川滇地区民族的历史关系	夏之乾	云南社会科学	6 期	1987

七、掌故及其他民俗

篇、书名	著(译)编者	出处	卷、期	年月日
巴蜀之谜	四川日报《天府周末》编辑室	重庆出版社		1988
巴蜀掌故集粹	骆永寿	四川大学出版社		1997
成都地区出土卜甲的初步研究	罗二虎	考古	12 期	1988
广汉三星堆大耳人像与儋耳习俗	曾湘军	文史知识	11 期	1992
成都石羊乡出土王莽时期斗鸡图	朱章义	农业考古	1 期	1999
重庆出土一枚我国最早象棋	吕慎	光明日报		2001.11.19
唐代成都的摔跤比赛	谭华	成都日报		1980.12.24
成都出土"四点施朱"骰子考论	罗新本 许蓉生	四川文物	5 期	1993
前后蜀的击球游戏	胡文和	历史知识	3 期	1983
忠县李士棻先生轶事（1821—1885）	李寰	四川文献	63 期	1967
中江李鸿裔轶事	李寰	四川文献	64 期	1967
漫话古代巴蜀妇女	粟品孝	历史大观园	5 期	1993
四川女性缠小足漫话	罗开玉	文史杂志	1 期	1999
光绪二十八年四川总督岑春煊"劝戒缠足告示"		历史档案	3 期	2003
从劝导到禁罚——清季四川反缠足努力述略	杨兴梅	历史研究	6 期	2000
民国防区制时代四川的反缠足努力	杨兴梅	四川大学学报（哲社）	4 期	2002

续表一

篇、书名	著(译)编者	出处	卷、期	年月日
民国初年四川的反缠足活动（1912—1917）——以官方措施为主的考察	杨兴梅	社会科学研究	6 期	2002
清代四川的彩票	刘严付 张 平	四川档案	6 期	2000
川西小城逸事（上）	于 英 任兆祥	龙门阵	3 期	2005
民国时期的布告	李成忠	龙门阵	3 期	2005
古代巴民族的存在及其和饮茶文化的关系	周树斌	农业考古	4 期	1998
古代巴人与茶文化	冯祖祥 周重想	农业考古	4 期	2000
川茶文化古今谈	黄世礼	四川商业高等专科学校学报	4 期	2000
三峡茶文化源流考辨	郝明工	重庆三峡学院学报	1 期	2001
论唐代长江上中游地区的饮茶风习	刘礼堂	江汉论坛	2 期	2005
唐宋茶礼茶俗述略	方 健	民俗研究	4 期	1998
西昌发现宋元时期的茶具	黄承宗	四川文物	1 期	1997
"吃讲茶"与"吃烙饼"——沙汀、赵树理笔下两种民俗文化之比较	和振荣	晋阳学刊	4 期	1991
四川宜宾农村的茶俗	刘盛龙	农业考古	2 期	1994
川茶·茶馆·茶馆文化	闻 哲	中国典籍与文化	3 期	1995
试论重庆博物馆藏紫砂茶具及其相关问题	申世放	四川文物	2 期	1996
四川茶馆	彭 哲	中国保健营养	1 期	1997
四川民间文学中的茶俗文化	徐金华	农业考古	2 期	1999
四川名茶与四川茶馆文化	王镇恒等	农业考古	2 期	2000
茶食飘香川东北	肖复兴	四川烹饪高等专科学校学报	3 期	2003
古蜀蒙山茶诗鉴赏	李家光	农业考古	4 期	2004
四川民俗茶俗文化在民间的传承	徐金华	农业考古	4 期	2004
巴蜀茶馆与民俗	周龙章	农业考古	2 期	2004
群仙茶楼——智育电影院	古 木	成都日报		1956.6.17
天籁和万春茶院	廖友陶	成都晚报		1962.10.23
话说成都茶馆	力 刃	旅游天府	1 期	1980
谈成都人吃茶	杨 槐	成都日报		1980.3.20

续表二

篇、书名	著(译)编者	出处	卷、期	年月日
华华茶厅	龙在天	成都风物	1辑	1981
成都茶馆	杨忠义	农业考古	4期	1992
成都问茶记	侯军	农业考古	4期	1995
《中国茶文化》专号（12）话说成都茶客	谢歌文	农业考古	4期	1996
成都茶馆盖碗茶	吴家阔	农业考古	2期	2000
茶与成都茶馆文化（一）	周小丁	中国旅游报		2000.12.1
茶文化与成都茶馆（二）	周小丁	中国旅游报		2000.12.8
茶文化与成都茶馆（三）	周小丁	中国旅游报		2000.12.15
茶文化与成都茶馆（四）	周小丁	中国旅游报		2000.12.22
二十世纪初的茶馆与中国城市社会生活——以成都为例	王笛	历史研究	5期	2001
老成都茶馆的茶道风情	李英	巴蜀史志	3期	2002
成都的茶文化	瞿峰	城乡建设	3期	2004
四川民俗茶俗文化在民间的传承	徐金华	农业考古	4期	2004
成都 泡在茶馆中的城市	罗丹妮	西部时报		2004.12.1
蜀人吃茶十五谈	流沙河	四川文学	1期	2005
成都文化是泡出来的（上）（下）——与学者王笛对话20世纪初成都茶馆	冯俊锋	四川党的建设（城市）	1、2期	2005
川西北的茶馆	路一章	茶业通报	2期	1985
旧重庆的茶馆	陈敦川	重庆地方志	2期	1992
旧重庆茶馆逸闻	魏仲云	红岩春秋	3期	1998
巴渝茶史溯源——兼谈重庆茶馆文化	刘勤晋	上海国际茶文化节论文选		2000
旧时重庆磁器口的老茶馆	魏自建	农业考古	2期	2001
磁器口的茶馆风情	刘晓航	农业考古	2期	2003
宜宾茶馆文化——唱玩友	刘盛龙	农业考古	4期	1992
四川宜宾农村的茶俗	刘盛龙	农业考古	2期	1994
丰都鬼城孟婆茶的源流与前景	黄节厚	农业考古	4期	1996
乐山茶馆散论	冯英	农业考古	4期	1997
自贡的茶馆文化——巴蜀建筑文化札记	邓琳	中外建筑	5期	1998
浅析涪陵茶馆文化	徐安书	茶叶	3期	2005

续表三

篇、书名	著(译)编者	出处	卷、期	年月日
川西茶馆：作为公共空间的生成和变迁	吕卓红	民间文化论坛	6 期	2005
康藏饮茶风尚	余舜	边政公论	3 卷 11 期	1944
康区茶文化及其衍变	王永熙	康巴文苑	2 期	1995
嘉绒藏族的茶文化	张昌富	西藏艺术研究	2 期	1999
西昌发现宋元时期的茶具	黄承宗	四川文物	1 期	1997
凉山彝族茶俗简述	马林英	农业考古	4 期	1996
千秋无改汉河山——芦山汉文化与茶文化史料辑	刘照辉等	芦山县地方志办公室		2004
蜀中掌故考	蒋唯心	国闻周报	6 卷 44 期	1929.11.10
华阳典故识误	郭祝崧	旅行杂志	17 卷 9－12 期	1943.9－1943.12
成都"住"、"行"今昔	程克襄 李澄渠	成都日报		1957.7.25
晓市·夜市·鬼市	陈鸿年	"中央"日报		1961.8.27
成都堂彩	兰亭	成都晚报		1962.8.23
四川打花鼓和卖唱的	辜海澄	"中央"日报		1964.4.10
锦春楼"三绝"	李思桢 马延森	龙门阵	2 辑	1981
旧日蜀中多怪事	龙在天	龙门阵	6 辑	1981
神童子与满天飞	杨槐	龙门阵	7 辑	1981
成都旧时路难行	黄书冠	成都日报		1981.5.18
瘟祖庙街的"人市"	海粟	成都日报		1982.1.6
黄金梦——锦江淘金公司挖金银的故事	吴绍伯	成都风物	3 辑	1982
望江楼畔黄金梦	东华	龙门阵	9 辑	1982
旧蓉城的市声	崔显昌	龙门阵	10 辑	1982
湖广填四川后的成都风情	一苇	成都风物	5 辑	1983
成都掌故	成都市群众艺术馆	成都出版社		1996
成都掌故 第二集	成都市群众艺术馆	四川大学出版社		1998
成都掌故 第三集	成都市群众艺术馆	四川大学出版社		2001
成都18怪	王跃 强金武	四川农业科技	7、9 期	2002

续表四

篇、书名	著（译）编者	出处	卷、期	年月日
昔年每逢农历四月初八日在锦水边举行的放生会	罗绩沅	巴蜀史志	4 期	2002
近代成都的赌博之风与中国城市早期现代化	秦 彬	四川大学学报（哲社）	增刊	2004
《成都旧闻》序言	流沙河	巴蜀史志	2 期	2004
成都旧闻	邓穆卿	时代出版社		2005
老成都少城故事	潘前春	巴蜀史志	3 期	2004
锦江春色与天齐	吴天玉	巴蜀书社		2005
金牛掌故	金牛区地方志编纂委员会办公室	巴蜀书社		2005
金牛风物	金牛区地方志编纂委员会办公室	巴蜀书社		2005
成都的老市招	何韫若 泽 康	龙门阵	12 期	2005
锦官城遗事	卢泽明等	成都时代出版社		2005
"三将军"的来历	园 禾	重庆日报		1979.2.22
纱帽石	张光明	重庆日报		1980.6.29
重庆见闻录	济生吴	新文丰出版公司		1980
龙和重庆	文 琛	重庆日报		1983.3.20
重庆客	司马訏	重庆出版社		1983
食鬼肉	杨文凯	重庆晚报		1985.3.20
洋人赛马场	涪 翁	重庆晚报		1985.5.2
"楼外楼"事件	高 虹	重庆晚报		1985.7.26
门前泼大粪 阻演《升官图》	石 曼	重庆晚报		1985.10.24
改"佛"为"浮"之妙	傅显德	重庆晚报		1985.10.24
也谈"浮图"与"佛图"	卓济贤	重庆晚报		1985.11.10
桥亭子的菩萨两面脸	传 禄等	重庆晚报		1986.4.23
重庆的老鼠	湛 卢	重庆市中区史志	1 期	1986
重庆的旧书市	欧昌礼	重庆市中区史志	1 期	1986
战时重庆风光	林如斯等	重庆出版社		1986
重庆掌故	王秉诚	重庆出版社		1986
利泽乡的鸭子桥	李文彬	重庆晚报		1987.1.9

续表五

篇、书名	著(译)编者	出处	卷、期	年月日
龙在重庆	文闻	重庆晚报		1988.2.14
马家店的"快上慈船"	刘振甫	重庆晚报		1988.3.16
一纸讣告	文抄公	重庆晚报		1988.7.14
重庆"榜眼牌坊"的传闻	伍志安	重庆地方志	5期	1991
陪都轶闻录	廖泽文	重庆地方志	2期	1992
重庆掌故	程梓贤	重庆出版社		1994
巴渝故实录	重庆市文史研究馆	上海书店		1994
旧重庆的城隍和"鬼城"	欧阳平	红岩春秋	6期	1996
重庆十八怪	《重庆晨报》副刊部	重庆出版社		1996
重庆集邮史（1928-1949）	重庆市集邮协会学术委员会	重庆出版社		1996
清代巴县の脚夫	山本進	東洋学報	82卷1期	2000
旧重庆磁器口人求雨	世元	红岩春秋	3期	2001
巴渝风情	王群生	重庆出版社		2001
巴渝风情——重庆旅游必读	重庆市渝中区政协文史资料委员会	重庆出版社		2001
重庆言子儿	张老侃	重庆出版社		2001
重庆风情幽默画卷——笑人笑事老巴县	张老侃	重庆出版社		2003
重庆风情幽默画卷——巴渝一百零八怪	张老侃	重庆出版社		2003
重庆风情幽默画卷——金重庆的传说	张老侃	重庆出版社		2003
巴渝轶闻掌故	孙善齐 杨耀健	重庆出版社		2004
剑阁风物资料选辑	中国人民政治协商会议剑阁县委员会文史资料研究委员会	编者刊		1983
彭水风物	彭水苗族土家族自治县筹备委员会	编者刊		1984
郁山一带的冠礼习俗	吴家让	彭水文史	8辑	1994

续表六

篇、书名	著(译)编者	出处	卷、期	年月日
送饭	王国甫 罗文锦	彭水文史	8辑	1994
浅谈民间祝寿	刘洪琪	彭水文史	8辑	1994
彭水民间禁忌选辑	蔡盛炽	彭水文史	8辑	1994
彭水的"打锣鼓"、"打闹"	阮国贤	彭水文史	8辑	1994
立房子	李世轩	彭水文史	8辑	1994
广元市风物资料选辑	广元市政协文史资料研究委员会	编者刊		1988
灌县风物	罗树凡等	四川人民出版社		1988
查拳名师张英振	张铜霞 张岱林	民族团结	8期	1991
内江风情	内江市民间文艺家协会	四川人民出版社		1991
自贡场镇风情	黄兆华	四川辞书出版社		1991
涪陵风物录	文绍奎 李梅	重庆出版社		1991
漫话峨眉香会	张承业	民俗研究	3期	1992
四川鹃城风筝	邓钦	民俗研究	3期	1992
名人逸事与鬼城	范明吉等	重庆出版社		1992
蜀南风情	宜宾地区作家协会	成都科技大学出版社		1992
乐山文史资料丛书：旧话	李伏伽	成都出版社		1993
巴人避邪民俗艺术的文化寻绎	雷乐中	三峡学刊	1期	1995
川东酉水土家族居室习俗调查	袁钧	民俗研究	4期	1995
旧时的轿子 滑竿 花轿	欧阳平	红岩春秋	2期	1996
"挡箭碑"及其民俗学意义	王建纬	四川文物	3期	1996
左绵话故	陈见昕	巴蜀书社		1996
五津风物	新津县教育局、新津县文化局	编者刊		1996
巴州奇谭	喻哲文	巴中广播电视报社		1998
长寿风情	政协长寿县委员会	编者刊		1998
罗江掌故	刘良国	青海人民出版社		1998
罗江掌故 文史集	刘良国	德阳市文联		2000

续表七

篇、书名	著(译)编者	出处	卷、期	年月日
一场由赌博引发的枪炮大战	唐润明	重庆晚报		1999.2.28
绵阳集邮史	周紫枫	绵阳市集邮协会		2000
新都历史文化丛书：新都掌故	李泽民	四川人民出版社		2001
诺水风情	张浩良	通江县政协等		2001
都江堰民俗掌故精选	黎民泰	四川民族出版社		2002
璧山风物拾零	王玉才			2002
彭州掌故	彭州市文化广播电视局	编者刊		2002
《彭州掌故》序	李维中	中共成都市委党校学报（哲社）	2期	2003
"将军箭"与长江三峡地区的拜继文化	杨爱平	西南民族大学学报（人文）	8期	2003
苍溪逸闻趣事	政协苍溪县委员会文史资料委员会	编者刊		2003
巴蜀习俗——点神主	黄尚军	龙门阵	8期	2004
川西民俗——吃九斗碗	曾为志 黄尚军	龙门阵	9期	2004
巴蜀习俗——嫁毛虫	赵小东 黄尚军	龙门阵	11期	2004
旺苍风情	中共旺苍县委宣传部	重庆出版社		2004
旧时内江的糖民俗	胡丽美	巴蜀史志	1期	2005
许氏族徽龙鱼图	阳登华 石明亮	巴蜀史志	2期	2005
民国时期广元的娼妓	罗晓平	龙门阵	12期	2005
四川回族的消费风俗	马尚林	西南民族大学学报（人文）	2期	2005
民国时期自贡的禁赌	沈涛	自贡日报		2005.4.19
德阳掌故	德阳市地方志办公室	方志出版社		2005
荥经风情——荥经民间文化拾零	李德祥	四川美术出版社		2005
石柱土家风情暨历史文化	朱茂 童中安	中国文史出版社		2004
阿坝风情录	达尔基	西南交通大学出版社		1991
边区风物展览会特刊	边区风物展览会	国民革命军第廿四军边务处		1929
西康的燃料	佚名	蒙藏周报	61期	1931

续表八

篇、书名	著(译)编者	出处	卷、期	年月日
西康妇女生活谈	王 超	蒙藏旬刊	99期	1935
理化妇女之姊妹会	惠	康导月刊	1卷6期	1939
无事有钱三复斯言	铃	康导月刊	1卷12期	1939
摸手论价		康导月刊	3卷10、11期	1942
康藏妇女美容术	王 登	康导月刊	5卷6期	1943
康地富室待客之俗	刘述义	康巴文苑	1期	1990
九龙民间风情	九龙县人民政府	编者刊		1992
嘉绒藏族祝酒词的由来表演形式和种类	余 斌	西藏艺术研究	3期	1994
丹巴地区村落中"斯基巴"、"日瓦"社会功能调查	多尔吉	中国藏学	4期	1995
绒坝岔姑娘	温普林	西藏民俗	1期	1996
德格地区的禁俗	噶玛降村	西藏民俗	2期	1996
康巴风情	甘孜州文化局	编者刊		1999
嘉绒藏族猎人——吊鹿子	嘎布达	中国西藏	1期	2000
嘉绒狩猎习俗	高福全	西藏民俗	2期	2000
白马"超哲"祝酒词	杨代友	民族	2期	2000
丹巴县嘉绒藏族的人生礼仪及择偶习俗	肖举梅	西南民族大学学报（人文）	11期	2003
丹巴风情1	雪 牛	中国三峡出版社		2003
藏族文化与康巴风情	阿绒甲措等	民族出版社		2004
嘉戎藏族民间礼节文化浅议	严木初 焦安勤	阿坝师范高等专科学校学报	3期	2005
清代康区藏族妇女生活探析	刘正刚 王 敏	中国藏学	4期	2005
夷人作斋的风俗	马绍房	益世报·边疆副刊	37期	1939.9.4
西康东南倮族礼俗记略	彭世颐	边事研究	10卷6期	1940
倮苗跳鸡	十 穗	说文月刊	3卷1期	1941
歃血为盟		康导月刊	3卷10、11期	1942
黑夷做斋礼俗及其与祖筒之关系	马学良	边疆人文	1卷5、6期	1944
倮族之礼节	蒋虚白	边政月刊	2卷4-6期	1946

续表九

篇、书名	著(译)编者	出处	卷、期	年月日
凉山彝族的"歃血为盟"	周锡银	历史知识	1期	1980
彝族"跳歌"	左江	民族文化	1期	1980
给活人开追悼会	贺章	旅游天府	2期	1982
凉山彝族文身考略	冯敏	民族艺术	1期	1990
凉山彝族换童裙习俗	马尔子	民俗研究	3期	1991
凉山彝族非语言交际习俗	马林英	贵州民族研究	4期	1991
凉山彝族生育习俗	马林英	民俗研究	3期	1992
论彝族体育的源流及其价值	饶远	浙江体育科学	5期	1992
彝族尚黑习俗浅探	朱文旭	毕摩文化论		1993
凉山彝族礼俗	王昌富	四川民族出版社		1994
试论彝族尚黑习俗	杨德聪	四川文物	6期	1997
彝族走向成熟的成年礼	何光华	山区开发	5期	1996
凉山彝族的求子仪式	蔡富莲	民间文学论坛	3期	1998
凉山彝族求子习俗盛行的根源	蔡富莲	西南民族学院学报（哲社）	4期	1999
浅谈凉山彝族礼貌语言	俄木阿宾	西南民族学院学报（哲社）	增刊3	1999
凉山彝族风情奇趣谈	阿鲁斯基 阿鲁阿乐	著者刊		1999
论凉山彝族的传统鸡文化	沈补几	凉山大学学报	4期	2000
美姑彝族取名概述	吉觉王铁	凉山大学学报	4期	2000
凉山彝族求子仪式的特点	蔡富莲	凉山大学学报	4期	2001
彝族少女换童裙习俗概述	罗布合机	凉山大学学报	12期	2001
凉山彝族山民的仪式生活	巴莫阿依	民族艺术	2期	2003
彝族禁忌的起源及演变试探	白兴发	云南民族大学学报	3期	2003
"里者则"，彝区的悬赏破案古俗	奋发	民族大家庭	3期	2004
风格独特的彝族人生礼仪	林文	寻根	1期	2005
凉山彝族兰花烟	杨红 余和明	西昌学院学报（自然）	4期	2005
凉山彝族风情	吉合蔡华	巴蜀书社		2005
盐边风情（第一集）	中共盐边县委宣传部等	编者刊		1986
盐边民族风情（第一集）	盐边县文化馆、盐边县民族事务委员会	编者刊		1987

续表一〇

篇、书名	著(译)编者	出处	卷、期	年月日
盐边民族风情（第二集）	盐边县文化馆、盐边县民族事务委员会			1991
笮山若水——盐边十大民俗风情	罗三五	中国文史出版社		2005
浅析羌族禁忌的教育内涵	蔡文君 杜学元	西北民族研究	4期	2005
浅论摩梭人生活习俗的美学意义	彭善秀	云南师范大学学报（哲社）	6期	1998
摩梭人的成丁礼	拉他咪 王　勇	云南日报		2002.6.4

第十五章 巴蜀人物

一、分传

（一）禹

篇、书名	著（译）编者	出处	卷、期	年月日
禹在中国西南部之传说及杜宇传说之比较研究	黄仲琴	国立中山大学语言历史学所周刊	5卷59、60期	1928
禹生石纽考	陈志良	禹贡	6卷6期	1936
九州之戎与戎禹	顾颉刚	禹贡	7卷6、7期	1937
禹生石纽与禹为上帝辨	孔令毂	说文月刊	2卷2-4期	1940
			2卷6、7期	1940
民族圣哲之伟人与四川禹迹之检讨	傅双无	今是公论社		1941
禹与四川之关系	陈志良	说文月刊	3卷9期	1943
石纽探访记	卫聚贤	说文月刊	3卷9期	1943
禹生石纽辨	冯汉骥	说文月刊	4卷合订本	1944
大禹	祝世德	汶川县政府		1945
大禹志	祝世德	汶川县档案局		1983
		汶川县旅游局、汶川县史志办		1999
从大禹生地说到边疆人物	任乃强	康藏研究	25期	1949
从大禹生地看边疆人物	任乃强	边听	1卷2期	1949
石紐林と禹の誕生	岡崎精郎	古代学	1卷4号	1952
民生于禹 禹生于蜀	仲眉	四川文献	54期	1967
头一个征服洪水的人出在四川	冯广明	文明	2期	1981
禹的婚姻问题	孙致中	河北大学学报（哲社）	2期	1981
大禹出生在汶川	陈泽昆	旅游天府	3期	1981
禹妇翁像	学云	重庆师院学报（哲社）	1期	1984
禹生北川	北川县政协文史办公室等	编者刊		1987
神禹故里	孙寒青	四川文物	1期	1988
禹生北川	政协北川县文史办公室等	编者刊		1988

续表一

篇、书名	著(译)编者	出处	卷、期	年月日
禹生石纽在北川	李德书	绵阳日报		1990.5.2
羌禹生地考辨	武文	西北民族研究	2期	1991
大禹史料汇集	钟利戡 王清贵	巴蜀书社		1991
大禹研究文集	陈勤帜 邓德荣	四川省大禹研究会		1991
大禹故里——北川	中共北川县委宣传部、北川县政府旅游办	编者刊		1991
戎禹故里——"石纽山"	李昌平	风景名胜	1期	1992
大禹故里觅禹迹	杨顺成	水利天地	2期	1992
巴蜀大禹治水	毛世全	水利天地	3期	1993
大禹出生地之争	周九香	文史杂志	2期	1994
禹生石纽传说的由来	刘黎明	文史杂志	2期	1994
黄龙与大禹神话考源	冯广宏	四川文物	3期	1994
禹の遺跡とその民族傳承を求めて	工藤元男	東洋の思想と宗教	12号	1995
大禹颂	沈建中	浙江人民出版社		1995
大禹研究	陈瑞苗 周幼涛	浙江人民出版社		1995
大禹论——95大禹学术讨论会论文集	浙江省社会科学院、绍兴市社会科学院	浙江大学出版社		1995
夏禹之有无及族属地望说商兑	祁和晖	西南民族学院学报（哲社）	3期	1996
大禹所出举证	冯广宏	中华文化论坛	1期	1997
论大禹的有关问题	唐嘉弘 张建华	菏泽师专学报	3期	1997
禹的真相及夏人族源	叶林生	苏州大学学报	4期	1997
大禹与巴蜀	张启成	文史杂志	6期	1997
从石崇拜看禹羌关系	李绍明	四川文物	6期	1998
		阿坝师范高等专科学校学报	2期	2005
大禹史话	李茂	阿坝州地方志编纂委员会		1998
禹の傳承をめぐる中華世界と周縁	工藤元男	中華の形成と東方世界		1998
关于夏禹的两个问题	李复华	四川文物	5期	1999

续表二

篇、书名	著(译)编者	出处	卷、期	年月日
大禹三考	冯广宏	四川文物	2期	2000
大禹的故乡在哪里	雍继荣	中国民族	4期	2000
大禹亦大鱼——华夏民族古代的神灵图腾	白剑	四川文物	1期	2001
大禹诞生在何处	杨泽本	成都文物	3期	2001
禹生北川信有征	谢兴鹏	中州今古	4期	2002
		禹城与大禹文化文集		2002
禹族西兴东渐及其在黄河中下游的活动初探	彭邦本	禹城与大禹文化文集		2002
		社会科学研究	1期	2003
试论禹与鱼凫族的关系	何崝	周秦社会与文化研究——纪念中国先秦史学会成立20周年学术研讨会论文集		2002
大禹研究文稿	李德书	四川省大禹研究会		2002
九州方圆话大禹	谢兴鹏	四川大禹研究会等		2002
大禹情结涂山女	孙善齐	中国三峡建设	1期	2003
岷江上游羌族的大禹崇拜——以禹生石纽说为中心	张泽洪	黑龙江民族丛刊	4期	2003
大禹出生地辨析	李仲立	甘肃高师学报	6期	2003
"禹兴于西羌"补证——从考古新发现看夏蜀关系	林向	阿坝师范高等专科学校学报	3期	2004
候人兮猗——禹和涂山氏女娇故事考据	许晖	中州今古	5期	2004
大禹史传的西部底层	段渝	四川大学学报(哲社)	5期	2004
大禹故里——北川		神州	11期	2004
鲧、禹神话与三星堆遗址	肖先进 邱登成	中华文化论坛	2期	2005
良渚文化西进入蜀与禹生石纽	杨骁国	学术论坛	3期	2005

（二）安阳王

篇、书名	著(译)编者	出处	卷、期	年月日
安陽王与と西嘔——ヴュトナム古代史小致	藤原利一郎	古代文化	18卷2号	1967

续表一

篇、书名	著(译)编者	出处	卷、期	年月日
安南古史上安阳王与雄王问题	饶宗颐	南洋学报	24卷1、2期	1969
安陽王と日南伝に就いて	饶宗颐（陈荆和）	史学	42卷3号	1970
安陽王の出自について——藤原利一郎・饒宗頤両氏の所論をめぐって	陈荆和	史学	42卷4号	1970
蜀王子乎？抑或竹王子乎？——对安阳王族属质疑	蓝鸿恩	学术论坛	4期	1992

（三）李冰

篇、书名	著(译)编者	出处	卷、期	年月日
李冰守蜀治水之伟绩	马兆骧	说文月刊	3卷9期	1943
蜀守李冰治水事迹考略	傅振伦	说文月刊	3卷9期	1943
李冰治水考	杨向奎	经世日报·禹贡周刊	5—9期	1946.9.13—1946.10.11
李冰父子与都江堰	君愚	人民日报		1951.2.22
		工商导报		1951.3.6
我国两千多年前的水利家——李冰	施今	北京日报		1957.2.22
李冰——二千多年前的水利工程专家	省文史馆二组	成都日报		1958.4.13
李冰	开史	历史教学	2期	1959
李冰和都江堰	北京市第二师范学校语文组政史地组	中华书局		1959
中国古代的水利家——李冰	杨向奎	文史哲	3期	1961
李冰父子和都江堰	李静波	中国水利	21期	1962
李冰守蜀的年代问题——校正"华阳国志"误字所造成的混乱	赵世暹	文汇报		1962.4.27
李冰的石犀	曾缄	成都晚报		1962.7.25
李冰蜀中治水概况	刘磐石	资料	2期	1974
都江堰出土东汉李冰石像	四川省灌县文教局	文物	7期	1974
东汉李冰石像与都江堰"水则"	王文才	文物	7期	1974
东汉石刻李冰像在都江堰出土	蜀勃	光明日报		1974.6.6

续表一

篇、书名	著(译)编者	出处	卷、期	年月日
都江堰出土东汉石刻李冰像	省博	四川日报		1974.9.21
从外江出土的石刻人像谈都江堰的变迁与水利问题	刘磐石 王家祐	资料	3期	1975
都江堰又出土一躯汉代石像	四川省博物馆、灌县文化站	文物	8期	1975
李冰		天津日报		1975.12.23
李冰治水的朴素辩证法思想	齐平 邵宇	社会科学	1期	1980
李冰兴修都江堰的朴素辩证法思想	齐平 邵宇	西南师范学院学报（哲社）	1期	1980
天府与李冰	魏达议	群众文艺	3期	1980
都江堰李冰石像	赵殿增	成都日报		1980.5.8
都江堰持锸石像	赵殿增	成都日报		1980.5.26
"三神石人"的秘密	岷枫	灌县风物	3期	1981
李冰和他的治水之法	傅振伦	学林漫录	5集	1982
关于古水利家李冰"升仙遗址"的调查	冯正肃 马骏	四川水利史研究	1辑	1983
关于《李冰》石像的几个问题	唐光沛	四川文物	1期	1984
李冰与都江堰	戴盛昌	文物天地	1期	1984
有关李冰与都江堰的几个问题	刘毓璜	南京大学学报（哲社）	1期	1986
说李冰石人题刻的"三神"	温玉成	四川文物	4期	1987
李冰是蜀地羌人	郭发明	文史杂志	2期	1989
中国科学、神话、宗教的协合——以李冰为中心	罗开玉	巴蜀书社		1990
李冰为蜀王后裔说	王家祐	成都文物	2期	1992
李冰蜀地羌人说质疑	冯广宏	文史杂志	3期	1992
李冰与都江堰	杨义芳	西安教育学院学报	2期	1994
李冰父子和都江堰	家有才	山西水利	3期	1994
李冰及堰工石像出土纪实	张绪造 钟维昭	四川水利	4期	1994
都江堰与李冰	都江堰市文物局	巴蜀书社		1994
秦始皇崇敬李冰	周九香	文史杂志	5期	1994
郭沫若抗战论李冰	周九香	郭沫若学刊	3期	1995
半真半假的李冰父子	林闻	咬文嚼字	11期	1995

续表二

篇、书名	著(译)编者	出处	卷、期	年月日
李冰治理过乐山大佛崖吗	李豫川	四川文物	5期	1996
		文史杂志	6期	2002
有关都江堰出土石像的几个问题	刘星辉	四川水利	6期	1997
嘉惠罗人"蜀太守"——李冰	元夕	中国科技月报	3期	1999
李冰	落田	中华魂	8期	1999
访李冰故里	吴敏良	成都文物	3期	2000
李冰创建都江堰的历史启示	冯广宏	文史杂志	4期	2000
李冰入蜀年代考	徐亮工	社会科学研究	1期	2001
"水利始祖"——李冰是山西解州郊斜人	王大奇 李保生	沧桑	3期	2001
李冰故里在山西	张长星	四川水利	4期	2001
郭沫若对李冰的评议	周九香	四川水利	5期	2001
都江堰的功臣	李万霖	成都文物	4期	2002
东汉李冰石像题铭浅释	周九香	四川水利	4期	2002
都江堰李冰石像题铭浅释	周九香	四川文物	5期	2002
李冰由人到神成因探析	申及甫	文史杂志	1期	2003
李冰与乐山治水的相关问题	向玉成	文史杂志	2期	2003
李冰治水地讨论之我见	冯广宏	文史杂志	3期	2003
李冰与都江堰	杨文华	巴蜀史志	5期	2003
李冰化神过程	郭祝崧	四川师范大学学报（社科）	1期	2004
李冰父子与都江堰	龙为	今日小学生	2期	2004
神秘石像揭秘	母心	西部论丛	7期	2005
关于《神秘石像揭秘》的随想	覃娘	西部论丛	9期	2005

（四）巴寡妇清

篇、书名	著(译)编者	出处	卷、期	年月日
巴寡妇清姓啥	先富	成都晚报		1962.4.7
汞和巴寡妇清	里柔	成都日报		1982.2.1
巴清丹砂矿	李素桢 田育诚	东疆学刊	2期	1985

续表一

篇、书名	著(译)编者	出处	卷、期	年月日
寡妇清评传	康清莲	西南民族大学学报（人文）	12期	2003
从"封保誉清"论秦始皇为何重视大商人	房占红	渤海大学学报（哲社）	1期	2004
秦始皇独筑高台礼妇清的价值思考——兼谈中国古代女性文学的生存状态	周淑舫	湖州师范学院学报	6期	2004
秦始皇筑怀清台的另一种解读	周晏	涪陵师范学院学报	3期	2005
中国最早的女企业家 巴寡妇——清	栀子	江西农业科技	9期	2005

（五）司马相如

篇、书名	著(译)编者	出处	卷、期	年月日
司马相如评传	游国恩	觉悟	15－26期	1923.1.15－1923.1.26
司马相如之化装表演	洪为法	青年界	10卷4期	1936
为司马相如的病下一诊断	侯宝璋	责善半月刊	1卷20期	1940
		香港大学学生会会刊		1950
西汉大政治家司马相如	陈中凡	文史杂志	1卷9期	1941
司马相如	陈觉玄	文史教学	6期	1942
司马相如的消渴病	牟允方	健康医学	1期	1946
风流文采的司马相如	凡石	上海文化	3期	1946
司馬相如について——中国文学史の開幕	吉川幸次郎	吉川幸次郎全集	6卷	1984
评吉川幸次郎"论司马相如"	田森襄	东京中国学会报	8号	1951
读史记司马相如传	王瑶	中国文学论丛		1953
司马相如	叶庆炳	中国文学史论集	1期	1958
也谈司马相如	苏鹤	四川日报		1959.6.19
关于司马相如——和苏鹤同志商榷	黎本初	四川日报		1959.7.12
汉赋大家司马相如	罗世勋	成都晚报		1962.7.12
论司马相如及其作品——纪念司马相如诞生2140周年	刘开扬	江海学刊	9期	1962
一代才子司马相如	克榜	畅流	35卷2期	1967

续表一

篇、书名	著（译）编者	出处	卷、期	年月日
司马相如传略——前半生	福岛吉彦	吉川博士退休纪念中国文学论集		1968
读史记会注考证札记——司马相如列传第五十七	施之勉	大陆杂志	44卷2期	1972
读史记会注考证札记校补——司马相如列传第五十七	施之勉	大陆杂志	47卷1期	1973
			50卷1期	1975
司马相如	童木	成都日报		1978.10.5
史记斠证卷117·司马相如列传第57	王叔岷	"中研院"史语所集刊	50本	1980
司马相如是张叔、盛览的老师吗	傅光宇	昆明师院学报	6期	1980
司马相如与糖尿病	辛夫	成都日报		1981.4.27
司马相如简论	沈伯俊	西南师范学院学报（哲社）	2期	1982
司马相如出使西南夷	胡凡	黑龙江教育学院学报	2期	1982
关于司马相如游梁年代与生年	束景南	文学遗产	3期	1984
司马相如生平及其文学研究	朱门	文史哲出版社		1984
再谈司马相如游梁年代与生年	刘开扬	文学遗产	2期	1985
司马相如游梁年代与生平的再考辨——答刘开扬先生	束景南	文学遗产	1期	1987
三谈司马相如生年与所谓"东受七经"问题	刘开扬	成都大学学报（社科）	4期	1987
司马相如与盛览	张亚新	贵州教育学院学报	4期	1988
关于司马相如的生平和创作	季镇淮	文学遗产	3期	1990
司马相如散论	张仲良	江汉论坛	11期	1992
李義山詩に詠われた司馬相如——隠喩としての自畫像	詹满江	日本中国学会报	45号	1993
司马相如与蓬安县	邓郁章	巴蜀史志	4期	1994
司马相如"东受七经"考	刘南平	张家口师专学报	1期	1995
司马相如	丛培香 徐广琴	人民文学出版社		1996
司马相如与酒楔鼻裈	赵联赏	文史杂志	5期	1997
司马相如与汉代四川的局限	Steven F. 塞基（胡光伟）	中华文化论坛	4期	1998
司馬相如伝考	冈村繁	学林	28、29号	1998
司马相如	龚克昌 苏瑞隆	春风文艺出版社		1999

续表二

篇、书名	著(译)编者	出处	卷、期	年月日
司马相如散议	王玫	读书	3期	2000
王培荀的司马相如"实今之蓬州人"说考论	司马研	四川师范学院学报（哲社）	4期	2000
司马相如和汉武时代的西南开发	叶红	西南民族学院学报（哲社）	9期	2000
		巴蜀史志	11期	2000
巴蜀大才子：司马相如全传	闵国本	长春出版社		2000
关于司马相如的小考二则	余江	山东理工大学学报（社科）	2期	2001
相如故里在蓬安	赵正铭 邓郁章	四川人民出版社		2001
万宁桥：昔司马相如通西南夷、桥孙水即此	蒋晓华	文史杂志	1期	2002
司马相如与巴蜀文化	杨正苞	文史杂志	4期	2002
司马相如新论	康金声	山西大学学报（哲社）	4期	2002
从《史记·司马相如列传》说起	徐炳孚	文化时空	8期	2002
曹学佺最早提出相如故里在蓬州	马国栋	巴蜀史志	3期	2003
司马迁与班固眼中的司马相如——两汉文人的价值观演化之管窥	蒋方 张忠智	湖北大学学报（哲社）	3期	2003
《史记·司马相如列传》校读札记	王华宝	中国典籍与文化	4期	2003
司马相如与公孙弘的争论	刘学洙	当代贵州	6期	2003
司马相如与司马迁创作道路之比较	周明侠	创作与评论	1期	2000
司马相如与汉武帝遭遇事件的诗学解读	刘朝谦	华中科技大学学报（社科）	3期	2004
谁是最先对相如籍贯提出异议者	马国栋	文史杂志	3期	2004
司马相如的官不是用钱买来的	杨永乐	文史杂志	5期	2004
司马相如生于蓬安	李大明	光明日报		2004.12.31
关于司马相如故里问题的再探讨	房锐	四川师范大学学报（社科）	2期	2005
重评司马相如之人格	方向红	成都教育学院学报	10期	2005

（六）卓文君

篇、书名	著(译)编者	出处	卷、期	年月日
杰出的中国女人：卓文君·李清照	吴桂林	玉树图书		1973
风流秀女：卓文君	韩雷	辽宁民族出版社	1992	

续表一

篇、书名	著(译)编者	出处	卷、期	年月日
卓文君巧复家书	刘海斌	河南税务	5期	1997
卓文君与文君锦	孙先知	四川丝绸	4期	1998
卓文君雪夜私奔	陈峻菁	湖南文艺出版社		2001
四大才女之：卓文君全传	利宝	光明日报出版社		2002
四大才女之：卓文君全传	阿孟	内蒙古人民出版社		2003
女性呻吟中的突围——解读西汉女诗人卓文君	黄萍	广东农工商职业技术学院学报	2期	2004

（七）王褒

篇、书名	著(译)编者	出处	卷、期	年月日
光前启后的王褒	毛一波	四川文献	159期	1976.9
墨池故里话王褒	徐伯荣	旅游天府	4期	1981
试论西汉王褒	金国永	社会科学研究	4期	1986
独具一格的汉赋名家王褒	沈伯俊	今日四川	2期	1998
王褒集考译	王洪林	巴蜀书社		1998
王褒卒年考辨	曾祥旭	船山学刊	2期	2005

（八）扬雄

篇、书名	著(译)编者	出处	卷、期	年月日
方言学家扬雄年谱	董作宾	中山大学语史所周刊	8卷85-87期	1929
扬雄的姓	黄仲琴	岭南学报	2卷1期	1931
扬子之研究	李晶	瓯风	13-16期	1935
扬子云年谱	汤炳正	论学	4-7期	1937
扬雄	陈觉玄	文史教学	7期	1942
扬雄	张鸿来	师大学刊	2集	1943
扬雄与王音王根王商的关系	陆侃如	大公报（津）·文史周刊	39期	1947.10.17
扬雄	王德昭	中国文学史论集	1集	1958

续表一

篇、书名	著(译)编者	出处	卷、期	年月日
有关扬雄——读书札记之二	李嘉言	光明日报		1960.5.15
汉儒扬雄	元祐	成都晚报		1963.3.2
扬雄论究	徐复观	大陆杂志	50卷3期	1975
扬雄について——王莽・新に対する評価を中心として	田中麻纱巳	紀要（舞鶴工業高等専門学校）	10号	1975
扬雄待诏承明之庭在成帝永始元年考	施之勉	大陆杂志	51卷2期	1975
扬雄待诏承明之庭的年代问题——敬答施之勉先生	徐复观	大陆杂志	51卷6期	1975
扬雄生平考述	李鍌	东海学报	17卷1期	1976
扬雄待诏承明之庭在成帝永始元年续考	施之勉	大陆杂志	52卷2期	1976
大醇小疵的扬雄	毛一波	四川文献	158期	1976
扬雄	重水	成都日报		1978.11.25
扬雄对汉匈和好的贡献	李实	内蒙古社会科学	创刊号	1980
杰出的诗人学者，天真的政治活动家	梦渔 显昌	星星	6期	1980
试论扬雄的美学观	陈曼平 张克	延边大学学报（社科）	1期	1983
扬雄评传	张岱年	中国哲学史研究	3期	1984
扬雄	吉川幸次郎	吉川幸次郎全集	6卷	1984
《辞源・载酒问字》注释欠妥	田忠侠	学习与探索	4期	1985
《剧秦美新》非"谀文"辨	许结	学术月刊	6期	1985
扬雄论	毕万忱	学术研究丛刊	1期	1987
论司马光对荀子、扬雄的承袭	陶懋炳	衡阳师专学报（社科）	2期	1987
扬雄附莽辨	周全华	上饶师专学报	6期	1988
"子云其人"小考	谢华	中医函授通讯	2期	1987
略谈韩愈与扬雄	孙连琦	锦州师院学报（哲社）	4期	1989
汉代语言文字学家扬雄年谱	汤炳正	语言之起源		1990
刘向刘歆扬雄之比较	孟繁冶	许昌师专学报（社科）	3期	1991
扬雄世系考辨	周清泉	成都大学学报（社科）	2期	1992
扬雄生平、作品评价及其他有关问题	张震泽	辽宁大学学报（哲社）	3期	1992
《剧秦美新》及扬雄与王莽的关系	方铭	中国文学研究	2期	1993

续表二

篇、书名	著(译)编者	出处	卷、期	年月日
"千石之官"和"猗顿之财"——王充论扬雄、桓谭	周桂钿	浙江学刊	6期	1994
揚雄論	多田伊織	日本研究	11号	1994
文選テキストとして見た上野本漢書揚雄伝天暦2年点	小助川貞次	訓点語と訓点資料	94号	1994
试论扬雄对中国文化的贡献	叶福翔	中华文化论坛	1期	1996
评扬雄的政治操行	刘晓勤	西南民族学院学报（哲社）	增刊2	1996
论扬雄的心态特征	吴全兰	唐山师范学院学报	2期	1997
扬雄与刘勰	方铭	中国文化研究	3期	1997
扬雄信道的思想特质	雷健坤	学术研究	9期	1997
在矛盾中追求超越的扬雄	沈伯俊	今日四川	3期	1998
惟有扬雄识君平	罗剑云	中国道教	3期	1998
《漢書》揚雄伝所収《揚雄自序》をめぐって	嘉瀬達男	学林	28、29号	1998
扬雄述论	孟祥才	人文杂志	2期	1999
扬雄姓氏甄别	李解民	文史	47辑	1999
扬雄是"摹拟大师"之辨正	吴全兰	桂林市教育学院学报	3期	2000
联写扬雄旷世才	张绍诚	文史杂志	4期	2000
扬雄与《剧秦美新》	刘保贞	山东大学学报（哲社）	6期	2000
古文家と揚雄	川合康三	日本中国学会報	52号	2000
扬雄评传	王青	南京大学出版社		2000
论扬雄	王玫	中国典籍与文化	2期	2001
"五柳先生"及"无弦琴"的守穷守默——从扬雄看陶渊明的"愤宋"	吴国富	九江师专学报	2期	2001
宇宙的寂寞：扬雄传	张强	东方出版社		2001
扬雄至京、待诏、奏赋、除郎的年代问题	杨福泉	上海大学学报（社科）	1期	2002
"候气法"是京房的发明吗	唐继凯	交响	1期	2002
二十年来扬雄研究综述	张晓明	青岛大学师范学院学报	4期	2002
扬雄历史观再认识	张秋升	聊城大学学报（哲社）	5期	2002
西汉时期成都大文学家扬雄评传	刘文杰	中共成都市委党校学报	6期	2002
从《孝至》后半篇看扬雄对王莽的态度	刘保贞	晋阳学刊	3期	2003

续表三

篇、书名	著(译)编者	出处	卷、期	年月日
知实难逢　人莫圆该——评刘勰论扬雄	陈汉	广东技术师范学院学报	5期	2003
求真务实　正本清源说子云	张绍诚	西华大学学报（哲社）	2期	2005
扬雄对女性的审美观	侯文学	天府新论	4期	2005
从扬雄对东方朔的评价论西汉隐士之风貌	曾祥旭	阜阳师范学院学报（社科）	4期	2005
北宋诸儒论扬雄	李祥俊	重庆社会科学	12期	2005
扬雄青年时代诸事考	刘韶军 熊铁基	秦汉思想文化研究		2005

（九）张松

篇、书名	著(译)编者	出处	卷、期	年月日
张松未献"西川图"	章映阁	成都日报		1981.12.28
西川奇才——张松	余音	旅游天府	4期	1982
曹操何以错失张松	聂杭军	领导科学	2期	2005

（十）谯周

篇、书名	著(译)编者	出处	卷、期	年月日
且思统一说谯周	吴佑和	文史杂志	2期	1989
一个需要再认识的人物——谯周	李拜勋	天府新论	4期	1992
		文史知识	6期	1993
巴西名士蜀汉硕儒——谯周述评	马育良	成都大学学报（社科）	3期	1993
谯周与《古史考》	黄怀信	古籍整理研究学刊	5期	2001
谯周论——兼谈西晋王朝对待蜀吴降士的态度	朱霞欢	四川师范大学学报（社科）	3期	2003
我看主张投降的谯周	王定璋	文史杂志	1期	2005

（十一）袁天纲

篇、书名	著（译）编者	出处	卷、期	年月日
相学国手袁天纲	陈祚龙	四川文献	137期	1974
演禽三世相法	袁天纲先生选	新文丰出版公司		1984
演禽三世相法	袁天纲选、秦慎安校勘	文明书局		1925
三世相法	袁天纲	海南出版社		1999
		中州古籍出版社		2004
中国奇书《推背图》作者：袁天纲	谭吉人	海南出版社		1993

（十二）武曌

篇、书名	著（译）编者	出处	卷、期	年月日
四川广元县皇泽寺调查记	张明善 黄展岳	考古	7期	1960
武则天生在广元的根据	郭沫若	光明日报		1961.5.28
武则天不生于广元的证据	敬堂	天津日报		1961.9.6
也谈武则天的出生地和出身	陈振	光明日报		1961.5.24
有关武则天的二件资料——"攀龙台碑"与"大周无上孝明高皇后碑铭（并序）"	敬堂	光明日报		1962.7.18
武则天父亲两任利州都督的证据	董家遵	羊城晚报		1962.8.9
关于武则天生年的几段史料札记	胡守为	中山大学学报（社科）	3期	1962
关于武则天的生地与生年问题	熊克	南充师院学报（哲社）	2期	1980
也谈武则天的出生地	李端科	学术月刊	4期	1982
武则天家族源流述略	杜文玉	陕西师范大学学报（哲社）	2期	2002
武则天的家世与生年新探	韩昇	厦门大学学报（哲社）	1期	2002
皇泽寺和武则天	钟荣华	光明日报		1961.6.10
广元的皇泽寺和武则天	向灵	成都晚报		1963.4.18
在武则天祠庙周围	杨山 知人	羊城晚报		1962.4.23

续表一

篇、书名	著(译)编者	出处	卷、期	年月日
在武则天的故乡	杨 山 知 人	四川日报		1961.12.3
评郭沫若同志的武则天研究	黄永年	陕西师范大学学报（哲社）	3期	1980
皇泽寺与武则天	信 东	历史知识	1期	1982
在武则天的故乡	冯学敏	旅游天府	2期	1982
女皇武则天的祀庙	徐守银	风景名胜	1期	1995
广元乌龙山女皇武则天祀殿	周俊麒	成都大学学报（社科）	1期	1996
皇泽寺	金耀文	对外大传播	11期	1996
谈武氏家族的起源与繁衍	梁恒唐	武则天研究论文集		1997
关于武则天身世的一点猜测	黄正建	武则天研究论文集		1997
皇泽寺与武则天	杨知人	中国老区建设	3期	2002

（十三）陈子昂

篇、书名	著(译)编者	出处	卷、期	年月日
陈子昂年谱	罗 庸	国学季刊	5卷2期	1936
陈子昂及其文集之事迹	岑仲勉	辅仁学志	14卷1、2期	1946
关于陈子昂	时 萌	文史哲	3期	1957
陈子昂	陈致平	中国文学史论集	1期	1958
唐诗开派人物陈子昂	孙克宽	幼狮	7卷5期	1958
孕育了陈子昂的是"上升发展的时代高潮"吗	杨天石	光明日报		1958.8.24
陈子昂		四川日报		1959.6.7
蜀中杰出的古典诗人陈子昂	缪 钺	四川文学	7月号	1961
如何全面评价陈子昂	张一萍	文汇报		1961.6.15
杂谈陈子昂的评价问题	刘知渐	文汇报		1961.9.6
陈子昂和武则天	刘知渐	重庆日报		1964.4.16
陈子昂对待两类战争的态度	刘知渐	重庆日报		1964.4.23
陈子昂	蔡茂雄	林白出版社有限公司		1979
陈子昂	本社编	中国古典文学名著题解		1980
论陈子昂	刘国盈	北京师院学报（社科）	1期	1980

续表一

篇、书名	著(译)编者	出处	卷、期	年月日
陈子昂生卒年考	彭庆生	社会科学战线	2期	1980
陈子昂生卒年考辨	韩理洲	西南师范学院学报（哲社）	4期	1980
新校陈子昂集	杨家骆	世界书局		1980
陈子昂小传	韩理洲	唐代文学论丛	1期	1981
试论陈子昂之立身行事与其家学之关系	戴景贤	书目季刊	15卷1期	1981
初入诗坛的陈子昂	戴伟华	汉魏六朝唐代文学论丛		1981
		古典文学知识	3期	2004
陈子昂生卒年辨	吴明贤	四川师院学报（社科）	2期	1981
陈子昂的生平和思想	韩理洲	四川师院学报（社科）	1期	1982
子昂碎琴		文史知识	1期	1982
论杜甫与陈子昂	吴明贤	草堂	1期	1983
陈子昂	朱文华	历史知识	1期	1983
历代陈子昂评价述评	韩理洲	古典文学论丛	3辑	1982
关于陈子昂的死因	葛晓音	学术月刊	2期	1983
		汉唐文学的嬗变		1990
对陈子昂研究中几个基本问题的再认识	罗时进	唐代文学研究	1辑	1983
耿直的诗人：陈子昂	道弘	夜读	3期	1983
《陈子昂生卒年辨》补证	吴明贤	重庆师院学报（社科）	3期	1983
陈子昂的河西之行与唐代同城考辨	陆庆夫	兰州大学学报（社科）	11期	1983
对陈子昂研究中几个基本问题的再认识	罗时进	唐代文学研究	1辑	1983
陈子昂研究资料选	韩理洲 刘玉珠	文学遗产	2辑	1984
陈氏别传　陈伯玉文集序	卢藏用著、蒋均涛注译	四川省射洪县文物管理所		1984
陈子昂行事研究献疑	韩理洲	内蒙古大学学报（哲社）	3期	1985
子昂"游太学"考	九夔人	内蒙古大学学报（哲社）	3期	1985
《陈子昂年谱》之所失	九夔人	内蒙古大学学报（哲社）	4期	1985
陈子昂初入京		文史知识	5期	1985
关于陈子昂的生卒年	九夔人	内蒙古大学学报（哲社）	1期	1986
陈子昂评价质疑	秦绍培	新疆大学学报（哲社）	2期	1986
陈子昂与韩愈复古思想之比较	吴彩娥	辅仁国文学报	2期	1986

续表二

篇、书名	著（译）编者	出处	卷、期	年月日
陈子昂的任侠精神	李 奎	南充师院学报（哲社）	3期	1986
陈子昂评传	韩理洲	西北大学出版社		1987
试评初唐诗人陈子昂	张步云	上海师范大学学报（哲社）	3期	1988
陈子昂的"三不朽"	何旭光	商丘师专学报（社科）	4期	1988
陈子昂研究	韩理洲	上海古籍出版社		1988
首届陈子昂学术讨论会纪念集	首届陈子昂学术讨论会会务组	编者刊		1988
论陈子昂的历史贡献	王运熙 吴承学	许昌师专学报	3期	1989
陈子昂在我国历史上的地位	钟树梁	成都大学学报（社科）	3期	1989
陈子昂死因及雪狱探究	王辉斌	湖南师范大学社会科学学报	6期	1989
陈子昂研究论集	四川省射洪县陈子昂研究联络组等	中国文联出版公司		1989
论陈子昂的家庭对他思想性格形成之影响	周唯一	中国文学研究	3期	1990
陈子昂的思想特征和发展历程	邓元煊	康定民族师专学报（文科）	1期	1990
隋唐历史文化与陈子昂的美学观	周清泉	成都大学学报（社科）	4期	1991
陈子昂评价问题析论	亓婷婷	唐代文化研讨会论文集		1991
诗人陈子昂的坎坷一生	曾祥邹	文史杂志	2期	1992
陈子昂的自我意识略论	赵治中	丽水师专学报	3期	1992
陈子昂断想	季镇淮	来之文录		1992
论陈子昂与故乡四川	吴明贤	四川师范大学学报（社科）	1期	1993
意在"安人强兵"的陈子昂经济思想	刘仲维	财经研究	1期	1993
陈子昂的圣人观	方 介	书目季刊	217卷2期	1993
陈子昂死事蠡测	姜 芊	西北民族学院学报（哲社）	3期	1993
论陈子昂的失意与成功	邵璧华	山西师大学报（社科）	4期	1993
陈子昂研究论集（二）	中国唐代文学学会陈子昂研究会	中国与世界出版公司		1993
陈子昂及其文物	刘先万	四川文物	2期	1994
从陈子昂与武则天的隔膜看陈子昂悲剧的时代性	张昆厚	绵阳师专学报	2期	1994
陈子昂摔琴与官员碎瓶	文大会	企业销售	5期	1994

续表三

篇、书名	著(译)编者	出处	卷、期	年月日
有感于陈子昂摔琴做广告	文大会	中国机电工业	8期	1994
才气横溢陈子昂	李永英	重庆电大学刊	2期	1995
陈子昂宇宙意识初探	赵治中	绥化师专学报	3期	1995
武则天赏赐陈子昂	田老泉	人民论坛	8期	1995
		科技文萃	9期	1995
革新诗人——陈子昂	曹建平	中国审计	12期	1995
陈子昂一日之内名满京城	朱金波	公关世界	1期	1996
陈子昂婚姻试探	王辉斌	济宁师专学报	3期	1996
"云海方荡潏 孤鳞安得宁"——论陈子昂的忧患意识	杜浣溪	绥化师专学报	4期	1996
从家学渊源看陈子昂的人格精神和诗歌创作	杜晓勤	文学遗产	6期	1996
王勃 陈子昂感慨过的问题——方术四题之一	李零	读书	11期	1996
"纵横未得意 寂寞寡相吟"——论陈子昂的孤独意识	赵治中	绥化师专学报	2期	1997
陈子昂论略	张锡厚	河北师院学报（社科）	3期	1997
陈子昂生平研究综述（1936年—1996年）	王辉斌	黔东南民族师专学报	4期	1997
陈子昂与炒新闻	冯枫	世界计算机周刊	42期	1997
到了拓宽研究领域的时候——试论陈子昂其人在当代文化生活中的作用	祁和晖	西南民族大学学报（人文）	3期	1988
盛唐诗风先驱陈子昂	沈伯俊	今日四川	4期	1998
漫谈陈子昂复古革新精神	李勤	福建论坛（文史哲）	4期	1998
陈子昂传	曲辰	辽海出版社		1998
陈子昂二题	陈文和	扬州大学学报（人文）	5期	1999
陈子昂	赵慧平	春风文艺出版社		1999
合著黄金铸诗魂：陈子昂全传	田老泉	长春出版社		1999
在林中的隐逸英雄——陈子昂人格精神补论	郝跃南	中华文化论坛	2期	2000
陈子昂是被害致死的吗	韩茂玲 苑桂芬	语文世界	5期	2000
陈子昂纵横家思想简论	刘国蓉	运城高等专科学校学报	5期	2000
先觉者的悲歌——大悲剧中的陈子昂	张银堂 贾慧卿	山东大学学报（哲社）	6期	2000

续表四

篇、书名	著(译)编者	出处	卷、期	年月日
陈子昂的用人观	马玉青	党员干部之友	8 期	2000
陈子昂识人用人观	马玉青	中国人事报		2000.7.4
独倡风骨唱大江——陈子昂与三峡	孙善齐	中国三峡建设	12 期	2000
		人民政协报		2000.8.31
寂寞的陈子昂	黄兴邦	阳关	2 期	2001
宇宙·历史·人生——对闻一多论陈子昂的阐释	赵晓岚	湖南师范大学社会科学学报	2 期	2001
守望者的不归路——陈子昂悲剧的历史根源	张学岚	平原大学学报	3 期	2001
陈子昂碎琴买名	李飞轮	语文月刊	11 期	2001
论"汉魏风骨"和陈子昂的人格精神	王 珊	邵阳师范高等专科学校学报	1 期	2002
试析陈子昂对武则天的态度问题	朱家平	北京教育学院学报	4 期	2002
陈子昂论考	徐文茂	上海古籍出版社		2002
陈子昂的纵横家思想与风格	王振星	济宁师范专科学校学报	1 期	2003
陈子昂	孙自筠	人民文学出版社		2003
论陈子昂的"天人合一"思想	曾金霖	福建广播电视大学学报	5 期	2004
独怆然而泪下——论授任右拾遗对陈子昂的影响	汪 浩	陇东学院学报	3 期	2005
时风、家风与陈子昂风骨精神	查屏球	重庆师范大学学报（哲社）	3 期	2005
近十年来陈子昂研究综述	梁晓萍	山西师大学报（社科）	3 期	2005
上官婉儿与陈子昂之死	唐团结	河南教育学院学报（哲社）	6 期	2005

（十四）李白

篇、书名	著(译)编者	出处	卷、期	年月日
诗仙李白	黑木安雄	东亚之光	7 卷 6 期	1912
李白的前半生	佐久节	东亚研究	2 卷 12 期	1912
李白的后半生	佐久节	东亚研究	3 卷 5 期	1913
李太白	安纳·贝尔哈蒂	东方语言学院通报	19 期	1916
诗人李白	阿瑟·韦理	亚洲季刊评论		1917
情圣李白	陆 渊	学灯		1923.12.20

续表一

篇、书名	著(译)编者	出处	卷、期	年月日
Le taoisme et Li Tai Po	B. Belpaire	Mélanges Chinois et Bouddhiques		1931
李白	吴汝滨	文艺	1 期	1925
			2 期	1926
颓废之文人李白	徐嘉瑞	小说月报	17 卷号外	1927
		中国文学研究		1971
诗人李白	罗 夫	南开双周	1 卷 1 期	1928
李太白年谱三种考略	梁廷灿	北平图书馆月刊	3 卷 1 期	1929
诗人李白	彭兆良	中华新教育社		1930
浪漫主义的诗人李白	崔宪家	师大国学丛刊	1 卷 3 期	1932
东方的中坚：诗人李白传记	库特·埃格斯	（斯图加特）安斯塔尔特出版社		1935
李太白传	汪炳焜	商务印书馆		1935
李太白的时代，生平与著作	徐仲年	（里昂）博斯克兄弟公司		1935
李白	上村忠治	春秋社		1939
诗人轶事——李太白	王 碧	中国文艺	1 卷 6 期	1940
大诗人李白评传	王 风	新东方	1 卷 9 期	1940
说李	玄 修	同声	1 卷 9-11 期	1941.8-1941.10
酒仙李太白	井上红梅	東洋	44 卷 10、12 号	1941
道教徒的诗人李白及其痛苦	李长之	重庆商务印书馆		1941
		大汉出版社		1976
李太白	郑秉珊	风雨谈	6 期	1943
李太白	田中克已	日本評論社		1944
李白传记	朱炳熙	经纬书局		1947
复古诗人李白	郑锦先	新学生	5 卷 4 期	1948
李白评传	徐 千	正中书局		1948
首先是人 然后是诗人	罗大纲	纳夏泰尔巴孔尼埃尔出版社		1949
李白	李长之	三联书社		1951
		中国图书发行公司		1951
李白		Viking	40、41 号	1952

续表二

篇、书名	著(译)编者	出处	卷、期	年月日
李太白年谱	黄锡珪	作家出版社		1958
		学海出版社		1980
诗人李白的一生	韩名铜	畅流	9卷11期	1954
人民热爱的诗人——《李白》之一节	王瑶	出版社与读者	11期	1954
介绍李白	小锋	出版社与读者	11期	1954
诗人李白	林庚	光明日报		1954.10.17
诗人李白	林庚	上海文艺联合出版社		1954
		古典文学出版社		1956
		上海古籍出版社		2000
李白	王瑶	华东人民出版社		1954
		上海人民出版社		1954
李白	范宁	祖国十二诗人		1954
Li Po-immortal Singer	Shu Wu	China Reconstructs	4vi	1955
《李白》一书小疵	梅焕平	新民晚报		1955.1.3
人民热爱李白——读《李白》	陈其尧	文汇报		1955.5.8
李白	田中克己	筑摩书房		1955
李白小传	武部利男	新潮社		1955
诗人李白	林庚	古典文学出版社		1956
伟大的中国诗人李白	马里亚·阿特塔尔多·马格里尼	意大利中国文化学院出版社		1956
李太白（罗马尼亚文）	阿德里安·马尼乌	（布加勒斯特）文学艺术出版社		1957
李白	朱悌	香港中华书局		1958
李太白年谱	黄锡珪	作家出版社		1958
诗人李白	王瑶	新月出版社		1960
从刘禹锡柳宗元谈到李白	章木	艺林丛录	1期	1961
李白和他的作品	李岩	读书月报	1期	1957
李白年谱简编	左舜生	万竹楼随笔		1957
李白	张维翰	中国文学史论集	1期	1958
《诗人李白》批判	冯钟芸 陈贻焮	文学研究与批判专刊	1期	1958
The Poetry and Career of Li Po	Arthur Waley	Allen and Unwin		1958

续表三

篇、书名	著(译)编者	出处	卷、期	年月日
浪漫旷放的李白	陈荆鸿	文学世界	25期	1960
诗仙李白	飞扬	"中央"日报		1960.9.2
浪漫主义诗人李白	黄波	文艺世纪	52期	1961
李太白	尤瑟宾·卡米拉尔	(布加勒斯特)迪尼里杜鲁伊出版社		1961
1200anniversaire de la morte Li Po (701-762)	Pierre. Daudin	France-Asie	18	1962
李白	青木正儿	集英社		1965
李白的经历与创作——唐诗人的传记与作品（3）	铃木修次	汉文教室	76号	1966
李白論	筧久美子	中國文學論集		1966
中国诗人選：李白	前野直彬	集英社		1966
李白：豪放非運の詩仙	福原竜藏	講談社		1969
李白	松浦友久	社会思想社		1970
李白评传	刘维崇	商务印书馆		1970
李白	田中克己（李君奭）	专心企业有限公司出版社		1972
李白	A. ウエイリー（小川環樹、栗山稔）	岩波書店		1973
伟大的诗人李白	费德林	苏联科学院学报（文学语言）	3辑	1973
尊法反儒的诗人李白	华中师院中文系评论组	湖北文艺	5期	1974
放浪任侠——诗仙李白	唐润钿	文坛	165期	1974
真实故事六——李太白诗仙	林法言	圣理	3卷11期	1974
苏东坡的假传考	安秉离	中国文（檀国大学）	2辑	1975
诗仙李白	袁金书	中国诗季刊	6卷3期	1975
法家诗人李白	天津碱厂工人理论组	南开大学学报（哲社）	3期	1975
话李白	吴军	抖擞	8期	1975
再话李白	吴军	抖擞	9期	1975
说李白	夏敬观	唐诗说		1975
倡复古风的李白	毛一波	四川文献	161期	1976
李白	普斯米盖姆	捷克布拉格出版		1976

续表四

篇、书名	著（译）编者	出处	卷、期	年月日
李白	冯作民	中国五大诗人		1977
关于李白	白 简	文学杂志	4卷3期	1958
李白的生平和创作道路	陈祥耀	福建师大学报（哲社）	1、2期	1978
李白：其谜的部分	冈村贞雄	汉文教育	3号	1978
唐李太白先生白年谱	王云五	台湾商务印书馆		1978
杜甫怎样评价李白	公 盾	学术研究	4期	1979
李白	王运熙 李宝均	上海古籍出版社		1979
旷世谪仙李太白	何美铃	庄严出版社		1979
黄锡珪《李太白年谱》附录三文辨伪	郁贤皓	学林漫录初集		1980
李白外传	田一文	长江文艺出版社		1980
增订李太白年谱	王伯祥	四川人民出版社		1981
诗仙李白	单远慕	河南人民出版社		1981
李白生平及其创作	刘开扬	绵阳师专学报	创刊号	1982
生活的歌手，时代的诗人——略谈李白	戴瑞生	北京财贸学院学报	1期	1982
李白	敏 求	河北文学	10期	1982
李白评传	陈 香	国家出版社		1982
李白年谱	安 旗 薛天纬	齐鲁书社		1982
		文津出版社		1987
李白	乔象钟	中华书局		1982
李白	武部利男	筑摩書房		1983
		岩波書店		1983
論李白伝	冈村贞雄	小尾博士古稀記念中国学論集		1983
李白的价值重估	朱金城 朱易安	文史哲出版社		1984
李白传	安 旗	文化艺术出版社		1984
李白传	田艺议	国际文化事业有限公司		1984
诗人李白	林东海	人民美术出版社		1984
李白迷离恍惚的一生——大诗人留下一连串的疑问和难解的谜	易君左	春秋	668期	1985
李白	朱 悌	香港中华书局		1985

续表五

篇、书名	著(译)编者	出处	卷、期	年月日
谪仙诗豪李白	郁贤皓 张启超	上海人民出版社		1986
Banished Immortal: Visions of Li T'ai-po	Li Po (Sam Hamill)	White Pine Press		1987
李白	筧久美子	角川書店		1988
李白	王兆彤 郭向群	江苏古籍出版社		1989
李白年谱简编	裴斐	看不透的人生		1992
李白	齐世昌	中国和平出版社		1992
李白	《中国李白研究》编辑部	国际展望出版社		1992
伟哉！李太白	于强	黄山书社		1993
李白资料汇编·金元明清之部	裴斐 刘善良	中华书局		1994
奔放の詩人：李白	山口植樹	学習研究社		1995
李白大辞典	郁贤皓	广西教育出版社		1995
李白生死真相	马依群	著者刊		1995
诗仙李白之谜	周勋初	台湾商务印书馆		1996
李白诗酒人生	徐文海 李晓峰	长江文艺出版社		1996
李白传	马昭	北岳文艺出版社		1996
盛世酒诗人艾布·努瓦斯与李白	林丰民	东方论坛	1期	1997
李白	周丽洁	海南出版社		1997
李白年谱	筧久美子（王辉斌）	宝鸡文理学院学报（人文）	2期	1998
李白全传	王寅明	长春出版社		1998
我读李太白	安旗	三秦出版社		1998
李白	刘崇德	春风文艺出版社		1999
天生谪仙人的秘密——李白考论集	郁贤皓	台湾商务印书馆		1997
李白全传	王寅明	长春出版社		2000
李白生平研究匡补	杨栩生	巴蜀书社		2000
李白新探	李协民	中国文联出版社		2000
李白求是录	王辉斌	江西人民出版社		2000
李白文化总论	梁吉充 吴丹雨	中共四川省委党校学报	3期	2001

续表六

篇、书名	著(译)编者	出处	卷、期	年月日
西方人眼中的李白	吕福克	文史知识	10期	2001
希望把李白事迹搞得清楚些	郁贤皓	文史知识	10期	2001
李白的客寓意识及其诗思——李白评传	松浦友久（刘维治等）	中华书局		2001
李白	吉彤	中国友谊出版公司		2001
李白新考论	吕华明	作家出版社		2001
走进李白——李白文化通俗读本	江油市政协文史资料委员会	编者刊		2001
永远的李白	刘雪枫	人民日报		2002.2.5
李白	周冕章	长江文艺出版社		2002
李白	萧本雄	北方妇女儿童出版社		2002
李白小传	杨柳	广东旅游出版社		2002
诗仙：李白	王永	延边人民出版社		2002
李白全传	王寅明	长春出版社		2002
李白传	王惠琴	京华出版社		2002
李白的身世、婚姻与家庭——兼质疑郭沫若等的李白论	范震威	黑龙江人民出版社		2002
李白疑案新论	武乘权	陕西人民出版社		2002
李白——多元文化的载体	王仕伦	合肥学院学报（社科）	2期	2004
蜀中诗仙话李白	王彩蓉	巴蜀史志	3期	2004
青莲谪仙	王定璋	巴蜀书社		2004
李白	左刚强 姚忠泰	中国地质大学出版社		2004
李白	孙铭涛	中国和平出版社		2004
李白辩证丛稿	李清渊	中国文史出版社		2004
李太白别传	安旗	人民文学出版社		2004
古典诗词漫话：诗酒李太白	陈文华	中华书局		2004
李太白别传（增订本）	安旗	西北大学出版社		2005
李白	汪艳菊	五洲传播出版社		2005
李白的籍贯与生地	李宜琛	晨报·副刊		1926.5.10
李太白氏族之疑问	陈寅恪	清华学报	10卷1期	1935
李太白的国籍问题	胡怀琛	逸经	1卷1期	1936
"李太白国籍问题"之商榷	王立中	学风	6卷7、8期	1936

续表七

篇、书名	著(译)编者	出处	卷、期	年月日
李太白通突厥文及其他	胡怀琛	逸经	1卷11期	1936
李太白——中国人乎？突厥人乎？	幽谷	逸经	1卷17期	1936
李白家世考异	詹锳	国文月刊	24期	1943
		文史杂志	5卷1、2期	1945
李白故居释疑	宋炎	中央日报		1947.10.22
诗人李太白生地的探讨	张秉权	公论报		1949.11.23, 1949.11.30
李白的氏族与籍贯	兰文徵	民主评论	5卷13期	1954
论李白的出身	陈觉银	文史哲	9期	1955
李白的姓氏籍贯种族的问题	俞平伯	文学研究	2期	1957
		论诗词曲杂著		1983
与俞平伯先生商榷山东李白的问题	珏人	光明日报		1957.7.28
关于"李白的姓氏籍贯种族的问题"	麦朝枢	文学遗产增刊	6辑	1958
李白家乡纷歧问题索源探微	张秀熟	四川文学	4、5期	1961
李太白籍贯考	琢斋	扬州师院学报	11期	1962
李白的籍贯家世与种族点滴	剑梅	文学遗产增刊	13辑	1963
李白氏籍生卒考	张永明	畅流	30卷8期	1964
李太白籍贯考	文守仁	四川文献	90期	1970
李白出生于中亚碎叶的又一确证	余恕诚	安徽师范大学学报	1期	1973
李白氏籍生卒重考	张永明	畅流	47卷11期	1973
李白出生地的考查	山田胜久	中国文学论考	2辑	1974
关于李白出生地"碎叶"的一些问题	吴复观	抖擞	4期	1974
试论唐代碎叶城的地理位置	殷孟伦	文史哲	4期	1974
李白出生地——碎叶	饶宗颐	Journal of Oriental Studies	12卷1、2期	1974
李白身世考	贺恒仁	巨浪出版社		1977
关于李白的出生与世系——以异民族说的再研讨为中心	松浦友久	中国文学研究	4号	1978
李白与碎叶	周生春	历史研究	7期	1978
唐代"条支"地望质疑	朱方	中华文史论丛	3辑	1979

续表八

篇、书名	著(译)编者	出处	卷、期	年月日
李白家世探微	王文才	四川师范学院学报（社科）	4期	1979
碎叶城今地考	张广达	北京大学学报（哲社）	5期	1979
唐代的碎叶城	邹逸麟 赵永复	复旦学报（社科）·历史地理专辑		1980
李白的故乡——碎叶	马国荣	新疆史学	1期	1980
唐朝李氏的辈分问题	周本淳	南京师院学报	2期	1980
		读常见书札记		1990
李白家世问题郭说辨疑	耿元瑞	江汉论坛	1期	1981
李白究竟出生在哪里	郑畅	四川大学学报（哲社）	4期	1981
李白的故乡——江油	王少志	新疆日报		1982.5.8
李白的出生地是条支	刘友竹	社会科学研究	2期	1982
对《李白出生地是条支》的一点补充	康怀远	社会科学研究	3期	1982
李白生于江油补正	蒋志	古典文学论丛	10期	1982
		四川大学学报丛刊	15辑	1982
文摘：李白出生处有异议		争鸣	56期	1982
李白身世的研究	褚问娟	艺文志	196期	
李白出生碎叶说宜加订正	汤华泉	阜阳师院学报	1期	1983
李白出生地问题讨论综述	郁贤皓	文史知识	2期	1983
条支、碎叶与李白生地	李从军	社会科学研究	5期	1983
李白出生在哪里	杉木	语文教学与研究	9期	1983
评李白出生碎叶说兼及其籍贯问题	裴斐	江汉论坛	11期	1984
		看不透的人生		1992
李白家世之谜	张书城	光明日报		1984.10.14
为什么我不敢告诉你我是谁——谈李白的身世之谜	钟吉雄	台湾时报		1984.10.28
李白生于神龙元年新证	康怀远	江汉论坛	4期	1985
李白生年考异	康怀远	宁夏教育学院学报	4期	1985
漫话李白出生地	王少志	旅游天府	5期	1985
关于李白的先世问题	周维衍	学术月刊	6期	1985
李白身世之谜	蓑葭	中国青年报		1985.7.28
李白是达摩的子孙吗	王步高	衡阳师专学报	1期	1986
李白自叙家世析疑	刘友竹	文史杂志	1期	1986

续表九

篇、书名	著(译)编者	出处	卷、期	年月日
李白先世流放焉耆碎叶	张书城	新疆师范大学学报（社科）	2期	1986
敦煌莫高窟的李白近宗——李白是李明振族叔	张书城	敦煌学辑刊	2期	1986
关于李白氏族的研究	范 伟	求是学刊	3期	1986
唐代安西四镇之一的碎叶位置新探——兼谈诗人李白的出生地	钟兴麒	新疆大学学报（哲社）	3期	1986
李白身世的一个问题	杨 镰	唐代文学论丛	7辑	1986
李白先世之谜——论李白属西汉李广李陵、北周李贤扬隋李穆一系	张书城	唐代文学论丛	8辑	1986
李白考异录	李从军	齐鲁书社		1986
李白出生地辨	裴 斐	人民日报（海外）		1987.12.12
李白本家金陵之谜	张书城	成都大学学报（社科）	1期	1988
李白是李广的后代	杨双安	人文杂志	1期	1988
李白"五世为庶"当为李建成玄孙解	韩维禄	山西师大学报（社科）	1期	1988
李白的东鲁亲族——鲁郡都督李辅是李白族叔，系李广、李陵、李贤、李穆之后	张书城	东岳论丛	6期	1988
李白不是李唐宗室子孙——与台湾学者罗香林、褚问鹃、钟吉雄诸先生商榷	张书城	兰州大学学报	1期	1989
拓跋魏系李陵之后说考辨——附揭李白本家金陵之谜底	张书城	祁连学刊	2期	1990
李白生于江油"新说"平质	王辉斌	宁夏教院银川师专学报	2期	1990
李白家世考辨——以异族说的再研究为中心	方凤岐	江汉大学学报（社科）	5期	1990
李白"本为西域胡人"？	古德明	明报月刊	25卷8期	1990
李白之父考异	蒋 志	西南师范大学学报（社科）	2期	1991
说李白"本姓李，其先陇西成纪人"	张书城	天水师专学报	2期	1991
李唐、李白、李明振冒称凉武昭王之后说	张书城	敦煌学辑刊	1期	1992
李白生于蜀中补证	裴 斐	人民日报（海外）		1992.2.20
		草堂	2期	1984
		看不透的人生		1992
李唐、李白、李明振都是冒称凉武昭王之后的	张书城	祁连学刊	3期	1992

续表一〇

篇、书名	著(译)编者	出处	卷、期	年月日
李白的出生地一定是"中亚碎叶"吗	姚铁珉	思维与智慧	2期	1994
李白生卒地考	马依群	著者刊		1994
李白家世之谜	张书城	兰州大学出版社		1994
再谈李白出生于四川江油	蒋 志	绵阳师范高等专科学校学报	3期	1995
		宁夏教育学院学报	4期	1995
		四川大学学报（哲社）	1期	1996
李白宗亲的丝路情结	张书城	兰州大学学报（社科）	2期	1996
李白的家世与生籍考辨（上）	李家烈	四川师范学院学报（哲社）	4期	1997
李白的家世与生籍考辨（下）	李家烈	四川师范学院学报（哲社）	1期	1998
李白出生四川		语文学习	8期	1997
李白《叙旧增江阳宰陆调》诗新论	王元明 王志伟	洛阳工业高等专科学校学报	1期	1998
李白的洛阳"北门厄"——李白《叙旧赠江阳宰陆调》诗新论之二	王元明 王志伟	洛阳工业高等专科学校学报	2期	1998
李白的故乡在洛阳——李白《叙旧赠江阳宰陆调》诗新论之三	王元明 王志伟	洛阳工业高等专科学校学报	3期	1998
再论李白的故乡在洛阳	王元明 王志伟	洛阳工业高等专科学校学报	4期	1998
论李白的出生及其诗歌的奇想性	铃木修次（朱光宝）	天府新论	3期	1998
李白"一房被窜于"哈密碎叶余论	张书城	西北史地	1期	1999
再论李白"一房被窜于"哈密碎叶	张书城	西北史地	1期	1999
论李白出生传说的渊源——兼及释老出生传说的相互影响	胥洪泉	涪陵师范学院学报	1期	1999
李白姓氏试臆	王元明 王志伟	洛阳工业高等专科学校学报	2期	1999
金陵 咸秦 江汉——李白籍贯和家世渊源考辨	郭瑶琴	平顶山师专学报	增刊	2000
李白家世之谜（增订本）	张书城	兰州大学出版社		2000
李白出生地"历史谜团"再探	韩维禄	雁北师范学院学报	2期	2001
李白先世"谪居条支"别探——条支即龟兹，兼及月氏、屈支、库车、金陵等地名	张书城	兰州大学学报	3期	2001
李白家世别探	曹方林	西南民族学院学报（哲社）	7期	2001
李白：归去归哪个故乡	金晓华	地图	1期	2002

续表——

篇、书名	著(译)编者	出处	卷、期	年月日
"李白是外国人"说质疑	蒋 志	绵阳师范高等专科学校学报	3期	2002
李白家世之谜破译	王辉斌	新疆大学学报（社科）	1期	2003
李白家世考	林树用	巴蜀史志	4期	2003
李白家世考	黄 英	社会科学研究	6期	2004
大诗人李白的生活	汪炳焜	学生杂志	16卷11期	1929
李白生活史	汪炳焜	光华大学半月刊	1卷1-4期	1932
论李白的生活态度	鲁 史	文艺风	1卷1期	1947
李白个性的遗传及其儿童期生活	缕启愉	学生文艺丛刊	7卷2期	1932
李白的幼年	崔宪家	国学丛刊	1卷3期	1932
李白的幼年	董维藩	细流	4期	1935
谈李白的读书处	陈 香	"中央"日报		1971.5.12
李白蜀中生活——客寓意识的源泉	松浦友久	中国文学研究	5号	1979
李白在蜀中的学踪游迹及其咏蜀诗	曾祥洗	四川师院学报（社科）	1期	1981
李白在蜀中的生活和诗歌创作	刘开扬	文学遗产	4期	1982
李白出蜀前后事迹考辨	郁贤皓	苏州大学学报（哲社）	2期	1982
李白的第一次隐居	蒋 志	西南师范学院学报（哲社）	3期	1983
李白蜀中生活发微	成善楷	四川大学学报丛刊	21辑	1983
略论李白出蜀前所作诗歌及遇赦后的短期行踪	郑 文	唐代文学论丛	5辑	1984
李白蜀中踪迹及诗作年代考辨	杨栩生	绵阳师专学报	1期	1985
李白蜀中事迹考略	王忠礼	四川师范大学学报（社科）	5期	1987
李白与青城山	刘友竹	唐代文学论丛	9辑	1987
李白三到渝州	刘友竹	重庆晚报		1988.7.29
李白与江油	李白研究学会	编者刊		1988
李白未隐青城辨	蒋 志 丁稚鸿	绵阳师专学报	3期	1989
李白出蜀年代新考	陈 钧	人文杂志	2期	1990
李白初次出峡时间及其后短期游踪别考	刘友竹	成都大学学报（社科）	2期	1991
李白与四川	吴明贤	成都科技大学出版社		1992
李白为什么要隐读于青城山	刘友竹	成都师专学报	2期	1993
李白在四川研究综述（1949—1993）	王辉斌	社会科学研究	2期	1995

续表一二

篇、书名	著(译)编者	出处	卷、期	年月日
谈李白的两次出峡与三次到万州	谭文兴 杨君昌	三峡学刊	3期	1995
李白开元十年春出蜀献疑	阳煦	绵阳师范高等专科学校学报	3期	1995
"李白在万县"问题之我见	刘恺	三峡学刊	2期	1996
李白三到万州南浦县问题析疑	刘友竹	三峡学刊	4期	1996
再论李白在万县问题——对刘友竹先生的答辩的答辩	刘恺	三峡学刊	4期	1996
李白三下渝州考系	许嘉甫 许纬	成都大学学报（社科）	1期	1997
"伪碑"仍伪"确证"不确——《李白与大匡山》等文质疑	刘友竹	绵阳师范高等专科学校学报	4期	1997
李白三峡游踪及其有关诗作探讨	汤绪泽	三峡学刊	4期	1997
李白四渡峡江考辨	许嘉甫	重庆三峡学院学报	1期	1998
		成都大学学报（社科）	2期	1998
略论李白的"三峡情结"	周冕章	西藏大学学报	4期	1999
李白三峡诗编年与李白出蜀季节考	郭瑶琴 杨景龙	殷都学刊	2期	2000
峡江飘零的诗仙——李白与三峡	孙善齐	人民政协报		2000.7.13
李白蜀中论考	蒋志	绵阳市社会科学界联合会		2001
李白与江油	丁稚鸿	青莲书社		2001
李白初出巴蜀一游两都考——兼论密切关联的几个历史遗留问题	何树瀛	济宁师范专科学校学报	1期	2003
李白与江油	易可情	巴蜀史志	3期	2004
李白的江油	蒋志等	著者刊		2004
李白与江油	吴丹雨 梁吉充	电子科技大学出版社		2005
李白在海上	丁文	北平华北日报副刊		1930.12.21
李白在皖南的游踪与诗歌	陈午村	安徽文学	7期	1959
安陆の李白	前野直彬	中国古典研究	16号	1969
"下江陵"的联想与李白的江湖行	李正治	中外文学	3卷12期	1975
李白登金陵凤凰台	李正治	鹅湖	1卷4期	1975
李白行踪考辨——读唐诗札记	耿元瑞	郑州大学学报（哲社）	4期	1979
诗人李白在溧阳	何静	新华日报		1979.10.21
李白在湖北	杨友塘	湖北日报		1980.1.13

续表一三

篇、书名	著(译)编者	出处	卷、期	年月日
李白开元六年到开元十八年行踪考略	黄瑞云	华中师院学报(哲社)	1期	1980
李白去朝十年	安旗	北方文学	3期	1980
李白在安徽	常秀峰等	安徽人民出版社		1980
李白幽州之行探	薛天纬	唐代文学	1期	1981
李白在山西的游踪与诗歌	刘华云	晋阳学刊	4期	1981
李白一朝去京国以后	葛晓音	北京大学学报(哲社)	5期	1981
李白太原行(上)	赵廷鹏	山西日报		1981.3.5
李白没有到过广西	谢纪智	广西日报		1981.5.16
李白在安陆	徐加义	长江日报		1981.12.13
也说李白在安陆	税良成	长江日报		1981.12.20
嗜酒未真隐,十年岂蹉跎——综述李白在安陆的社会活动	郑崇德	武汉师院孝感分院学报	1期	1982
李白与宿松	梁家林	艺谭	1期	1982
李白的江汉之游	裴斐	江汉论坛	4期	1982
也谈李白与南岳——兼与刘祯祥同志商榷	王波涛 罗敏中	湖南师院学报(哲社)	4期	1982
李白归蜀考	李从军	社会科学战线	4期	1982
李白家于东鲁与竹溪之饮年代考	黄瑞云	武汉大学学报(社科)	5期	1982
李白由东鲁入京考	葛景春 刘崇德	河北大学学报(哲社)	1期	1983
谈李白北游幽州	常润华	北京史苑	1辑	1983
李白游过黄山吗	钱文辉	语文园地	1期	1983
李太白与太白楼	孙理中	艺谭	2期	1983
李白巴陵行次之考辨	张建	岳阳师专学报	1、2期	1983
李白是否到过零陵	雨康	零陵师专学报	2期	1983
汉江诗踪——李白在湖北	胡国瑞	艺丛	4期	1983
李白在安陆	湖北省安陆县考证李白领导小组	编者刊		1984
李白未至零陵辨	龙震球	零陵师专学报	1期	1984
长江万里情——李白在江夏	李曼农	武汉春秋	1期	1984
李白在太平湖的游踪	崔思棣	安徽史志通讯	3期	1984
李白到黄山非信史	朱泽	安徽史学	2期	1985

续表一四

篇、书名	著(译)编者	出处	卷、期	年月日
李白在安陆十年论略	朱宗尧 张 昕	华中师院学报（哲社）	3期	1985
洞庭湖西秋月辉——太白湖与诗仙李白	何胄斌	中国水利	8期	1985
宿松太白书台	黄志皋	文史杂志	1期	1986
"李白归蜀"说辨疑	阳 煦	绵阳师范高等专科学校学报	1期	1986
李白洛阳行踪新探索	郁贤皓	南京师大学报（社科）	3期	1986
李白"三十成文章，历抵卿相"是在东都洛阳	葛景春	唐代文学研究	7辑	1986
李白出川后又回峨眉初探	王辉斌	荆州师专学报	4期	1986
李白在安徽	刘夜烽	黄山书社		1986
李白在安陆	朱宗尧	华中师范大学出版社		1986
李白安陆十年研究	孝感师专古籍整理小组	编者刊		1987
李白寓家瑕丘说	安 旗	人文杂志	3期	1987
李白寓家东鲁时间存疑	张 昕	四川师范大学学报（社科）	4期	1988
李白浙江行踪考查	陈尚铭	宁波大学学报（教科）	2期	1987
沙皇·石门·汉阳——李白占笈东鲁地名考	宫衍兴	济宁师专学报	4期	1987
李白与当涂	马鞍山市、当涂县地方志办公室	安徽省出版总社		1987
李白"东涉溟海"行踪考	竺岳兵	唐代文学研究	1辑	1988
黄鹤楼与李白	大地武雄	二松学舍创立百十周年纪念论文集		1988
李白与金陵——南京探访札记	寺尾刚	橄榄	2期	1989
对李曼农同志《李白天宝后期江夏、零陵之行考辨》的商榷	郑 文	中国文学研究	4期	1989
李白东海之行和他对道教态度的变化	康怀远	中国文学研究	4期	1989
李白山东寓家新探	何树瀛	东岳论丛	5期	1989
李白游秋浦	丁育民	黄山书社		1989
李白初游安陆时间考	王辉斌	荆门大学学报	4期	1990
李白在山东论丛	郑修平	山东友谊书社		1991
李白与泰山	大 江	古典文学知识	3期	1992
李白隐于竹溪年考	笕文生	唐代文学研究	3辑	1992

续表一五

篇、书名	著(译)编者	出处	卷、期	年月日
李白鲁西游踪探测	崔海正	聊城大学学报（社科）	2期	1993
李白在河南	张常耕	驻马店师专学报（社科）	4期	1993
李白嵩山访丹丘	耿直	中州今古	2期	1994
李白来山东，家居在兖州	王伯奇	谢朓与李白研究		1995
李白寓家东鲁考辨	徐叶翎	谢朓与李白研究		1995
李白在兖州	武秀	山东友谊出版社		1995
李白与秦淮	濮小南	紫金岁月	1期	1996
李白三入楚州征实	许嘉甫 许纬	淮阴师专学报	2期	1996
李白二、三两次入越考	阎琦	唐代文学研究	6辑	1996
诗仙游踪——李白与名山胜景	李秋弟	中国戏剧出版社		1996
李白三游苍梧考异	许嘉甫 许玮	零陵师专学报（社科）	1期	1997
李白初入京洛考	葛景春	铁道师院学报	2期	1997
李白的漫游生活及其对诗歌创作的影响	周嘉惠	青岛教育学院学报	2期	1997
李白五到江州	王宪章	风景名胜	3期	1997
再谈李白在鲁诗作中"沙丘"地名及寄家地	郑修平 相力	济宁师专学报	2期	1997
李白与安陆	张昕	湖北文史资料	3期	1997
李白游无锡惠山昌师院考辨	杨海波 许嘉甫	江南学院学报	2期	1999
李白与马鞍山	李子龙	安徽文艺出版社		1999
李白在山东——唐时之泗水，今日之新泰	汤贵仁	泰安师专学报	1期	2000
李白游齐鲁 居家在兖州	张英基	淄博学院学报（社科）	1期	2000
李白"中年"游吴越辨	李清渊	天津成人高等学校联合学报	1期	2000
论李白与越乡剡中的情结	姜光斗	南通师范学院学报（哲社）	1期	2000
李白在东鲁居地沙丘城新考	柳东来	齐鲁学刊	2期	2000
李白在安徽	任晓勇	文史知识	6期	2000
李白与古越山水	高志林	纯文学	复刊32期	2000
安史之乱初期李白行踪新考订	郁贤皓	文史	55辑	2001
李白游江夏	龙麟	武汉文史资料	12期	2001
李白与铜陵五松山	于春咏	安徽日报		2001.8.31

续表一六

篇、书名	著(译)编者	出处	卷、期	年月日
李白与长江	余恕诚	文学评论	1期	2002
李白与浙江	白云	新风出版社		2002
李白游衡山论	王德亚	长沙电力学院学报（社科）	2期	2003
李白若干事迹考辨	王辉斌	周口师范学院学报	6期	2004
李白诗文南陵迁居考证	尹定根	中国地方志	8期	2004
李白与天姥山	吕洪年	今日浙江	2期	2005
李白在太原	张厚余	山西政协报		2005.11.23
李白两入长安辨	稗山	中华文史论丛	2辑	1962
李白两入长安及有关交游考辨	郁贤皓	南京师院学报	4期	1978
李白の長安時代	岡村貞雄	広島大学教育学部紀要2部一	2卷	1979
李白初入长安事迹探索	郁贤皓	中国古典文学研究论丛	1辑	1980
谈李白两入长安问题——对稗山先生有关论文的商榷	章诚望	南京师院学报（社科）	2期	1980
吴筠荐举李白入长安辨	李宝均	文史哲	1期	1981
李白两入长安始末	安旗	人文杂志	3期	1981
吴筠荐李白说辨疑	郁贤皓	南京师院学报（社科）	1期	1981
关于李白两入长安问题	郭石山	吉林大学学报（社科）	2期	1982
李白第一次入长安考异	李从军	吉林大学学报（社科）	1期	1983
李白三入长安考	李从军	中华文史论丛	2期	1983
李白一入长安事迹之我见	薛天纬	唐代文学论丛	3辑	1983
李白初入长安的若干作品考索	谢思炜	西北大学学报（哲社）	3期	1983
论李白的长安体验（上）（下）——以"谪仙"称呼为中心	松浦友久	中国文学研究	9号	1983
		中国文学研究	10号	1984
李白三入长安质疑	郁贤皓	中华文史论丛	1期	1984
李白三入长安别考	安旗	人文杂志	4期	1984
《李白初入长安的若干作品考索》商榷	刘广英	人文杂志	4期	1984
李白在长安	朱宗尧	华中师范大学出版社		1986
关于李白三入长安质疑的质疑	李从军	唐代文学论丛	9辑	1987
元丹丘荐李白入朝说	安旗	唐代文学论丛	9辑	1987
李白三入长安补证	康怀远	成都大学学报（社科）	增刊	1988

续表一七

篇、书名	著(译)编者	出处	卷、期	年月日
李白第一次赴长安的取道及其在长安附近的行踪	郑 文	社科纵横	6期	1992
李白一入长安试论	陶新民	河北大学学报	2期	1993
三入长安的惊世悲歌——李白《远别离》系年探微	康怀远	宝鸡师院学报（哲社）	2期	1993
李白的长安体验（上）——关于两度进京说的诸问题	松浦友久（尚永亮）	漳州师院学报（哲社）	4期	1999
考据中的"误区"与"误区"中的考据——李白"两入长安"问题争论之反思	阮堂明	山东师大学报（人文）	3期	2001
由李白第二次出长安的取道对《李白全集编年注释》编年的意见	郑 文 单 芳	西北师大学报（社科）	1期	2003
李白何时初入长安考辨	张 旋 张启揆	三峡大学学报（人文）	1期	2004
李白と仕官と	吹野安	国学院雑誌	74卷8号	1973
"李白遭谗于杨贵妃"说考辨	陈植锷	思想战线	1期	1981
李白被谗小考	康怀远	人文杂志	3期	1984
李白涉岐考	康怀远	宝鸡师院学报（哲社）	1期	1985
李白被逐探微	房日晰	西华大学学报（哲社）	1期	1988
李白对唐玄宗宠幸杨贵妃的讽谏	孟繁森	求是学刊	5期	1992
李白待诏翰林失败原因刍议	李子龙	唐代文学研究	5辑	1994
李白任翰林学士辨	傅璇琮	文学评论	5期	2000
此学士非彼学士——从唐代翰林院的设置说李白的翰林使职	李厚培	人文杂志	1期	2003
总为浮云能蔽日 长安不见使人愁——试论李白的"长安情结"	周晓琳	中华文化论坛	2期	2003
李白参政失败原因探微	朱雪里	焦作工学院学报（社科）	2期	2003
李白待诏翰林及其影响考述	戴伟华	文学遗产	3期	2003
李白做官	刘小峥	当代广西	3期	2005
李白从璘事辨	乔象钟	文学遗产增刊	7辑	1959
关于李白依附李璘问题	徐德煊	群众论丛	1期	1981
永王之乱与李白	王抗敌	台州师专学报（社科）	1期	1981
李白从璘是出于个人野心么		群众论丛	6期	1981
李白从璘辨析	万光治	社会科学研究	2期	1981
李白从璘辨	王景琳	枣庄师专学报	3期	1992

续表一八

篇、书名	著(译)编者	出处	卷、期	年月日
李白从璘是非辨	王 瑾	山西大学学报（哲社）	4期	1997
李白从璘非由"迫胁"辨——侧议李白的人格评价	顾建国 温潘亚	盐城师范学院学报（哲社）	2期	1998
杜甫如何看待李白"从璘"事	张浩逊	杜甫研究学刊	4期	2003
论李白从璘之心态及诸家评论之得失	张炳尉	辽宁教育行政学院学报	1期	2005
李白の長安生活及び夜郎流謫と晩年について	菅谷軍次郎	宮城学院女子大学研究論文集	14号	1959
晩年の李白	山田勝久	二松学舎大学人文論叢	10輯	1976
李白流放夜郎考	周春元	贵阳师院学报（社科）	2期	1981
李白确至夜郎考辨	邱耐久 朱孔扬	学术论坛	4期	1982
李白到过夜郎吗	李子和	贵州文史丛刊	3期	1982
《李白确至夜郎考辨》质疑——与邱耐久、朱孔扬二同志商榷	王定璋	学术论坛	5期	1983
读李白长流夜郎途中的诗篇	毕熙燕	运城师专学报	1期	1985
李白遇赦前后行踪考异	刘友竹	成都大学学报（社科）	2期	1988
李白长流夜郎新探	刘友竹	荆门大学学报	1期	1989
李白流夜郎赦归经湘汉行迹考辨	徐希平	天府新论	5期	1989
也谈李白流夜郎与唐律适用	张春生 金懋初	扬州师院学报（社科）	2期	1994
江左名士文化与李白晚年悲剧	查屏球	中国文化	15、16辑	1997
李白谪居夜郎诗征	许 玮 许嘉甫	绵阳师范高等专科学校学报	1期	1999
李白与夜郎	胡大宇	夜郎研究——99夜郎学术研讨会论文集		1999
李白迁谪文学中的"夜郎"情结	梁颂成	常德师范学院学报（社科）	6期	2002
夜郎古国觅诗踪	闻 山	文艺研究	7期	2005
李太白年岁考	大野實之助	國文學研究	6期	1952
李白之死——《李白评传》之一章	安 旗	红岩	2期	1979
李白卒年辨	李从军	吉林大学社会科学学报	5期	1983
李白卒年刍议	阎 琦	西北大学学报（哲社）	3期	1985
《李白卒年辨》存疑	张 昕 陈建平	唐代文学论丛	8辑	1986
李白卒于宝应元年辨	杨栩生	中国文学研究	4期	1989

续表一九

篇、书名	著(译)编者	出处	卷、期	年月日
李白身世及生卒年代新考	林贞爱	四川师范学院学报（哲社）	4期	1989
对李白生卒年新考之我见	源陵	内江师范学院学报	3期	1990
李白卒于广德二年补证	陈钧	盐城师专学报	1期	1999
李白卒年考辨	吕华明	吉首大学学报（社科）	3期	2000
对《李白〈为宋中丞自荐表〉写作时间考辨》的几点质疑	杨栩生	绵阳师范学院学报	1期	2003
再论李白生卒年问题	舒大刚	四川大学学报（哲社）	5期	2005
李白墓地正误	杭宏秋	江淮论坛	3期	1983
"采石江边李白坟"辨疑——读白居易诗《李白墓》的札记	朱金城	光明日报		1983.7.19
		白居易研究		1990
李白墓由龙山改葬青山的经过	徐金龙	文史杂志	1期	1986
当涂青山李白墓前南宋重刻唐范传正文李白墓碑考	王惠铭	文物研究	3期	1988
当涂李白墓	杜友	成都文物	2期	2003
李白的经济来源	麦朝枢	光明日报		1962.8.12
李白是靠经商过活吗——对"李白的经济来源"一文的质疑	耿元瑞	光明日报		1962.12.23
《李白的经济来源》一文的作者来函	麦朝枢	光明日报		1962.12.23
李太白做生意	林放	新民晚报		1962.12.26
李白是做生意的	慕容华	羊城晚报		1963.1.16
为李白一辨——读麦朝枢《李白的经济来源》一文后	李廷先	扬州师院学报	17期	1963
李白经济生活探源	裴斐	江汉论坛	2期	1980
李白漫游的经济来源	乔象钟	文学评论丛刊	13辑	1982
也谈李白的经济来源——对裴斐《李白经济生活探源》一文质疑	韩维禄	山西师院学报（社科）	1期	1983
李白在山东的产业及其它	曲世川	东岳论丛	2期	1984
李白耕田考	康怀远	宝鸡师院学报（哲社）	4期	1985
"诗仙"李白大量财富何处来	西门柳	春秋	689期	1986
李白的经济来源考辨	李家烈	四川师范学院学报（哲社）	6期	1998
李太白风流艳史		港联图书杂志出版公司		1958
李太白与赛西施的恋情		港联图书杂志出版公司		1959
李白子女名字及其假想	苏兴	中国古典文学研究论丛	1辑	1980

续表二〇

篇、书名	著(译)编者	出处	卷、期	年月日
李白家室考——以伯禽系谱为中心	松浦友久	早稻田大学中国文学会中国文学研究	6 期	1980
李白家室考辨	李从军	兰州大学学报（社科）	2 期	1981
李白与李白诗文札记四则	苏兴	东北师大学报（哲社）	3 期	1981
李白的妻与子女	陈香	东方杂志	16 卷 2 期	1982
李白与宗氏婚配考	李从军	中国古典诗歌论文集		1983
李白与其妻	冈村繁	古田敬一教授退官纪念中国文学语学论集		1986
李白的四书简——关于安陆结婚的内容	冈村贞雄	古田敬一教授退官纪念中国文学语学论集		1986
李白妻子宋氏是宗氏之误	李浩	内蒙古大学学报（哲社）	2 期	1988
李白结婚考	笕久美子	未名	7 号	1988
李白家室考疏	刘崇德	河北大学学报（哲社）	2 期	1993
李白两次就婚相府所铸成的家庭悲剧	周勋初	文学遗产	6 期	1994
从赠内诗看李白的爱情生活	张浩逊 史耀朴	阴山学刊	1 期	1997
李白的婚姻——谨以此文纪念李白1300周年诞辰	张厚余	民主	11 期	2001
李白妻妾考	冈村繁（张寅彭）	阴山学刊	5 期	2002
安陆女儿嫁李白	五月梅	武汉文史资料	4 期	2003
李白及其子女的命名取号	王立新	语文知识	4 期	2004
李白四次结婚始末	王辉斌	唐代诗人婚姻研究		2004
唐宗室与李白	孙楷第	经世日报·读书周刊	12 期	1946.10.30
李白与永王	李里	自立晚报		1963.7.23
李白与韩荆州	彭国栋	明道文艺	11 期	1977
李白与张垍交游新证	郁贤皓	南京师院学报	1 期	1978
碧海难隔肺腑情——从李白、王维和日本留学生晁衡的友谊想到的	刁彧舒	社会科学战线	3 期	1978
李白与阿倍仲麻吕	刘崇稜	日本研究	160 期	1978
李白与郭子仪	炯基	学术研究	3 期	1979
李白和晁衡	朱金城	解放日报		1979.6.5
李白暮年若干交游考索	郁贤皓	南京师院学报（社科）	2 期	1980
李白崔令钦交游发隐	陈尚君	复旦学报（哲社）	4 期	1980

续表二一

篇、书名	著(译)编者	出处	卷、期	年月日
刘长卿别李白事迹小辨	郁贤皓	中华文史论丛	1辑	1980
李白与孟浩然交游考	郁贤皓	唐代文学	1期	1981
李白与元丹丘交游考	郁贤皓	河南师大学报(社科)	2期	1981
李白与晁衡——中日友好史话	王全林	历史知识	4期	1981
李白交游杂考	郁贤皓	南京师院学报(社科)	1期	1982
李白交游杂考(二)	郁贤皓	唐代文学论丛	3辑	1983
安州马都督考——《李白交游杂考》之三	郁贤皓	南京师院学报(社科)	3期	1985
李白与晁衡诗谊三事	曹讯	中华文史论丛	4期	1984
中日邦交友好使者晁衡——兼谈他和李白等人的关系	玉宇	羊城晚报		1984.4.1
李白与唐肃宗	薛天纬	学林漫录	11集	1985
李邕事迹及其与李白的交游	张昕	天府新论	2期	1986
李白与王昌龄交游考索	王辉斌	天府新论	3期	1986
晁衡与李白	韦之杰	航海	6期	1986
游沉香亭谈到李白与李龟年		春秋	704期	1986
李白与孟浩然交游考异	靖华	荆门大学学报	2期	1987
李白郭子仪互救是伪托	李浩	内蒙古大学学报(哲社)	2期	1988
李白与元丹丘及其交游	横须贺司久	二松学舍创立百十周年纪念论文集		1988
李白崇尚孟浩然的缘由	房日晰	上海师范大学学报(哲社)	1期	1989
李白、魏颢交游事迹辨疑	周凤章	宝鸡师院学报	1期	1989
李白与崔宗之及其交游	横须贺司久	二松学舍大学论集	32号	1989
李白与苏颋	陈钧	盐城师专学报(哲社)	2期	1992
李白与玉真公主过从新探	郁贤皓	文学遗产	1期	1994
李白嵩山访丹丘	耿直	中州今古	2期	1994
李白任城六父征略	许嘉甫	济宁师专学报	1期	1995
李白郭子仪互救考	许嘉甫 许玮	南通师专学报(社科)	2期	1998
孟浩然与李白交游索考	王辉斌	襄樊学院学报	3期	2001
李白与孟浩然初识交游新考论	吕华明	吉首大学学报(社科)	4期	2001
李白与苏颋论考	陈钧	山西古籍出版社		2001
李白与孟浩然中后期交游新考论	吕华明	吉首大学学报(社科)	1期	2003

续表二二

篇、书名	著(译)编者	出处	卷、期	年月日
李白与元丹丘的交谊	王辉斌	襄樊学院学报	4期	2003
李太白与景教	中村久四郎	史学杂志	36卷6期	1925
李太白之研究（一）—（五）	梁敬钊	清华周刊	432、433、435、436、437期	1928
陶渊明和酒和李白	袁以涵	国立中央大学半月刊	1卷8、9期	1930
李白研究	李守章	上海新宇宙书店		1930
道教与李太白	布律诺·贝尔佩尔	中国与佛教论文集	1集	1931-1932
论李白	徐仲年	北京政闻社		1934
李太白与宗教	幽谷	逸经	1卷3-9期	1936
诗仙李白考	儿献吉郎（胡行之）	中国文学研究	9期	1936
李太白——唐代大政治家	幽谷	逸经	2卷2期	1937
李太白导论	李长之	北平晨报·文艺	21期	1937.5.31
			22期	1937.6.7
李白的佛学思想	浩乘	佛学月刊	2卷5期	1942
			2卷6期	1942
李太白的豪气	墨僧	文友	2卷12期	1944
李白的思想与艺术观	萧望卿	文学杂志	2卷2期	1947
李白研究	公盾	人物杂志	2卷12期	1947
			3卷1、2期	1948
李白的宇宙意义与人生观	萧望卿	京沪周刊	2卷6期	1948
艺术的透视——谈李白新论之一	萧望卿	文学杂志	3卷6期	1948
李白研究	戚维翰	中华书局		1948
		华世出版社		1975
李白爱祖国爱人民的一面	罗根泽	文汇报		1951.2.18
		中国古典文学论集		1955
李白の自然観	小松忠志	（長野縣立短期大學）紀要	3号	1951
关于李白	舒芜	光明日报		1954.3.29

续表二三

篇、书名	著(译)编者	出处	卷、期	年月日
关于李白的讨论——北京大学中文系古典文学教研室会议论录	陈贻焮	光明日报		1954.10.24
关于李白几个问题的商榷	吴天任	民主评论	5卷8期	1954
与林庚先生商讨关于李白和他的时代问题	杨超	光明日报		1955.7.17
李太白使权贵脱靴及醉草蕃书考释	曲颖生	建设	3卷8期	1955
评林庚先生在"诗人李白"一文中所反映的非历史观点	吴素	文学遗产增刊	2辑	1956
谈研究李白的几个问题	时萌	光明日报		1956.6.17
		文学遗产选集	2辑	1957
李太白的自荐书	黎明	"中央"日报		1956.12.16
略论李白	张志岳	新建设	1期	1957
		唐诗研究论文集		1959
批判胡适对诗人李白的歪曲	傅庚生	西北大学学报（人文）	1期	1957
牡丹花——李白的故事	吉川幸次郎	唐代文学抄		1957
对李白研究中的几点意见	孙殊青	文史哲	12期	1957
李白论	高文	语文教学通讯	14、15期	1957
杂谈李白	左舜生	万竹楼随笔		1957
李白傲慢的另一面	车无辙	福建日报		1957.3.21
李白研究	张立德	香港学林书店		1957
谈李白的傲骨	康式昭 卓如	文学研究与批判专刊	1辑	1958
刘大杰先生是怎样歪曲李白的	北大中文系一年级学生	文学研究与批判专刊	4辑	1958
关于李白思想的一些问题	马克垚	文学遗产增刊	6辑	1958
从《李太白醉写》谈李白	蒋星煜	光明日报		1959.10.21
李太白研究	大野实之助	早稻田大学出版部		1959
		有明书房		1971
唐代某些知识分子隐逸求仙的政治目的——兼论李白的政治理想和从政途径	陈贻焮	北京大学学报（人文）	3期	1961
		唐诗论丛		1980
李白为什么景仰谢朓	申炎	文汇报		1962.7.28
身报济世愿，安能事权贵——纪念李白逝世一千二百周年	李汉超	辽宁日报		1962.8.5
李白与农民	陈则光	南方日报		1962.9.10

续表二四

篇、书名	著（译）编者	出处	卷、期	年月日
李白求仙学道与政治活动的错综变化	麦朝枢	光明日报		1962.11.18，1962.11.25
纪念李白逝世一千二百周年	耿元瑞	黑龙江日报		1962.12.23
白也诗无敌 飘然思不群——纪念李白逝世一千二百周年	苏仲翔	黑龙江日报		1962.12.25
李白研究	王运熙等	作家出版社		1962
论李白之风格	杨胤宗	人生	27卷1期	1963
谈谈李白的求仙学道	李继唐	文学遗产增刊	13辑	1963
李白是什么阶级	易 金	联合报		1963.3.3，1963.3.4
李白研究论文集	中华书局	编者刊		1964
李白与谢朓	李直方	人生	31卷1期	1966
从李白诗中褒贬的人物分析李白的思想	陈 香	文坛	78期	1966
歌德与李白比较	王家鸿	东方杂志	2卷5期	1968
关于李白三问题之研究	袁金书	中国一周	936期	1968
李白相对于白居易的精神	前川幸雄	汉文学	13号	1969
中国古典研究・李白研究特集	早稻田大学中国古典研究会	早稻田大学出版部		1969
唐代文学的研究——李白的思想与文学（上）（下）	山田胜久	东洋学术研究	9卷1、2号	1970
李白的思想方式	松浦友久	中国古典研究	17号	1970
			19号	1973
李白的忧国精神——安史之乱前后李白的悲运	张基槿	东亚文化	10期	1971
李白与鲍照	向岛成美	汉文学会会报（东京教育大学）	31号	1972
李白的思考的形态——以题材论的观点为中心	松浦友久	中国古典研究	19号	1973
李白与佛教	平野显照	文艺论丛	3号	1974
			7号	1976
李白小论 上、下——对隐遁志向的争论	吹野安	东洋文化（无穷会）	复刊35号	1974
			36号	1975
略谈李白的尊法反儒思想	吴 孟	安徽日报		1974.9.1
试论李白的尊法反儒思想	海 峰	新疆日报		1975.3.19

续表二五

篇、书名	著(译)编者	出处	卷、期	年月日
凤歌笑孔丘——试论李白的法家思想	李秀潭	陕西师大学报（哲社）	3期	1975
过江誓流水，志在清中原——谈李白反对分裂、主张统一的尊法反儒思想倾向	广州氮肥厂检修车间工人理论组等	广州文艺	3期	1975
李白的钓鳌意识	李正治	中外文学	4卷6期	1975
论李白的法家思想	吴汝煜	学习与批判	2期	1976
心飞故国楼——论李白生命之激情与飞扬	龚鹏程	鹅湖	2卷6期	1976
李白与佛教	平野显照	文艺论丛	7期	1976
李白与华茨华斯对自然的看法（一）	青冥	诗风	51期	1976
李白与华茨华斯对自然的看法（续）	青冥	诗风	52期	1976
李白と花	武部利男	ちくき	96号	1976
李白研究	松浦友久	三省堂		1976
从李白醉酒看他的矛盾性格	柳风	镜报		1978.7.1
如何评价李白——兼谈评价古典作家的一些问题	王季思	中山大学学报（哲社）	4期	1977
李白是法家吗	刘毓庆	山西大学学报（哲社）	1期	1978
李白：其谜的部分	冈村贞雄	汉文教育	3期	1978
驳李白反孔说	林深	天津师院学报	4期	1978
清水出芙蓉，天然去雕饰——李白审美理想蠡测	罗宗强	古代文学理论研究丛刊	1辑	1979
李白的生活理想和政治理想	王运熙	社会科学战线	1期	1979
		魏晋六朝唐代文学论丛		1981
李白的积极用事精神与求仙访道、隐居、任侠、饮酒之间的关系	范令俊	海南师专学报	2期	1979
李白世界观矛盾初探	黄克	文学评论丛刊	2辑	1979
李白的风格、思想特点及其社会根源	乔象钟	文学评论	4期	1979
李白与谢灵运	黄涵铭	语文学习	4期	1979
李白爱祖国爱人民的一面	罗根泽	中国古典文学论集		1979
谈李白的爱国立场兼及范老对他的评价问题	陈华	延边大学学报（哲社）	2期	1980
李白游仙醉问题初涉	薛天纬	西北大学学报（哲社）	2期	1980
历代李白评价述评	裴斐	文学评论丛刊	5辑	1980

续表二六

篇、书名	著(译)编者	出处	卷、期	年月日
李白思想探求	萧文苑	辽宁大学学报（哲社）	6 期	1980
诗风·李白专号	《诗风》编辑部	编者刊	9 卷 1 期	1980
李白反儒反孔吗	班友书	艺谭	1 期	1981
论李白的隐逸	裴斐	江汉论坛	1 期	1981
李白和崔颢	李国兴	知识窗	1 期	1981
李白的失败与成功	唐异明	文学遗产	2 期	1981
李太白诗图姓典述评	阮廷瑜	东海中文学报	2 期	1981
"诗仙"的艰辛	辛国柱	龙沙	3 期	1981
李白的道家思想及其在安徽的活动	刘伯璜	艺谭	4 期	1981
李白嘲孔辨	葛景春	江汉论坛	6 期	1981
李白纵横探	安旗	陕西人民出版社		1981
李白十论	裴斐	四川人民出版社		1981
读李白有感	安旗	绵阳师专学报	1 期	1982
李白话西域乐舞	赵世骞	新疆艺术	1 期	1982
李白为什么没走科举道路	李锁	河北师院学报（哲社）	1 期	1982
论李白的政治态度及其政论诗	张啸虎	中南民族学院学报（哲社）	3 期	1982
李太白论	许思园	晋阳学刊	5 期	1982
论道家思想对李白的影响	汤燕	江淮论坛	6 期	1982
明窗数篇在，长与物华新——纪念伟大诗人李白逝世1220周年	罗宗强	文学知识	6 期	1982
李白之剑	萧文苑	江城	8 期	1982
李白与谢朓	萧文苑	芒种	7 期	1982
李白的人品与诗品	臧克家	诗刊	10 期	1982
李白与月——兼论李白性格的叛逆性与平民性	裴斐	文史知识	10 期	1982
		看不透的人生		1992
松浦友久的李白研究	徐允平	文学研究动态	13 期	1982
谈谈李白的"好神仙"与从政的关系	夏晓虹	文学遗产增刊	14 辑	1982
纪念李白逝世一二二零年暨江油李白纪念馆开馆大会会刊	四川江油李白纪念馆	编者刊		1982
话李白	罗忼烈	两小山斋论文集		1982
为李白辩护	北辰	北京晚报		1982.5.13
李白、柳永的短长	秦海	北京晚报		1982.4.15

续表二七

篇、书名	著(译)编者	出处	卷、期	年月日
李白的梦	武部利男	筑摩书房		1982
李白丛考	郁贤皓	陕西人民出版社		1982
李白与庄子及其他	陶白	南京师院学报（社科）	1期	1983
杨慎论李白评述	王仲镛	四川师院学报（社科）	1期	1983
李白服善不服输	申家仁	星火	1期	1983
试论李白的生活理想	罗宗强	古典文学论丛	2期	1983
李白为什么自号"青莲"	康怀远	文史半月刊	3期	1983
李白在日本	南山	瞭望	4期	1983
关于"李白研究"书目答问	王瑶	文史知识	5期	1983
李白用什么杯饮酒		百姓	43期	1983
李白政治的自负及其本质	冈村繁	集刊东洋学	50集	1983
人民喜欢谁——与舒芜同志商榷	何朔	羊城晚报		1983.7.7
纪念李白逝世1220年暨江油李白纪念馆开馆大会论文汇编	四川省江油李白纪念馆	编者刊		1983
李白世界观为道家说	康群	中州大学学报	1期	1984
李白与体育	蒋志 周玉乾	四川体育史料	1期	1984
大鹏和云雀——从一个角度看李白和莎士比亚	阮坤	外国文学研究	2期	1984
李白醉酒捞明月		华人月刊	2期	1984
李白"骑鲸鱼"辨	杨其群	夜读	3期	1984
李白研究中的几个问题	郁贤皓	南京师大学报（社科）	4期	1984
李白非仙论	张啸虎	唐代文学论丛	5辑	1984
是李白错了吗——与刘永之先生商榷	姚俊成	中州今古	6期	1984
大鹏——李白精神的象征	高克勤	文史知识	12期	1984
李太白研究	夏敬观等	里仁书局		1985
李白对杨国忠态度之我见	谢思炜	西北大学学报（哲社）	1期	1985
李白思想小议——对《李白纵横探》中一些问题的不同看法	刘广英	人文杂志	2期	1985
从几首诗看天宝末年李白对杨国忠的态度	杨明	天府新论	5期	1985
李白为何怀谢公	肇之	语文园地	5期	1985
东邻女儿爱李白	张振国 戴季虹	人民日报（海外）		1985.12.4

续表二八

篇、书名	著(译)编者	出处	卷、期	年月日
李白为什么自号"青莲居士"	刘友竹	天府新论	1期	1986
李白与魏晋六朝诗人	裴 斐	文学遗产	1期	1986
		看不透的人生		1992
建功立业，国时济世——试论李白的主导思想	杨海波	江南大学学报	1期	1986
李白的纵横家思想和风格	林邦筠	北京师范大学学报（社科）	1期	1986
儒道释结合熔铸百家的开放型思想——李白思想新论	葛景春	中州学刊	2期	1986
评宋人论李白	关 山	中国人民警官大学学报	2期	1986
三杯拔剑舞龙泉——李白与体育	日 兴	韶关师专学报	2、3期	1986
杜牧对李白的态度	寇养厚	文史哲	5期	1986
如何看待李白的思想		文史知识	8期	1986
月亮与李白	胡菊人	良友	28期	1986
中日李白研究论文集	马鞍山市李白研究会	中国展望出版社		1986
李白论	乔象钟	齐鲁书社		1986
李白考异录	李从军	齐鲁书社		1986
浅谈李白与谢朓	李纯仁	洛阳师专学报	1期	1987
李白思想与庄子哲学	葛景春	荆门大学学报	2期	1987
论李白与欧玛尔·海亚姆的思想及生平	古莉娜	喀什师范学院学报	2期	1987
近年来李白研究情况简介	吴丹雨	四川社联通讯	3期	1987
李白与道教	罗宗强	文史知识	5期	1987
漫话李白、崔颢拟诗较才	萧澄宇	吉林大学社会科学学报	5期	1987
李白的兴趣爱好与心理特征浅探	王定璋	宁夏社会科学	6期	1987
李白与陶渊明	陈 钧	人文杂志	6期	1987
李白研究新著叙录	王辉斌	语文导报	8期	1987
李白与佛教思想	葛景春	唐代文学论丛	9辑	1987
松浦友久李白研究述评	郁贤皓	唐代文学论丛	9辑	1987
李白在安史之乱时期（上）	松浦友久	中国文学研究	12号	1987
李白在安史之乱时期（中）——有关事迹的含意	松浦友久	中国文学研究	13号	1987
李白在安史之乱时期（下）——有关事迹的意味	松浦友久	中国文学研究	15号	1989

续表二九

篇、书名	著(译)编者	出处	卷、期	年月日
李白研究论丛	李白研究学会	巴蜀书社		1987
李白研究	安旗	西北大学出版社		1987
李白新论	刘忆萱 管士光	山西人民出版社		1987
李白心象建构初探	陈节	东南学术	1期	1988
李白的哲学、美学意识	刘朝谦	社会科学研究	2期	1988
论李白的游侠思想	任朝第	宝鸡师院学报	2期	1988
试论李白的忧患意识	杨海波	东岳论丛	4期	1988
自由精神与理想主义——李白思想新探	葛景春	文学遗产	5期	1988
读李白	田思	香港文学	58期	1989
李白研究	林家英	甘肃省高等教育自学考试办公室		1988
李白研究十年	陈友冰	安徽广播电视大学学报	1期	1989
李白崇尚孟浩然的缘由	房日晰	上海师范大学学报（哲社）	1期	1989
李白学刊 第一辑、第二辑	中国李白学会（筹）、马鞍山市李白纪念馆	三联书店上海分店		1989
李白事迹三个问题探讨	罗联添	台大中文学报	3期	1989
李白思想论略	王定超	中国文学研究	4期	1989
李白与鸟类之王	金秀雄	关西大学中国文学会纪要	10号	1989
李白与拜伦	崔向午	雁北师专学刊	1期	1990
元白批评李白刍议	康怀远	祁连学刊	1期	1990
李白与佛教思想	章继光	人文杂志	1期	1990
李白与屈骚精神	葛景春	祁连学刊	2期	1990
浅谈李白思想与庄子哲学	林肇琛	辽宁大学学报（哲社）	2期	1990
李白与历史人物（上、下）	裴斐	文学遗产	3、4期	1990
		看不透的人生		1992
诸家互补，为我所用——论李白的主导思想	杨海波	天津师大学报	5期	1990
李白视孔子为"礼教的奴隶"	古德明	明报月刊	25卷7期	1990
李白研究一、二期	中国李白研究编辑部	编者刊		1990

续表三〇

篇、书名	著(译)编者	出处	卷、期	年月日
李白研究论丛（第二辑）	李白研究学会	巴蜀书社		1990
中国李白研究（1990年集·上）	中国李白研究会、马鞍山《中国李白研究》编辑部	江苏古籍出版社		1990
中国李白研究（1990年集·下）	中国李白研究会、马鞍山《中国李白研究》编辑部	江苏古籍出版社		1991
酒神精神与诗仙李白	罗田	云梦学刊	1期	1991
李白和道教	孔繁	世界宗教研究	4期	1991
李白天真论	卢燕平	唐代诗人审美心理		1991
李白思想艺术探骊	葛景春	中州古籍出版社		1991
历代名人咏李白	邓元瑄等	成都科技大学出版社		1991
李白的个性意识与悲剧心态	傅绍良	陕西师范大学学报（哲社）	1期	1992
论李白的豪放	康怀远	祁连学刊	1期	1992
1990年李白研究综述	王辉斌 王文波	祁连学刊	1期	1992
试论郭沫若的李白研究	王定璋	郭沫若学刊	1期	1992
李白人格形象的审美价值	邵宁宁 王晶波	祁连学刊	2期	1992
论李白	笕久美子（刘海章、马承五）	荆门大学学报	2期	1992
李白研究的新成果	王熹	文史杂志	3期	1992
李白与屈原比较管窥	白小英	广东社会科学	3期	1992
济苍生，解世纷，静胡沙——李白思想论丛之二	申建中	阴山学刊（哲社）	3期	1992
神仙 隐居 饮酒——李白思想论丛之三	申建中	语文学刊	3期	1992
李白就是李白——李白思想论丛之四	申建中	内蒙古电大学刊	4期	1992
李白与莫扎特	孙龙骅	青岛师专学报	4期	1992
毛泽东与唐代大诗人李白	赵维江	中共浙江省委党校学报	4期	1992

续表三一

篇、书名	著（译）编者	出处	卷、期	年月日
李白"仙性"新论	徐　英	华南师范大学学报（社科）	4期	1992
「客寓」の詩想——李白の認識の基調として	松浦友久	日本中國學會報	44集	1992
李白的侠客形象	王国璎	唐代文学研究	5辑	1992
试论李白的孤独意识——李白心理探索之一	詹福瑞	唐代文学研究	5辑	1992
"谪仙人"始于李白自称——《答湖州迦叶司马问白是何人》系年辨异	康怀远	甘肃社会科学	6期	1992
李白个性论	裴　斐	看不透的人生		1992
李白剔骨葬友的文化背景之考察	周勋初	中国文化	1期	1993
李白与中国传统文化	葛景春	河北大学学报（社科）	2期	1993
注李札记	詹　锳	河北大学学报（哲社）	2期	1993
唐五代时人论李白述评	杨栩生	祁连学刊	2期	1993
论安史之乱中李白思想的转变及其对创作的影响	徐健顺	祁连学刊	2期	1993
试论李白游侠崇拜现象	孟修祥	湖北大学学报（哲社）	2期	1993
论李白对唐王朝与边疆民族战事的态度	周勋初	文学遗产	3期	1993
李白与屈原	孟修祥	荆州师专学报	3期	1993
李白的传奇与史实	裴　斐	文学遗产	3期	1993
		唐代文学研究	5辑	1994
李白与少数民族	徐希平	西南民族学院学报（人文）	4期	1993
李白在诸王分镇问题上遭致失败的内在原因	周勋初	文学研究	5辑	1993
李白的逐臣形象	王国璎	王叔岷先生八十寿庆论文集		1993
李白的侠客形象	王国璎	"中研院"中国文哲研究集刊	第3期抽印本	1993
李白政治眼界及治世才能之另一面观察	杨栩生	绵阳师专学报	2期	1994
		天府新论	4期	1994
"辅弼"与"谪仙"——李白的自我意识及其文化传统	于翠玲	西北师大学报（社科）	2期	1994
李白不入科场原因新探	傅绍良	陕西师大学报（哲社）	3期	1994
李白的入仕道路和他的幽愤	阎　琦	铁道师院学报	3期	1994
		西北大学学报（哲社）	4期	1994

续表三二

篇、书名	著(译)编者	出处	卷、期	年月日
浅谈李白性格悲剧	袁立权	宜春师专学报	3 期	1994
李白的西域梦	郭德茂	丝绸之路	4 期	1994
李白与道教	蒋见元	道家文化研究	4 辑	1994
论李白的孤独意识	詹福瑞	唐代文学研究	5 辑	1994
李白与唐代的隐逸之风	葛景春	天府新论	6 期	1994
论李白"谪仙"意识的形成及其表现	李乃龙	广东社会科学	6 期	1994
再论伟大诗人李白的爱国主义思想	高瑞雪	西南民族学院学报（哲社）	6 期	1994
谈李白的反中庸思想	袁立权 周德秀	宜春师专学报	6 期	1994
李白と高適	筧文生	日本中國學會報	46 集	1994
李白与唐代文化	葛景春	中州古籍出版社		1994
中国李白研究（1992-1993 年集）	中国李白研究会等	安徽文艺出版社		1994
李白伝論——客寓の詩想	松浦友久	研文出版		1994
蜀文化鲁文化对李白之影响	蒋 志	绵阳师范高等专科学校学报	1 期	1995
李白在四川研究综述	王辉斌	绵阳师范高等专科学校学报	1 期	1995
		社会科学研究	2 期	1995
并庄屈以为心——试论庄屈对李白的影响	陶新民	学术界	1 期	1995
并庄、屈以为心——论李白的浪漫精神	申启武	安徽教育学院学报（社科）	1 期	1995
论李白的思想文化性格	许 总	东南文化	1 期	1995
李白与唐代的干谒之风	葛景春	中州学刊	2 期	1995
庄子李白异同论	贺秀明	厦门大学学报（哲社）	2 期	1995
建国以来的李白研究述要	王辉斌	齐鲁学刊	3 期	1995
论李白的怀古情结与心理调适	傅绍良	陕西师范大学学报（哲社）	4 期	1995
论李白自我中心意识及其诗境表现特征	许 总	安徽大学学报（哲社）	4 期	1995
李白思想研究综述	王辉斌	济宁师专学报	4 期	1995
卷起飘逸——李白的幽愤和媚俗	张连举	阅读与写作	5 期	1995
		唐都学刊	4 期	2001
千秋万岁名，寂寞身后事——文学批评史上的李白	萧华荣	华东师范大学学报（哲社）	6 期	1995

续表三三

篇、书名	著(译)编者	出处	卷、期	年月日
诗坛飘逸两俊杰——论李白与谢朓	王定璋	谢朓与李白研究		1995
从李白尚友谢朓说开去	李戎	谢朓与李白研究		1995
李白与山水	孙静	谢朓与李白研究		1995
李白的英雄意识	詹福瑞	谢朓与李白研究		1995
李白的悲剧与自我化解	陶新民	谢朓与李白研究		1995
论李白的情绪记忆	张瑞君	谢朓与李白研究		1995
读李漫笔	谢宇衡	谢朓与李白研究		1995
李白曾为小吏及对其一生的影响	蒋志	谢朓与李白研究		1995
李白不曾为小吏说	杨栩生	谢朓与李白研究		1995
嘤其鸣矣，求其友声——关于李白情系谢朓的解说	薛天纬	谢朓与李白研究		1995
		唐代文学研究	6辑	1996
自然范型：李白的人格特征	罗宗强	谢朓与李白研究		1995
		唐代文学研究	6辑	1996
李白的名士形象	王国璎	汉学研究之回顾与前瞻（上）		1995
李白的价值重估	朱金城 朱易安	文史哲出版社		1995
谢朓与李白管窥	梁森	人民文学出版社		1996
李白为何不赴科举考论	熊笃	重庆师范大学学报（哲社）	1期	1996
李白不预科举原因浅探	乔长阜	镇江市高等专科学校学报	1期	1996
李白与大自然——兼论李白精神的现代价值	蒋志	绵阳师范高等专科学校学报	1期	1996
生命的理想图式与幻灭——李白"功成身退"思想及其意义	阮堂明	河北大学学报（哲社）	1期	1996
诗仙李白爱芙蓉	陈福季	贵州文史丛刊	2期	1996
李白儒家文化人格探索	康震	陕西师范大学学报（哲社）	3期	1996
论李白人格悲剧的文化意蕴	傅绍良	晋阳学刊	3期	1996
盛唐时代与李白的浪漫主义精神	李洲良	求是学刊	3期	1996
论女性与李白的情感世界	孟修祥	湖北大学学报（哲社）	4期	1996
图画中的李白	陈钧	中国典籍与文化	4期	1996
试论李白的悲剧人生及其特点	陶新民	安徽大学学报（哲社）	5期	1996
试论李白的隐逸	孙波	内蒙古社会科学（人文）	6期	1996
李白应有三个自号	莫道才	阅读与写作	6期	1996

续表三四

篇、书名	著(译)编者	出处	卷、期	年月日
李白思想中的"异端"因素	周勋初	唐代文学研究	6辑	1996
李白屡遭挫折与备受赞誉之两面观	周勋初	唐代文学研究	7辑	1996
李白与唐代儒学	葛景春	孔子研究		1996
李白悬案揭秘	李绍先 李殿元	四川大学出版社		1996
李白研究文集	李白研究会	编者刊		1996
中国李白研究（1994年集）	中国李白研究会、马鞍山李白研究所	安徽文艺出版社		1996
李白的人生哲学——诗酒人生	谢楚发	扬智出版社		1996
李白与魏晋风度	陶新民	中国广播电视出版社		1996
李白研究文集	邓昌炽	著者刊		1996
李太白与渤海文字	金在善	成都大学学报（社科）	1期	1997
老庄思想与李白人格理想	阮堂明	阜阳师范学院学报（社科）	1期	1997
李白斗酒缘由考	罗文进	西南师范大学学报（社科）	4期	1997
个性与酒：重读李白	陈向春	长白论丛	4期	1997
李白的黄河情结	徐明	洛阳师专学报	4期	1997
李白山水情结的文化意蕴	章尚正	绥化师专学报	4期	1997
李白：大自然之子——兼论李白精神的现代价值	蒋志	宝鸡文理学院学报（人文）	4期	1997
论李白的宗室情结及对其人生诸要素的影响（上）	朱秋德	丝路学刊	4期	1997
论李白的宗室情结及对其人生诸要素的影响（下）	朱秋德	丝路学坛	1期	1998
维护和平统一的伟大诗人——谈李白对战乱的态度	高瑞雪	西南民族学院学报（哲社）	6期	1997
李白思想研究	杨海波	学林出版社		1997
天上谪仙人的秘密：李白考论集	郁贤皓	台湾商务印书馆		1997
中国李白研究（1995-1996年集）	中国李白研究会、马鞍山李白研究所	安徽文艺出版社		1997
简析李白的功成身退思想	任晓勇	内江师范学院学报	3期	1998
明月与酒：李白人生定位的困惑	刘飞	陕西师范大学学报（哲社）	3期	1998
李白仙侠文化人格的美学精神	康震	陕西师范大学学报（哲社）	3期	1998
试论李白自由观对庄子的超越	罗小芳	柳州师专学报	4期	1998

续表三五

篇、书名	著(译)编者	出处	卷、期	年月日
也说唐诗人李白与南朝诗人谢朓之关系	熊 飞	咸宁师专学报	4期	1998
试论李白的傲骨	蒋力余 何余良	湘潭师范学院学报（社科）	4期	1998
论李白对魏晋艺术精神的发展	方锡球	安庆师范学院学报（社科）	4期	1998
李白研究的一个更为广阔的领域	罗宗强	文学遗产	4期	1998
论李白的怀乡情结	孟修祥	社会科学研究	5期	1998
论老庄对李白的影响	蒋力余	求索	6期	1998
中国李白研究（1997年集）	中国李白研究会、马鞍山李白研究所	安徽文艺出版社		1998
深入李白：从任达到苦闷	臧 清	中国文化研究	1期	1999
屈原与李白断想	任晓勇	黄山高等专科学校学报	1期	1999
唐代诗人李白从政的理想和机遇探析	宿 丰 于永凤	沈阳农业大学学报（社科）	1期	1999
李白思想的复杂性与其个性光彩	李 星	社科纵横	2期	1999
20世纪李白研究述略	詹福瑞	河北大学学报（哲社）	2期	1999
李白性格及其历史文化内涵——李白新探之一	赵昌平	文学遗产	2期	1999
李白的"相如情结"——李白新探之二	赵昌平	文学遗产	5期	1999
试论李白在政治上的求索	许哲娜	漳州职业大学学报	3期	1999
关于"隐性抑李"的文化思辨	彭 晖	益阳师专学报	3期	1999
李白的俗态仙姿与酒	周 莹	西藏大学学报（社科）	4期	1999
李白政治文化人格的美学意义	康 震	陕西师范大学学报（哲社）	4期	1999
从《大气恢宏——李白与盛唐诗新探》看李白的文化研究前景	阮堂明	山西大学师范学院学报	4期	1999
"谪仙人"之称谓及其意义	松浦友久（尚永亮）	荆州师专学报	1期	2000
新时期李白生平研究综述	郭勉愈	江汉论坛	1期	2000
生命与艺术的祭礼——从"醉酒"论阮籍与李白人格精神的异同	赵静蓉	中国典籍与文化	1期	2000
李白与游侠	莫芙青 蒋力余	船山学刊	1期	2000
说李白的童真	康怀远	宝鸡文理学院学报（社科）	1期	2000

续表三六

篇、书名	著(译)编者	出处	卷、期	年月日
李白形象演变的基础与轨迹——李白形象研究之一	陈 钧	盐城师范学院学报（哲社）	1 期	2000
李白形象演变的特征和原因——李白形象研究之二	陈 钧	盐城师范学院学报（哲社）	3 期	2000
李白是一位真正的爱国主义诗人论析	彭 晖	益阳师专学报	2 期	2000
论李白政治文化人格的内在矛盾	康 震	人文杂志	3 期	2000
"道"与"侠"的合流——关于李白的人格型态及评价问题	章继光	求索	3 期	2000
平民李白论	付香玲	牡丹江师范学院学报（哲社）	3 期	2000
明月直入 无心可猜——解读李白	邓 波	文史知识	3 期	2000
李白慕圣贤 齐鲁有鸿儒	张英基	淄博学院学报（社科）	4 期	2000
李白形象的矛盾性散论	姚静波	阜阳师范学院学报（社科）	4 期	2000
浪漫诗人的自我认识误区——论李白的济世之才	陈广士	池州师专学报	4 期	2000
李白道教活动述评	王友胜	中国道教	4 期	2000
谢灵运与李白之悲剧	岳毅平	安庆师范学院学报（社科）	4 期	2000
李白政治悲剧的历史审视	邓乐群	衡阳师范学院学报	5 期	2000
李白崇道初探	赵树中	四川文物	6 期	2000
长白山诗词史话——李白与王孝廉	张福有	学问	9 期	2000
生命的激扬与民族的活力——论李白的历史意义	戴建业	唐代文学研究	9 辑	2000
陶淵明の酒と李白の酒——飲酒による忘憂とその周辺について	猪井敏也	うずしお文藻	16 号	2000
李白求是录	王辉斌	江西人民出版社		2000
李白文化论坛	四川省李白研究会等	编者刊		2000
李白研究五十年	葛景春	山西大学师范学院学报	3 期	2000
20 世纪李白研究论文精选集	中国李白研究会、马鞍山李白研究所	太白文艺出版社		2000
中国李白研究（2000 年集）	中国李白研究会、马鞍山李白研究所	安徽文艺出版社		2000
李白文化论坛	四川省李白研究会等	编者刊		2000
李白创作和生命意识	康怀远	宝鸡文理学院学报（社科）	1 期	2001

续表三七

篇、书名	著（译）编者	出处	卷、期	年月日
论李白思想的复杂性	李星	殷都学刊	2期	2001
李白的潇湘之情探微	郁贤皓	中国文学研究	2期	2001
"李白不屑科举说"考辨	郎宝如	内蒙古大学学报（哲社）	3期	2001
"达则兼济天下"是李白人生价值的追求	张逸迴	辽宁师专学报（社科）	3期	2001
狂放与忧患——论李白的个性意识与悲剧心理	解国旺	殷都学刊	3期	2001
论李白文化人格的美学境界	康震	南昌大学学报（人文）	3期	2001
"秋""霜"中的李白	戴伟华	中国典籍与文化	4期	2001
纵横术与唐人干谒之风——从李白《与韩荆州书》说起	陶敏	吉首大学学报（社科）	4期	2001
李白：盛世激情与乱世哀伤	于夫	文史知识	10期	2001
读方孝孺《吊李白》	房日晰 房向莉	文史知识	10期	2001
八世纪以来李白研究的十大热点	郁贤皓 胡振龙	文史知识	10期	2001
横空出世，清逸自如——历史文化和地域文化中的李白	傅璇琮	光明日报		2001.9.28
李白研究文稿	李德书	四川省李白研究会		2001
李白无所适从之人生与其独特的文化气质	郭顺玉	高等函授学报（哲社）	1期	2002
大唐盛世与李白的人性追求	薛天纬	昌吉学院学报	1期	2002
高山仰止李太白	肖帅	中国校园文学	1期	2002
李白道家文化人格的哲学意义——兼论李白生命价值观的对立统一	康震	南京师大学报（社科）	2期	2002
试论纵横家对李白的影响	莫芙青 蒋力余	船山学刊	2期	2002
李白与高适的人生设计	陈铁民	中国典籍与文化	2期	2002
戏曲作品中的李白形象研究	朱玉麟	河南社会科学	2期	2002
思想还是姿态：李白儒道言说的意义	过常宝	清华大学学报（哲社）	3期	2002
李白研究走向世界	王巍	文学遗产	3期	2002
试论李白的文化精神	杨世明	达县师范高等专科学校学报	3期	2002
"何时竹林下 更与步兵邻"——阮籍之于李白论略	杨栩生	绵阳师范高等专科学校学报	6期	2002
中华多元文化孕育李白	蒋志	绵阳师范高等专科学校学报	6期	2002
解读李白——纵酒狂醉与人生悲剧	朱雪里	乐山师范学院学报	6期	2002

续表三八

篇、书名	著(译)编者	出处	卷、期	年月日
论李白的大言	胥洪泉	唐代文学研究	10辑	2002
李谪仙的"狂"	温孟孚	文史知识	11期	2002
李白研究管窥	葛景春	河北大学出版社		2002
中国李白研究（2001—2002年集）	中国李白研究会、马鞍山李白研究所	黄山书社		2002
试论李白思想的复杂性	张元	北京教育学院学报	1期	2003
由李白第二次出长安的取道对《李白全集编年注释》编年的意见	郑文 单芳	西北师大学报（社科）	1期	2003
再说《旧唐书·李白列传》	倪豪士	文学遗产	1期	2003
论嗜酒纵疏与李白的人生悲剧	朱雪里	江西社会科学	1期	2003
论魏晋风度对李白人格的影响	马宁	固原师专学报	1期	2003
"诗圣"的标准与"谪仙"的意义——谈宋人对李白的评价	袁晓薇	江淮论坛	1期	2003
思乡的李白	张舰	香港中国散文诗	1期	2003
"君侧情结"中的灵魂漂泊——李白人生悲剧探析	李勇	高等函授学报（哲社）	2期	2003
李白文学思想的复古色彩	王运熙	沈阳师范大学学报（社科）	2期	2003
李白的人格理想	雷鸣	黄河科技大学学报	2期	2003
试论仙道对李白的影响	薛胜男	船山学刊	2期	2003
李白与佛教	胡永杰	佛教文化	3期	2003
论李白的人文情怀	张浩逊	常熟高专学报	3期	2003
李白与纵横家	林再兰 詹寄川	长沙通信职业技术学院学报	3期	2003
"气岸遥凌豪士前，风流肯落他人后"——李白思想刍议	焦若薇	新疆财经学院学报	3期	2003
试论李白的仙道修炼	薛胜男	船山学刊	4期	2003
"天生我材必有用"——李白诗人气质分析	康怀远	甘肃社会科学	4期	2003
		绵阳师范学院学报	1期	2004
诗家仙佛终无缘——论李白性格的双重性	张蓉 胡建琴	西安交通大学学报（社科）	4期	2003
李白二章	郭启宏	大舞台	4期	2003
李白落魄记	向甜	企业导报	5期	2003
诗仙李白与儒、佛、道	干玲玲	黔东南民族师范高等专科学校学报	5期	2003

续表三九

篇、书名	著(译)编者	出处	卷、期	年月日
李白之悲的再审视——兼对"盛唐气象"的再理解	蔡振雄	阴山学刊	5期	2003
也谈公正地评价李白	李传友	湖湘论坛	5期	2003
李白学道洛阳嵩山考	赵荣珦	中国道教	6期	2003
诗仙李白的文化解读	林大志	光明日报		2003.12.11
李白研究	周勋初	湖北教育出版社		2003
李白诗酒情趣浅论	傅香玲	牡丹江师范学院学报（哲社）	1期	2004
走进仙心——谈李白的个性与游仙的关系	李霜琴	太原师范学院学报（社科）	1期	2004
从李白身世遭遇看其创作风格的形成	梁轶芳	理论观察	1期	2004
宋人对李白的评价与时代典范的抉择	袁晓薇	安徽教育学院学报	1期	2004
感觉李白	若涛	山东教育	2期	2004
李白与佛教——印度文化	彭建华	福建师范大学学报（哲社）	3期	2004
从大鹏形象看李白的儒家思想表现	李琨	鞍山师范学院学报	3期	2004
李白与酒	张彩霞	沧桑	3期	2004
李白文艺思想探微	徐昭晖	黑龙江教育学院学报	4期	2004
李白的游侠经历和游侠精神	严正道	唐山学院学报	4期	2004
李白精神和个人悲剧	孙沛东	中山大学学报论丛	4期	2004
李白剔骨葬友的宗教原因	李小荣	福建师范大学学报（哲社）	5期	2004
"干谒"与李白的人生政治悲剧	张国荣	广西右江民族师专学报	5期	2004
李白的"政绩观"	王若山	华人时刊	5期	2004
试说李白的超越意识	张林祥	甘肃理论学刊	6期	2004
李白理想人生的构建	王定璋	天府新论	6期	2004
李白的逸兴与游兴	刘明华	西南师范大学学报（社科）	6期	2004
李白若干事迹考辨	王辉斌	周口师范学院学报	6期	2004
青莲居士谪仙人 金粟如来是后身——论诗仙李白的佛缘及其禅思禅趣	朱学东	云梦学刊	6期	2004
李白	水如天 陈升	音乐天地	8期	2004
太白美名传天下	张永强 耿光照	音乐天地	8期	2004
论李白的大言	胥洪泉	唐代文学研究	10辑	2004

续表四〇

篇、书名	著(译)编者	出处	卷、期	年月日
李白自由思想之现代阐释	李 晶	求索	12期	2004
"执著入世"与"飘然归隐"的奇妙组合体——李白受儒、道思想影响之微探	黄 盛	中南民族大学学报（人文）	增刊2	2004
中国李白研究（2003－2004年集）	中国李白研究会、马鞍山李白研究所	黄山书社		2004
李白批评论	康怀远	巴蜀书社		2004
道士李白所属道派探析	袁清湘	中国道教	1期	2005
李白对自然、人世的认识与思考	刘良政	安徽广播电视大学学报	1期	2005
李白的跨文化阅读	吕 艳	榆林学院学报	1期	2005
"太白则《史记》"解绎	康怀远	重庆三峡学院学报	1期	2005
"不为"抑或"不能"——李白"自负"言说的原因探析	张 蓉 胡建琴	西北大学学报（哲社）	1期	2005
在"酒神"的狂舞中解读李白	万诚毅	云南财贸学院学报（社科）	2期	2005
李白思想辨	李 琨	辽宁教育行政学院学报	3期	2005
从李白诗中引用的事典看其人生追求	韩建永	信阳农业高等专科学校学报	3期	2005
李白理想图式管窥	谢资娅	中国文学研究	3期	2005
论李白的思想	李利民	武汉化工学院学报	3期	2005
诗性人格与现实价值的冲突和抉择——李白人生状态与诗歌创作的哲学、心理学探寻	张国民	内蒙古社会科学	3期	2005
李白之痛苦——《道教徒的诗人李白及其痛苦》节选	李长之	长城	3期	2005
对李白悲剧人生的哲学解读	楚玉兰	中州学刊	4期	2005
大鹏中天力不济——论李白的孤独意识	杨朝红	郑州大学学报（哲社）	6期	2005
李白用世与出世思想的悲剧性探幽	王念选	安阳工学院学报	6期	2005
中国李白研究（2005年集）	中国李白研究会、马鞍山李白研究所	黄山书社		2005

（十五）杨玉环

篇、书名	著（译）编者	出处	卷、期	年月日
杨贵妃在四川	宋 政	旅游天府	3期	1981
贵妃之墓何处寻	广 复	成都风物	2辑	1981
杨妃籍贯考	王翰章	人文杂志	1期	1982
《全唐文·杨妃碑记》伪证	黄永年	人文杂志	4期	1982
杨贵妃在灌县的遗迹	石 湍	成都日报		1982.6.27
杨贵妃籍贯小考	周庆义	运城师专学报	2期	1983
杨贵妃的籍贯问题	韦湘秋	广西社会科学	2期	1987
漫谈杨贵妃的籍贯问题	孙抱今	广西社会科学	5、6期	1987
杨贵妃出生在四川	张祖涌	四川文物	4期	1990
论杨贵妃籍贯不在广西	林 琳	社会科学家	4期	1993
杨贵妃籍贯系广西容县考	覃 正	广西大学学报（哲社）	2期	1996
杨贵妃生地独头村	王英宏等	山西文史资料	3、4期	1999
杨贵妃身世又一说	杨惠芬	北京档案	1期	2002
杨贵妃就葬在崇州三郎镇	方 弛 严 斌	成都日报		2005.9.13

（十六）薛涛

篇、书名	著（译）编者	出处	卷、期	年月日
枇杷门巷——介绍女诗人薛涛	姜 华	学灯		1924.10.23, 1924.10.31
女诗人薛涛	姜 华	真善美	3卷3期	1929
薛涛小传	石 岩	国专季刊	五月号	1933
浪漫二诗人	张蓬舟	南京书店		1933
薛涛	万 言	文言出版社		1942
薛涛在边地	王 登	康导月刊	5卷6期	1943
西蜀女诗人薛涛	凌也徽	东方杂志	40卷22号	1944
薛涛	张蓬舟	成都快报画刊		1944
		山西万言社		1944

续表一

篇、书名	著(译)编者	出处	卷、期	年月日
薛涛（修订版）	张蓬舟	念瑛斋		1949
女诗人薛涛	赵景深	妇女月刊	6卷6期	1948
薛涛	吕白华	文潮月刊	4卷6期	1948
一千二百年前的女诗人薛涛	林白渊	成都日报		1957.1.6
访薛涛故里	子岷	成都日报		1961.3.27
女诗人薛涛	珉枫	四川日报		1962.7.10
评唐代校书代表作家——薛涛	陈恒昇	畅流	38卷6期	1968
薛涛与元微之	毛一波	四川文献	83期	1969
女诗人薛涛	石湍	成都日报		1979.1.18
薛涛和元稹的友谊	石湍	成都日报		1979.10.18
薛涛的一生	何鸿志 王家祐	成都日报		1980.1.20
薛涛是不是妓女	任乃强	旅游天府	1期	1980
元稹·薛涛·裴淑	卞孝萱	四川师院学报（社科）	3期	1980
薛涛与蜀帅	陈文华	中华文史论丛	4辑	1980
薛涛生卒年岁考	彭云生遗作	西北大学学报丛刊（唐代文学）	1期	1981
女诗人薛涛	李思桢	成都风物	2辑	1981
千年含冤，应予昭雪——关于薛涛问题评价之一	羊村	成都风物	3辑	1982
奇才冠益洲——关于薛涛问题评价之二	羊村	成都风物	5辑	1983
薛涛	刘仁庆	纸和造纸	1期	1982
且说薛涛	杨槐	读书	4期	1982
薛涛生卒究何年	张蓬舟	读书	9期	1982
薛涛与元稹的关系问题及其他	邓剑鸣 李华飞	社会科学研究	4期	1984
薛涛简议	贺新居	天津师范大学学报（社科）	5期	1985
略论女诗人及其创作	赵松元	湘潭师专学报	6期	1985
元稹在男女关系问题上"一往情深"吗	苏者聪	光明日报		1985.7.2

续表二

篇、书名	著（译）编者	出处	卷、期	年月日
《薛涛与元稹的关系问题及其他》一文辨误——与邓剑鸣、李华飞同志商榷	陈 坦	社会科学研究	2期	1986
也谈元稹与薛涛的关系	陈 坦	成都师专学报（文科）	2期	1986
元稹与薛涛——兼与苏者聪同志商榷	吴伟斌	牡丹江师院学报（哲社）	3期	1986
关于元稹、薛涛的关系问题	刘知渐	社会科学研究	5期	1986
"万里桥边女校书"——文采风流的女诗人薛涛	马晓光	文史知识	9期	1986
元稹道德品格之我见	冀 勤	文史哲	3期	1987
薛涛简论	李景祥	抚顺教育学院学报	3期	1987
试论唐代女诗人薛涛	王继范	辽宁大学学报（哲社）	4期	1987
当前薛涛研究概述	陈 坦	社会科学研究	6期	1987
薛涛生年再考	朱德慈	西华大学学报（哲社）	1期	1988
薛涛简论（上）	天 问	成都大学学报（社科）	1期	1988
薛涛简论（下）	天 问	成都大学学报（社科）	2期	1989
论元稹与薛涛	苏者聪	天府新论	2期	1988
也谈元稹与薛涛的"风流韵事"	吴伟斌	扬州师院学报（社科）	3期	1988
论薛涛其人其诗	苏者聪	唐都学刊	4期	1988
元薛姻缘胜证	朱德慈	成都大学学报（社科）	2期	1989
女诗人薛涛	羊 村	四川人民出版社		1989
文采风流 标映千古——中唐女诗人薛涛述评	陈毓峰	福建师大福清分校学报	2期	1991
风尘才女薛涛	王丕震	四川文艺出版社		1991
薛涛考异三题	朱德慈	唐都学刊	2期	1992
薛涛生年考辨	刘天文	社会科学研究	6期	1992
薛涛与四川海棠	王仲镛	巴蜀史志	2期	1993
薛涛"乐妓"之谜	顾关元 程向红	人民日报（海外）		1993.2.5
元稹与薛涛姻缘辨正	王辉斌	荆门大学学报	4期	1994
元稹薄幸说驳议	吴伟斌	苏州大学学报	4期	1994
薛涛研究杂考	张洁云	阿坝师专学报	2期	1995
唐代名伎诗人薛涛	陈友冰	国语日报		1996.8.17
女诗人薛涛与望江楼公园	张正则 季国平	四川人民出版社		1995

续表三

篇、书名	著(译)编者	出处	卷、期	年月日
试论唐代女诗人薛涛	王玉梅	辽宁教育学院学报	2期	1997
薛涛"校书"衔考	朱德慈	运城高专学报	3期	1997
唐代诗坛才女薛涛	子俞	今古之窗	9期	1997
同心草——薛涛传奇	刘恩义	四川人民出版社		1997
薛涛在文学艺术领域中的形象	邓剑鸣	成都大学学报(社科)	3期	1998
扫眉才子知多少,管领春风总不如——记唐代女诗人薛涛	一瓢	书法	3期	1998
也谈元稹和薛涛的风流韵事	吴伟斌	扬州师院学报	3期	1998
薛涛全传	尹铁铮	长春出版社		1999
凭史实探薛涛身世	申及甫	成都大学学报(社科)	1期	2000
争教红粉不成灰——关于薛涛	郭嗣汾	散文(海外)	3期	2000
薛涛研究论文集	薛涛研究会	四川人民出版社		2000
关于元稹婚外的恋爱生涯——《元稹年谱》疏误辨证	吴伟斌	文学遗产	1期	2001
闯进男界成"校书"彩笺岂无巾帼泪——唐代女诗人薛涛的创作及命运	宋致新	西南民族大学学报(人文)	3期	2001
试说薛涛像和字的两种拓片	陈友山	成都文物	1期	2002
命蹇情殇诗愈工(上)——论薛涛和温琬	陈晓芸	黄石理工学院学报(人文)	1期	2002
命蹇情殇诗愈工(下)——论薛涛和温琬	陈晓芸	黄石理工学院学报(人文)	2期	2002
薛涛交游考略(上)	刘天文	成都大学学报(社科)	4期	2003
薛涛交游考略(下)	刘天文	成都大学学报(社科)	1期	2004
近百年来薛涛研究述评	刘天文	天府新论	3期	2004
薛涛史料考辨	刘天文	成都大学学报(社科)	3期	2004
自由与爱情:薛涛的女性情感世界	尹艳辉	成都大学学报(社科)	3期	2004
万里桥边女校书 卓然开落吐幽芳——唐代蜀地诗人薛涛	刘丽	巴蜀史志	3期	2004
以须眉笔舌摹脂粉神情的"第一书"——读《和薛涛诗集》序	陈友山	文史杂志	5期	2004
"宾妓"——薛涛身份的准确定位	迟乃鹏	天府新论	7期	2004
薛涛论丛	邓剑鸣	四川人民出版社		2005

（十七）浣花夫人

篇、书名	著（译）编者	出处	卷、期	年月日
蓉城女将——浣花夫人	岷枫	历史知识	1期	1980
浣花溪与浣花夫人	石欣	成都日报		1980.12.4

（十八）李珣

篇、书名	著（译）编者	出处	卷、期	年月日
李珣	艾治平	经世日报·经世副刊	190期	1948.1.6
海药本草作者李珣考	冯汉镛	医学史与保健组织	1卷2期	1957
土生波斯李珣	杨进	回族研究	3期	2003
蒙尘之珠久被忘 独处幽闺人未识——重新评价李珣的历史地位	蒲曾亮 周玉华	湖南科技学院学报	4期	2005

（十九）花蕊夫人

篇、书名	著（译）编者	出处	卷、期	年月日
花蕊夫人考	孙昌荫	志林	4期	1943
花蕊夫人捐躯报国	倪博九	中国一周	347期	1956
花蕊夫人	定公	联合报		1966.3.19
关于花蕊夫人	觉堂	台湾新生报		1970.1.25，1970.1.27
花蕊夫人	寒云	龙门阵	1辑	1980
两位花蕊夫人	朴人	旅游天府	4期	1981
马球清与花蕊夫人	郑树荣	体育文史	1期	1983
后蜀花蕊夫人	冯修齐	成都晚报		1983.3.27
后蜀孟昶暨花蕊夫人墓的调查	江甸潮等	四川文物	4期	1988

续表一

篇、书名	著（译）编者	出处	卷、期	年月日
花蕊夫人氏籍辨	王文才	成都大学学报（社科）	2 期	1991
一枝独秀花蕊词——我国第一位女词人花蕊夫人	陈桥生	成都大学学报（社科）	1 期	1995
花蕊夫人事迹辨述	王瑛	四川文物	3 期	2000
艳到芙蓉况花蕊——花蕊夫人轶事小考	滕伟明	巴蜀史志	2 期	2004
花蕊夫人考——随众游，增史识（二）	郭祝崧	文史杂志	4 期	2005

（二十）范镇

篇、书名	著（译）编者	出处	卷、期	年月日
范司谏不是范镇——备课笔记之一	梯斋	扬州师院学报	17 期	1963
范蜀公事略及其名言	方远尧	四川文献	146 期	1974

（二十一）苏洵

篇、书名	著（译）编者	出处	卷、期	年月日
王阳明与苏老泉	莲峰	宪政新志	7 号	1910
苏洵年谱	曾枣庄	四川大学学报（哲社）	4 期	1981
苏老泉年谱	刘少泉	四川省中心图书委员会		1981
苏洵年谱	关贤柱	贵州师院学报（社科）	3 期	1982
苏洵生平事迹考辨——对关贤柱《苏洵年谱》有关系年的几点商榷	曾枣庄	贵阳师范学院学报	3 期	1983
刘少泉《苏老泉年谱》商榷	曾枣庄	四川图书馆学报	4 期	1983
苏洵评传	曾枣庄	四川人民出版社		1983
苏洵	金国永	中华书局		1984
《苏洵评传》补正	高克勤	四川大学学报（哲社）	4 期	1987
苏洵的"长议论"与"好权术"	高克勤	苏州大学学报（哲社）	2 期	1998
苏洵传	王昊	吉林文史出版社		1998
大器晚成的苏洵	丁毅	应用写作	11 期	2001

续表一

篇、书名	著(译)编者	出处	卷、期	年月日
官道——苏洵官场不败十大方略	苏洵(博文)	内蒙古人民出版社	2002	

（二十二）文同

篇、书名	著(译)编者	出处	卷、期	年月日
文同是四川盐亭人	许联炳 何增鸾	四川大学学报（哲社）	3期	1979
"胸有成竹"话文同	钱 朴	成都日报		1981.1.14
爱国诗人文及翁	张辅国	成都日报		1981.5.28
文同全集编年校注	胡问涛 罗 琴	巴蜀书社		1999
文同与二苏的交游及交往诗文系年考	罗 琴	西南民族大学学报（人文）	10期	2001
艺文馨百世 风义炳双星——文同和苏轼的友谊	文伯伦	文史杂志	1期	2005

（二十三）吕陶

篇、书名	著(译)编者	出处	卷、期	年月日
论吕陶	王智勇	成都大学学报（社科）	2期	1993
关于吕陶生卒年岁的辨误	戴扬本	华东师范大学学报（哲社）	3期	1996
吕陶年谱	王智勇	宋代文化研究	7辑	1998

（二十四）苏轼

篇、书名	著(译)编者	出处	卷、期	年月日
苏东坡	大内青峦	禅宗	3期	
苏东坡的生涯及其人格	安冈正笃	帝国文学	25卷 10－12期	1919
苏轼	孙毓修	商务印书馆		1924

续表一

篇、书名	著(译)编者	出处	卷、期	年月日
诗豪苏东坡	品今	学灯		1925.7.14
中国大文豪苏东坡的生平及其作品	勗吾	海滨文艺	1期	1932
天才的文学作家苏东坡	冀绍儒	文艺战线	3卷35期	1934
苏东坡	周景濂	正中书局		1937
谈谈苏轼	董宣珍	文艺	1期	1939
The Gay Genius: The Life and Times of Su Tungp'o	Lin Yu-tang	John Day Co.		1947
Su Tung-p'o and Sung Poetry	吴世昌	Oriental Art	3卷3期	1951
东坡居士——苏轼	孙甄陶	今日世界	16期	1952
苏东坡的少年时代	雪涛	畅流	12卷3期	1955
苏东坡的浪漫时代	雪涛	畅流	12卷5期	1955
苏东坡的黄金时代	雪涛	畅流	12卷9期	1955
苏轼的生平、思想和艺术成就——纪念苏轼诞生920周年	雷履平	四川日报		1957.1.21
苏轼	张隆延	中国文学史论集	2期	1958
东坡资料展	林宣生	"中央"日报		1960.2.6
宋代四大家之一——苏轼	何唐	知识半月	109期	1960
苏东坡传	曾普信	东净寺出版社		1961
苏东坡	池中游	世界书局		1962
蘇軾	小川環樹	岩波書店		1962
苏东坡	省文史馆	四川日报		1961.3.26
风流学士苏东坡（上）	畏如	文坛	28期	1964
风流学士苏东坡（下）	畏如	文坛	29期	1964
施宿編東坡先生年譜の発見	倉田淳之助	東方学報（京都大学）	36册	1964
蘇東坡	近藤光男	集英社		1964
苏东坡评传	梁容若	文坛	65期	1965
浅谈东坡	余雪曼	海光文艺		1966
谈苏东坡	费海玑	汉学反哺集		1966
苏东坡	正言出版社编辑部	正言出版社		1967
蘇東坡	竺沙雅章	人物往来社		1967
增补苏东坡年谱会证	王保珍	台湾大学文学院		1969
苏轼传记研究	费海玑	台湾商务印书馆		1969

续表二

篇、书名	著(译)编者	出处	卷、期	年月日
"大江东去"话东坡	琦 君	纯文学	7卷3期	1970
才气横溢的苏轼	顾孟坪	生力月刊	4卷38期	1970
盛世诗人苏东坡	禚孟庵	中华诗学	3卷6期	1970
谈苏东坡	陈宗敏	醒狮	9卷3期	1971
法学家苏东坡	徐道邻	东方杂志	4卷9期	1971
苏东坡的一生厄运	蒋励才	建设	21卷3期	1972
眉山苏东坡事迹简表	苏景泉	巫玉才自印本		1972
東坡居士について	中村文峰	中国文学論考	1号	1973
苏东坡的生平事迹	陈宗敏	花莲师专学报	5期	1973
文坛怪杰——苏东坡	菊 韵	今日中国	32期	1973
苏东坡	黄癸南	中国文选	70期	1973
全能文豪——苏东坡	唐润钿	文坛	161期	1973
全能作家苏东坡	林宗霖	励进	332期	1973
苏东坡传	陈宗敏	文笙出版社		1973
东坡评传	石朝仪	文史哲出版社		1974
蘇東坡年譜	長尾正和	墨美	255期	1975
Su-Tung po, Literary Genius of China	李 杏	Asian Culture Quarterly	4卷1期	1976
苏东坡——其人、其诗、其思想	黄济清	中国哲学史的展望与摸索		1976
通达自适的苏东坡	朱荣智	明道文艺	18期	1977
苏轼的生平及作品	陈宗敏	书和人	318、319期	1977
林语堂笔下的苏东坡	陆以霖	出版与研究	5期	1977
《苏东坡传》(林语堂著)的欣赏与补正	王保珍	书评书目	55期	1977
林著宋译苏东坡传质正	张之淦	大陆杂志	55卷6期	1977
		传记、外国史研究论集		1981
		艺文志	214、215期	1983
		遂园书评汇稿		1986
苏东坡传	林语堂(宋碧云)	远景出版事业公司		1977
千古风流苏东坡	陈桂芬	庄严出版社		1977
行云流水莫不天机——浅话东坡	谢 颙	读书人	1卷1期	1978

续表三

篇、书名	著(译)编者	出处	卷、期	年月日
东坡年谱	王宗稷	台湾商务印书馆		1978
苏轼评传	刘维崇	黎明文化事业公司		1978
平原走马不系之舟（林语堂著 宋碧云译《苏东坡传》）	亮轩	书评书目	72期	1979
刘维崇《苏轼评传》摘误	钟旭	出版与研究	72期	1979
苏东坡	邱新民	惠安公会		1978
谈谈苏轼和有关苏轼的传记	程之行	出版与研究	53期	1979
苏东坡传	林语堂（张振玉）	德华出版社		1979
	（合山究）	講談社学術文庫		1987
		林语堂选集		1988
		上海书店		1989
	（陈英姬）	知识产业社		1990
		海南出版社		1992
		东北师范大学出版社		1994
		林语堂名著全集		1995
		百花文艺出版社		2000
苏东坡生平及其作品述评	游国琛	台湾商务印书馆		1979
宋代文豪苏东坡	黄乐清	建设	1期	1980
人品·创作·风格——从宋词"豪放派"领袖苏轼谈起	朱捷	山西师院学报（社科）	4期	1980
宋代文豪苏东坡	黄清乐	建设	29卷5期	1980
苏轼评传	宋邱龙	中华文化复兴月刊	13卷10期	1980
评介三本苏东坡传（曾普信著《苏轼传》、林语堂著 宋碧云译《苏东坡传》、邱新民撰《苏东坡》）	陈香	书评书目	86期	1980
苏东坡别传	陈香	国家出版社		1980
苏轼		上海古籍出版社		1980
苏东坡年谱	古柏	四川省眉山三苏文管所		1980
青少年的苏轼	刘少泉	四川省眉山三苏文管所		1980
苏东坡评传	方延豪	中华文化复兴月刊	14卷1期	1981
苏东坡年谱（1036-1101）	周宪文	四川文献	179期	1981
说苏轼	吴小如	大学生丛刊	3辑	1981
苏轼	黄益庸	商务印书馆香港分馆		1981

续表四

篇、书名	著(译)编者	出处	卷、期	年月日
苏东坡	颜中其	黑龙江人民出版社		1981
評《蘇東坡》（顏中其著）	大島立子	東洋學報	64卷 1、2號	1983
苏东坡年谱	周宪文	铭传学报	18期	1981
		四川文献	179期	1981
苏轼	王水照	上海古籍出版社		1981
		国文天地杂志社		1993
		万卷楼出版公司		1993
苏轼评传	曾枣庄	四川人民出版社		1981
一世坷，一代奇才	湘君	百花园	8月号	1982
苏东坡外传	杨涛	世界文物出版社		1982
苏轼传记资料	朱传誉	天一出版社		1982
评久佚重见的施宿《东坡先生年谱》	王水照	中华文史论丛	3辑	1983
		唐宋文学论丛		1984
天才詩人蘇東坡傳記	橫田輝俊（谭继山）	集英社		1983
		万盛出版社		1983
蘇東坡	田中克己	研文社		1983
苏东坡新传（上册）	李一冰	联经出版事业公司		1983
苏东坡新传（下册）	李一冰	联经出版事业公司		1985
苏东坡传	林语堂	风云时代出版社		1984
苏轼及其作品	丛鉴 柯大课	吉林人民出版社		1984
苏轼年谱考略	谢巍	四川图书馆学报	3期	1984
略谈林语堂《苏东坡传》的得失	王瑞明 夏露	社会科学研究	1期	1985
蘇詩佚注中の東坡先生年譜と蓬左文庫藏古鈔本について	倉田淳之助	お茶の水女子大学中国文学会報	4号	1985
林语堂与苏东坡——我读《苏东坡传》	丘荣襄	文讯月刊	16期	1985
一代文豪苏东坡	孙耀武	河南人民出版社		1985
苏东坡	陈华昌	中华书局		1985
苏轼评传	黄桂芬	台南师专学报		1986
苏东坡（上）	林语堂（合山究）	講談社		1986

续表五

篇、书名	著(译)编者	出处	卷、期	年月日
苏东坡（下）	林语堂（合山究）	講談社		1987
蘇軾：その人と文学	王水照（山田侑平）	日中出版		1986
天下第一苏东坡	傅申	大成	161期	1987
苏轼传	陈雄勋	中国工商学报	8期	1987
蘇詩の注と年譜について	西野贞治	神田喜一郎博士追悼中国学論集		1987
苏东坡评传——他是谁	林语堂（陈英姬）	知识产业社		1987
苏东坡出山	曹正文	四川文艺出版社		1987
苏东坡家谱发现始末	苏贵庆	盐城师专学报（社科）	2期	1988
一代文宗苏东坡（上）	谢燕鸣	广东文献	19卷1期	1989
一代文宗苏东坡（下）	谢燕鸣	广东文献	19卷2期	1989
关于苏轼生平的若干资料	孔凡礼	文学遗产	6期	1989
北宋文豪苏东坡	戴丽珠	幼狮	441期	1989
苏东坡	陈德来等	智茂出版社		1989
苏轼	王兆彤 郭向群	江苏古籍出版社		1989
苏东坡	刘金水	中国语文	66卷2期	1990
苏东坡	林翠华 叶钰铜	牛顿出版社		1990
苏东坡	林小昭	牛顿出版社		1990
苏轼	张淑琼	地球出版社		1990
东坡传	王建生	中国文化月刊	135期	1991
苏东坡	杨明丽 陈永模	台湾省政府教育厅		1991
苏轼——王国维——现代主义	刘禹轩	齐鲁学刊	2期	1992
苏轼	柳邰	中国和平出版社		1992
苏轼	吕晴飞	地球出版社		1992
宋代科举制度与苏轼青年时代	杨胜宽	乐山师专学报（社科）	3期	1993
苏轼是旷世无双的全能文士	朱靖华	语文学刊	4期	1993
苏轼	王双启	新蕾出版社		1993
苏轼新评	朱靖华	中国文学出版社		1993

续表六

篇、书名	著（译）编者	出处	卷、期	年月日
放逐与回归——苏东坡及其同时代人	洪 亮	百花文艺出版社		1993
苏东坡新传	洪 亮	国际村文库书店		1993
苏东坡：旷达人生	范 军	长江文艺出版社		1993
风流学士苏东坡	丁永淮 熊文祥	武汉大学出版社		1994
		汉欣文化事业		1994
苏轼资料汇编	四川大学中文系唐宋文学研究室	中华书局		1994
文学全能大师：苏轼	王朝佐	云南文艺评论	4期	1995
千古奇才：苏东坡全传	黄笃书	国际村文库书店		1995
苏东坡外传	方志远	国际村文库书店		1995
中华百杰图传·风流学士 苏轼	狄志红等	南方出版社		1995
苏子杂谈	武守志	兰州教育学院学报	2期	1996
苏子杂谈（续）	武守志	兰州教育学院学报	1、2期	1996
苏子杂谈（续）	武守志	兰州教育学院学报	1、2期	1997
苏子杂谈（续）	武守志	兰州教育学院学报	1—4期	1998
苏子杂谈（续）	武守志	兰州教育学院学报	1—4期	1999
苏子杂谈（续）	武守志	兰州教育学院学报	1—4期	2000
苏子杂谈（续）	武守志	兰州教育学院学报	1、2期	2001
宋代五大文豪·苏轼	王水照	上海古籍出版社		1996
苏轼	庄泽义	三联书店		1996
苏轼	王玉霞	秋海棠		1996
苏轼	于红霞	中国国际广播出版社		1996
庐山真面目：苏东坡	柳仲睦	SOL出版社		1996
一位天才的、全能的文化巨人——苏轼	李居取	高市文教	60期	1997
苏轼	毛健华	四川少年儿童出版社		1997
苏东坡	绍 卿	人民文学出版社		1997
苏东坡	林树岭	光田出版社		1998
苏东坡新传	木 斋 邱 黎	京华出版社		1998

续表七

篇、书名	著（译）编者	出处	卷、期	年月日
苏轼	李真瑜 田南池	大连出版社		1998
全能才子苏轼	王双启	红树林出版社		1998
苏东坡三部曲	钟来因编	文汇出版社		1998
苏轼传	颜邦逸 张 晶	吉林文史出版社		1998
苏轼年谱	孔凡礼	中华书局		1998
千古风流人物：苏东坡全传	李庆皋 王桂芝	长春出版社		1998
文坛巨擘：苏东坡	门冀华	昭文社		1998
苏轼	冷成金	大连出版社		1998
苏东坡小传	沉 舟	春秋	3－6期	1998
			1－6期	1999
			1期	2000
苏轼	莫砺锋 童 强	春风文艺出版社		1999
东游寻梦：苏轼传	郑熙亭	东方出版社		1999
苏轼：北宋文学家（1037－1101）	陈 节	海天出版社		1999
苏轼：一个人生与艺术的结构文本	程义伟	辽宁美术出版社		1999
千古文豪：苏东坡	杨雪真	驿站文化		2000
苏轼传：智者在苦难中的超越	王水照 崔 铭	天津人民出版社		2000
苏东坡传	吴高飞	中国人事出版社		2000
苏轼	陈 节	海天出版社		2000
文艺天才苏东坡	杨 涛（郑中洛）	梨花文化出版社		2000
词圣苏轼	李继学 王洪林	四川少年儿童出版社		2000
苏东坡传记故事	马宪臣	辽宁少年儿童出版社		2001
潇洒人生：苏轼与佛禅	李庚扬 李勃洋	河南人民出版社		2001
中国文豪苏东坡	王水照（曹圭百）	月印出版社		2001
蘇軾とその時代	内山精也	文人の眼	创刊号	2002
苏轼的综合论及综合研究苏轼	朱靖华	中国人民大学学报	3期	2002

续表八

篇、书名	著(译)编者	出处	卷、期	年月日
唐宋十大文豪：苏轼		吉林摄影出版社		2002
风流名士：苏东坡	秦汉唐	广达文化出版社		2002
苏轼传	胡明刚	京华出版社		2002
苏轼：文化巨人	若寒	延边人民出版社		2002
千古文豪——苏轼		巴蜀史志	1期	2003
文艺全才苏东坡	周啸天	巴蜀史志	1期	2003
苏轼年谱	刘兆彬	书法研究	2期	2003
苏轼	田姝	光明日报出版社		2003
明末白话短篇小说中的苏东坡	金元东	人文科学论丛（顺天乡大学）	13辑	2004
八方美人苏东坡——苏轼评传	柳仲睦	新书苑		2005
东坡姓秤	绿天翁	小说月报	3卷12号	1913
東坡居士のことども	本田成之	大谷學報		1929
东坡生活	胡怀琛	世界书局		1929
谐谑成性的苏东坡	洪为法	青年界	5卷3期	1934
东坡行实录	张尊五	国专月刊	5卷3、4期	1937
苏东坡的爱用语	林龙淳	文科	5卷1号	1940
苏东坡三杀三宥	孟公	大陆杂志	2卷7期	1951
苏东坡的一条玉带		光明日报		1957.3.31
苏东坡与酒	醉汉	中华日报		1958.4.14
苏东坡的花癖	磊庵	"中央"日报		1959.4.23
苏东坡与丝娘	南宫博	今日世界	174期	1959
东坡生日话东坡	寿苏	畅流	22卷11期	1961
东坡生日	毛一波	"中央"日报		1961.4.25
苏东坡的养生之道	谷琛	新体育	11期	1962
已外浮名又外身	李素	文学世界	33期	1962
苏东坡赤壁地名考	王恢	人生	27卷2期	1963
东坡与朝云	朴人	"中央"日报		1963.2.8
苏东坡与女人	李里	自立晚报		1963.7.13
苏东坡襟怀浩落	李里	自立晚报		1963.7.27
闲话说东坡	林语堂	"中央"日报		1965.5.17

续表九

篇、书名	著(译)编者	出处	卷、期	年月日
苏东坡与小二娘	林语堂	"中央"日报		1965.10.4
		联合报		1965.10.4
林语堂的"苏东坡与小二娘"	徐复观	民主评论	12卷18期	1965
陶潜苏辛与菊	张 健	现代文学	33卷	1967
苏东坡的人生观	费海玑	幼狮	26卷3期	1967
苏轼生辰考	易苏民	实践家政论报	2期	1969
苏东坡之游赤壁	李振华	"中央"日报		1969.6.24,1969.6.25
苏东坡游庐山	李振华	"中央"日报		1969.8.13
堤上花枝尽姓苏	阮毅成	中华诗学	3卷6期	1970
坡公生日记三逢	吴万谷	中华诗学	3卷6期	1970
苏东坡的一生厄运	蒋励材	建设	8期	1972
ある日の東坡	足立豊	書論	2号	1973
苏东坡的性格与人格	陈宗敏	中华文化复兴月刊	6卷4期	1973
苏东坡与红莲	柳 庵	中国文选	76期	1973
苏东坡与西菩提寺	皮大惠	浙江月刊	4期	1974
苏东坡的性格与为人	胡信田	内明	27卷1期	1974
意境超迈的苏东坡	胡信田	狮子吼	13卷11期	1974
闲话东坡	洪惠贞	文艺月刊	68期	1975
漫谈苏轼	江正诚	畅流	51卷12期	1975
幽默大师笔下的苏东坡	易笑侬	畅流	53卷10期	1976
春娘朝云与苏东坡	王藩庭	畅流	54卷6期	1976
苏东坡的多彩多姿生活	陈 香	明道文艺	18期	1977
东坡居士遗事	林 葱	台中商专学报	10期	1978
歌迷苏东坡	林 葱	艺文志	149期	1978
梅花与还魂——苏轼第二次的悲愿	岩城秀夫	中国文学报	30册	1978
苏东坡的"八面受敌"法	汪家熔	读书	3期	1979
苏轼的读书及其"八面受敌"法	徐中立	语文教育通讯	7期	1980
苏东坡尚友陶靖节	吴颐平	辅仁学志（文学院之部）	9卷	1980
影响苏东坡最大的四位女性	陈 香	明道文艺	53期	1980
苏轼号东坡居士自有缘故	劳 章	牡丹江师院学报（哲社）	3期	1981
乐观的苏轼	何承朴	旅游天府	3期	1981

续表一〇

篇、书名	著(译)编者	出处	卷、期	年月日
从苏轼的性格谈来	郭 因	读书	11 期	1980
苏东坡的诗及其为人性格	罗敬之	华学月刊	109 期	1981
苏轼的爱国思想和乐观性格	曹思彬	光明日报		1982.10.5
论苏轼家庭生活与其文学创作的关系	孙兰廷	黄冈师专学报	3 期	1982
		语文学刊	5 期	1982
苏东坡与耶律楚材家族的关系	孟广耀	民族研究	3 期	1982
苏轼与民俗	黎国器	海南大学学报（人社）	1 期	1983
		社会科学辑刊	6 期	1984
浅谈苏轼的"骂"与"谑"	王 路	黄石师院学报（哲社）	3 期	1983
苏东坡的养生思想和气功方法	沈 寿	体育文史	4 期	1983
苏东坡游览石钟山路线图	杨赤宇等	语文学习	6 期	1983
积极乐观才是苏轼的本色	丛 鉴	昭乌达蒙族师专学报（哲社）		1983
苏轼何事号东坡	杜棣芬	羊城晚报		1983.6.29
东坡赤壁游踪考	倪学刚	黄冈师专学报	1 期	1984
执着热爱生活的苏轼	康建常	殷都学刊	1 期	1984
苏轼谈"钱"及其"了然"说	王梦鸥	东方杂志	17 卷 11 期	1984
从东坡诗词看其性情襟抱	鹿忆鹿	明道文艺	104 期	1984
通达自适的苏东坡	黄博靖	反攻月刊	447 期	1985
通潮阁——东坡渡海处	冯仁鸿	文史杂志	1 期	1986
苏轼自号"鏖糟陂里陶靖节"	周正举	四川大学学报（哲社）	2 期	1986
论东坡之母程太夫人	黄振民	教学与研究	8 期	1986
试论苏轼的人生观	王金昌	文史知识	8 期	1987
東坡と鉄斎（1）——鉄斎・中国と行く	村越英明	日本美術工芸	582 号	1987
東坡と鉄斎（2）——赤壁	村越英明	日本美術工芸	583 号	1987
東坡と鉄斎（3）——春宵一刻値千金	村越英明	日本美術工芸	584 号	1987
東坡と鉄斎（4）——飲酒小言	村越英明	日本美術工芸	585 号	1987
東坡と鉄斎（5）——春秋の筆法	村越英明	日本美術工芸	586 号	1987
東坡と鉄斎（6）——胸中の成竹	村越英明	日本美術工芸	587 号	1987
東坡と鉄斎（7）——東坡詩意	村越英明	日本美術工芸	588 号	1987

续表一一

篇、书名	著(译)编者	出处	卷、期	年月日
東坡と鉄斎（8）——行く者は斯くの如きか	村越英明	日本美術工芸	589号	1987
"苏轼与堂妹恋爱"说献疑	钟来因	争鸣	4期	1988
苏轼的"八面受敌"读书法	赵宏成	新闻知识	5期	1988
东坡与朝云	刘昭明	国文天地	4卷6期	1988
苏东坡日享三白		文史知识	7期	1988
沉醉人生与艺术之美——苏轼精神一论	刘朝谦	四川大学学报（哲社）	2期	1989
蘇軾買田考	瀧本正史	研究集録（埼玉県高等学校国語科教育研究会）	129号	1989
论苏轼文化人格的独立性	张惠民	汕头大学学报（人文）	3期	1989
苏轼的人生思考和文化性格	王水照	文学遗产	5期	1989
苏东坡与瑞草桥遗址	鲁树泉	四川文物	2期	1990
苏轼游山赴筠先后谈	周九成	四川师范大学学报（社科）	2期	1990
寻求超越的苦痛灵魂——苏轼	彭宇	齐齐哈尔师范学院学报（哲社）	6期	1990
苏东坡画像浅识	陈行一	四川文物	6期	1990
蘇東坡と赤壁	大地雄武	新しい漢文教育	11号	1990
屈原和苏轼	黄维樑	良友	86期	1991
苏轼与王朝云关系考	刘昭明	编译馆馆刊	21卷2期	1992
"老饕"苏轼		文史知识	2期	1992
苏轼心态探微	刘焕阳	泰安师专学报	3期	1992
论苏轼的人生态度及与儒道释的交融	常为群	南京师大学报（社科）	3期	1992
苏轼与仇池	宁世忠	社科纵横	4期	1992
东坡酒量	黄启方	国文天地	7卷9期	1992
苏东坡一爵一肉	振如	瞭望	12期	1992
蘇東坡《紙・筆・硯》小考	長尾秀則	國學院中國學會報（國學院大學）	38号	1992
浅谈宋初社会文化氛围对苏轼人格的影响	田龙过	汉中师院学报（哲社）	1期	1993
苏轼的人格思想	杨胜宽	乐山师范学院学报	1期	1993
苏轼的气论与养气方法	杨胜宽	四川师范大学学报（社科）	2期	1993
苏轼的人格思想	杨胜宽	乐山师专学报（社科）	3期	1993

续表一二

篇、书名	著(译)编者	出处	卷、期	年月日
苏东坡与赣南客家文化	林晓平	赣南师范学院学报	2期	1993
苏轼的"八面受敌"读书法	浅 文	语文学刊	4期	1993
东坡遗址朝云墓		中国文物报		1993.10.17
浅谈苏轼的世界观	王治业	徐州师范学院学报（哲社）	1期	1994
苏轼的酣适梦幻境界	杨胜宽	乐山师专学报（社科）	1期	1994
苏轼的幽默		文史知识	1期	1994
"东坡"之名从何而来——《白居易与忠州》序	马识途	文史杂志	1期	1994
论苏轼的人格风貌与魅力	张仲谋	扬州师院学报（社科）	2期	1994
苏东坡与桃花茶	陈世佑	农业考古	2期	1994
苏东坡的节用	肖 木	秘书之友	2期	1994
论苏轼旷达人生风格的基本内容	王 兰	齐鲁学刊	3期	1994
佛禅的人生观和苏轼生命历程的审美化	王树海	齐鲁学刊	3期	1994
酒趣·诗心——从苏轼的饮酒看其文化性格	刘扬忠	湖北大学学报（哲社）	3期	1994
论苏东坡的人生幽默及其文化内蕴	刘尊明	湖北大学学报（哲社）	4期	1994
Word, Image and Deed in the Life of Su Shi	Ronald C. Egan	Harvard University Press		1994
Mount Lu Revisited: Buddhism and the Life and Writings of Su Shih	Beata Grant	University of Hawaii Press		1994
苏东坡的人生哲学：旷达人生	范 军	扬智文化出版社		1994
苏轼人格研究	杨胜宽	四川大学出版社		1994
苏东坡的母亲	陶晋生	历史月刊	90期	1995
苏轼是苏武的后代	陈 钧	盐城师专学报（哲社）	1期	1995
苏轼的婚姻与情感生活	杨胜宽	川东学刊	1期	1995
读书法八面受敌		实践	1期	1995
试论苏轼的艺术追求与人格境界的统一	杨胜宽	四川大学学报（哲社）	2期	1995
苏轼的为父之道	孙 民	沈阳教育学院学报	2期	1995
苏轼与宋代酒文化	梁建民	西北大学学报（哲社）	3期	1995
苏轼朱熹文化人格之比较	张 毅	文学遗产	4期	1995
东坡幽默诙谐性格论	庆振轩	兰州大学学报	3期	1995
读苏轼札记	徐中玉	文艺理论研究	3期	1995

续表一三

篇、书名	著(译)编者	出处	卷、期	年月日
苏轼的人生哲学	程林晖	中国文化月刊		1995
王世貞（1526-1590）の蘇軾観——そして、それに伴う思考について	材木谷敦	中国文学研究（早稲田大学、中国文学会）	21号	1995
宋代西厢故事と蘇軾——趙令畤「商調蝶恋花」をめぐって	黄冬柏	中国文学論集（九州大学）	24号	1995
苏东坡养生艺术	钟来因	江苏文艺出版社		1995
浅说苏轼悲剧的个人因素	卢定虎	杭州教育学院学报（社科）	1期	1996
疑君前身"碧玉椽"——论东坡的修竹情缘	赵梅	苏州大学学报（哲社）	1期	1996
苏轼人格的文化内涵与美学特征	邹志勇	山西大学学报（哲社）	1期	1996
以儒治世 以佛治心 以道治身——浅析苏轼复杂矛盾的世界观	杨艳梅	松辽学刊（社科）	1期	1996
苏轼的"闲适之乐"	杨胜宽	四川师范大学学报（哲社）	1期	1996
苏轼缘何号"东坡"	张克	呼兰师专学报	3期	1996
苏东坡的养生之道	彭华	华夏文化	4期	1996
苏轼命名的三个快哉亭及其间的一个微妙问题	萨进德	黄冈师专学报	4期	1996
论苏轼的人生哲学	马银华	工会论坛	5期	1996
深进去和跳出来——从郭沫若登泰山和苏轼登庐山谈起	张九韶	语文月刊	10期	1996
蘇軾における"東坡"の意味	正木佐枝子	中国文学論集（九州大学）	34号	1996
蘇東坡の祈雨と《太平広記》	吉井和夫	西山学報（西山短期大学）	44号	1996
蘇軾と「琴きん」	池澤滋子	日本中国学会報	48号	1996
苏轼悬案揭秘	袁能先 杨隆高	四川大学出版社		1996
苏轼躬耕的苦与乐	杨胜宽	乐山师专学报	1期	1997
苏东坡为什么不再游罗浮山——兼驳有关谬论	梁大和 苗庆庚	惠州大学学报（社科）	1期	1997
苏东坡的容貌特征、冠服习惯及像祠流布（上）（下）	鲍志成	杭州研究	1、2期	1997
东坡与酒	马德富	中国典籍与文化	2期	1997
苏轼：睿智文人的人生感悟与处世态度	杨海明	吴中学刊	2期	1997
情系苏东坡	苏永侦	海南史志	3期	1997

续表一四

篇、书名	著(译)编者	出处	卷、期	年月日
一蓑烟雨任平生——论苏轼的人生哲学与文学创作	马银华	烟台师范学院学报（哲社）	3期	1997
"此心安处是吾乡"——"东坡"名号考	洪 亮	创作评谭	3期	1997
《苕溪渔隐丛话》所记苏轼与茶	赖功欧	农业考古	4期	1997
有话还须好好说——与李国文先生论苏东坡	张耀杰	东方艺术	4期	1997
一蓑烟雨任平生——略谈东坡居士的人生境界	释云峰	岭南文史	4期	1997
苏轼性格特征的文化阐释	王建平	河南社会科学	6期	1997
苏轼西园雅集考辨	杨钟基	中国文化研究所学报	新6期	1997
论苏东坡的人生观	蔡秀玲	台中商专学报	6期	1997
Alchemy and Self-Cultivation in Literary Circles of the Northern Song Dynasty: Su Shi (1037–1101) and his Techniques of Survival	Baldrian-Hussein、Farzeen	Cahiers d'Extrême Asie	Vol. 9	1997
千锅更夏甘瓜羹的苏东坡	陈新雄	国文学报	26期	1997
论苏东坡的人生观	蔡秀玲	台中商专学报	29期	1997
无情流水多情客——论苏东坡的多情	王伟勇	钱穆先生纪念馆馆刊	213期	1997
东坡与朝云	李慕如	思辨集		1997
苏轼的人生态度与人生体味	杨胜宽	文史哲	1期	1998
苏东坡与陶渊明的无弦琴——苏轼与琴之一	池泽滋子	中国典籍与文化	1期	1998
琴与琴枕——苏轼与琴之二	池泽滋子	中国典籍与文化	2期	1998
苏轼与亭	陈福季	贵州文史丛刊	2期	1998
苏轼的生存智慧与生命智慧	邓立勋	船山学刊	2期	1998
落脚红尘——浅析苏轼的学佛之路	莫 文	南京理工大学学报（社科）	2期	1998
自是先生游物外，非关此地独超然——论苏轼超然精神的哲理内涵	杨胜宽	乐山师范学院学报	3期	1998
苏轼乐观精神的由来	任京生	华夏文化	4期	1998
苏东坡的奇石情	杨志达	珠宝科技	4期	1998
苏轼：睿智文人的人生感悟与处世态度	杨海明	宋代文学研究丛刊	4期	1998
苏轼文化"原型"研究	谭玉良	川东学刊	4期	1998
闲话苏东坡	老 丁	文物天地	5期	1998
略论"静空"观对苏轼的影响	任 爽	辽宁大学学报（哲社）	6期	1998

续表一五

篇、书名	著(译)编者	出处	卷、期	年月日
苏轼号"东坡居士"的原因	陈金现	国文天地	14卷7期	1998
蘇軾の"人生思考"と"文化性格"（上）	王水照（大木尚子）	橄榄	7号	1998
蘇軾の"人生思考"と"文化性格"（下）	王水照（矢田博士）	橄榄	8号	1999
千江有水千江月——从苏轼诗中对水的描写透视东坡人格	冉红音	涪陵师范学院学报	1期	1999
苏东坡与曹雪芹的石文化品格	林方直	集宁师专学报	1期	1999
执迷者悟——看东坡情到深处	魏超	河北师范大学学报（哲社）	1期	1999
苏东坡与道家方术	饶学刚	民间文化	2期	1999
试论苏轼文化人格的建构	温斌	阴山学刊	3期	1999
论佛禅对苏轼旷达自适个性形成之影响	魏静	德州师专学报	3期	1999
《红楼梦》与苏东坡的文化因缘	林方直	内蒙古大学学报（人社）	4期	1999
蘇軾の"癡"について——顧愷之の"癡絶"を中心にして	池澤滋子	橄榄	8号	1999
一位儒学实践者的悲喜剧——苏轼的个性与时代精神的冲突与融合	方志远	文史知识	9期	1999
出世态度入世业——对苏轼人生态度的一点思考	张尹炫	齐鲁学刊	3期	2000
苏轼的幽默和生存艺术	谭玉良	达县师范高等专科学校学报	1期	2000
一尊儒术与三教杂糅——试论苏轼斑驳复杂的世界观	汤岳辉	惠州大学学报（社科）	1期	2000
以歌妓为参照的词人身份——兼谈苏轼、柳永的自我选择	方星移	湖北社会科学		2000
审美主体的生成与人生意义的实现：苏轼人生魅力论	陈友康	东方丛刊	2期	2000
苏轼对自然美的情感寄托	李高君	益阳师专学报	2期	2000
苏轼生命意识片论	赵章超 王远明	乐山师范高等专科学校学报	2期	2000
出世态度入世业——对苏轼人生态度的一点思考	张尹炫	齐鲁学刊	3期	2000
浅论苏东坡的人格魅力	赵勇	河南商业高等专科学校学报	3期	2000
活用古代良规 融合现实新机——苏轼对传统的批判继承和现实的拓新精神	汤岳辉	惠州大学学报（社科）	3期	2000
试论苏轼的"平民化"	廖秀勇	德阳教育学院学报	3期	2000

续表一六

篇、书名	著(译)编者	出处	卷、期	年月日
一肚皮不合入时宜——苏轼不遇的性格原因探析	黄小蓉	广西师院学报	4期	2000
再论苏轼学陶"固穷节"的文化内涵——兼谈陶渊明与苏轼理想人格模式	梅大圣	鄂州大学学报	4期	2000
略论苏轼的命运及其文化意义	赵 玲 王渭清	呼兰师专学报	4期	2000
"无思""无待"的人生境界——苏轼处世思想与心路历程	张吉珍	濮阳教育学院学报	4期	2000
苏轼与山西的文字缘	王志超	晋阳学刊	5期	2000
想起苏东坡	徐 康	文学自由谈	5期	2000
苏东坡与鱼	张世镕	中国钓鱼	6期	2000
苏东坡与北海石	吴忠波	收藏	7期	2000
试论苏轼与中国传统文化精神	苏 蔓	四川教育学院学报	9期	2000
坡翁砚趣	求 真	中国矿业报		2000.7.6
与苏轼相遇在秋天	王栋生	江苏教育出版社		2001
苏东坡与民俗文化	何大课	昭乌达蒙族师专学报	1期	2001
苏轼论士君子人格及其履践	张 进 张惠民	唐都学刊	1期	2001
透彻的悲观与深刻的无聊——从苏、辛学陶比较其思想歧异	赵 彦	呼兰师专学报	1期	2001
苏东坡的水情结	干鸣丰	乐山师范学院学报	2期	2001
苏轼与齐文化	朱丹霞	南昌高专学报	2期	2001
苏轼杂谈	武守志	兰州教育学院学报	2期	2001
豁达与执着——苏东坡的生命哲思	张 晨	社会科学辑刊	2期	2001
携飞仙以遨游,抱明月而长终——说东坡	阮蓓妮	凉山大学学报	3期	2001
论苏学——纪念苏轼逝世900周年	曾枣庄	四川大学学报(哲社)	4期	2001
宋人所撰苏轼年谱研究	王友胜	常德师范学院学报(社科)	5期	2001
论苏诗的尚趣	张尹炫	东岳论丛	5期	2001
苏轼的人生智慧	张 进	人文杂志	5期	2001
心灵的故事——析苏轼的个性魅力	吕晓英	浙江师大学报	5期	2001
苏轼超然思想探析	陈冬梅	聊城师范学院学报(哲社)	5期	2001
苏轼的创造及其人格魅力——纪念苏轼逝世900周年	朱靖华	黄冈师范学院学报	6期	2001

续表一七

篇、书名	著(译)编者	出处	卷、期	年月日
简论苏轼的人生美学	何林军	郴州师范高等专科学校学报	6期	2001
我家江水初发源——苏东坡与三峡	孙善齐	中国三峡建设	6期	2001
苏东坡的养生之道	万义文	文史天地	9期	2001
苏轼与女性	李南钟	东亚文化	39辑	2001
蘇東坡と乳母	野村鮎子	研究年報（奈良女子大学文学部）	45号	2001
话说陶渊明和苏东坡	释一如	和裕出版社		2001
苏轼饮食文化述论	康保苓 徐 规	浙江大学学报（人社）	1期	2002
苏东坡与砚	马斗成	中国典籍与文化	1期	2002
蘇軾とは何者——詩・書・畫・食の世界	保苅佳昭	文人の眼	1号	2002
苏轼的"八面受敌"读书法	李 鹏	档案天地	1期	2002
论苏轼的人格魅力	周先慎	北京大学学报（哲社）	2期	2002
陶渊明在宋代的地位及其与苏轼、朱熹之关系	张映梦	内蒙古社会科学	2期	2002
苏轼人生的基质及审美度向	赵冬梅 苗 田	齐鲁学刊	2期	2002
苏轼外任或谪居时期的疏狂心态	张海鸥	中国文化研究	2期	2002
苏轼的养生	刘文刚	宗教学研究	3期	2002
苏轼论创造成功的七要素——《苏轼创造奥秘》之一章	朱靖华	井冈山师范学院学报	3期	2002
苏轼论为学之道	张 进	唐都学刊	3期	2002
真骨傲霜——浅论苏轼的文化性格内核	许外芳 黄清发	中州学刊	4期	2002
苏轼与士大夫趣味	黄建华	上海大学学报（社科）	5期	2002
却后五百年 骑鹤返故乡——论苏轼的道教神仙审美人格理想	雷晓鹏	中国道教	6期	2002
论苏轼复杂矛盾的世界观	杨艳梅 杨 晖	社会科学战线	6期	2002
微苦的旷达——浅析苏轼非隐即隐的精神境界	王晓莉	天中学刊	6期	2002
苏轼过歧亭	刘 宏	湖北档案	7期	2002
试论苏轼的人生态度	杨小燕	山西高等学校社会科学学报	8期	2002
天才苏东坡"八面受敌"读书法	蒋 凡	文史知识	8期	2002

续表一八

篇、书名	著(译)编者	出处	卷、期	年月日
蘇軾の怪石趣味と宋代文人の美意識	周裕锴（佐藤浩一）	橄欖	11号	2002
蘇軾の生母に関する一考察——蘇軾《保母楊氏墓誌銘》と王献之《保母碑志》をあぐって	野村鮎子	橄欖	11号	2002
苏东坡诗词中所反映出的人生态度	林秀岩	论文集（庆南情报专科）	30辑	2002
从东坡词看苏轼的人生思考	王文龙	光明日报		2002.10.9
詩人と造物——蘇軾論考	山本和義	研文出版		2002
苏轼：苦难的智者，不羁的心灵——漫步苏轼的内心世界	高巧苹	西北成人教育学报	1期	2003
泛系相对性：苏轼庐山悟——一种认知模式	李永礼	凉山大学学报	1期	2003
解读完整的苏轼不能只重辞章	祁和晖	西南民族学院学报（哲社）	1期	2003
杞菊·巢菜·菖蒲——谈谈苏轼的"寓意于物"	张崇琛	贵州文史丛刊	1期	2003
苏轼人生观的形成及文化意义	林光华	乐山师范学院学报	2期	2003
苏轼审美人生论	王洪	乐山师范学院学报	2期	2003
苏门六君子眼中的苏轼	马东瑶	四川大学学报（哲社）	2期	2003
一蓑烟雨任平生——论苏轼的人格与文学创作	南补习	青海师范大学学报（哲社）	2期	2003
苏轼：一个文人的宏壮与悲凉	张孝锋	中州今古	3期	2003
苏轼独特的人生艺术及现代阐释	杜霖	徐州师范大学学报（哲社）	3期	2003
苏轼追求神仙长生的心态探析	贾喜鹏	晋东南师范专科学校学报	4期	2003
幽默·情趣·自然人生——苏轼、林语堂之比较	杨生顺	青海师范大学学报（哲社）	4期	2003
论苏轼文化人格的矛盾与统一	张进	唐都学刊	4期	2003
东坡日课	孙垚	学生之友（小学）	4期	2003
冰姿自有仙风	王鹤	巴蜀史志	4期	2003
"八面受敌"读书法——从苏轼的读书秘诀说起	老古	初中生辅导	16期	2003
东坡居士的由来	张建华	文史杂志	6期	2003
苏东坡与成都	潘素梅	四川政协报		2003.10.28
		文史杂志	1期	2004
简论苏轼的文化人格	张惠民	汕头大学学报（人社）	5期	2003
解读苏东坡的人生意蕴	林高峰	福建广播电视大学学报	5期	2003

续表一九

篇、书名	著(译)编者	出处	卷、期	年月日
论苏轼的处世哲学	邓立勋	湖湘论坛	6期	2003
试论苏轼的"师陶情怀"与精神创新	李显根	江汉论坛	8期	2003
从苏东坡的涵养谈情绪控制	言凤鸣	卫生与生活报		2003.3.24
东坡的中秋	康震	文史知识	1期	2004
论苏轼人格境界的庄学渊源	王渭清 杨海明	榆林学院学报	1期	2004
简论苏轼的人生智慧	杨文榜	海南广播电视大学学报	1期	2004
般若中道智慧与苏轼的人格境界	王渭清	贵州文史丛刊	2期	2004
从崇杜到慕陶——论苏轼人生与艺术的演进	杨胜宽	四川大学学报（哲社）	2期	2004
苏轼与杭州诗僧诗文酬唱及其相互影响	范春芽	南昌大学学报（人社）	2期	2004
略论苏轼对青年士子的教诲	方星移	惠州学院学报（社科）	2期	2004
旷达飘逸 物我两忘——论苏轼由儒入道、由道入禅的心路历程	杨建跃	南通纺织职业技术学院学报	2期	2004
论苏轼出世与入世的矛盾情结	杨汉瑜	重庆石油高等专科学校学报	2期	2004
苏轼与竹	赵晓红	云南财贸学院学报（社科）	2期	2004
论苏轼的旷达与宋代文人的理性人生态度	梁银林	西南民族大学学报（人文）	3期	2004
自得与自适——陶潜与苏轼的心态比较	张陈	涪陵师范学院学报	3期	2004
苏轼与牡丹	陈平平	南京小庄学院学报	3期	2004
泛谈苏轼的淑世精神与旷放襟怀	刘乃昌	中国韵文学刊	3期	2004
论苏东坡的归田情节	邵明珍	文艺理论研究	3期	2004
东坡用典指谬	王胜明	新疆大学学报（社科）	3期	2004
苏轼素描	柳菁华	语文教学与研究	3期	2004
苏轼归隐向往新解	曹志平	商丘师范学院学报	4期	2004
论苏轼的"心安"境界及其深层思想结构	曹志平	西北师大学报（社科）	4期	2004
中国传统文化的经典体现——论中国文人苏东坡	原绍峰	中央社会主义学院学报	4期	2004
陶渊明与苏东坡之异同	鲁克兵	玉溪师范学院学报	4期	2004
论苏轼的诗性人格	马银华	山西大学学报（哲社）	4期	2004
达则兼济天下 穷则独善其身——论苏轼的自由人格	马银华	聊城大学学报（社科）	4期	2004

续表二〇

篇、书名	著（译）编者	出处	卷、期	年月日
苏东坡：人生知何似，飞鸿踏雪泥	孙天胜	地图	4 期	2004
"渊明吾所师"与"出处依稀似乐天"——论苏轼对陶渊明和白居易的接受	张再林	贵州文史丛刊	4 期	2004
论苏轼精神	汤克勤 汪平秀	温州大学学报	5 期	2004
苏轼与砚	朱思红 徐蕊	文博	5 期	2004
苏东坡与济渎岩	翔之	文物春秋	5 期	2004
论东坡与朝云的爱情基础——且探东坡的情爱观	张国华	辽宁师专学报（社科）	5 期	2004
从闲适到超旷的跨越——论东坡对乐天的接受与超越	王靖懿	阴山学刊	5 期	2004
此心安处是吾乡——论苏轼随缘自适的人生哲学	马银华	东岳论丛	5 期	2004
旷达通脱的思想，开朗宽广的襟怀——论苏轼的人生风格	张桂梅	黑龙江教育学院学报	6 期	2004
苏轼的悲剧意识及其价值	杜霖	扬州大学学报（人文）	6 期	2004
苏轼人生哲学中的"随"	傅满仓 米文佐	甘肃高师学报	6 期	2004
苏轼的创造	李名隼	咬文嚼字	7 期	2004
东坡的秋	康震	文史知识	10 期	2004
苏轼的赤壁		语文教学与研究	27 期	2004
苏轼的悲剧	潘向彬 邱玉芬	内江师范学院学报	增刊	2004
苏东坡的"内功"	范方兴	光明日报		2004.2.18
苏东坡与酒文化	李为健	大众科技报		2004.8.19
苏轼的审美人生	木斋	中华读书报		2004.9.22
东坡的灵感论	朱靖华	惠州学院学报（社科）	1 期	2005
		乐山师范学院学报	1 期	2005
苏轼的嗜石兴味与宋代文人的审美观念	周裕锴	社会科学研究	1 期	2005
论苏轼与王朝云的爱情	邱雯宇	惠州学院学报（社科）	1 期	2005
简论苏轼寓惠时期的审美人格	殷坤娣	惠州学院学报（社科）	1 期	2005
子在川上曰 逝者如斯夫——论苏轼的时间诠释	贾喜鹏	长治学院学报	1 期	2005

续表二一

篇、书名	著(译)编者	出处	卷、期	年月日
旷达与乐观：透过苏轼词作看其人生态度	赵爱梅	青海社会科学	4期	2005
苏轼研究的一种"范式"——论《朱靖华古典文学论集》的特点及对中国古代作家研究的意义	冷成金 高云鹏	惠州学院学报	4期	2005
苍颜之恋——苏东坡与王朝云情事考	马振凯	山东教育学院学报	4期	2005
苏东坡用过"我们"吗	潭人	咬文嚼字	4期	2005
苏轼人格魅力的现代启示	李鑫	西安文理学院学报（社科）	5期	2005
《和陶形影神》与东坡晚年之心境	黄敬愚	文史知识	5期	2005
最是东坡惊人心	张宗子	书屋	6期	2005
多情却被无情恼——苏轼命运新论	刘丽珈	乐山师范学院学报	7期	2005
味外之味：苏轼的艺术审美追求	王启鹏	乐山师范学院学报	7期	2005
通变与通才——从"水"意象看苏轼的文化品格	杨胜宽	乐山师范学院学报	9期	2005
苏东坡：不可救药的乐天派	岳晓东	北京科技报		2005.12.7
凌虚台——苏轼在凤翔	张东良	绿原	4辑	1981
苏东坡与凤翔东湖——中国古代城市环境学史一例	佟裕哲	城乡建设	3期	1982
苏轼在陕西	上官铁	陕西文史	1期	1995
苏东坡在凤翔的收藏活动	葛祥邻	收藏	4期	1999
千方百计学刑评——苏东坡在凤翔的司法实践	葛祥邻	宝鸡社会科学	1期	2005
徐州旧府署内一位大文豪——苏轼——东坡	钱用和	畅流	6卷5期	1952
苏东坡在徐州	蒋立峰	雨花	12期	1962
苏轼在密州及徐州	江正诚	畅流	53卷4期	1976
苏东坡的"超然台"	臧克家	文物	10期	1978
苏东坡"超然台"题名小记	徐自强 吴梦麟	文物	6期	1979
苏轼在山东	刘乃昌	破与立（哲社）	5期	1978
苏东坡与徐州	吴汝煜	徐州师院学报（哲社）	4期	1979
何时泉中天，复照泉上人——苏轼的昌潍的一段佚事	陈正宽	大众日报		1980.8.31
苏轼在徐州	昌炘	人物	6期	1982
东坡诗文中的徐州风光	刘季洪	艺坛	180期	1983

续表二二

篇、书名	著(译)编者	出处	卷、期	年月日
苏轼与徐州	田秉锷 张俊之	文物天地	4期	1984
苏轼徐州抗洪	余春水 侯月华	水利天地	2期	1993
蘇軾の吏隠——密州知事時代を中心に	湯浅陽子	中国文学報（京都大学）	48号	1994
苏轼密州遗迹考	宋惠国	山东教育学院学报	5期	1995
		临沂师专学报	1期	1996
苏轼在密州	李增坡	齐鲁书社		1995
苏东坡密州治绩	宋惠国	山东教育学院学报	6期	1996
赖有江山慰诗才——苏轼在徐州	朱孝文	彭城职业大学学报	2期	1997
苏轼在徐州事迹编年考证	郑广智 张仲谋	淮海文汇	8期	1997
密州的文化氛围与苏轼知密州时期思想与创作的转变	张崇琛	齐鲁学刊	1期	1999
黄楼登临好风景 千年还忆苏使君——苏东坡在徐州政绩述评	董治祥 郝思瑾	中国矿业大学学报（社科）	1期	2000
读苏轼描写徐州的诗词——优美的徐州田园风情画	刘 金	徐州教育学院学报	2期	2000
苏轼在徐州	杜吉华	江苏地方志	2期	2000
苏轼在徐州	方 健	中国古都研究	17辑	2000
鹤兮归来——苏轼在徐州	董治祥 刘玉芝	中国戏剧出版社		2000
论苏轼的政治品格及知密州的政绩	陈冬梅	潍坊学院学报	1期	2003
从密州到徐州——浅谈苏轼徐州时期的思想与创作	张崇琛	甘肃教育学院学报（社科）	4期	2003
苏轼与山东	刘乃昌	山东文艺出版社		2004
苏东坡的贬谪生活	胡信田	醒狮	7卷6期	1968
苏东坡宦途多险 狱中赋诗	陈应龙	艺文志	120期	1975
苏轼的谪居生活	陈宗敏	书和人	369期	1979
苏轼的谪居生活	朱传誉	天一出版社		1982
苏轼的第一次贬谪时期小考	曹圭百	首善论集（成均馆大学研究生院）	17辑	1992
大江东去：苏轼的一段流放岁月	高文华	剧作家	6期	1993
東坡の犯罪	近藤一成	東方学会創立50周年東方学論集		1997

续表二三

篇、书名	著(译)编者	出处	卷、期	年月日
论苏轼迁谪期间的精神胜利法——兼探封建士大夫的文化心态	周云龙	中国文学研究	1期	2000
苏轼贬逐心态研究	张 进 张惠民	苏州大学学报（哲社）	2期	2001
苏东坡的文字狱	谭 雯	杂志	10卷6期	1943
苏轼与寿介献金塔案	吕正淳	中央日报		1947.2.11，1947.2.12
苏东坡的文字狱	韩名铜	畅流	11卷2期	1955
乌台诗案始末考	彭慰祖	建设	8卷6期	1959
苏轼与言祸	朱传誉	"中央"日报		1966.7.31，1966.8.3
东坡家庭与乌台诗案（上）	胥端甫	中华诗学	3卷6期	1970
东坡家庭与乌台诗案（下）	胥端甫	中华诗学	4卷1期	1970
重勘"乌台诗案"	王 毅	武汉文艺	1期	1975
论眉山诗案	曾枣庄	四川师院学报（社科）	3期	1980
亮节何由令世惊——关于"乌台诗案"的一点看法	王树芳	嘉兴师专学报	1期	1981
能雪冤忠死亦甘——评"乌台诗案"	陶道恕	龙门阵	3辑	1981
苏轼与言祸	朱传誉	天一出版社		1982
"乌台诗案"新勘	陶道恕	文学遗产增刊	14辑	1982
从"乌台诗案"看封建专制主义对宋代诗歌创作的影响	王学泰	文学遗产增刊	16辑	1983
北宋"乌台诗案"起因管见	苏培安	贵州文史丛刊	3期	1985
东坡乌台诗案	朋九万	新文丰出版公司		1985
"乌台诗案"是怎么回事		文史知识	12期	1986
"乌台诗案"约因新探	姚 复	中国政法学院学报	3期	1987
关于"乌台诗案"		瞭望周刊	44期	1987
苏东坡在御史台狱	刘昭明	国文天地	4卷12期	1989
御史台下狱中の蘇軾——精神の動摇と黄州と	石本道明	漢文学会会报（国学院大学）	36号	1990
"乌台诗案"前后的苏轼	杨胜宽	宜宾师专学报	1期	1993
"乌台诗案"与宋代法制	殷啸虎	法治论丛	5期	1993
乌台诗案	郑熙亭	长城	3期	1994
论宋代的三大诗案	曾枣庄	故宫学术季刊	14卷2期	1996

续表二四

篇、书名	著(译)编者	出处	卷、期	年月日
"東坡烏台詩案"流伝考——北宋末－南宋初の士大夫における蘇軾文芸作品蒐集熱をめぐって	內山精也	横浜市立大学論叢人文科学系列	47卷3号	1996
乌台诗案	李国文	随笔	3期	1997
试论"乌台诗案"对苏轼思想及创作的影响	李继华	周口师专学报（社科）	3期	1997
东坡之犯罪——"乌台诗案"有关背景考察	近藤一成	东方学会创立50周年纪念东方学论集		1997
"乌台诗案"起□由《双桧》诗	周正举	阅读与写作	6期	1998
東坡烏台詩案考（上）——北宋後期士大夫社会における文学とメディア	內山精也	橄榄	7号	1998
東坡烏台詩案考（下）——北宋後期士大夫社会における文学とメディア	內山精也	橄榄	12号	2000
乌台诗案——北宋湖州知府苏轼	简究岸	观察与思考	12期	1999
蘇軾の超然台の詩詞——熙寧9年に起こった詩禍事件	保苅佳昭	日本中國學會報	51号	1999
乌台诗案纵横谈	王文龙	盐城师范学院学报（人社）	3期	2000
乌台诗案纵横谈（续）	王文龙	盐城师范学院学报（人社）	1期	2001
遥远的诗案——乌台案中的苏东坡	曹铁娟	昆明师范高等专科学校学报	1期	2001
"乌台诗案"真相探究	曹铁娟	云南文艺评论	1期	2001
苏轼"乌台诗案"述评	何正泰	四川教育学院学报	增刊2	2001
"乌台诗案"是王安石所为——对李国文先生《乌台诗案》一文的质疑	张崇信	许昌师专学报	3期	2002
苏东坡与乌台诗案	施川迎	浙江人大	5期	2002
关于苏轼"乌台诗案"的几种刊本	刘德重	上海大学学报（社科）	6期	2002
从"乌台诗案"看苏氏兄弟的出版活动	周宝荣	河南科技大学学报（社科）	3期	2003
湖州与苏轼"乌台诗案"	沈慧	中国地名	4期	2004
湖州　苏轼心中的"世外桃源"	陈云琴	中国地名	4期	2004
黄州终古属东坡	于清远	中华诗学	3卷6期	1970
东坡与黄州	游国琛	湖北文献	26期	1973

续表二五

篇、书名	著(译)编者	出处	卷、期	年月日
东坡谪居黄州后的心境	蔡英俊	鹅湖	2卷4期	1976
苏轼在黄州	曾枣庄	江汉论坛	1期	1980
一蓑烟雨任平生——苏轼来黄州的前前后后	黄海鹏	黄冈师专学报	1期	1981
苏东坡黄州活动年月表	丁永淮	黄冈师专学报	2期	1982
"一点浩然气，千里快哉风"——词人苏轼在黄州	赵熙文	艺丛	6期	1982
"东坡"、"赤壁"小考	张福勋	语文学刊	5期	1985
东坡底事贬黄州	樱 宁	语文学习	11期	1985
苏轼赤壁作寿 李委乔装索诗	林克仁	乐器	6期	1987
东坡在黄州	刘昭明	国文天地	4卷4期	1988
苏轼谪居黄州后的生活思想与创作	任访秋	文学遗产	3期	1989
苏轼在黄州的日用钱及其他	何忠礼	杭州大学学报（哲社）	4期	1989
东坡日月长——苏轼在黄州	王保珍	故宫文物月刊	8卷1期	1990
苏轼贬谪黄州的生活与心境	黄宽重	故宫文物月刊	8卷1期	1990
苏轼笔下的黄州民俗	程伯安	咸宁师专学报	2期	1991
对传统士大夫人格的超越——论苏轼黄州时期的思想与实践	冷成金	中国人民大学学报	4期	1991
黄州流謫時代の蘇軾——"杜門"から"自新"	石本道明	国学院雜誌	93卷1号	1992
心灵深处的炼狱——苏轼黄州时期的精神境界	张金同	青海民族学院学报	3期	1992
论苏轼黄州时期的心态与创作	梅大圣	汕头大学学报（人文）	1期	1993
蘇軾の中の韓愈——黄州等流謫時代を中心に	瀧本正史	漢文教室	174号	1993
东坡贬居黄州考	饶学刚	黄冈师专学报	2、3期	1994
入仕向出世的转型异说——苏轼黄州作品的出世倾向的思考	叶松林	荆门大学学报（哲社）	3期	1994
"东坡赤壁"名称的由来	李传斌	湖北档案	4期	1994
东坡赤壁	傅中星	山西老年	6期	1994

续表二六

篇、书名	著(译)编者	出处	卷、期	年月日
略论苏轼谪居黄州时期的"功业"——兼论黄州时期的东坡居士形象	梅大圣	黄冈师专学报	1期	1996
改革与人生：苏轼、张耒的共同话题——兼论黄州之贬对二人的影响	杨胜宽	黄冈师范学院学报	1期	1996
苏轼贬居黄州期间词多诗少探因	王兆鹏 徐三桥	湖北大学学报（哲社）	2期	1996
略论黄州时期的苏轼人格	田龙过	唐都学刊	3期	1996
苏轼黄州时期的生活方式及社会意义	梅大圣	江汉论坛	7期	1996
东坡黄州生活创作系年	饶学刚	黄冈师专学报	2期	1997
苏轼贬居黄州心态探微	林斌	社科纵横	3期	1997
论苏轼在黄州的思想及创作	黄杰	宁波大学学报（人科）	4期	1998
从苏轼赤壁泛舟看中国士人的解脱之途	陈晓春	乐山师专学报（社科）	4期	1998
超越与重构——苏轼黄州时期散论	徐蔚	齐齐哈尔大学学报（哲社）	6期	1998
苏东坡在黄州	饶学刚	京华出版社		1999
苏轼在黄州的思想智慧和文艺成就	谭玉良	康定民族师专学报	1期	2000
黄州之贬对苏轼的影响刍议	陈琳	娄底师专学报	2期	2000
一蓑烟雨任平生——试析苏轼贬谪黄州时期的人生态度	程海英	甘肃教育学院学报（社科）	1期	2001
黄州东坡赤壁变化纪略	涂普生	黄冈职业技术学院学报	1期	2001
"借他人之酒杯，浇胸中之块垒"——对有关"苏轼贬黄州"的几本元杂剧的分析与思考	周秀荣 秦剑	黄冈师范学院学报	6期	2001
"进取"和"退隐"的融合——论苏轼黄州时期思想	封保华	新疆财经学院学报	3期	2002
从超越自我到超越士人——论黄州时期苏轼人格的超越	赵伟东	学习与探索	2期	2003
世事饱谙思缩手，主恩未报耻归田——苏轼谪居黄州期间思想的变化	方星移	荆州师范学院学报	3期	2003
苏东坡的心路历程——浅论苏轼在黄州时期的思想与散文创作	施建平	苏州市职业大学学报	3期	2003
黄州时期苏轼的精神创新及其人格魅力	李显根	湖湘论坛	4期	2003
苏东坡的黄州	古清生	风景名胜	9期	2003
苏轼黄州时期作品中的"人生如梦"探析	徐峰	高等函授学报（哲社）	3期	2004

续表二七

篇、书名	著(译)编者	出处	卷、期	年月日
黄州时期苏轼的人生及思想浅论	赵伟东	学术交流	3期	2005
苏轼黄州佛禅"功业"述论	梁银林	西南民族大学学报（人文）	10期	2005
关于苏轼由黄赴汝路线的几个问题	何于健	中学语文教学	9期	1984
东坡扬州和常州题诗案	徐道邻	东方杂志	4卷11期	1970
苏轼与常州	李奇雅	四川文物	1期	1988
苏东坡在常州	王朝庭	文史杂志	3期	1992
前缘：苏轼中年定居常州始末	邵玉健	龙城春秋	4期	1996
苏东坡常州之缘	陈雅娟	苏州铁道师范学院学报（社科）	1期	2001
出处穷达三十年 未尝一日忘吾州——苏轼与常州	苏慎	江苏地方志	2期	2003
试论苏东坡对常州地域文化的影响	刘永刚	常州工学院学报	5期	2004
东坡先生在杭事迹	张其昀	史地杂志	1期	1937
		东南日报		1948.4.8
西湖水利史话——记白乐天苏东坡浚治西湖	索夫	求是	4期	1961
苏东坡与西湖	陈宗敏	中华文化复兴月刊	3卷12期	1970
苏东坡与杭州西湖	沈纯英	浙江月刊	9卷1期	1977
苏东坡与杭州	戴朴庵	浙江月刊	10卷1期	1978
苏东坡在杭州	朱宏达	杭州大学学报（哲社）	2期	1980
苏东坡重开西湖	潘一平	西湖人物		1982
苏轼仕官及其在杭州生活	朱传誉	天一出版社		1982
知杭州蘇軾の救荒策——宋代文人官僚政策攷	近藤一成	宋代の社会と文化		1983
苏东坡在杭州	莫高	浙江人民出版社		1985
苏东坡杭州兴水利	汪宝树	水利天地	3期	1987
苏东坡与淮阴	荀德麟	淮阴师专学报（哲社）	1期	1989
1084：苏东坡在淮阴	方一日	江苏地方志	1期	1994
苏东坡与江苏	苏贵庆	盐城师范学院学报（人文）	3期	1989
试论苏轼二度守杭的心态变化	吴惠娟	北方论丛	6期	1992
杭州西湖苏轼书迹著录若干疑误考辨	陈汉民 洪尚之	浙江学刊	4期	1994
苏轼啖櫾思钱塘	石侣琼	古今谈	3期	1996
苏东坡到余杭	卓介庚	杭州大学出版社		1997

续表二八

篇、书名	著(译)编者	出处	卷、期	年月日
苏东坡在江苏	苏泽民	江苏人民出版社		1997
苏轼与钱塘潮	刘昭明	林炯阳先生六秩寿庆论文集		1999
苏轼在杭州遗迹综述	刘春慧	社科与经济信息	10期	2002
苏轼治杭的民本思想与实践	段昆仑	中共杭州市委党校学报	6期	2004
苏东坡与西湖	朱宏达 朱磊	杭州出版社		2004
苏轼卜居宜兴考	宗典	中华文史论丛	1辑	1979
苏东坡在陶都宜兴	韩其楼	群众论丛	3期	1981
		旅游天地	4期	1982
苏轼宜兴买田事考辨	曲德来	辽宁大学学报（社科）	3期	1995
苏轼在宜兴	朱征骅	江苏历史档案	1期	1995
苏轼与扬州的情缘述略	许卫平	巴蜀史志	5期	2003
苏轼出知定州前后	韩进廉	河北师范学院学报（社科）	4期	1979
苏轼与河北之关系考	吴雪涛	河北学刊	2期	1982
苏轼知定州的业绩与创作	邱俊鹏	天府新论	3期	2001
苏东坡与雪浪石	张玉橙	人民日报海外版		2002.5.16
苏东坡与定州料敌塔	翔之	文物春秋	1期	2003
论苏轼的政治品质及知定州的政绩	王晓薇 王丽娅	河北软件职业技术学院学报	4期	2005
苏东坡与惠州西湖	曹思彬	南方日报		1957.9.30
苏东坡在惠州	曹思彬	南方日报		1962.4.29
苏东坡在惠州	王志恒	畅流	40卷11期	1970
惠阳师专学报·苏轼研究专辑	惠阳师专学报编辑部	惠阳师专学报	增刊	1984
苏东坡贬惠年表	梁大和	惠州大学学报（社科）	1期	1994
苏东坡寓惠生活探幽	王启鹏	惠州大学学报（社科）	2期	1998
苏东坡与惠州汤泉	纪平	风景名胜	6期	1998
不倦·固志·以启山林——王启鹏新著《苏东坡寓惠探幽》序	朱靖华	惠州大学学报（社科）	2期	1999
从苏轼寓惠创作看他晚年的审美趣向	汤岳辉	惠州大学学报（社科）	3期	1999
苏东坡寓惠探幽	王启鹏	太白文艺出版社		1999

续表二九

篇、书名	著(译)编者	出处	卷、期	年月日
天涯已惯逢人日——苏东坡晚年流放中的春节	木斋	中华读书报		2002.2.27
东坡惠州两相成——东坡寓惠文化及其现代利用	汤岳辉	惠州学院学报	4期	2004
对传统士大夫人格的超越——论苏轼寓惠思想	陈思君	惠州学院学报	5期	2004
苏轼在惠、儋时期的创作心态、生活和思想	郁思	文学遗产	1期	1989
蘇東坡與海南島	露伴道人	改造	21卷3号	1939
苏轼居儋之友生	冼玉清	岭南学报	7卷2期	1947
苏轼与南海动物	冼玉清	岭南学报	9卷1期	1948
记南海苏公祠	李书唐	乡土	73期	1960
苏东坡与岭南	黄良	艺林丛录	3期	1962
苏轼在海南岛时期的思想和创作	曹思彬	光明日报		1962.2.4,1962.2.11
苏东坡与海南	林斌	畅流	38卷5期	1968
苏轼在广东	易君左	中华诗学	3卷6期	1970
		广东文献	4卷4期	1974
贬谪南荒的苏东坡	杜若	台肥月刊	13卷12期	1972
苏东坡在儋耳	王彦	广东文献	4卷3期	1974
苏东坡在海南	王东福	广东文献	7卷2期	1977
天容海色一东坡	张垣铎	台工专学报	1期	1979
苏东坡身在蛮荒心存文明	胡信田	畅流	58卷11期	1979
苏东坡在海南	曹思彬	人物	2辑	1980
苏东坡在儋耳	韩国强	随笔	12集	1980
苏东坡罗浮二三事	谢华	广州日报		1980.3.28
苏东坡在海南	朱玉书	海南日报		1980.5.24
苏东坡到过贵县吗	陈业强	广西日报		1980.5.28
苏东坡在儋州	朱玉书	天涯	2期	1981
苏东坡在黎村	林冠群	民族文学	4期	1981
苏轼与海南黎族	管林	中央民族学院学报	4期	1981
醉笑一杯同——苏东坡与海南黎族	弋戈	民族团结	11期	1981
苏轼"迁道由新会"往海南考辨	管林	华南师院学报（哲社）	2期	1981

续表三〇

篇、书名	著(译)编者	出处	卷、期	年月日
苏东坡在海南	广东省儋县文化馆	编者刊		1981
略论苏轼在广西的活动及其创作	毛水清	南宁师院学报（哲社）	1期	1982
"缺舌尚可学，化为黎母民"——苏东坡谪居海南的生活与思想	范会俊	海南师专学报	1期	1982
苏东坡与海南黎族文化	朱玉书	民族文化	1期	1982
苏东坡与海南民族民间音乐	朱玉书	音乐爱好者	1期	1982
苏东坡海角遗踪	黄福林	广西民院学报（社科）	3期	1982
天涯海角怀东坡	胡瑞祥	旅游天府	4期	1982
苏东坡与玲珑山	潘海山	浙江日报		1982.5.16
苏轼在琼州的生活及创作	陈继明	中南民族学院学报（哲社）	3期	1983
苏东坡与海南岛	慕容欣	东方杂志	17卷6期	1983
贬谪岭南的苏轼	陈启汉	广州研究	3期	1984
苏轼在岭南的社会和文学活动	杨应彬	学术研究	6期	1984
东坡亭上怀东坡——苏轼在合浦	鲁原	语文园地	6期	1984
苏轼在广州	周胜皋	东方杂志	17卷10期	1984
苏东坡与广东荔枝	苏信	岭南文史	1期	1985
管窥苏轼与黎舞	吴名辉	黎族民间文学艺术研究		1985
载酒堂考	朱玉书	岭南文史	2期	1986
苏轼谪居海南事迹系年	韩敏	海南大学学报（人文）	4期	1986
海南岛上"三公祠"和"五公祠"	杨群	新闻天地	42年24号	1986
苏东坡在广州台浦	周胜皋	书和人	554期	1986
东坡在海南——为苏轼诞辰九百五十年而作	庄申	明报月刊	22卷5期	1987
苏东坡在海南岛	庄申	历史月刊	3期	1988
苏东坡的官衔——庄申《苏东坡在海南岛》读后	宋定	历史月刊	4期	1988
"华夷两尊合，醉笑一欢同"——苏轼的民族观管窥	刘经渝	广西民族研究	3期	1988
论苏轼岭海时期的思想与创作	张海滨	宁夏大学学报（人文）	1期	1989
试谈苏轼居儋的情绪	杨棣	济宁师专学报	11期	1989
《苏东坡在海南岛》考辨	林冠群	海南师院学报	2期	1990
苏轼谪儋时期的心态与文风	陈祖美	江海学刊	6期	1991

续表三一

篇、书名	著(译)编者	出处	卷、期	年月日
道人轻打五更钟——为什么把东坡打上了海南岛	陈新雄	"中央"日报		1991.4.22
苏轼谪居海南生涯探讨	韩介光	文景出版社		1991
纪念苏轼贬儋八百九十周年学术讨论集	苏轼研究学会、儋县人民政府	四川大学出版社		1991
超越困境：苏轼在海南	蒲友俊	四川师范大学学报（社科）	2期	1992
苏轼岭海时期的思想与实践	冷成金	中国人民大学学报	2期	1993
苏东坡与赣南客家文化	林晓平	赣南师范学院学报（社科）	2期	1993
苏轼岭南谪居时之心态蠡讨——兼论唐宋名家处于逆境时之心态与风格	韩介光	丘海季刊	35期	1993
苏轼岭南谪居时之心态探讨（续）	韩介光	丘海季刊	36期	1993
苏东坡在海南岛	朱玉书	广东人民出版社		1993
载酒堂续考	雷学军	海南师院学报	1期	1995
苏轼儋州时期悲剧情感论	梅大圣	黄冈师专学报	2期	1995
寄我无穷境——苏轼贬儋期间的生命体验	唐玲玲	海南史志	3期	1995
		文学遗产	4期	1996
苏轼与东坡书院	林壮标 林开鸿	海南史志	1期	1996
苏轼贬儋时期的理想追求与自我排遣	邱俊鹏	天府新论	5期	1996
佛之梦魇与禅之忧伤——岭南时期苏轼的禅佛情结	覃召文	文史知识	6期	1996
天地精神境界——评苏轼岭海时期的人生反思	朱靖华	新东方	6期	1996
苏东坡与黎族酗酒文化	林开耀	民族团结	6期	1996
寻访东坡踪迹	韩国强	南海出版公司		1996
苏东坡为什么不再游罗浮山——兼驳有关谬论	梁大和 苗庆庚	惠州大学学报	1期	1997
苏东坡的最终流放	李国文	文学自由谈	1期	1997
东坡贬儋	张波	中国石化	9期	1999
宋朝苏东坡与李朝金秋史比较研究——以苏东坡海南岛与金秋史济州岛流配文学为中心	曹圭白	新宋学	1辑	2001
载酒堂考	雷学军	海南师范学院学报（人社）	2期	2001
论苏轼岭海时期学陶情结	梅大圣	韩山师范学院学报	2期	2003

续表三二

篇、书名	著（译）编者	出处	卷、期	年月日
也说苏东坡与罗浮山	梁大和	惠州大学学报（社科）	3期	2001
从苏轼在海南的诗文究其晚年的人生观	陈丽	琼州大学学报	3期	2001
戚戚怨嗟与安土忘怀——韩愈苏轼岭表处穷及其人格意识比较谈	杨子怡	周口师范高等专科学校学报	3期	2001
海南島・广东省の蘇東坡遺跡	高畑常信	香山大学国文研究	28号	2003
苏轼贬琼期间的文论成就	李景新	海南大学学报（人社）	1期	2004
他年谁作舆地志，海南万里真吾乡——苏轼贬居海南的生活和功业	巩善鑫	中州大学学报	3期	2004
论苏轼贬谪岭南时期的文化意义	周奎生	郑州航空工业管理学院学报（社科）	5期	2004
苏东坡与海南黎族	梁银林	民族文学研究	2期	2005
东坡谪琼时期的华夷之辨	林冠群	海南日报		2005.7.24
苏轼流放海南北归病逝与昭雪	谭玉良	康定民族师专学报	3期	2000
苏东坡之死	严魏	光华医药杂志	8期	1936
读苏东坡墓志铭及宋史苏轼传札记	林政华	书目季刊	96卷2期	1971
苏轼、苏辙乐葬河南小峨眉	李绍连	今昔谈	1期	1981
苏轼为何葬在郏城小峨眉山	刘英照	中州今古	3期	1984
苏东坡何时到过小峨眉——兼与李绍连同志商榷	姚海拴	今昔谈	2期	1982
青山玉瘗眠三苏——苏东坡葬于郏县之谜	罗世军	中州统战	4期	1994
Su Shih's Orthodox Burials: Interconnected Double Chamber Tombs in Sichuan	Helga Stahl	Burial in Song China		1994
苏轼为何葬于汝州	胡铁军	苏州教育学院学报	3期	1999
苏东坡与郏县	王星聚等	郏县文史资料	第7辑	1999
苏轼葬郏县上瑞里原因臆探	饶学刚	黄冈师范学院学报	1期	2004
谈王安石与苏轼的友情	洪为法	申报		1946.9.28
宋代の蘇東坡と陳方山子——尾張帰化人陳元贇外伝	小松原涛	東洋文化	8号	1962
苏东坡的出仕与王安石的纠缠	陈啸天	青年文友		1962
蘇東坡と白香山	堤留吉	東洋文学研究	12号	1964
			13号	1965
从欧、苏、王关系谈史乘谬误	姚秀彦	"中央"日报		1966.8.20, 1966.8.21

续表三三

篇、书名	著(译)编者	出处	卷、期	年月日
杭州通判在任中の蘇軾の交友について	西野貞治	人文研究	21卷4号	1970
纪东坡先生与吴复古	陈赡园	中华诗学	3卷6期	1970
范滂与苏轼	李声庭	民主潮	20卷9期	1970
范滂与苏轼	陶希圣	"中央"日报		1970.3.29
为苏轼鸣不平	陈又钧	湘潭大学学报（哲社）	1、2期	1979
终古相伴海与山——苏东坡与王安石的人和文	高大鹏	书评书目	75期	1979
苏轼在润州的交游与创作		教学与进修	2期	1981
苏轼同王安石的交往	刘乃昌	东北师大学报（哲社）	3期	1981
苏轼与欧阳修	刘乃昌	苏轼文学论集		1982
苏轼交游及其受陶潜影响	朱传誉	天一出版社		1982
黄州菊花并不落瓣——兼为苏东坡辩冤	黄祯翔	天津日报		1983.1.4
苏轼徐州交游考略	萧立岩	徐州师范学院学报（哲社）	1期	1984
张先与苏轼	张海滨	宁夏大学学报（社科）	1期	1984
苏东坡与姜唐佐	韩敏	海南大学学报（社科）	2期	1984
苏东坡与黎族士人黎子云	韩敏	海南大学学报（社科）	4期	1984
苏轼与毛滂	曾枣庄	文学评论	3期	1985
"从公已觉十年迟"笺析	张海滨	宁夏大学学报（社科）	4期	1986
苏轼与道潜	陈香	东方杂志	19卷9期	1986
司马光与苏轼	颜仲其	东北师大学报（哲社）	5期	1987
苏颂与苏轼	颜仲其	东北师大学报（哲社）	4期	1988
"孙觉、苏轼、王巩、秦观同登文游台饮酒论文"考	杨国兴	扬州师院学报（社科）	4期	1988
苏轼在杭州的方外之交	黄云生 项如冰	浙江师范大学学报（社科）	4期	1989
苏轼与王安石的取士论争	周全	人事月刊	10卷4期	1990
试谈苏轼与王安石的关系	阎笑非	齐齐哈尔师范学院学报（哲社）	6期	1990
巴山鹭水情相系 闽蜀英杰载青史——话说苏轼与苏颂	刘青泉	文史杂志	6期	1990
苏轼与道潜的交游探微	于翠玲	文学遗产	2期	1992

续表三四

篇、书名	著(译)编者	出处	卷、期	年月日
张方平与苏轼的契心之交	杨胜宽	中国文学研究	4期	1992
孔平仲与苏轼交谊考	聂言之	齐鲁学刊	4期	1993
成尋めぐる宋人成尋と蘇東坡（参天台五台山記劄記-2-1)	藤善真澄	関西大学東西学術研究所紀要	26号	1993
苏轼与杭僧参寥交游考述	李越深	浙江大学学报（社科）	1期	1994
苏轼与王闰之关系考	刘昭明	编译馆馆刊	24卷1期	1995
苏轼与参寥子交游考	苏淑芬	编译馆馆刊	24卷1期	1995
"与君到处合相亲"——与可、东坡的十载修竹情	赵 梅	西南师范大学学报（社科）	3期	1995
苏东坡与袁子才	风 雨	书屋	1期	1996
苏轼与张耒——兼论张耒的文艺理论与创作实践	杨胜宽	天府新论	6期	1996
苏东坡与陈季常友谊探索	杨宗莹	师大国文学报	25期	1996
司马光与苏东坡	顾全芳	历史月刊	96期	1996
苏轼与佛教人物的交往	彭印川 刘庆刚	华夏文化	2期	1998
姚补之与苏轼	罗凤珠	宋代文学研究丛刊	4期	1998
苏轼与章子厚交恶考	张荣基	人文科学研究（西京大学）	5辑	1998
苏轼与王安石	王琳祥	历史月刊	130期	1998
苏轼与潮州高士吴子野	庄义青	韩山师范学院学报	3期	1999
苏东坡与王安石	孟 瑶	天卫文化出版社		1999
苏轼与吴复古之交往	陈泽泓	广东史志	4期	2000
苏轼与皖籍文人的交游	韩酉山	江淮论坛	5期	2000
关于苏东坡与高俅——无意于考据的考据	杨建文	水浒争鸣	6辑	2000
苏轼与毕仲游交谊考述	杨胜宽	乐山师范学院学报	1期	2001
王安石与苏轼关系新论——兼论宋学流变中新学与蜀学之争	刘成国	抚州师专学报	2期	2001
苏轼书简中所论"晁君骚辞"之"晁君"考辨	周小兵	古籍整理研究学刊	2期	2001
李昭玘与苏轼交游考述	杨胜宽	乐山师范学院学报	5期	2001
王安石与苏东坡在南京	尹最良	江苏政协	11期	2001
苏轼交游传	吴雪涛等	河北教育出版社		2001

续表三五

篇、书名	著(译)编者	出处	卷、期	年月日
君子知人 相勉于道——论苏轼与李廌的二十年师友情	杨胜宽	黄冈师范学院学报	1期	2002
苏轼当涂行踪交游考	赵子文	安徽工业大学学报（社科）	2期	2002
苏颂与苏轼交谊考述	管成学 王兴文	清华大学学报（哲社）	2期	2002
苏轼与米芾交往述评	杨胜宽	乐山师范学院学报	5期	2002
大师之隙——苏轼与王安石恩怨录	戴庆华	书屋	12期	2002
苏轼与庞安时	李官火	浙江中医杂志	9期	2003
陈师道与苏轼交谊考论	杨胜宽	乐山师范学院学报	3期	2004
苏轼与大慈寺宝月大师惟简	冯修齐	文史杂志	4期	2004
苏东坡之友"文伦叙"	王佳伟	咬文嚼字	7期	2004
赵令田寺与苏轼交往述评	杨胜宽	宜宾学院学报	1期	2005
晁氏文人与苏轼交游考	李朝军	聊城大学学报（社科）	2期	2005
略论苏轼与尹善道	金艺铃	中央民族大学学报（哲社）	2期	2005
苏轼与道潜交谊述论	杨胜宽	乐山师范学院学报	3期	2005
论苏轼——宋代词人论丛稿之一	之盘	红豆	1卷1期	1933
苏子瞻之社会政策	张尊五	国专月刊	2卷1期	1936
苏东坡的错误和取巧	王振于	逸经	26期	1937
苏轼试论	王季思	文学研究	4期	1957
对王季思先生的"苏轼试论"的几点意见	黄昌前	文学研究	4期	1958
关于"苏轼试论"的几个问题	王季思	文学研究	4期	1958
全面地历史地评价苏轼——对"苏轼试论"与"几点意见"的意见	艾治平	理论与实践	6期	1958
不要美化苏轼	何明	光明日报		1958.7.6
驳右派分子程千帆的所谓苏轼的反抗精神	乔象钟	光明日报		1958.10.26
略谈关于苏轼的评价问题	曹冷泉	陕西日报		1959.7.24
关于苏轼的政治态度问题的讨论	聪	光明日报		1961.7.23
与费友仁先生谈苏东坡	洪鹍	大学生活	7卷24期	1962
湖北讨论苏轼反对王安石变法等问题	苏中	人民日报		1962.4.24
为苏轼辩一语	陈肃	文艺报	1期	1963
蘇軾の文人活動とその要因	合山究	九州中国学会报	14卷	1968

续表三六

篇、书名	著(译)编者	出处	卷、期	年月日
苏东坡感恩知遇哭神宗法	陈应龙	艺文志	49期	1969
蘇軾と元祐党争渦中の人々	西野貞治	人文研究（大阪大学）	23卷3分册	1972
揭穿苏轼尊儒反法的两面派嘴脸	席韦	南京大学学报（哲社）	4期	1974
"三绝碑"——苏轼之流尊儒反法的一个见证	明煌 笃清	湖南日报		1974.9.6
批判苏轼之流攻击秦始皇统一文字的谬论	鲁谷瑶	光明日报		1974.9.10
反对革新的吹鼓手——苏轼	丁红章	四川文艺	2月号	1975
北宋尊儒反法的反动政客苏轼	丁一文	湖北文艺	2期	1975
詩人の"狂"について——蘇軾の場合	横山伊勢雄育大学	漢文学会会報（東京教育大学）	34号	1975
复辟派的"誓言"靠不住——从苏轼谈起	黄刚	湖北日报		1976.2.3
凤夜求治的苏东坡	费海玑	醒狮	14卷2期	1976
苏东坡的政治成就	陈克环	中央月刊	10卷2期	1977
试论苏轼的政治态度和文学成就	马积高	湖南师院学报（哲社）	3期	1978
苏轼的政治态度及有关作品	顾易生	文艺论丛	5辑	1978
试谈有关苏轼评价的几个问题	刘乃昌	开封师院学报（社科）	2期	1979
论苏轼政治主张的一致性	曾枣庄	文学评论丛刊	3辑	1979
略论苏轼的政治道路	杨运泰	学习与探索	3期	1979
论苏轼的政治革新主张	曾枣庄	社会科学研究	2期	1980
苏轼的悲剧	颜中其	东北师大社会科学丛书（中国古代历史人物论集）	3辑	1980
苏轼研究专集	四川大学学报编辑部、四川大学中文系唐宋文学研究室	四川人民出版社		1980
林语堂与苏东坡	蔡炳焜	照明出版社		1980
论苏轼的政治态度	王伯英	学习与探索	2期	1981
略谈对苏轼的评价——与李玮同志商榷	吴深	语文学习	2期	1981

续表三七

篇、书名	著(译)编者	出处	卷、期	年月日
苏轼与王安石、司马光的异同——兼论当前评价苏轼的几个问题	朱靖华	青海社会科学	2期	1981
《水浒传》与苏东坡	颜其中	南充师院学报（哲社）	2期	1981
从苏轼的散文和诗看他的政治态度	苏者聪	湘潭大学学报（社科）	4期	1981
巨笔屠龙手——论苏轼的政治主张	石声淮 唐玲玲	华中师院学报（哲社）	1期	1982
苏轼研究二题	曹慕樊	西南师范学院学报（社科）	3期	1982
苏轼的政治态度剖析	陈启汉	学术论坛	3期	1982
论苏轼——纪念苏轼逝世850年	杨 刚	福建师大学报（哲社）	3期	1982
苏轼研究	朱传誉	天一出版社		1982
文学家苏轼论执法	季 文	并州文化	2期	1983
苏轼新论	朱靖华	齐鲁书社		1983
读《苏轼新论》	陈迩冬	读书	6期	1983
试论苏轼的改革思想	虞 师	襄阳师专学报	1期	1984
苏轼与王安石变法	夏 露	华中师院学报（哲社）	2期	1984
旧法党官僚蘇軾	毛塚康明	口沫集（学习院大学）	4号	1984
论苏轼"悲歌为黎元"的精神——苏轼研究之三	夏 露 王瑞明	华中师范学院研究生学报	5期	1984
如何评价苏轼	王季思	学术研究	6期	1984
苏轼反对青苗法的历史背景	苏宏潮	温州师专学报（社科）	1期	1985
论苏轼的嘉祐《进策》	陈启汉	中国史研究	2期	1985
刘禹锡与苏轼	卞孝萱	中国古典文学论丛	3辑	1985
苏东坡提倡节俭		文史知识	4期	1986
"爱民""自劾"话东坡	郭君穆	文史杂志	1期	1986
苏东坡与水利建设		中国水利	3期	1986
苏轼的高丽观	申採湜	中国学报	27辑	1986
苏轼研究论文集 第三辑：东坡研究论丛	苏轼研究学会	四川文艺出版社		1986
苏轼与古籍整理	肖鲁阳	图书馆	5期	1987
忧国爱民以天下为己任的苏轼	王振泰	鞍山师范学院学报	1期	1988
苏东坡论	顾全芳	晋阳学刊	3期	1988
海外研究苏轼简介	唐凯林	黄冈师专学报	4期	1988

续表三八

篇、书名	著(译)编者	出处	卷、期	年月日
东坡新论	王国炎	江西人民出版社		1988
试论苏东坡的意隐	黄建华	上海大学学报（社科）	2期	1990
试论苏轼贬谪时期的思想与创作	张晶	中州学刊	6期	1990
苏轼研究文论选集	凤翔县第三次苏轼学术讨论会	编者刊		1990
東坡应举考	近藤一成	史观（早稻田大学）	125册	1991
宋代文化的代表人物苏轼——美国汉学界近年来研究简介	唐凯琳	国际宋代文化研讨会论文集		1991
论苏轼	李洋	海南大学学报（社科）	4期	1992
苏轼高丽观之探讨	陈飞龙	政治大学学报	64期	1992
佛道思想与苏轼仕途生涯	杨胜宽	西南民族学院学报（哲社）	4期	1993
苏轼新评	朱靖华	中国文学出版社		1993
体会作者 体会作品 体会形象——关于朱靖华著《苏轼新评》的两封信	靳极苍	语文学刊	1期	1995
苏轼与神哲二宗的关系	杨胜宽	达县师专学报（社科）	1期	1994
苏轼与京东农民起义	萧立岩	中国史研究	1期	1994
"以意逆志"论苏轼	陈祖美	文史哲	3期	1994
道德人格与艺术生命的契合点——试论苏轼之气的表现特征	杨胜宽	社会科学研究	3期	1994
苏轼与司马光的役法之争	杨胜宽	三峡学刊	4期	1994
苏东坡对秘书的批评	周照明	秘书	8期	1994
苏轼论稿	王水照	万卷楼图书有限公司		1994
苏轼考论稿	吴雪涛	内蒙古教育出版社		1994
苏轼"禁书外流"奏札与东北亚文化交流	王水照	东方文化	1期	1995
苏轼奉使高丽一事考略	吴熊和	杭州大学学报（哲社）	1期	1995
苏轼与白居易比较研究	蔡正发	思茅师专学报	1期	1995
苏东坡植树佚事	许治钰	中国林业	4期	1995
蘇軾試論——小川訳への疑問	長谷川光昭	広島女子大学文学部紀要	30号	1995
简论作为政治家的苏轼	张海俐	青海师范大学学报（哲社）	3期	1995
苏轼的人生哲学	程林辉	中国文化月刊	192期	1995
天真烂漫是吾师——苏东坡的悲剧精神	程武	黄梅戏艺术	1期	1996

续表三九

篇、书名	著(译)编者	出处	卷、期	年月日
全国第八次苏轼研讨会论文集	儋州市政府、苏轼学会	四川大学出版社		1996
苏轼论"营度"	张德文	职大学报	3 期	1997
苏东坡阻遏王安石变法的心理学考察	陈国生	吉首大学学报（社科）	3 期	1997
论苏轼是个改革派	刘敦纲	吉首大学学报（社科）	3 期	1997
苏轼论	朱靖华	京华出版社		1997
人生交响曲中的双重旋律——论苏轼仁政爱民的政治思想和随缘放旷的人生态度	文师华	南昌大学学报（社科）	2 期	1998
苏东坡治理环境二三事	杨慎德	环境	8 期	1998
苏东坡论	邓立勋	中南工业大学出版社		1998
苏东坡研究	木 斋	广西师范大学出版社		1998
苏东坡科考透题给门生	黄文章	语文世界	2 期	1999
苏轼研究的回顾	曾枣庄	中华文化论坛	3 期	1999
走近"苏海"——苏轼研究的几点反思	王水照	文学评论	3 期	1999
论苏轼的高丽观	王水照	文史	46 辑	1999
苏轼研究	王水照	河北教育出版社		1999
中国第十届苏轼研讨会论文集	中共诸城市委员会等	齐鲁书社		1999
如何看待苏东坡在高丽国问题上的外交观点	张玄平	鞍山师范学院学报	1 期	2000
谢景温诬奏苏轼"贩私"的原因探析	周 亮	中州学刊	6 期	2000
苏东坡研究	刘丽雅	人文科学研究论丛（明知大学）	21 辑	2000
苏东坡巧拒谋官者	刘 严	法制日报		2000.10.6
文人官僚蘇軾の対高麗政策	近藤一成	史滴	23 号	2001
日本江户时代的蘇軾研究	池泽滋子	人文研纪要（中央大学人文科学研究所）	42 号	2001
赤壁漫游与西园雅集——苏轼研究论集	衣若芬	线装书局		2001
苏轼研究史	曾枣庄等	江苏教育出版社		2001
《苏轼研究史》序	王水照	中华文化论坛	1 期	2002

续表四〇

篇、书名	著(译)编者	出处	卷、期	年月日
基本人生取向与人格理想——论苏轼与黄庭坚的内在契合	崔　铭	南京师大学报（社科）	1 期	2002
苏轼在王安石变法运动中的阶段性表现	万斌生	江西社会科学	2 期	2002
苏轼的综合论及综合研究苏轼	朱靖华	中国人民大学学报	3 期	2002
试论唐庚对苏轼的态度和评价	吴定球	惠州学院学报（社科）	4 期	2002
试论苏轼认同陶渊明却终未归隐之原因	朱秋德	石河子大学学报（哲社）	4 期	2002
苏轼与高丽	柳种睦	中国文学	38 辑	2002
苏东坡与九龙文化	郑林森	2002 中国未来与发展研究报告		2002
苏轼与北宋选举	赵维平	河南广播电视大学学报	1 期	2003
北宋党争与苏轼的陶渊明情结	丁　晓 沈松勤	浙江大学学报（人社）	2 期	2003
论元曲家笔下的苏轼形象	赵义山 田欣欣	中国文学研究	2 期	2003
论苏轼对屈原精神的承继与新变	邓莹辉	西南民族大学学报（人社）	3 期	2003
论苏轼与"新旧党争"	蔡静波	雁北师范学院学报	4 期	2003
苏轼乃为国士论	付嘉豪 袁法周	新乡师范高等专科学校学报	6 期	2003
苏轼在王安石变法运动中的阶段性表现	万斌生	江西省抚州市社科联论文集（2002-2003）政治类		2003
苏轼熙宁科制变革时的议论	李　山	山西师大学报（哲社）	2 期	2004
苏轼在变法运动中	汤岳辉	惠州学院学报（社科）	2 期	2004
苏轼何曾任"大学士"	凌　乙	咬文嚼字	4 期	2004
中国传统文化的经典体现——论中国文人苏东坡	原绍锋	中央社会主义学院学报	4 期	2004
茶山丁若镛的苏东坡论	金相洪	南冥学研究（庆尚大学）	18 辑	2004
中国苏轼研究第一辑	中国人民大学中文系	学苑出版社		2004
苏东坡在国外	饶学刚	黄冈师范学院学报	2 期	2005
苏轼与宋代市政	崔　铭	西南民族大学学报（人社）	10 期	2005
苏轼济世救民的精神	杨艳梅	吉林日报		2005.6.4
苏轼研究 1—3 期	全国苏轼研究学会、三苏祠博物馆	编者刊		2005

续表四一

篇、书名	著(译)编者	出处	卷、期	年月日
中国苏轼研究第二辑	中国人民大学中文系	学苑出版社		2005
东坡孙白鹤翁墓考	高 文	四川文物	1 期	2002

（二十五）苏辙

篇、书名	著(译)编者	出处	卷、期	年月日
苏辙的生平及作品	陈宗敏	书和人	8 期	1977
最早诬蔑王安石弃地的不是邵伯温而是苏辙	李之勤	西北大学学报（社科）	3 期	1980
苏辙在齐州	张传实	山东师大学报（哲社）	4 期	1982
苏辙在筠州	刘洪元	历史知识	1 期	1983
苏辙年谱	曾枣庄	四川大学学报丛刊	21 辑	1983
		陕西人民出版社		1986
苏辙	金国永	中华书局		1990
苏辙役法主张述评	李俊清	晋阳学刊	2 期	1988
苏辙	吕晴飞	锦绣出版社		1992
"两宰相"之一的苏辙	高秀芳	文史知识	7 期	1995
苏辙评传	曾枣庄	五南图书出版公司		1995
苏辙之仕宦及其政绩	吴武雄	兴大中文学报	9 期	1996
苏辙传	蒋立文	吉林文史出版社		1998
苏辙离开变法阵营的原因	吴 琳	社会科学研究	3 期	1999
苏辙的齐鲁情结	刘乃昌	东岳论丛	5 期	2001
苏辙年谱	孔凡礼	学苑出版社		2001
苏辙研究综述	李冬梅	许昌师专学报	3 期	2002
评苏辙对熙丰变法的态度	陈安丽	江西社会科学	5 期	2003
苏辙在济南	王 慧	文史杂志	6 期	2003
苏辙黄庭坚交往关系论	陈英杰	宋代文学研究丛刊	9 期	2003
苏辙两谪筠州的心态与文风	廖文华 陈小芒	江西社会科学	10 期	2005

（二十六）苏小妹

篇、书名	著(译)编者	出处	卷、期	年月日
苏小妹	光 宇	中央日报		1946.7.21
苏小妹无其人考	林语堂	"中央"日报		1952.3.26
		中华日报		1966.8.15
		联合报		1966.8.15
苏小妹的丈夫是谁	王殿弟	光明日报		1962.8.4
关于苏小妹	颜中其	光明日报		1962.10.13
关于苏小妹	庄 练	"中央"日报		1969.1.29
		从林语堂头发说起		1969
答庄练关于苏小妹	林语堂	"中央"日报		1969.2.5
苏小妹之嫁的疑案	王志恒	畅流	40卷9期	1969
关于苏小妹的传说	刘少泉	旅游天府	3期	1981
苏小妹是苏东坡之姊而非妹	韩振峰	社会科学辑刊	3期	1983
秦少游与苏小妹关系考辨	季 续	宁波师院学报（社科）	2期	1984
苏小妹考略	黄震云	汕头大学学报（人文）	4期	1986
关于"苏小妹"的民间形象探讨	郑伯成	黄冈师专学报	1期	1987
苏小妹其人	郭文卿	中国物资再生	6期	1995
苏小妹疑案新的探索	王志恒	中正学刊	22期	1998
苏小妹的真伪	于景祥	社会科学辑刊	6期	1999
秦少游无缘苏小妹 破铜镜日后能重圆	丁 定	武汉文史资料	11期	2003

（二十七）唐庚

篇、书名	著(译)编者	出处	卷、期	年月日
唐庚	周子瑜	天府新论	4期	1986
唐庚年谱（寓惠部分）	吴定球	惠州大学学报	2期	2001
试论唐庚对苏轼的态度和评价	吴定球	惠州学院学报（社科）	4期	2002

（二十八）宇文虚中

篇、书名	著（译）编者	出处	卷、期	年月日
宇文虚中年谱	毛汶	国学论衡	2期	1933
			3期	1934
南宋时陷金的几个民族诗人	苏雪林	文艺月刊	5卷1期	1934
天会十三年宇文虚中始受金人官爵辨	毛汶	国学论衡	3期	1934
南宋陷金的民族诗人	愚公	宇宙风（乙刊）	54期	1941
爱国诗人宇文虚中	雷履平	四川文学	12月号	1961
徽宗下の宇文虚中	小栗英一	人文論集（静岡大学）	26号	1975
靖康の変前夜における宇文虚中	小栗英一	人文論集（静岡大学）	27号	1976
宇文虚中之死	罗节文	历史知识	3期	1982
宇文虚中及其文学成就论略	周惠泉	社会科学战线	3期	1987
金代三文学家评传（宇文虚中、蔡松年、吴激）	周惠泉	山西师大学报（社科）	2期	1993
宇文虚中的悲剧情怀及其诗歌创作	刘美琴	忻州师范学院学报	1期	2003
宇文虚中疑案史书记载异同及其背景述论	沈文雪	吉林大学社会科学学报	3期	2003
金代文风的开创者——宇文虚中及其诗歌创作	周惠泉	古典文学知识	3期	2005

（二十九）虞允文

篇、书名	著（译）编者	出处	卷、期	年月日
虞允文与采石之战	李碧云	遗族校刊	2卷4、5期	1935
张浚与虞允文	柳定生	文史杂志	2卷4期	1942
抗金名将——虞允文	解伟明 谢粟	四川日报		1962.10.24
虞允文采石破金兵	施平	北京师范大学学报（社科）	4期	1975
采石之战及其指挥者虞允文	林建曾	南充师院学报（哲社）	2期	1982
忠诚卫国，勇荷重任的虞允文	雷大受	文史知识	9期	1982
虞允文的一生	夏顺均	历史知识	2期	1983

续表一

篇、书名	著(译)编者	出处	卷、期	年月日
谁是采石矶之捷的指挥者	施禺	江淮论坛	1 期	1984
儒士打败大将军虞允文	朱清泽	南京史志	1 期	1987
采石之战新论	董克昌	北方论丛	4 期	1993
虞允文晚年事迹述论	周生春	岳飞研究	4 辑	1996
南宋虞允文墓	王德友	四川文物	6 期	1997
以天下安危为己任的虞允文	王镛	文史知识	11 期	1997
南宋名臣周必大、史浩、虞允文及第年月考	汤梓顺	河南大学学报（社科）	2 期	1998

（三十）魏了翁

篇、书名	著(译)编者	出处	卷、期	年月日
魏了翁传	蒲江县新县志编辑部	四川地方志通讯	3 期	1982
魏公祠和魏了翁墓	李隆和	成都文物	2 期	1986
宋魏了翁墓重新发现	姚勤德	东南文化	2 期	1986
魏了翁评传	蔡方鹿	巴蜀书社		1993
魏了翁について	本田済	日本中国学会創立五十周年紀念論文集		1998
魏了翁长女婿传略	龙腾	成都文物	1 期	2000
魏了翁年谱	彭东焕	四川人民出版社		2003
重校鹤山先生大全文集	魏了翁	国家图书馆出版社		2004
魏了翁谪地考	尹海江	文献	4 期	2005

（三十一）噶玛拔希

篇、书名	著(译)编者	出处	卷、期	年月日
十三世纪藏传佛教噶玛噶举派的高僧——噶玛拔希	周润年	西藏研究	2 期	1992

（三十二）韩娥

篇、书名	著(译)编者	出处	卷、期	年月日
四川花木兰——韩娥	珉凤	四川日报		1962.8.15
四川的花木兰	李加模	成都日报		1980.8.7
蜀中花木兰——韩娥	刘文刚	文史杂志	2期	2001

（三十三）杨廷和

篇、书名	著(译)编者	出处	卷、期	年月日
谈杨廷和	廖远修 苟建丽	四川师院学报（社科）	4期	1980
嘉靖前期的大礼议	南炳文	故宫博物院院刊	2期	1983
论明代中后期的政治家杨廷和	潘藻	扬州教育学院学报	2期	1986
"大礼议"与明代政治	李洵	东北师大学报（哲社）	5期	1986
杨廷和刍议	张惠诚 张斯	辽宁广播电视大学学报（社科）	3期	1987
明嘉靖"大礼议"的起因、性质和后果	张显清	史学集刊	4期	1988
论杨廷和——兼评明正德16年的改革	朱亚非	山东师范大学学报（社科）	6期	1987
杨廷和事略考实	罗辉映	中国史研究动态	2期	1990
"大礼之争"是非考辨	刘真武	湖北大学学报（哲社）	1期	1991
论正德十六年皇位空缺时期明廷政局的走向	田澍	西北师大学报（社科）	2期	1997
政治与伦理的两难选择——"大礼议"中的杨廷和	邓牧之	文史知识	10期	1998
论明代大礼议中的革新思想	田澍	中国社会科学院研究生院学报	1期	1999
大礼议与杨廷和阁权的畸变——明代阁权个案研究之	田澍	西北师范大学学报（社科）	1期	2000
杨廷和嘉靖初年的政治革新	刘祥学	西南师范大学学报（社科）	2期	2000
明代"大礼议"前后的内阁体势变化	陈超	东北师大学报（哲社）	1期	2003
从杨廷和到张璁——嘉靖初年改革述论	尹湘兵 孟广军	湖北大学学报（哲社）	1期	2004

续表一

篇、书名	著(译)编者	出处	卷、期	年月日
杨廷和与明代正德嘉靖之际的政局	王建中	黑龙江社会科学	1期	2005

（三十四）杨慎

篇、书名	著(译)编者	出处	卷、期	年月日
明修撰升庵公遗像跋	杨崇焕	国风	5卷5期	1934
"硬汉"杨升庵	杨昌溪	中央日报		1942.11.4，1942.11.7
文学家杨升庵	冬尼	草地	7期	1957
明代文学家杨升庵	高文	成都晚报		1961.5.31
杨升庵	云南省博物馆	四川日报		1961.7.9
杨升庵的二三事	刘知渐	重庆日报		1961.7.12
明代大文学家杨升庵	川博	四川日报		1961.9.13
纪念明代大文学家杨升庵		四川日报		1961.9.13
四川整理研究明人杨升庵著述和事迹	何熔 李桂海	光明日报		1961.10.11
杨升庵在成都的轶事	杨相	成都晚报		1961.11.4
杨慎参加"议礼"斗争的政治意义	王文才	成都晚报		1962.8.9
纪念明代大文学家杨慎		四川日报		1962.9.13
杨慎对西南民族史研究的贡献	顾峰	民族团结	4期	1964
杨慎生平与著作	梁容若	"国语"日报·书与人	131期	1970.3.21
有关杨慎生平年代的订正	张增祺	昆明师院学报（哲社）	1期	1980
在放逐中潜心治学——杨升庵二三事	刘恩义	历史知识	1期	1980
升庵像与小桂湖	顾峰	昆明师院学报	2期	1980
杨慎	马子华	滇池	5期	1980
杨升庵在大理	杨中兴	云南日报		1980.6.21
也谈杨慎生平年代的订正	穆药	昆明师院学报（哲社）	1期	1981
"议大礼"与杨升庵	万揆一	昆明师院学报（哲社）	1期	1981
杨升庵犯颜直谏	曾祥寿	历史知识	3期	1981
碧玉泉畔升庵碑	李协军	龙门阵	6期	1982

续表一

篇、书名	著（译）编者	出处	卷、期	年月日
对《杨升庵游鹤庆》一文的几点意见	黎 早	边疆文艺	8 期	1982
杨升庵在澄江	杨应康	滇池	12 期	1982
杨升庵在泸州	赵永康 吴孟辉	四川史研究通讯	1 期	1983
杨慎卒年新证	穆 药	昆明师院学报（哲社）	3 期	1983
关于杨升庵	张祖涌	历史知识	5 期	1983
杨慎与《禹碑》	万揆一	历史知识	5 期	1983
杨慎二、三事	李恩普	文史知识	11 期	1984
杨升庵与泸州	赵永康	四川日报		1984.1.14
杨升庵研究论文集	杨升庵博物馆、新都杨升庵研究会	编者刊		1984
杨升庵对云南文化的重大贡献	李锡恩	大理师专学报（哲社）	1 期	1985
杨升庵泸州题苏东坡画考略	赵永康	四川地方志通讯	5 期	1985
明代状元杨升庵	李义让	四川人民出版社		1985
大理文化史上的盛世——历史文化名人杨升庵和李元阳在大理的文化合作	李锡恩	大理师专学报（哲社）		1986
明代文学家杨慎	杨日出	教师之友	5 期	1987
杨慎生平及其文学	杨日出	红豆出版社		1987
论杨升庵的治学	张德全	大理师专学报（哲社）	1 期	1988
杨慎学谱	王文才	上海古籍出版社		1988
高名千古博南山——杨慎与杨门六子（纪念杨慎诞辰五百周年）	穆 药	大理师专学报（哲社）	2 期	1988
杨升庵还云南谪地纪行	邓剑鸣	文史杂志	5 期	1988
杨升庵论学要义——为纪念明代著名学者成都杨慎诞生五百周年作	郭诚永	四川师范大学学报（社科）	1 期	1989
杨升庵风神琐议	谭继和	文史杂志	1 期	1989
杨升庵诞辰五百周年纪念册	新都县杨升庵诞辰五百周年领导小组	编者刊		1989
杨升庵六出五入北京城	周 良	燕都	5 期	1991
杨慎之著述	张舜徽	爱晚庐随笔		1991
杨升庵	欧之德	云南人民出版社		1991

续表二

篇、书名	著(译)编者	出处	卷、期	年月日
Yan Shen and Chiao Hung: Various Uses of Philology in the Ming Poriod	周启荣	汉学研究	10卷1期	1992
僰道西南媚景长——杨慎与云南少数民族	穆药	大理师专学报(哲社)	1期	1992
访昆明现存杨慎碑刻	王海涛	大理师专学报(哲社)	1期	1992
杨慎在云南对汉语语言学的贡献	刘冠群	云南文史丛刊	3期	1992
序跋选录:《杨慎研究资料汇编》(附录:杨慎研究论著目录)	林庆彰	中国文哲研究通讯	2卷4期	1992
杨慎研究资料汇编	林庆彰 贾顺先	"中研院"中国文哲研究所		1992
木公与杨慎:民族文化交流史上的一叶	余海波	学术探索	2期	1993
杨慎服输	朱靖宇	文史春秋	4期	1994
杨升庵诞辰五百周年学术论文集	新都杨升庵研究会、新都杨升庵博物馆	四川大学出版社		1994
杨升庵故里活动考	张德全	四川文物	1期	1995
王船山杨升庵先生年谱五种	刘毓崧等	北京图书馆出版社		1997
杨慎评传	丰家骅	南京大学出版社		1998
飘零数十载 题咏满苍山——大理感通寺与杨升庵诗文创作	李锡恩	大理师专学报	1期	1999
杨慎	董晓萍	春风文艺出版社		1999
新都桂湖科举文化阐释	朝正	成都行政学院学报	3期	2000
杨慎与云南少数民族文化情结	李朝正	西南民族学院学报(哲社)	12期	2000
新都历史文化丛书:状元杨慎	李义让	四川人民出版社		2001
寄情大理山水 状元随遇而安——明代四川著名学者杨慎在浪穹	杨玉藩	大理文化	2期	2003
20世纪杨慎研究述评	雷磊	求索	4期	2003
杨升庵纪念文集	徐鸿芹	云南美术出版社		2003
一代文豪杨慎	杨文华	巴蜀史志	5期	2004
著述最多的状元——杨慎	萧源锦	巴蜀史志	5期	2004
杨升庵、徐霞客与云南——兼刍议丽江文化的保护与发展	黄实	徐霞客与丽江学术研讨会论文汇编		2004
杨慎成才之路	高宏春	云南政协报		2005.3.26

（三十五）黄峨

篇、书名	著（译）编者	出处	卷、期	年月日
元明以来女曲家考略	郑振铎	女青年	13卷3期	1934
明曲大家杨夫人别传	卢冀野	书报展望	1期	1935
杨夫人别传	卢前	制言	5期	1935
德垂青史话黄峨	赵一玲	文史杂志	3期	1995
秀眉词曲逼易安	成镜深	四川职业技术学院学报	2期	2005
论黄峨的生平与创作	蔡忠	四川职业技术学院学报	4期	2005
关于黄峨研究几个问题的浅见	郭孝儒	四川职业技术学院学报	4期	2005

（三十六）秦良玉

篇、书名	著（译）编者	出处	卷、期	年月日
巾帼英雄秦良玉	赵焕亭	新天津报馆		1900
赐秦良玉诗	明烈帝	汉风	1期	1907
秦良玉		重庆商会公报	86期	1908.4.5
秦良玉传	陈韶湘莲叔	国粹学报	74期	1911
秦良玉传汇编初集	秦嵩年	羊鸣山房		1911
秦良玉	吴酝	小说月报	8号	1917
秦良玉以家财助饷论	张文柏	学生文艺汇编	上集	1926
秦良玉战袍	秉衡居士	人文	5期	1930
怀念民族英雄 公祭秦良玉	跻子	汗血周刊	3期	1936
千古英雌秦良玉	相抱轮	现代青年	5期	1936
国难期中的模范妇女	玉白	妇女月报	7期	1936
秦良玉遗事	海南居士	正风半月刊	2卷11期	1936
秦良玉逸话	沐女	北洋画报	1428期	1936
秦太保良玉纪念刊		四川会馆		1937
介绍四川一位女英雄——秦良玉	笑林	青城周刊	8期	1938
秦良玉	赵景深	人世间	创刊号	1939
秦良玉	郑蕙真	大方书店		1940
秦良玉		川康建设	2、3期	1943

续表一

篇、书名	著(译)编者	出处	卷、期	年月日
秦良玉	李庆成 周静安	说文社		1944
探访秦良玉轶事和遗迹	石若愚	旅行杂志	19卷4期	1945
秦良玉遗物展		华西协合大学校刊	15期	1945
秦良玉	黄次书	中华书局		1947
女英雄秦良玉	中华平民教育促进会	编者刊		
关于秦良玉的问题	郭沫若	四川日报		1962.8.26
智能双全秦良玉	锦堂	今日中国	74期	1977
论秦良玉	陈世松	四川大学学报（哲社）	2期	1978
四川营与秦良玉	马书田	北京史苑	1期	1983
秦良玉	袁代奎	旅游天府	2期	1984
秦良玉	伍湛	民族文化	3期	1984
秦良玉	王静	涪陵地区地方志通讯	2期	1985
秦良玉陵园简介	石柱县志办	涪陵地区地方志通讯	2期	1986
饮将鲜血代胭脂的奇女——秦良玉	曾文琼 余重良	历史知识	5期	1986
秦良玉及其遗物	董其祥	四川文物	2期	1987
秦良玉史料集成	秦良玉史研究编纂委员会	四川大学出版社		1987
秦良玉墓碑出土	武陵	民族	3期	1988
巾帼英雄秦良玉	吴文翰	武术健身	6期	1988
秦良玉填词	陈世鸿	民族	11期	1990
土家族历史上著名的女强人——秦良玉	曹毅	民族论坛	4期	1991
巾帼英雄秦良玉及其评价	马培汶	涪陵师专学报（哲社）	1期	1994
明末女将秦良玉	都兴智	军事历史	3期	1994
巾帼英雄秦良玉	王晓波	中国典籍与文化	1期	1995
论爱国女将秦良玉	魏华先 农夫	常德师范学院学报（社科）	5期	1995
女将军传	井上祐美子	学习研究社		2001
三峡巾帼秦良玉传论	滕新才	重庆三峡学院学报	4期	2002
巾帼英雄秦良玉陵园	黄钰财	今日重庆	6期	2002
秦良玉		中国科技信息	6期	2003

续表二

篇、书名	著(译)编者	出处	卷、期	年月日
秦良玉"平台赐诗"考论	滕新才	四川师范大学学报（社科）	3期	2004
		第十一届明史国际学术讨论会会议手册		2005
巴渝文存中的秦良玉	段庸生	重庆工商大学学报（社科）	4期	2004
巾帼英雄秦良玉	冉景福	中国民族报		2004.10.22
巾帼英雄秦良玉——兼论秦良玉的晚节问题	滕伟明	巴蜀史志	3期	2005
巾帼英雄秦良玉	滕伟明	晚霞	5期	2005

（三十七）唐甄

篇、书名	著(译)编者	出处	卷、期	年月日
四川一位怪人"唐铸万"	林异子	人物杂志	3卷10期	1948
介绍几种关于唐甄的资料——杨宾的"唐铸万传"、"唐铸万潜书序"及其他	李之勤	人文杂志	2期	1957
关于唐甄的家世及其家庭经济情况的变化——与王明同志商榷	李之勤	西北大学学报（人文）	3、4期	1959
李自成与唐甄	林非	学问	1期	1999
唐甄先世传承考	崔文翰	中国文化研究所学报	43期	2003

（三十八）岳钟琪

篇、书名	著(译)编者	出处	卷、期	年月日
岳钟琪	高越天	台湾新生报		1971.2.7
岳钟琪的家世与事迹	李安	东方杂志复刊	6卷11期	1973
岳襄勤公行略	岳炯重镌，李鸿彬标点	清史资料	4辑	1983
岳钟琪论	徐凯	北京大学学报（哲社）	5期	1984
戎马一生、战功赫赫——清代名将岳钟琪	康复	兰州学刊	1期	1985
岳钟琪及其对陕甘的开发治理	罗远道	青海社会科学	1期	1987

续表一

篇、书名	著(译)编者	出处	卷、期	年月日
岳钟琪生于永登考	赵朋柱	兰州学刊	6期	1993
雍正帝赦免曾静策反案发微	倪军民	社会科学战线	6期	1998
清代名将岳钟琪西北武功述略	杨维军	丝绸之路	4期	2000
一本书的颁行与收禁	曾德雄	同舟共进	9期	2002
岳钟琪与西藏问题	邓锐龄	中国藏学	3期	2004

（三十九）彭端淑

篇、书名	著(译)编者	出处	卷、期	年月日
彭端淑的生卒年及思想初探	李朝正	四川大学学报（哲社）	4期	1980
功成身退的彭端淑	一止	成都日报		1980.12.1
彭端淑和《白鹤堂文稿》	伍鸣	中学语文教学	9期	1982
彭端淑是现丹棱县人	郑林森	四川师院学报（社科）	1期	1983
论彭端淑的教育思想	徐敦忠	天府新论	1期	1988

（四十）七世达赖喇嘛

篇、书名	著(译)编者	出处	卷、期	年月日
七世达赖喇嘛桑结嘉措	曾文琼	西藏民族学院学报	3期	1982
《七世达赖喇嘛传记》中有关西藏珠尔墨特那木扎勒事件的记载	铎杰	藏学研究文集	4集	1986
七世达赖喇嘛年谱	蒲文成	甘肃民族研究	2、3期	1988
七世达赖喇嘛噶桑嘉措的政教业绩	冯智	中国藏学	3期	1989
七世达赖喇嘛传	章嘉·若贝多杰（蒲文成）	西藏人民出版社		1989
七世达赖喇嘛的确认、册封、坐床	洛丹	西藏研究	2期	1990
惠远寺与七世达赖喇嘛	来作中	民族	1期	1991
七世达赖喇嘛圆寂前后	季永海 关精明	中国藏学	4期	1993
御制惠远庙碑文校注——兼说七世达赖喇嘛移居惠远寺	张虎生	中国藏学	3期	1994

续表一

篇、书名	著(译)编者	出处	卷、期	年月日
"卫藏战争"与七世达赖迁居康区	星全成	青海民族学院学报	4期	2005

（四十一）李调元

篇、书名	著(译)编者	出处	卷、期	年月日
粤东笔记	李调元	会文堂		1925
		新文丰出版社		1979
川梆子的导源人——李调元先生	黄芝冈	戏剧月报	1卷2期	1943
赋话　文笔考	李调元	商务印书馆		1966
淡墨录	李调元	广文书局		1969
		辽宁教育出版社		2001
赋话	李调元	广文书局		1971
周礼摘笺、十三经注疏锦字等七种合刊	李调元	宏业书局		1972
李调元年谱略稿	杨世明	南充师院学报（哲社）	2期	1980
东吴西蜀万里行——袁枚与李调元	江苇	成都日报		1980.6.5
四川诗人李调元	一苇	龙门阵	1辑	1981
李调元和他的昆曲班	谭韶华	川剧艺术	4期	1981
李调元及其与民间文艺	陈子艾	民间文艺学文丛		1982.3
广东的友好人士——四川才子李调元	李汝伦	羊城晚报		1982.10.21
《李调元年谱略稿》质疑	孙震	重庆师范大学学报（哲社）	4期	1985
李调元归田酬知遇	蒋维明	文史杂志	2期	1986
李调元	德阳县政协文史资料研究委员会	编者刊		1986
评李调元的人生观	罗焕章	四川师范大学学报（社科）	3期	1987
李调元生平与著述研讨会论文专辑	政协四川省绵阳委员会、安县委员会	编者刊		1988
李调元及其文物	谢明刚	四川文物	5期	1991
李调元	蒋维明	四川教育出版社		1991
李调元新探（全文录目）	李宜家	先秦史与巴蜀文化论集		1995

续表一

篇、书名	著(译)编者	出处	卷、期	年月日
要重视李调元研究	屈守元	文史杂志	1期	1997
李调元戏对三嫂	位同亮	现代家教	12期	1998
岂能拉安世敏来比李调元	徐勋	红岩春秋	5期	2000
李调元下厨羞贪官	杨荣宇	四川烹饪	4期	2001
梓里旧闻	李调元	德阳市地方志办公室		2002
《清脾录》作者与中国文士潘庭筠、李调元的情谊和文字交往	邝健行	新亚学报	22卷	2003
童山自记	李调元	中国人民政治协商会议罗江县委员会		2003
李调元编年事辑	赖安海	中国文史出版社		2005

（四十二）张宗法

篇、书名	著(译)编者	出处	卷、期	年月日
张宗法和《三农纪》	曲辰	四川日报		1962.7.18
《三农纪》调查报告	曲辰	四川日报		1962.10.4
《三农纪》及其作者张宗法	曲辰	今日种业	1期	1981
张宗法及其"三农记"	王永厚	四川图书馆学报	3期	1982
《三农纪》作者张师古轶闻	于和云	龙门阵	3辑	1982
三农纪校释	张宗法原著，邹介正等校释	农业出版社		1989
《三农纪》中的植物保护知识	陈朝余	农业考古	1期	2000

（四十三）杨遇春

篇、书名	著(译)编者	出处	卷、期	年月日
关于杨遇春的传记材料——介绍《府君杨遇春家祭行述》抄本	李映发	清史研究通讯	3期	1983
杨遇春与成都"宫保府"	李思祯等	成都文物	4期	1984
有关杨遇春的几件文物	张化	成都文物	4期	1984
杨遇春史事辨	张伯龄	四川师范大学学报（社科）	2期	1986

续表一

篇、书名	著(译)编者	出处	卷、期	年月日
杨遇春靖边保国有功	张伯龄	西南师范大学学报（社科）	2 期	1987
杨遇春及《杨忠武侯宣勤积庆图》	王平贞	四川文物	3 期	1987
杨遇春简论	张伯龄	四川师范大学学报（社科）	4 期	1987
清中叶爱国将领杨遇春与杨芳	陈一石 李绍明	四川文物	4 期	1990
漫话杨遇春	张伯龄	四川人民出版社		1991
略谈杨遇春的民族属别	杨正苞	文史杂志	5 期	1992
神鞭杨遇春	王赛时	中华武术	12 期	1995
丹心铁石共绸缪	张惠昌等	巴蜀史志	3 期	2005

（四十四）张问陶

篇、书名	著(译)编者	出处	卷、期	年月日
张船山侍御之直节	春冰	国风报	15 期	1910
张船山　蒋伯生	春冰	国风报	11 期	1911
张船山先生年谱	王世芬	著者刊		1923
张船山事辑	陆微诰	中和月刊	3 卷 4 期	1942
张船山折狱	纯	中和月刊	3 卷 4 期	1942
张船山轶事	巢章甫	永安月刊	10 月号	1948
张问陶年谱（初稿）	何国定	重庆师范学院学报（哲社）	2 期	1981
一份文字精当的古代判词	巨澜	现代法学	4 期	1981
张船山与高鹗	江苇	成都日报		1981.8.23
张船山与袁随园	雨岑	社会科学研究	3 期	1982
一份晓之以理、诚之以法的古代判牍	陈钦一	现代法学	2 期	1983
张船山的思想内蕴与情感心态	蔡荣中	重庆师院学报（哲社）	2 期	1993
新发现的铁峰夫人续书《红楼觉梦》及张船山有关资料叙录	赵建忠	红楼梦学刊	2 期	1995
高鹗与张问陶关系考辨	邹少雄	中南民族学院学报（哲社）	2 期	1998
张问陶的家世与身世考评	李朝正	成都教育学院学报	3 期	1999
张问陶与高鹗有无姻亲关系	胡邦炜	文史杂志	3 期	1999

续表一

篇、书名	著(译)编者	出处	卷、期	年月日
船山诗注隐玄机 红学研究起纷争	李朝正 胡传淮	社会科学研究	5期	1999
张问陶的妹夫不是高鹗	胡传淮	中华读书报		2000.10.11
张问陶年谱	胡传淮	巴蜀书社		2000
洗百年奇冤，还高鹗清白——高鹗非"汉军高氏"铁证的发现	李朝正 胡传淮	红楼梦学刊	3期	2001
袁枚神交张问陶	王英志	古典文学知识	1期	2002
张船山世系	胡传淮	川北教育学院学报	2期	2002
张船山全国学术研讨会论文集	刘扬忠 王本杰	中国三峡出版社		2002
夜窗同梦笔生花——张问陶和林颀	沈金浩	文史知识	1期	2003
法理严明 重在教化——张船山《兄弟互殴之妙判》赏析	梁颖涛	阅读与写作	9期	2003
张船山顶凶卖命案之判	周斌	政府法制	14期	2003

（四十五）刘沅

篇、书名	著(译)编者	出处	卷、期	年月日
刘止唐与唐门	萧天石	四川文献	105期	1971
刘沅祖孙留在新都的翰泽	李义让	四川文物	3期	1993
近代四川道教名人刘沅	李豫川	中国道教	2期	1998
清代四川儒林第一——"槐轩"钩沉	叶红 陈昌泰	文史杂志	6期	1999
刘沅与成都武侯祠	李兆成	四川文物	6期	2002
双江刘氏学术述赞	钟肇鹏	中华文化论坛	4期	2003
刘门教	濮文起	中国民族报		2004.9.21

（四十六）黄开基

篇、书名	著(译)编者	出处	卷、期	年月日
黄开基宦台三十年	毛一波	四川文献	130期	1973
黄开基宦台业绩	毛一波	四川文献	131期	1973

（四十七）鲍超

篇、书名	著(译)编者	出处	卷、期	年月日
鲍超	良知	畅流	6卷2期	1952.9
鲍超和霆军	中山八郎讲	近代中国研究委员会报	3期	1956.12
四川怪杰鲍超	杨森	中外杂志	1卷4期	1967.6
鲍超与霆军	陈宝辉 马诤	社会科学研究	2期	1986

（四十八）徐邦道

篇、书名	著(译)编者	出处	卷、期	年月日
徐邦道在旅大——《清史稿·徐邦道传》释证	孙绍华	辽宁师院学报（社科）	2期	1980
		中国历史文献研究会第26届年会论文集		2005
徐邦道	蒲国树	历史教学	12期	1981
徐邦道	罗继祖	史学集刊	2期	1982
《徐邦道在旅大》正误	王宇	辽宁师院学报（社科）	6期	1983
《清史稿·徐邦道传》订误	王宇	社会科学辑刊	1期	1984
可歌可泣民族魂——徐邦道在中日甲午陆战中	潘贵喜	沧桑	1期	1998
甲午抗日名将徐邦道	重庆市涪陵区政协文史资料委员会	编者刊		2003

（四十九）赵尚辅

篇、书名	著(译)编者	出处	卷、期	年月日
忆赵尚辅先生	李寰	四川文献	49期	1966

（五十）乔树楠

篇、书名	著（译）编者	出处	卷、期	年月日
乔树楠传		四川文献	44 期	1966

（五十一）廖平

篇、书名	著（译）编者	出处	卷、期	年月日
廖季平先生评传	侯堮	大公报·文学副刊	239 期	1932.8.1
廖季平之生平		尚志	2 卷 2 期	1932
故清龙安府学教授廖君墓志	章炳麟	四川大学季刊	1 期	1935
		太平书局		1962
经学家廖季平的生平	胥端甫	大陆杂志	23 卷 6 期	1961
廖平传	夏敬观	四川文献	19 期	1964
廖平与康有为	钟肇鹏	历史知识	3 期	1981
廖平	钟肇鹏	中国近代著名哲学家评传（上）		1982
廖季平年谱	廖幼平	巴蜀书社		1985
廖平与张之洞	黄开国	文史杂志	2 期	1988
廖平及廖平研究	罗建中	乐山师专学报（社科）	3 期	1989
一代经学大师廖平	黄开国	文史杂志	3 期	1991
坎坷困顿　矢志不移——经学大师廖平治学历难述略	李朝正	文史杂志	6 期	1993
廖平评传	黄开国	百花洲文艺出版社		1993
廖季平先生传	蒙文通	经史抉原		1995
经学畸人——廖平	舒大刚	中国历代大儒		1997

（五十二）陈开沚

篇、书名	著（译）编者	出处	卷、期	年月日
禅农最要	陈开沚	中华书局		1956
陈开沚传略	周开庆	四川文献	66 期	1968

续表一

篇、书名	著(译)编者	出处	卷、期	年月日
陈开沚与三台蚕丝	赵 廉	四川丝绸	2 期	1995
振兴四川蚕丝业先行者——陈开沚	孙先知	四川丝绸	4 期	2005

（五十三）宋育仁

篇、书名	著(译)编者	出处	卷、期	年月日
宋育仁先生事略	吕洪年	论学	4 期	1937
早期改良主义思想家宋育仁	徐 溥	社会科学研究	5 期	1979
宋育仁的经济思想	钟祥财	经济科学	2 期	1994

（五十四）杨锐

篇、书名	著(译)编者	出处	卷、期	年月日
杨锐有古君子风	章君谷	联合报		1960.11.3，1960.11.4
绵竹发现杨锐墓	王忠钦	成都日报		1981.12.30
评清末维新运动中的杨锐	胡显惠 张修云	四川大学学报（哲社）	4 期	1984
杨锐家书暨杨聪墓志铭	宁志奇	四川文物	4 期	1985
关于杨锐的几个问题——狐桶、马褂料之诬	胡力三	文史杂志	2 期	1986
杨锐在戊戌维新运动中的政治倾向初探	徐昌义	四川师范大学学报（社科）	3 期	1987
杨锐属维新派应无疑义	蒋懿菊	绵阳师专学报（人文）	1 期	1988
绵竹亭亭出县高——杨锐殉难九十周年纪念专集	绵竹县志办公室	绵竹县人民政府、绵竹县政协		1988
关于杨锐的历史评价	孔祥吉	史学月刊	4 期	1989
杨锐的诗草手迹	高成英	四川文物	4 期	1989
介绍杨锐两件遗物	胡昌健	四川文物	4 期	1989
戊戌变法中的杨锐	岳保智	历史教学	11 期	1990
应恢复杨锐维新志士的历史地位	蒋懿菊	历史档案	4 期	1995
杨锐真假维新辨	宋兴华	重庆师范大学学报（哲社）	1 期	1996

续表一

篇、书名	著(译)编者	出处	卷、期	年月日
杨锐年谱简编	王夏刚	中国古代社会与思想文化研究论集——全国首届东周文明学术研讨会论文集		2004

（五十五）刘光第

篇、书名	著(译)编者	出处	卷、期	年月日
刘光第传		清议报	7册	1899.3.2
			8册	1899.3.12
刘光第气骨森竦	章君谷	联合报		1960.10.17，1960.10.18
跋《刘光第诗稿墨迹照片》		龙门阵	3辑	1981
刘光第史实轶闻钩沉		龙门阵	2辑	1983
刘光第写的几幅对联	黄兆华	历史知识	2期	1984
刘光第的爱国思想及其与维新派之区别	张修云 胡显惠	西南师范学院学报（哲社）	1期	1985
新编《刘光第集》读后	吴 杰	文史杂志	1期	1986
含血空嗟天　忠愤何由伸——刘光第的爱国主义思想	冯一下	文史杂志	2期	1986
刘光第集	《刘光第集》编辑组	中华书局		1986
周孝怀谈"戊戌维新"中的刘光第	乔 诚	文史杂志	6期	1987
论刘光第	吴 杰	史林	1期	1988
试论刘光第在戊戌变法时期的政治倾向	苏全有	河南师范大学学报（哲社）	3期	1988
刘光第与甲午中日战争	曾 鸿	西南师范大学学报（哲社）	1期	1989
刘光第"右翼说"质疑	丘铸昌	四川师范大学学报（社科）	3期	1989
从传统士大夫到近代改革者——刘光第思想研究	何一民	史学月刊	3期	1989
文字自有真　愿为万人趋——试论刘光第《介白堂诗集》	张修龄 马卫中	宁夏大学学报（人文）	2期	1991
试论刘光第"坐以待捕"的主观动因	苏全有	河南师范大学学报（哲社）	4期	1991
畸形社会条件下的产物——论刘光第的过渡思想	何 芳	阿坝师专学报	1期	1992

续表一

篇、书名	著(译)编者	出处	卷、期	年月日
刘光第生平思想简论	曾宪辉	福建师范大学学报（哲社）	2期	1993
从爱国走向维新：刘光第思想发展轨迹	宋兴华	重庆师院学报（哲社）	2期	1994
甲午战争后的刘光第	易明军	文史杂志	5期	1994
刘光第年谱	曾宪辉	福建师范大学学报（哲社）	4期	1996
千秋功过，谁人评说——试论维新志士刘光第	罗惠缙	戊戌维新运动与贵州——纪念戊戌维新运动100周年学术研讨会文集		1999
刘光第与戊戌维新运动	苏全有 李 波	河南机电高等专科学校学报	2期	2001
刘光第与客家祖地闽西	苏钟生 吴福文	福州大学学报（哲社）	1期	2002
戊戌变法一志士——刘光第评传	丘铸昌	华南理工大学出版社		2003
刘光第新评	陈 鹏	学术月刊	6期	2004

（五十六）程德全

篇、书名	著(译)编者	出处	卷、期	年月日
程雪楼先生书牍	程德全	海阳汪德轩		1912
庚子交涉偶录	程德全撰，李 逊辑	台北广文书局		1961
程德全先生轶事	李 寰	四川文献	4期	1962
程德全传	云阳县志	四川文献	25期	1964
述云阳程德全事	蒋维明	巴蜀史志	1期	1995
程德全守江奏稿	程德全	黑龙江人民出版社		1999

（五十七）骆成骧

篇、书名	著(译)编者	出处	卷、期	年月日
骆成骧传	资州志	四川文献	158期	1976
我所知道的骆状元	韦宗林	龙门阵	5辑	1982
骆成骧与高培谷	王志行	文史杂志	4期	1986

续表一

篇、书名	著(译)编者	出处	卷、期	年月日
骆成骧与戊戌维新运动	何一民	文史杂志	4 期	1987
骆成骧桑梓新说	黄节厚	四川文物	4 期	1988
《骆成骧桑梓新说》异议	龙 腾	四川文物	1 期	1989
骆成骧与袁世凯之死	李 南	内江师专学报	1 期	1992
高培谷与骆成骧	卓廉操	贵州文史天地	1 期	1999
骆成骧状元及第之谜	仲 纲	文史杂志	4 期	2002
中国最后一位"传胪公"——李稷勋	潘纬南	巴蜀史志	6 期	2005
"布衣状元"骆成骧	小 裤	成都日报		2005.10.31

（五十八）陈先沅

篇、书名	著(译)编者	出处	卷、期	年月日
陈先沅传	民 史	四川文献	146 期	1974

（五十九）赵熙

篇、书名	著(译)编者	出处	卷、期	年月日
忆赵熙（尧生）先生	李 寰	四川文献	2 期	1962
赵熙是什么样货色	洪 钟	羊城晚报		1964.12.14
赵尧生先生简历及其讲学精神	曾 进	西南师范学院学报（哲社）	2 期	1982
赵熙	陶道恕	成都大学学报（社科）	2 期	1988
文学家赵熙生平简介	曾 进	四川文史资料选辑	29 辑	1983
香宋先生年谱	赵念君	成都大学学报（社科）	4 期	1996
香宋先生年谱（续）	赵念君	成都大学学报（社科）	1 期	1997

（六十）刘行道

篇、书名	著(译)编者	出处	卷、期	年月日
刘行道传	梅黍雨	四川文献	77 期	1969
刘行道及其诗	文守仁	四川文献	144 期	1974

（六十一）雷铁崖

篇、书名	著(译)编者	出处	卷、期	年月日
啼鹃诗人雷铁崖	雷贞干	文史杂志	5 期	1992
诗中闻鹃啼	岳 生	文史杂志	6 期	1992
论雷铁崖反对封建专制的民主主义思想	雷贞干	西南民族学院学报（哲社）	1 期	1995
雷铁崖对无政府主义的批判	雷贞干	文史杂志	4 期	1995
雷铁崖与《警告全蜀》	雷贞干	社会科学研究	2 期	1996
铁血啼鹃——雷铁崖	甘 犁	红岩春秋	1 期	1997
简论雷铁崖的民主革命思想	周术槐	贵州师范大学学报（社科）	3 期	1998
国粹主义与民主主义——以雷铁崖为例	周术槐	贵州社会科学	5 期	1999
雷铁崖的思想特征：政治上的激进与文化上的保守	周术槐	黔南民族师专学报	1 期	2000
雷铁崖的报刊活动及其社会影响	周术槐	贵州社会科学	3 期	2000
辛亥革命后雷铁崖的思想发展脉络	周术槐	贵州师范大学学报（社科）	3 期	2000
雷铁崖在南洋争取华侨的资产阶级革命活动	周术槐	黔东南民族师专学报	1 期	2002
革命派与清末民初的道德救国思想——以雷铁崖为中心	赵炎才	天府新论	3 期	2004

（六十二）刘声元

篇、书名	著(译)编者	出处	卷、期	年月日
刘声元先生传略	李 寰	四川文献	8 期	1963

（六十三）谢持

篇、书名	著（译）编者	出处	卷、期	年月日
谢持传	王宇高	四川文献	13 期	1963
谢惠生先生行述	谢家田	四川文献	28 期	1964
谢持先生的风范	胡汝修	四川文献	163 期	1977
谢持	曹四勿	自流井	总 4 期	
谢慧生先生事迹纪传	谢幼田	近代中国出版社		1990

（六十四）刘师亮

篇、书名	著（译）编者	出处	卷、期	年月日
"怪物"刘师亮外传	钟茂煊	龙门阵	1 期	1982
刘师亮外传	钟茂煊	四川人民出版社		1984
文坛怪才刘师亮	孙自筠	内江师专学报（社科）	1 期	1994

（六十五）龙鸣剑

篇、书名	著（译）编者	出处	卷、期	年月日
龙鸣剑		四川日报		1979.9.8
龙鸣剑烈士事略	省文史馆史一组	四川文史资料选辑	1 辑	1961
龙鸣剑传略	曾绍敏	历史知识	4 期	1980

（六十六）黎怀瑾

篇、书名	著（译）编者	出处	卷、期	年月日
黎怀瑾传	邹绍阳	四川文献	46 期	1966

（六十七）李宗吾

篇、书名	著(译)编者	出处	卷、期	年月日
厚黑教主自传	李宗吾	晨钟书局		1946
厚黑教主传	张默生	东方书社		1947
		蓝灯出版社		1970
		花山文艺出版社		1991
李宗吾及其《厚黑学》	王子今	党校科研信息	65 期	1989
"厚黑教主"李宗吾的读书诀	翟 公	中国出版	3 期	1994
李宗吾的读书三诀	东	教师博览	3 期	1995
梦会厚黑教主	王逸之	同舟共进	8 期	1995
打不怕的厚黑教主		博览群书	10 期	1995
厚黑教主李宗吾传	李宗吾 张默生	团结出版社		1995
李筱亭吊李宗吾	顾 实	红岩春秋	1 期	1997
宗吾	李 乔	书屋	1 期	1997
厚黑人生：李宗吾的人生哲学	汤江浩	华夏出版社		1997
"厚黑教主"李宗吾与国学大师南怀瑾的神交	高 宇	贵州文史天地	3 期	1998
厚黑教主：李宗吾传奇	王 磊 席 新	黑龙江人民出版社		1998
李宗吾研究	自贡市李宗吾学术研究会	创刊号		2004
李宗吾故居寻踪	邓遂夫	博览群书	7 期	2005
"厚黑大师"李宗吾身后大寻踪	曹德权	文史春秋	12 期	2005

（六十八）杨荩诚

篇、书名	著(译)编者	出处	卷、期	年月日
杨荩诚传略	文守仁	四川文献	41 期	1966

（六十九）杨庶堪

篇、书名	著(译)编者	出处	卷、期	年月日
杨庶堪（沧白）传	向 楚	四川文献	14 期	1963
杨沧白——国民政府委员巴县杨公行状	四川文献社	四川文献	27 期	1964
杨庶堪与永宁中学	蜀 侠	四川文献	39 期	1965
杨沧白先生二三事	何 铮	龙门阵	3 期	1981
书生仗剑起西陲——杨庶堪传	廖 汀	近代中国出版社		1981
"海上孤松"杨沧白	姜春勇	重庆晚报		1985.9.3
癸丑讨袁中的杨庶堪和他的《癸丑遇难纪事二百韵》手稿	吴嘉陵	四川文物	4 期	1987
重新评价杨沧白的丰功高节	彭伯通	四川地方志	4 期	1990
杨庶堪传	马宣伟	巴蜀书社		1990
天隐阁集	杨沧白	重庆出版社		1991

（七十）黄方

篇、书名	著(译)编者	出处	卷、期	年月日
黄方传	叙永县志	四川文献	22 期	1964
黄方事略	谢 持	四川文献	137 期	1974

（七十一）黄大暹

篇、书名	著(译)编者	出处	卷、期	年月日
黄大暹事略	忆 永	四川文献	162 期	1977
黄大暹：重庆最早的留日学生		重庆与世界	10 期	2003

（七十二）刘成勋

篇、书名	著（译）编者	出处	卷、期	年月日
刘成勋（禹九）传	大邑县志	四川文献	98期	1970
刘成勋传略	华 生	四川文献	129期	1973

（七十三）黄复生

篇、书名	著（译）编者	出处	卷、期	年月日
重庆市公祭黄复生先生大会特刊	重庆市公祭黄复生先生大会	编者刊		1949
黄复生先生炸徐宝山经过	蜀 侠	四川文献	66期	1968
黄复生先生行述	四川文献社	编者刊	29期	1965
黄复生资料集	政协四川省内江市委员会、隆昌县委员会	编者刊		1988
黄复生先生生平事迹报告会会刊	政协隆昌县委员会	编者刊		1988
刺客黄复生	张汝宜	重庆出版社		1998

（七十四）谢奉琦

篇、书名	著（译）编者	出处	卷、期	年月日
草泽人怀造国恩——杰出的民主革命战士谢奉琦	史占扬 王晓瑜	成都日报		1981.8.20
铮铮一铁汉	勃 扬	成都日报		1981.8.27
谢左将军奉琦纪略	谢奉昭 谢软和	自流井	2期	1986
民国"左将军"谢奉琦	江 波	文史杂志	3期	1992

（七十五）邹容

篇、书名	著（译）编者	出处	卷、期	年月日
邹容传	章炳麟	广益丛报	286号	1912.1.18
革命青年的典型邹容	杜呈祥	幼狮	1卷4期	1942
革命先烈邹容传补正	杜呈祥	畅流	11卷4期	1944
邹容	杜呈祥	青年出版社		1946
邹容	彭楚珩等	台湾儿童文学书局		1957
谈邹容	雷履平	成都晚报		1961.7.21
邹容——民主革命的先驱和闯将	均宇 周固	中国青年报		1961.10.15
邹容	刘亚雪 邢露申	中华书局		1961
邹容留日的记录	毛一波	"中央"日报		1962.10.24
邹容传	陈今	学习与批判	3期	1973
邹容	中国近代史丛书编写组	上海人民出版社		1974
关于邹容书信的几个问题	重庆师专、重庆市博物馆理论小组	文物	11期	1975
邹容传	重庆市《邹容传》编写组	四川人民出版社		1978
历史上的四川青年——邹容		四川日报		1979.5.23
革命军中马前卒——邹容		北京日报		1979.10.13
邹容的故事	陈漱石	山东人民出版社		1979
邹容成都之行考辨	余小文	重庆师院学报（哲社）	1期	1980
邹容的两封家书		人物	2辑	1980
叔祖邹容及其家书	邹传参	人物	2辑	1980
少年壮志扫胡尘——青年爱国志士邹容	莘文	新时期	7期	1981
铁窗囚禁不住的战歌	冷寅顺	河南青年	10期	1980
革命军中马前卒——邹容	许妙发	工人日报		1981.7.7
邹容与章太炎	陆小娅	中国青年报		1981.9.6
邹容、"苏报案"及《革命军》	周修强	人民日报		1981.9.22
邹容	熊尚厚	光明日报		1981.10.3
苏州发现邹容亲笔信		人民日报		1981.10.6

续表一

篇、书名	著(译)编者	出处	卷、期	年月日
革命军中马前卒——邹容革命活动片断	藏青	中国财贸报		1981.10.8
邹容	张习孔	中华书局		1981
章太炎《邹容传》(兼及《赠大将军邹容君墓表》)考释	张震欧	广东教育学院学报	1期	1982
先祖父邹容事迹杂记	邹传德等	文史资料选辑	38辑	1982
邹容	隗瀛涛	江苏古籍出版社		1982
少年"大将军"邹容	林长春	辽宁人民出版社		1982
《邹容传》若干史实考补	王杏根	语文学刊	1期	1983
大将军邹容	李希泌	人物	3辑	1983
大将军邹容	英莲	夜读	4期	1983
邹容何时东渡日本	刘开平 刘复生	史学月刊	6期	1983
邹容	傅云龙	中国近代著名哲学家评传	下册	1983
邹容文集	周永林编	重庆出版社		1983
青年之神——邹容传	瞿君石	近代中国出版社		1983
忘年之交的历史故事——章太炎与邹容	陈言	老人天地	1期	1984
邹容墓址与钱漕庙——对上海县志史料的订正	蔡继福	四川地方志	2期	1984
拒俄运动中的邹容	温贤美	历史知识	3期	1984
"中华共和国"的设计者邹容	舒绍昌	光明日报		1984.4.25
邹容留学日本时间考	何一民	史学月刊	4期	1985
"至今人念大将军"——纪念革命先烈邹容诞辰100周年	陆印泉	团结报		1985.4.13
纪念邹容烈士诞辰100周年	陈重义	重庆晚报		1985.7.24
邹容罢考	高虹	重庆晚报		1985.7.25
邹容和陈天华	陈旭麓 费成康	上海人民出版社		1985
邹容与孙中山	尚明轩	天津社会科学	5期	1986
邹容 陈天华评传	冯祖贻	河南教育出版社		1986
论邹容	廖伯康等	西南师范大学出版社		1987
邹容性格剖析	何靖	社会科学家	1期	1988

续表二

篇、书名	著(译)编者	出处	卷、期	年月日
邹容	王学庄	新蕾出版社		1993
青年民主革命家邹容　民主革命家张榕的故事	刘世华　古文	吉林人民出版社		1994
革命军中马前卒：年轻的大将军邹容	雪野　乔鹿	党史纵横	1 期	1995
巴山蜀水孕育的英雄儿子——邹容	吴艾生	史志文汇	1 期	1995
甘当革命马前卒	栾静	思想政治课教学	2 期	1995
邹容的故事	陈漱石	河北少年儿童出版社		1995
壮志未酬身先死——青年民主革命家邹容	刘世华	吉林人民出版社		1995
民主革命的"马前卒"和"先行者"——邹容与孙中山	董汉昀　李新丽	南京史志	5 期	1997
珍贵的文物，先烈的足迹	陈绍康等	团结报		1987.11.21
陈天华和邹容	向燕南	中国国际广播出版社		1999
生章炳麟与死邹容		复报	4 期	1906.9.3
金鼎致梁鼎芬书	金鼎	近代史资料	总 10 号	1956
《苏报》案	原渠	新民晚报		1957.5.28
《苏报》与"苏报案"	方汉奇	新闻战线	1 期	1959
1903 年的"苏报案"	余先鼎	历史教学	9 期	1963
"苏报案"的历史意义	汤志钧	文汇报		1963.7.18
苏报案纪事		中国国民党"中央委员会"党史史料编纂委员会		1968
《苏报》案中帝国主义的阴谋	徐寅	史学月刊	5 期	1965
老沙皇是残害邹容的刽子手——邹容史实订正	《邹容集》编注小组	四川大学学报（哲社）	4 期	1975
《苏报》案		光明日报		1976.1.22
从"苏报案"看清末的报界	徐铸成	社会科学	2 期	1980
苏报馆何日被封	孟岘	近代史研究	4 期	1980
"苏报案"始末	庄前鹏	民主与法制	10 期	1981
《苏报》案		光明日报		1981.9.16
邹容与"苏报案"	以枫	北京晚报		1981.7.20
邹容与"苏报案"	赵思恩	教学通讯	2 期	1982
"苏报案"与邹容之死	吕涛	史学月刊	1 期	1983
陈范与《苏报》案	徐进	近代史资料	总 53 号	

续表三

篇、书名	著(译)编者	出处	卷、期	年月日
苏报案中一公案——吴稚晖献策辩	唐振常	上海社会科学院学术季刊	3期	1986
中英等交涉苏报案当事人问题文电	方裕谨	历史档案	4期	1986
《苏报》案中邹容投案原因考	李斯颐	新闻学刊	3期	1987
略谈《苏报》与"苏报案"	苏义发	长春师院学报	4期	1987
苏报与苏报案	邢建榕	上海档案	6期	1987
清末苏报案溯源	陈镐汶	新闻记者	7期	1989
从《苏报》案看清朝的文字狱	冯怡	北京联合大学学报	2期	1996
《苏报》案中章太炎、邹容投案述评——兼谈二十世纪初中国知识分子的伦理思想	欧阳恩良	贵州师范大学学报(社科)	3期	1996
从上海"英租界工部局档案"中有关"苏报案"的资料看"苏报案"的真实情况	石培华	华东理工大学学报(社科)	4期	1996
风雷动——风雨如磐苏报案	刘平	山西人民出版社		1997
《点石斋画报》案与"苏报案"——台北访档之一	熊月之	档案与史学	5期	2000
百年公案的最新发现	陈汉玉	北京日报		2002.1.7
《苏报》案与治外法权	高强	西南师范大学学报(社科)	4期	2002
陈范与《苏报》案	王德峰	云南民族学院学报	5期	2002
一百年前的"苏报案"	汤志钧	史林	2期	2003
		近代史研究	3期	2003
苏报案百年祭	余衍玉	文史精华	6期	2003
风雨百年"苏报案"	傅国涌	书屋	10期	2003
苏报案的审讯与判决	王敏	史林	6期	2005
苏报案幕后的人犯争夺战	林盛	浙江人大	6期	2005
苏报及苏报案——1903年上海新闻事件	周佳荣	上海社会科学院出版社		2005
祭邹容文	师薑	醒狮	1期	1905.9.29
哀邹容		醒狮	2期	1905.10.28
吊邹威丹		醒狮	2期	1905.10.28
哭邹威丹烈士	亚卢	醒狮	2期	1905.10.28
赠大将军邹君墓表	章炳麟	华国	1卷10期	1923
赠大将军邹烈士容纪念碑	邹鲁	四川文献	50期	1955

续表四

篇、书名	著(译)编者	出处	卷、期	年月日
从邹容墓说到同盟会早期活动分子刘三	沈熙乾 李伟国	上海师院学报	3期	1981
先父刘三收葬邹容遗骸的史迹	刘绣等	上海文史资料选辑	42期	1983
邹容墓址与钱漕庙	蔡继福	四川地方志通讯	2期	1984
于右任书赠大将军邹君墓表	陕西省地方志编纂委员会	三秦出版社		1985
邹容狱中情形与殉难后营葬之经过	陆进贤	团结报		1990.3.2
邹容并没被"砍头"	卓王泽	咬文嚼字	5期	2002
纪念邹容诞辰一百周年	廖伯康	四川日报		1985.7.26
风雨巴山遗恨远,至今仍念大将军		四川日报		1985.7.26
纪念邹容诞辰一百周年,纪念邹容学习邹容	蒋小丽	重庆日报		1985.7.27
魂兮无不之也,扬灵于九有——纪念革命先驱邹容诞生一百周年	罗如生 刘润	中国建设	4期	1985
风雨巴山遗恨远 至今人念大将军——《革命军》著者邹容牺牲100周年祀	徐德明	重庆大学学报(社科)	4期	2005
邹容与陈天华的思想	陈旭麓	上海人民出版社		1957
论邹容的思想	孙志芳	天津师大学报(社科)	1期	1960
邹容的革命民主思想	周增义	历史教学	7期	1961
从新近发现的邹容书信看邹容思想的发展	重庆师专、重庆市博物馆理论小组	文物	11期	1975
论邹容的爱国民主思想	宋兴华	重庆师院学报(哲社)	4期	1981
论邹容的社会政治思想	段国卿	齐鲁学刊	3期	1982
略论"革命军中马前卒"邹容及其思想	孙永成	通化师院学报	2期	1982
邹容生平及其思想	周永林	四川史研究通讯	1期	1983
邹容社会思想述评	刘伟	四川师院学报(社科)	2期	1983
邹容革命思想的渊源	曾绍敏	西南师院学报(哲社)	2期	1983
浅论邹容的政治法律思想	杨堪 张梦梅	湖北财经学院学报	3期	1984
试论邹容的民主革命思想	岳国先	辽宁大学学报(哲社)	4期	1986
邹容的社会革命论	陈增晖	政治学研究	2期	1987
邹容民主革命思想探源	刘子平 邹礼洪	新疆师范大学学报(哲社)	3期	1987

续表五

篇、书名	著(译)编者	出处	卷、期	年月日
论邹容	廖伯康等	西南师范大学出版社		1987
邹容革命思想渊源初探	张振铎	渤海学刊	2期	1992
论邹容的革命思想	王才	首都师范大学学报（社科）	3期	1994
猛回头——陈天华 邹容集	郅志选注	辽宁人民出版社		1994
举世呼不应 抉眼悬京门——邹容、陈天华的革命思想和革命宣传	吴小龙	21世纪	6期	1997
"革命必先去奴隶之根性"——邹容国民性认识浅析	梁家贵	邵阳师范高等专科学校学报	1期	2002
邹容的民族主义思想探析	文霞	益阳师专学报	4期	2002
论章太炎与邹容民族主义思想之异同	郑必新	湖南税务高等专科学校学报	6期	2005
邹容《革命军》及其影响	周弘然	幼狮	1卷1期	1951
革命军	邹容	中华书局		1958
邹容及其《革命军》	毛一波	四川文献	2期	1962
邹容和《革命军》	隗瀛涛	四川日报		1961.10.4
邹容与《革命军》——纪念邹容逝世60周年	冯祖安	史学月刊	3期	1965
邹容及其《革命军》	黄天朋	重庆日报		1975.2.26
试论邹容的反孔爱国思想——读《革命军》	迎涛	光明日报		1976.1.22
邹容及其革命军——四川丛书第一种	台北市四川同乡会四川丛书编辑委员会	编者刊		1977
试论邹容《革命军》的革命民主主义思想	李云峰	西北大学学报（哲社）	2期	1979
论《革命军》的思想艺术成就	祁和晖	西南民族学院学报（哲社）	3期	1981
从《革命军》看邹容对封建专制主义的批判	王璞	南充师院学报（哲社）	3期	1981
邹容与《革命军》	张显菊	文史通讯	4期	1981
邹容《革命军》简论	张锡勤	求是学刊	4期	1981
邹容和《革命军》	陈铮	文史知识	5期	1981
邹容和《革命军》	隗瀛涛 蒋晓丽	重庆日报		1981.9.19
资产阶级民主革命的号角——《革命军》	吕涛	光明日报		1981.6.15

续表六

篇、书名	著(译)编者	出处	卷、期	年月日
邹容《革命军》所录"达州名家言"考	张锡勤	学习与探索	4期	1985
论邹容和他的战斗檄文《革命军》	张显菊	吉林大学学报(社科)	4期	1986
读《革命军》赞邹容	祝瑞蓁	河北大学学报(哲社)	4期	1986
试析邹容的《革命军》	徐时新	安徽师大学报(哲社)	4期	1989
从《革命军》看资产阶级革命派与改良派的师承关系	刘子平 黄维民	山西师大学报	3期	1990
"奇文沟满汉,壮志策风雷"——邹容的历史思想和《革命军》的历史意义	周其岗	盐城党校学报	4期	1991
邹容《革命军》中的负面思想——兼谈20世纪初爱国志士的思维与认识上的缺陷	欧阳思良	黔东南民族师专学报(哲社)	2期	1998
邹容及其《革命军》	傅德岷	涪陵师范学院学报	1期	1999
邹容革命军	罗炳良	华夏出版社		2002
振聋发聩的"义师先声"——纪念邹容的《革命军》发表100周年	林其昌	南宁职业技术学院学报	3期	2003
邹容《革命军》之人权思想解析	杨庆	江南大学学报(人文)	5期	2003
《革命军》与民主主义革命	孟宪辉	中国档案报		2005.6.17

(七十六)杨禹昌

篇、书名	著(译)编者	出处	卷、期	年月日
杨禹昌传	清史补稿	四川文献	18期	1964

(七十七)谢刚哲

篇、书名	著(译)编者	出处	卷、期	年月日
谢刚哲先生传略	冉鸿翮	四川文献	41期	1966

（七十八）廖树勋

篇、书名	著(译)编者	出处	卷、期	年月日
廖树勋略传	李鼎禧	四川文献	26 期	1964

（七十九）卢师谛

篇、书名	著(译)编者	出处	卷、期	年月日
卢师谛传	徐 堪	四川文献	37 期	1965
卢师谛	文俊雄	民国档案	4 期	1994

（八十）张懋隆

篇、书名	著(译)编者	出处	卷、期	年月日
张懋隆传		四川文献	26 期	1964

（八十一）喻培伦

篇、书名	著(译)编者	出处	卷、期	年月日
喻大将军培伦墓表	杨庶堪	四川文献	20 期	1964
喻培伦事略	铁 厓	四川文献	21 期	1964
喻培伦	史 岩	四川日报		1979.8.17
喻培伦小传	刘章霖	历史知识	3 期	1980
喻培伦烈士及其家书	苏淑行 蔡佑芬	重庆师范大学学报（哲社）	4 期	1980
喻培伦和他的科技专著	史占扬	成都日报		1981.10.15
独臂青年喻培论	黄润纲	南方日报		1981.9.13
从喻培伦家书看清末资产阶级革命派的经济倾向	隗瀛涛	社会科学研究	5 期	1981
黄花岗七十二烈士之一——喻培伦	喻钟珏	西南师范大学学报（人文）	1 期	1983
喻培伦家书介绍	庄燕和	四川文物	4 期	1984

续表一

篇、书名	著(译)编者	出处	卷、期	年月日
喻培伦	刘章霖	历史教学	4期	1984
略谈喻培伦的爱国主义	刘章霖	内江师专学报	创刊号	1986
喻培伦大将军诞辰一百周年纪念会刊	内江市喻培伦大将军诞辰一百周年纪念会	编者刊		1986
喻培伦资料集	中国人民政治协商会议四川省内江市委员会等	编者刊		1986
一份珍贵的文物——介绍章炳麟撰张大千书《赠大将军喻君培伦传》	王月新	四川文物	1期	1987
喻培伦	拾 风	上海人民出版社		1987
"炸弹大王"喻培伦		上海教育（小学）	1期	1994
地图不准 暗杀不成	万 邦	地图	2期	1997
喻培伦与《恤金给与令》	杨 华	四川文物	2期	1999
喻培伦生平事略	黄剑庆	巴蜀史志	2期	2000

（八十二）赵铁桥

篇、书名	著(译)编者	出处	卷、期	年月日
赵铁桥传	华 生	四川文献	36期	1965

（八十三）杨维

篇、书名	著(译)编者	出处	卷、期	年月日
杨维传	叙永县志	四川文献	22期	1964

（八十四）刘文彩

篇、书名	著(译)编者	出处	卷、期	年月日
万恶的地主庄园	四川省大邑县地主庄园陈列馆	文物出版社		1964
刘文彩罪恶的一生	四川大学历史系、四川大邑地主庄园陈列馆	编者刊		1972
从刘文彩地主庄园看林彪吹捧孔孟之道的反动实质	川大中文系、大邑阶级教育展览馆	四川大学学报（哲社）	1期	1974
大邑刘氏庄园	吴金钟等	文物出版社		1992
大邑刘文彩地主庄园	吴金钟等	文物出版社		1992
地主庄院沧桑录——刘文彩及其家人档案	周东浩	成都出版社		1994
日本战舰玩具与刘文彩家酒	方苏	四川党史	6期	1996
刘文彩"地牢"的推倒	李普	同舟共进	9期	1998
一具"政治恐龙"的诞生——大地主刘文彩庄园及《收租院》真相调查	陈敏	时代文学	3期	1999
大地主刘文彩庄园真相调查	陈敏	上海档案	4期	1999
刘文彩真相	笑蜀	陕西师范大学出版社		1999
川西教父刘文彩五姨太的百味人生	刘邦琨	世纪行	1期	2000
刘文彩"水牢"是假的		政府法制	2期	2000
应从人物的本质评价历史人物——评刘文彩"新形象"	伊兵	中国图书评论	3期	2000
读《刘文彩真相》一书的杂感	李维嘉	真理的追求	12期	2000
刘文彩真相的真相——《刘文彩真相》批判集	四川省大邑县档案局、党史办《刘文彩真相》批判集编辑组	编者刊		2000
天府长夜——还是刘文彩	映泉	湖南文艺出版社		2000
刘文彩"庄园"七十年	明红	党史纵览	10期	2002
		百姓	13期	2002
		兰台世界	3期	2003
刘文彩五姨太王玉清话今昔	明红	湖南文史	2期	2003
还历史的本来面目——刘文彩庄园背后的故事	明红	福建党史月刊	3期	2003

续表一

篇、书名	著(译)编者	出处	卷、期	年月日
川西地下党与恶霸刘文彩	丁 群	文史精华	8期	2003
刘文彩的水牢和渣滓洞的红旗	马成广	炎黄春秋	9期	2003
刘文彩"庄园"的风风雨雨	明 红	文史精华	10期	2003
		钟山风雨	3期	2004
刘文彩五姨太的悲剧人生		晚报文萃	1期	2004
刘文彩五姨太的人生道路	水 一	龙门阵	3期	2004
近代中国乡村社会权势关系演变——以刘文彩与袍哥为个案	邵 雍	上海师范大学学报(哲社)	5期	2004
"刘文彩庄园"七十年	碧 红	武汉文史资料	5期	2004
庄园秘闻	王治安等	巴蜀书社		2004
刘文彩庄园背后的故事	明 红	党史文汇	10期	2005

（八十五）彭家珍

篇、书名	著(译)编者	出处	卷、期	年月日
李华英录叙彭家珍刺良弼经过		学术月刊	3期	1958
彭家珍事略	冯自由	四川文献	18期	1964
彭大将军家珍墓志铭	刘撰一	四川文献	18期	1964
彭家珍烈士传	姚锡光	四川文献	68期	1968
炸死良弼的彭加珍	伍进一 莫东富	羊城晚报		1981.11.16
彭家珍和家珍祠	王胜杰	成都日报		1980.1.24
访彭大将军专祠	廖世泽 陈绍忠	历史知识	4期	1981
彭家珍烈士轶事	张诚毅	历史知识	6期	1981
深切怀念辛亥革命烈士彭家珍	王菊逸等	四川日报		1981.10.11
辛亥革命时期四川青年英雄彭家珍	张诚毅等	龙门阵	3辑	1982
彭家珍赴日珍迹	张诚毅等	四川文物	4期	1985
义烈千秋——彭家珍大将军	成都市政协文史资料委员会等	成都出版社		1991

（八十六）潘大道

篇、书名	著（译）编者	出处	卷、期	年月日
力山遗集	潘大道	大东书局		1932
		上海书店		1996
潘大道事略	蜀侠	四川文献	36期	1965

（八十七）刘湘

篇、书名	著（译）编者	出处	卷、期	年月日
刘湘传	华生	四川文献	11期	1963
刘故主席湘功在国家	张群	四川文献	35期	1965
刘湘先生年谱序	刘航琛	四川文献		1975
刘湘先生年谱	周开庆	四川文献研究社		1975
刘湘之死——巴蜀掌故	袁箴等	重庆出版社		1982
张澜祭刘湘文	陈雁翚	文史杂志	1期	1985
刘湘其人——《刘湘》序	任一民	文史杂志	6期	1987
刘湘	乔诚 杨续云	华夏出版社		1987
刘湘的家庭亲情	黄文轩	四川统一战线	7期	2002

（八十八）王光祈

篇、书名	著（译）编者	出处	卷、期	年月日
王光祈留德治乐	快人	音乐季刊	5期	1925
王光祈先生之哀耗		时事新报		1936.2.28
关于王光祈先生	傅彦长	立报		1936.2.29
王光祈先生追悼会致词	蔡元培	新民报		1936.3.15
		蔡元培美学文选		1983
王光祈先生小传		时事新报		1936.3.15
王光祈先生略历		音乐教育	4卷5期	1936
追悼王光祈先生专刊	李劼人	编者刊		1936

续表一

篇、书名	著(译)编者	出处	卷、期	年月日
王光祈先生纪念册（附：王光祈与少年中国学会）	王光祈先生纪念委员会	编者刊		1936
		文海出版社		1968
一个艰苦的学生——王光祈	陆曼炎	大风	66期	
五四追忆王光祈	李劼人	四川日报		1950.5.4
略谈王光祈先生	廖辅叔	快乐的小队		1951
纪念王光祈先生	周畅	人民音乐	1期	1957
艰苦学人王光祈	胥端甫	畅流	24卷8期	1961
王光祈先生之生平及著作	文守江	四川文献	50期	1966
中国现代音乐的先烈学者——王光祈	许常惠	东方杂志	1卷1期	1967
王光祈先生二三事	陈锦忠	"中央"日报		1968.4.10
王光祈的隐痛	春明	四川文献	146期	1974
王光祈的一生与少年中国学会——五四人的悲剧形象及其分析	郭正昭 林瑞明	环宇出版社		1974
王光祈的一生与少年中国学会	郭正昭 林瑞明	百杰出版社		1978
近代中国音乐学先驱者——王光祈	李安和	大学杂志	106期	1977
王光祈	用舟	四川音乐	1期	1979
记王光祈先生	廖辅叔	音乐研究	3期	1980
我国现代音乐理论家——王光祈	玉成	儿童音乐	2期	1982
音乐博士王光祈	梅子乾 文枢	龙门阵	2辑	1982
从诗人到音乐学家——纪念王光祈诞生九十周年	廖辅叔	群众音乐	10期	1982
音乐学家王光祈生平事略	韩立文 毕兴	音乐探索	1期	1983
独上昆仑发巨响——王光祈诗如其人	廖辅叔	人民音乐	6期	1983
试评王光祈的博士论文《论中国古典歌剧》	钟善祥	音协四川分会乐苑	2期	1984
怀念王光祈先生	刘仁静 王川	音乐探索	3期	1984
忆王光祈	魏时珍	音乐探索	3期	1984
		四川师范大学学报（社科）	1期	1985

续表二

篇、书名	著(译)编者	出处	卷、期	年月日
王光祈为什么要改学音乐	方惠生 朱舟	人民音乐	9期	1984
王光祈生平大事及主要著述年表	毕兴 韩立文	音乐探索	1期	1985
王光祈生平大事及主要著述年表（续一）、（续二）、（续三）	毕兴 韩立文	音乐探索	2-4期	1985
有关王光祈评价的一些理论问题——在王光祈研究学术讨论会上的发言	赵宋光 管建华	音乐探索	1期	1985
王光祈史学著译论略	侯德础	四川师院学报（社科）	1期	1985
王光祈的生平和著作	崔宗复	四川师院学报（社科）	1期	1985
真诚的爱国主义者、博学的音乐学家王光祈——在王光祈研究学术讨论会上的发言	赵沨	音乐探索	2期	1985
王光祈研究论文集	黎文等	王光祈研究学术讨论会		1985
王光祈生平综述	韩立文 毕兴	音乐艺术	2期	1986
王光祈与少年中国学会（1918-1936）——民国学会个案探讨之一	郭正昭	中国近代现代史论集	22编	1986
王光祈年谱	韩立文 毕兴	人民音乐出版社		1987
《王光祈年谱》前言	赵沨	音乐探索	2期	1988
五四运动前后的王光祈	小野信尔	花园大学研究纪要	22号	1990
纪念王光祈先生百年诞辰	吕骥	音乐研究	4期	1992
王光祈与少年中国学会——纪念王光祈诞辰一百周年	周淑贞	兰州学刊	6期	1992
王光祈与少年中国学会	李映发	四川文物	1期	1993
黄钟流韵集——纪念王光祈先生	毕兴 苑树青	成都出版社		1993
名音乐家之死	翠儿 景天	税收与社会	6期	1996
理想的实践者		音乐世界	4期	1997
恽代英与王光祈——五四时代同始异终的典型	余三乐	北京党史研究	4期	1998
王光祈博士轶事	袁中行	志林大观	1期	1999
毛泽东与王光祈的友谊	马宣伟	文史杂志	1期	2000

续表三

篇、书名	著(译)编者	出处	卷、期	年月日
"留德学人与德国"系列随笔——王光祈	叶隽	德语学习	4期	2000
从社会活动家到音乐家的王光祈	蔡晓燕	民国春秋	6期	2000
王光祈初到德国	宫宏宇	黄钟	3期	2002
礼乐兴邦 复兴中华——纪念王光祈先生诞辰110周年	冯光钰	云南艺术学院学报	2期	2003
王光祈研究资料目录（增补部分）	胡扬吉	音乐探索	1期	2003
王光祈五四时期的文化选择述评	谭晓钟	音乐探索	2期	2003
王光祈覆蒋介石电本意辨析	张斌	音乐探索	2期	2003
毛泽东惦记中的王光祈	高元江	四川党史	2期	2003
王光祈的空想社会主义及其实践	林成西 许蓉生	音乐探索	3期	2003
王光祈书、文、事考	李岩	音乐探索	3期	2003
王光祈的寂寞与少年中国学会的分裂	赵晓铃	音乐探索	4期	2003
宗白华与王光祈的交谊与共识	侯敏	文史杂志	6期	2004
王光祈与德国汉学界	宫宏宇	中国音乐学	2期	2005
王光祈的救国之路	张彦	文史杂志	6期	2005

（八十九）乔大壮

篇、书名	著(译)编者	出处	卷、期	年月日
悲愤以终的乔大壮	姜德明	书边草		1983
先父乔大壮先生传略	乔无疆	书法研究	1期	1986
乔大壮与鲁迅	卜束	瞭望周刊	12期	1990
闲览琐掇（一）	劳柯	读书	10期	1993
"琐掇"之琐掇	冯炳昆	读书	1期	1994
学者、诗人乔大壮	方见肘	文史杂志	3期	2005
人间可哀乔大壮	李庶民	中国书画	5期	2005

（九十）车耀先

篇、书名	著(译)编者	出处	卷、期	年月日
车耀先烈士二三事	廖友陶	成都晚报		1962.10.20
愿以我血献后土，换得神州永太平		重庆日报		1978.9.7
"愿以我血献后土，换得神州永太平"——回忆父亲车耀先	车学英等	重庆日报		1979.12.3
车耀先和"努力餐"	司徒晋雁	成都日报		1980.7.28
车耀先早期进步文化活动片断	张 立	成都大学学报（社科）	1 期	1984
		西南师范学院学报（社科）	3 期	1985
车耀先与《语言》	张玉林	成都大学学报（社科）	4 期	1986
怀念亲爱的父亲车耀先烈士	车崇英等	红岩春秋	2 期	1990
车耀先传	杨家润	重庆出版社		1990
车耀先烈士诗抄	吕鸣乡	党史博采	4 期	1997
车耀先与"努力餐"餐馆	杜 娟	四川文物	4 期	2002
车耀先纪念文集	《车耀先纪念文集》编辑委员会	编者刊		2002
漫话车耀先笔名寓意	少 良	文史杂志	2 期	2003
李鹏总理忆车耀先烈士		巴蜀史志	5 期	2004
车耀先·努力餐	车 辐	巴蜀史志	5 期	2004
英雄业绩 侠士风范	胡绩伟	巴蜀史志	5 期	2004
读外祖父车耀先的遗书	李少谦	红岩春秋	6 期	2004
我的父母亲和努力餐	车毅英	四川烹饪	10 期	2004
车耀先·努力餐	车 辐	四川烹饪	10 期	2004
"愿以我血献后土"的车耀先	陈扬波	四川党的建设（城市）	12 期	2004
"努力餐"与车耀先的抗日往事	忆 文	四川档案	3 期	2005
车耀先烈士和"努力餐"	贺雅芳	党史博采（纪实）	5 期	2005
巴蜀丰碑15：车耀先		四川日报		2005.4.19

（九十一）刘愿庵

篇、书名	著(译)编者	出处	卷、期	年月日
刘愿庵同志回忆片断	李宗林	成都日报		1958.11.16
无产阶级的斗士——回忆刘愿庵烈士	萧青	成都日报		1959.7.12
忆刘愿庵同志	张秀熟	成都晚报		1961.6.21
刘愿庵烈士光辉的一生	王斌等	重庆现代革命史资料	2、3期	1981
蜀中英华，功垂史册——怀念刘愿庵同志	任白戈	重庆日报		1981.6.21
刘愿庵烈士传略	王斌	四川党史研究资料	6-8期	1983
刘愿庵参加"六大"后回四川的时间问题	邓寿明	四川党史研究资料	11期	1985
刘愿庵印象记	文强	革命英烈	2期	1987
最早进入中央委员会的四川党的领导人刘愿庵	邓寿明	四川党的建设（城市）	5期	2004
"纯为被压迫者牺牲"的中央候补委员四川省委书记刘愿庵	何蜀	红岩春秋	4期	2005

（九十二）吴芳吉

篇、书名	著(译)编者	出处	卷、期	年月日
吴白屋先生遗书	吴芳吉	排印本		1934
		成文出版社		1969
吴芳吉评传	卢前	独立出版社		1941
爱国诗人吴芳吉	张昕若	成都大学学报（社科）	1期	1984
吴芳吉逝世五十周年纪念集	重庆市江津县文化局	编者刊		1984
忆白屋诗人吴芳吉	张采芹	文史杂志	2期	1985
吴芳吉评传	施幼贻	重庆出版社		1988
吴芳吉集	吴芳吉著，贺远明等选编	巴蜀书社		1994
吴芳吉先生诞辰一百周年纪念专辑	江津市政协文史资料委员会	编者刊		1996
论吴芳吉的文学观	李伟民	川北教育学院学报	4期	1997
吴芳吉研究论文集	谷声渶等	成都吴芳吉研究会		1999

续表一

篇、书名	著（译）编者	出处	卷、期	年月日
吴芳吉研究	成都文化艺术联合会	中国文联出版社		2001
吴宓与吴芳吉的交谊	孙敦恒	民国春秋	2 期	1995
吴芳吉与吴宓的诗友情谊	曾祥邹	文史精华	5 期	2000

（九十三）许国璋

篇、书名	著（译）编者	出处	卷、期	年月日
许烈士国璋传	国防部史政局	四川文献	11 期	1963
许国璋传	资料室	四川文献	149 期	1975

（九十四）杨闇公

篇、书名	著（译）编者	出处	卷、期	年月日
杨闇公同志战斗的一生	程子健	成都日报		1960.4.20
杨闇公烈士与"三·三一"事件	赵宗楷	成都日报		1961.4.1
锦官城外建红旗——杨闇公同志在成都的活动片断	史占扬	成都日报		1961.6.28
忆杨闇公同志	吴玉章	历史研究	10 期	1978
人生如马掌，磨灭方休——记和杨闇公同志生活在一起的日子	赵宗楷	革命文物	5 期	1979
回忆和怀念杨闇公同志	任白戈	四川日报		1979.3.30
		重庆日报		1979.3.31
"从实际入手，向民间去"——纪念父亲杨闇公烈士牺牲52周年	杨洪彦	重庆日报		1979.3.30
我早年的革命引路人——杨闇公四哥	杨尚昆	四川日报		1979.3.31
杨闇公日记		四川日报		1979.3.31
杨闇公烈士传略		四川日报		1979.4.9
杨闇公日记	杨绍中等整理	四川人民出版社		1979
忆杨闇公同志	刘伯承等	四川人民出版社		1980
《杨闇公日记》及《回忆杨闇公》	张健	读书	3 期	1980

续表一

篇、书名	著(译)编者	出处	卷、期	年月日
杨闇公	郑洪泉	重庆师范学院学报（社科）	1 期	1982
杨闇公（续）	郑洪泉	重庆师范学院学报（社科）	2 期	1982
深切的怀念——纪念父亲杨闇公牺牲57周年	杨绍中	重庆日报		1984.4.10
巴山蜀水显神奇——纪念杨闇公同志牺牲60周年	萧绍斌	重庆社会科学	2 期	1987
杨闇公烈士夫人——赵宗楷	杨绍中	重庆党史研究资料	3 期	1987
杨闇公统一战线工作简述	叶成林等	重庆党史研究资料	4 期	1987
杨闇公在重庆团地委任职问题考辨	蒋德心等	四川党史研究资料	6 期	1987
再探杨闇公入党时间问题	张颢心	四川党史研究资料	7 期	1987
历尽艰险，九死不辞——杨闇公四次历险记	江 地	重庆晚报		1987.3.20
杨闇公与赵宗楷	江 地	重庆晚报		1987.3.24
血沃鹃花，虽死犹生——杨闇公牺牲经过	张 蒙	重庆晚报		1987.3.26
杨闇公光辉的一生	中共潼南县委宣传部	编者刊		1987
第一任四川省委书记	川 青	法制月刊	1 期	1988
对杨闇公思想转变问题的几点思考	陈 全	重庆党史研究资料	1、2 期	1992
论杨闇公的早期思想	苑 鲁	重庆党史研究资料	1、2 期	1992
杨闇公与四川军运	傅元学	重庆党史研究资料	1、2 期	1992
杨闇公与顺泸起义	匡珊吉	重庆党史研究资料	1、2 期	1992
杨闇公马克思主义世界观的形成轨迹初探	陈光复	重庆党史研究资料	1、2 期	1992
杨闇公和四川早期共产主义运动纲领	郑洪泉	重庆党史研究资料	1、2 期	1992
杨闇公简论——纪念杨闇公同志牺牲65周年	周 勇	重庆党史研究资料	1、2 期	1992
		社会科学研究	6 期	1992
杨闇公四议	胡康民	重庆党史研究资料	1、2 期	1992
吴玉章与杨闇公	吴达德	自贡师专学报	4 期	1992
杨闇公故事三则	丁 艾	红岩春秋	2 期	1992
杨闇公	中国共产党潼南县委员会	编者刊		1992
纪念杨闇公	陈 钧 丁 艾	解放军文艺出版社		1992

续表二

篇、书名	著(译)编者	出处	卷、期	年月日
杨闇公与第一次大革命在四川的兴起	郑洪泉	重庆师院学报（哲社）	1期	1993
杨闇公暨同时代四川革命先驱者生平与思想研究漫议	郑洪泉	重庆党史研究资料	2期	1995
杨闇公纪念集	周勇	重庆出版社		1993
磨不灭的马掌铁——杨闇公	中共潼南县委、潼南县人民政府	西南师范大学出版社		1996
少年杨闇公	郭绪忠	四川少年儿童出版社		1996
杨闇公文集	杨闇公	重庆出版社		1997
刘伯承和杨闇公的挚友情谊	李丽华	巴蜀史志	2期	2004
杨闇公与新中国三大元帅	王友平	巴蜀史志	6期	2004

（九十五）赵世炎

篇、书名	著(译)编者	出处	卷、期	年月日
赵世炎烈士革命事迹片断	彭承福	西南师范大学学报（人文）	4期	1979
赵世炎生平史料	赵世枢	文史资料选辑	58辑	1979
赵世炎烈士资料汇编	本书编委会	编者刊		1980
为中国工人阶级解放事业而奋斗的赵世炎同志	褚良如	历史教学	1期	1981
浩气如虹铄古今——赵世炎同志战斗的一生	彭承福	求是学刊	4期	1981
赵世炎在北方的革命活动	吴家林	学习与研究	2期	1982
赵世炎与"中国少年共产党"	王元年	史学集刊	4期	1983
赵世炎	彭承福	重庆出版社		1983
中共党史人物传 第七卷——赵世炎等	中共党史人物研究会	陕西人民出版社		1983
赵世炎选集	赵世炎	四川人民出版社		1984
新闻界人物（7）——赵世炎、恽逸群	《新闻界人物》编辑委员会	新华出版社		1987
血染的爱河——赵世炎革命春秋	沈国凡	上海文艺出版社		1989
赵世炎留法期间的革命活动	孙庆胜	中国青运	3期	1990
血洒黄浦江——中国工人运动著名领袖赵世炎受害经过	冉光大	四川地方志	5期	1990

续表一

篇、书名	著（译）编者	出处	卷、期	年月日
赴法勤工俭学时期的赵世炎	李枫	湖南师范大学社会科学学报	1期	1992
赵世炎传	赵石英	人民出版社		1993
邓小平与赵世炎	王明友	四川党史	3期	1995
中国共产党早期革命家的故事之六——赵世炎的故事等	晓华 杨宗丽	中共党史出版社		1996
赵世炎	汉文	工会理论研究	1期	1997
赵世炎的心路历程	曾超	涪陵师专学报	2期	1997
赵世炎与上海工人三次武装起义	徐胜萍	东北师大学报	2期	1998
赵世炎的奋斗观初探	曾超	涪陵师专学报	3期	1998
赵世炎传	姚仁隽	中共党史出版社		1998
啼血的杜鹃——赵世炎传	沈国凡	江苏人民出版社		1998
由工读主义走向马克思主义——赵世炎在留法勤工俭学活动中	刘会贵	重庆教育学院学报	2期	2001
留法勤工俭学期间的赵世炎	倪良端	四川党史	3期	2001
赵世炎与中共北方地区党的建设	谢荫明	北京党史	3期	2001
赵世炎和他的七论上海罢工潮	马福龙	上海党史与党建	4期	2001
赵世炎对中国工人运动的杰出贡献	马子富 李任生	工会理论与实践	5期	2001
上海第三次武装起义前后的赵世炎	刘伟	毛泽东思想研究	6期	2001
留法勤工俭学运动中的赵世炎	闫朦	理论导刊	10期	2001
赵世炎在法国的斗争活动	倪良端	炎黄春秋	11期	2001
赵世炎百年诞辰纪念集	中共中央党史研究室科研管理科	中共党史出版社		2001
缅怀赵世炎	中共酉阳土家族苗族自治县委党史研究室	中央文献出版社		2001
论赵世炎与时俱进的革命精神——追怀旅欧党团组织建立的光辉实践	王显乾	重庆商学院学报	3期	2002
赵世炎与旅欧党团组织的建立	鲜于浩 田雪梅	四川大学学报（哲社）	4期	2002
坚持党对工人运动的绝对领导——赵世炎与上海工人运动	李燕	苏州市职业大学学报	4期	2002
赵世炎在留法勤工俭学期间对中国革命的贡献	刘伟 谢永川	毛泽东思想研究	6期	2002

续表二

篇、书名	著(译)编者	出处	卷、期	年月日
赵世炎研究论文集	中共重庆市委党史研究室	中共党史出版社		2002
论赵世炎对中国革命的理论贡献	彭承福 刘伟	西南师范大学学报（人文）	4 期	2004
中国共产党的早期新闻工作者——赵世炎	李珞红	佛山科学技术学院学报（社科）	5 期	2004
著名的工人运动领袖赵世炎		人民日报		2005.2.19

（九十六）龙文治

篇、书名	著(译)编者	出处	卷、期	年月日
龙文治传略	周开庆	四川文献	55 期	1967
言语不通龙文治惨死途中	雷啸岑	中外杂志	9 卷 4 期	1971

（九十七）杨引之

篇、书名	著(译)编者	出处	卷、期	年月日
杨引之烈士传	舒君实	四川文献	24 期	1964

（九十八）李硕勋

篇、书名	著(译)编者	出处	卷、期	年月日
纪念李硕勋	阳翰笙	人物	3 期	1983
李硕勋传略	何锦洲 罗慰年	华南师范大学学报（社科）	1 期	1986
李硕勋同志在海南壮烈牺牲的前后	何锦洲	海南大学学报（社科）	3 期	1986
李硕勋同志在驻马店	何锦洲	驻马店师专学报（社科）	1 期	1987
忠骨遗琼岛　浩气贯神州——李硕勋、赵君陶纪略	袁小轮	革命人物	增刊 6	1987

续表一

篇、书名	著(译)编者	出处	卷、期	年月日
李硕勋	中共广东省委党史研究委员会《李硕勋》编写组	广东高等教育出版社		1987
关于李硕勋在杭州的点滴回忆	金翊群	江西文物	3期	1989
李硕勋将军传	何锦洲 刘汉升	广州文化出版社		1989
铭刻在人民心中的青年革命家——我所了解的李硕勋同志	阳翰笙	党史纵横	3期	1991
李硕勋烈士	刘汉升 吴坤富	中国民兵	2期	1992
我所知道的阳翰笙和李硕勋	雷晓晖 徐志福	宜宾师专学报	3期	1992
南昌起义前后的李硕勋	柏柳	老区建设	4期	1992
李硕勋烈士传	何锦洲 张添亮	中山大学出版社		1993
李硕勋传略	何锦洲	广西党史	1期	1994
关于李硕勋被捕前后的情况	何锦洲 刘汉升	广东党史	3期	1994
李硕勋在上海的革命足迹	宋国栋 何锦洲	党政论坛	11期	1994
彪炳千秋——记李硕勋烈士	王勇	党史文汇	2期	1995
记李硕勋烈士：迟到的报告	魏斌	辽宁人民出版社		1995
南昌起义前后的李硕勋	罗学渭 黄惠运	井冈山师范学院学报	1期	1996
李硕勋一代英烈	章夫	国际人才交流	3期	1996
在香港、海南斗争中壮烈牺牲的李硕勋烈士	何锦洲	特区展望	4期	1997
李硕勋与《中国学生》杂志	吴家华	北京党史研究	6期	1997
李硕勋在香港	何锦洲	中国党政干部论坛	7期	1997
少年李硕勋	熊建成	四川少年儿童出版社		1997
李硕勋 赵君陶的光辉历程	何锦洲 谢东红	中山大学出版社		1997
试论李硕勋的党性修养	张模超	重庆师院学报（哲社）	1期	1998
革命烈士李硕勋的一桩憾事	徐珣	协商论坛	6期	1998
革命先驱李硕勋——李硕勋研究文集	腾久明	重庆出版社		1998

续表二

篇、书名	著(译)编者	出处	卷、期	年月日
李硕勋在武汉等地的革命斗争	何锦洲	武汉文史资料	11期	2000
不朽的丰碑——纪念李硕勋烈士诞辰100周年文集	张松林	南海出版公司		2002
革命伴侣李硕勋和赵君陶的光辉人生	滕久明	红岩春秋	1期	2003
学习和缅怀革命先驱李硕勋	张学忠	四川党史	2期	2003
永远跟党走——李硕勋对中国青年运动的杰出贡献	沈建中	上海党史与党建	2期	2003
血洒琼州 功昭日月——纪念李硕勋烈士诞辰一百周年	邢诒孔 徐 冰	今日海南	2期	2003
阳翰笙与李硕勋	徐志福	文史杂志	6期	2003
李硕勋同志生平		四川日报		2003.2.21
革命先驱李硕勋	中共宜宾市委、中共高县县委	四川人民出版社		2003
"人民的坚强战士"李硕勋		人民日报		2005.4.7

（九十九）罗世文

篇、书名	著(译)编者	出处	卷、期	年月日
纪念罗世文同志	程子健	成都日报		1959.7.1
蓬溪暴动中的罗世文同志——《罗世文传》节选	郭久麟	南充师院学报（社科）	4期	1981
罗世文传略	郭久麟	社会科学研究	4期	1981
"高扬我们的旗帜"——罗世文烈士光辉的一生	郭久麟	重庆日报		1981.7.6
重庆反帝爱国运动中的罗世文	郭久麟	西南师范学院学报（哲社）	3期	1982
罗世文同志的监狱生活片断	阚孔壁	四川党史研究资料	12期	1982
《罗世文传》序言	陈 文	四川师院学报（社科）	3期	1983
罗世文传	郭久麟	重庆出版社		1983
罗世文与重庆早期共青团的活动	郭久麟	重庆青运史研究资料	1期	1985
罗世文书信两封		重庆党史研究资料	6期	1985
罗世文烈士的一封遗书	胡人朝	四川文物	2期	1995

（一百）赵一曼

篇、书名	著（译）编者	出处	卷、期	年月日
人民英雄赵一曼		沈阳日报		1950.7.29
赵一曼——纵横谈		旅大人民报		1950.8.26
学习赵一曼	南京市团委宣传部	编者刊		1950
英雄赵一曼被捕前后	戚贵元	松江日报		1951.11.26
赵一曼的故事	李志刚	商务印书馆		1952
		少年儿童出版社		1954
赵一曼过年	梁铭岫	齐齐哈尔日报		1957.1.30
赵一曼（连载）	杨歌等	中国青年	1-5期	1957
忆幺妹——赵一曼	李坤杰	读书	11期	1957
赵一曼	张麟 舒扬	工人出版社		1957
		河南人民出版社		1980
		湖南人民出版社		1980
杀害王会同、赵一曼的凶手落网	黄锦武等	辽宁日报		1958.4.4
抗日女英雄赵一曼	温野 臧秀	黑龙江人民出版社		1958
		辽宁人民出版社		1959
赵一曼	北京实验中学历史组	中华书局		1959
抗日英雄赵一曼	东北烈士纪念馆	延边人民出版社		1959
日本侵略者杀害抗日英雄赵一曼的经过	大野泰治	文史资料选辑	64辑	1960
赵一曼传	（金堤等）	北京外文出版社		1960
回忆抗联女英雄——赵一曼	梁铭岫	中国妇女	8期	1961
青春换得江山在	李鉴	四川日报		1962.7.5
青春换得江山壮——纪念抗日民族英雄赵一曼烈士殉难二十五周年	于忠夫	黑龙江日报		1962.7.5
东北抗日女英雄赵一曼	温野	黑龙江青年	5期	1978
碧血染将天地红——赵一曼同志传略		黑龙江画报	1期	1979
日本侵略者杀害赵一曼的经过	大野泰治	文史资料选辑	64辑	1979
丹心照汗青——记赵一曼烈士	于敏	中国妇女	10期	1979
赵一曼在哈尔滨的革命活动	温野	哈尔滨日报		1979.3.9

续表一

篇、书名	著(译)编者	出处	卷、期	年月日
蜀中巾帼富英雄	石湍	成都日报		1979.7.30
青年时期的赵一曼	郑光远	四川青年	3期	1980
赵一曼烈士就义前给儿子的遗书		福建青年	7期	1980
赵一曼同志在武汉	史求实	长江日报		1981.4.19
赵一曼青少年时代		中国青年报		1981.8.23
赵一曼烈士在武汉	陈德芸	武汉文史资料	4辑	1981
革命的巾帼英雄赵一曼	孙岩	人民铁道		1982.8.18
赵一曼战斗在东北——访哈尔滨东北烈士纪念馆	博亮	四川日报		1982.10.23
赵一曼在哈尔滨	方未艾	哈尔滨日报		1982.10.24
赵一曼的故事	潘益大 金正扬	少年儿童出版社		1982
赵一曼被杀害的经过	大野泰治	纵横	1期	1983
赵一曼在武汉军校	袁继成等	历史教学	3期	1983
回忆赵一曼烈士	方未艾	沈阳文史资料	4辑	1983
我所认识的赵一曼	方未艾	革命史资料	13辑	1983
赵一曼在宜宾	李尚义	四川日报		1984.8.25
满腔热血沃中华——访赵一曼的孙女陈红	何加正	人民日报（海外）		1985.9.7
赵一曼烈士纪念地	樊玉祥	尚志文史资料	3辑	1985
白山黑水女英杰——忆赵一曼同志	韩光	尚志文史资料	3辑	1985
		人民政协报		1985.9.24
回顾张柏岩先生为赵一曼治伤	王绍先	哈尔滨文史资料	7辑	1985
碧血染将天地红——纪念赵一曼烈士殉国五十周年	赵俊清	黑龙江日报		1986.7.28
赵一曼在哈尔滨市立医院	张海鹰	黑龙江史志	4期	1987
赵一曼	张麟 何家栋	湖南少年儿童出版社		1987
伪滨江省警务厅关于赵一曼的情况报告		吉林文史资料	26辑	1988
抗日英雄赵一曼	宜宾地委党史工作委员会、四川省妇联宜宾地区办事处	四川大学出版社		1989
坚贞不屈的赵一曼	胡世宗	辽宁少年儿童出版社		1991

续表二

篇、书名	著(译)编者	出处	卷、期	年月日
赵一曼和她的儿子	杨自田	红岩春秋	1期	1993
郑佑之与赵一曼	田若川	龙江党史	2期	1994
我残酷地刑讯了赵一曼	大野泰治	山西文史资料	3期	1995
对赵一曼的一次没有成功的营救	陆其国	上海党史研究	3期	1995
一代爱国女杰赵一曼的隐闻轶事	温野	科技文萃	3期	1995
爱国义士帮助赵一曼出逃始末	陆其国	妇女生活	4期	1995
罗瑞卿与赵一曼	刘德鑫	炎黄春秋	4期	1995
赵一曼，我的亲人——肖佑卿老人谈赵一曼	田若川	四川统一战线	4期	1995
赵一曼脱虎口又陷魔掌	陆其国	人民论坛	8期	1995
夜幕下的白衣勇士——记协助赵一曼出逃的看护韩勇义	哈富思	党史纵横	9期	1995
赵一曼就义前夕写给儿子的信		黑龙江日报		1995.9.22
"碧血染将天地红"——纪念抗日女英雄赵一曼殉国60周年	赵俊清	世纪桥	4期	1996
赵一曼的故事	徐光荣	花山文艺出版社		1996
赵一曼小传	胡效英 蒋二明	广东旅游出版社		1997
赵一曼与陈达邦相爱在莫斯科	倪良端	龙江党史	1期	1998
赵一曼还乡记	倪良端	红岩春秋	6期	1998
"青春换得江山壮"——女英雄赵一曼事迹追记	倪良端	党史文汇	10期	1998
赵一曼的红色恋情	倪良端	党史博采	11期	1998
赵一曼	伍莉洁	中国国际广播出版社		1998
巾帼热血沃中华——赵一曼纪念馆	杨自田	中国大百科全书出版社		1998
气贯长虹——爱国护士韩勇义	魏倩	党史纵横	5期	1999
赵一曼与给她深刻影响的郑佑之	田若川	四川党史	6期	1999
碧血染将天地红——记抗日女英雄赵一曼	倪良端	党史纵横	3期	2000
巾帼英雄赵一曼	武宁	兰台世界	1期	2001
巾帼英雄赵一曼（续）	武宁	兰台世界	2期	2001
"万民永忆女先锋"——纪念赵一曼烈士殉国65周年	赵俊清	世纪桥	4期	2001
抗日女英雄赵一曼	董国才	下一代	11期	2001

续表三

篇、书名	著(译)编者	出处	卷、期	年月日
赵一曼　红枪白马女政委	马祥林	北京青年报		2001.5.28
读李硕勋、赵一曼遗书有感	叶源洪	四川党史	1期	2002
女英雄赵一曼正名传奇	倪良端	文史春秋	3期	2002
我所见到的抗日女英雄赵一曼	山本和雄（杨瑰珍）	党史文汇	7期	2002
抗日女英雄赵一曼牺牲前后	沈柯	良师	13—15期	2002
巾帼英雄美名传——赵一曼生平事略	赵珊	党史纵横	9期	2002
赵一曼，你是我的亲人	倪良端	四川统一战线	9期	2002
抗日民族女英雄赵一曼	贺丹 罗鸣	中国三峡出版社		2002
抗日女英雄赵一曼	朱理明	党史月刊	3期	2004
赵一曼	徐光荣	二十一世纪出版社		2004
赵一曼	刘加量 王连生	北方文艺出版社		2004
抗日英雄赵一曼的情感世界	杨永康 杨子江	党史纵横	1期	2005
"红枪白马"的抗日女先锋——赵一曼	穆成林	共产党员	1期	2005
赵一曼和她的丈夫、儿子与孙女	杨永康 杨子江	世纪桥	1、2期	2005
赵一曼　甘将热血沃中华	黄莺等	广西党史	3期	2005
赵一曼和姐妹们在"黄埔"	倪良端	广东党史	4期	2005
赵一曼在哈尔滨的抗日斗争活动	季淑芬	黑龙江史志	5期	2005
赵一曼的遗嘱并非"亲笔手迹"	杨永康 魏明生	世纪桥	7期	2005
英雄城市　英名永驻——杨靖宇、赵尚志、李兆麟、赵一曼在哈尔滨	白明启	世纪桥	7期	2005
寻找赵一曼	杨自田	纵横	7期	2005
抗日英雄赵一曼	倪良端	党史天地	8期	2005
抗日女英雄赵一曼写给儿子的遗书	牛宝成	决策探索	8期	2005
抗日民族英雄赵一曼	雷文彬	新西部	9期	2005
赵一曼精神的时代特质	杨永康 魏明生	世纪桥	9期	2005
甘将热血沃中华——赵一曼		学习导报	9期	2005
英雄赵一曼的丈夫、儿子、孙女	高凤英	老人天地	12期	2005

续表四

篇、书名	著(译)编者	出处	卷、期	年月日
赵一曼的告别歌	王岚	党的建设	12 期	2005
著名抗日民族女英雄 赵一曼		人民日报		2005.3.8
赵一曼传	李云桥	黑龙江人民出版社		2005
碧血英魂——赵一曼传	温野	黑龙江人民出版社		2005
巾帼英雄赵一曼	许岩松	湖南少年儿童出版社		2005
纪念抗日民族英雄赵一曼诞辰100周年	沈芳	中央电视台新影制作中心等		2005

（一百零一）杨汉秀

篇、书名	著(译)编者	出处	卷、期	年月日
坚强的革命者——杨汉秀烈士	许可	重庆日报		1980.11.27
她牺牲在黎明之前——记杨汉秀烈士	甘犁	妇女生活	5 期	1982
杨汉秀烈士传	甘犁	四川党史研究资料	12 期	1982
杨汉秀	冯劼	党的生活	2 期	1983
她是金刚不朽身——记杨汉秀同志的殉难	甘犁	新观察	3 期	1983
杨汉秀和她的朱老师	甘犁	重庆日报		1984.11.25
女英烈杨汉秀	甘犁	四川人民出版社		1984
延安鲁艺的骄傲——悼念烈士杨汉秀同志	张望	美苑	1 期	1986

（一百零二）彭咏梧

篇、书名	著(译)编者	出处	卷、期	年月日
彭咏梧同志在省万师	王庸	重庆师范大学学报（哲社）	3 期	1980
江姐的亲人彭咏梧		党的生活丛刊	4 期	1981
一片丹心映红岩——彭咏梧烈士在重庆二三事	陈汉书等	重庆日报		1981.11.26
巴山英魂——彭咏梧传	史红军	解放军出版社		1987

（一百零三）江竹筠

篇、书名	著(译)编者	出处	卷、期	年月日
江竹筠		重庆出版社		1960
江竹筠同志生活片断	卢光特	贵州文史丛刊	2 期	1981
江竹筠传略	卢光特等	重庆党史研究资料	3 期	1982
红梅傲霜——江姐故事三则	陈汉书等	妇女生活	8 期	1982
永不磨灭的形象——忆江姐	周 毅	羊城晚报		1982.1.12
江竹筠传	卢光特 谭重威	重庆出版社		1982
关于江竹筠与《挺进报》之一例	刘渝明	重庆党史研究资料	6 期	1983
江竹筠究竟出生在那里	邱道煦	重庆日报		1983.9.18
江姐入党介绍人谈江姐——访省妇联顾问戴克宇同志	夏 溶	四川日报		1983.11.28
江竹筠——中华儿女革命的典型		重庆妇女	3 期	1984
她仍然活在人们心中——敬怀江姐	沈 醉	为了孩子	4-6 期	1984
江竹筠	郭占魁	新蕾出版社		1991
江姐托孤	知 先	炎黄春秋	8 期	1994
江姐后人今安在		党政论坛	6 期	1995
忆江姐	杨韵贤等	文史精华	5 期	1996
江姐的情感世界	何理立	四川统一战线	5 期	1996
和江姐在一起的日子	杨韵贤等	四川党的建设（城市）	7 期	1996
从渣滓洞带出来的江姐遗信	活 力	党史天地	8 期	1996
江竹筠的故事	杨益言	花山文艺出版社		1996
"江姐"的信是怎样带出渣滓洞的	吴家华	党史文汇	1 期	1997
巾帼英雄江竹筠	彭斯远	少年儿童出版社		1997
"弄假成真"的几对革命夫妻	潘丽华	党史博览	1 期	1998
锁不住的黑牢——江姐的信是怎样带出"渣滓洞"的	吴家华	党史纵横	6 期	1998
出卖江姐的叛徒究竟是谁	活 力	党史天地	6 期	1999
从"杀害江姐的刽子手"到县政协委员	刘邦琨	世纪行	4 期	2001
江姐"示儿信"是如何送出的		时代潮	14 期	2001
白公馆绣红旗是谁	活 力	党史天地	12 期	2001
江姐"示儿信"是如何送出的	周景高	党史文苑	1 期	2002

续表一

篇、书名	著(译)编者	出处	卷、期	年月日
江姐与战友王珍如的托孤情	知先	源流	5期	2002
江姐受过的是什么酷刑	何蜀	文史精华	5期	2004
江姐在四川大学	赵锡骅	红岩春秋	6期	2004
江竹筠 红梅傲雪红岩上	黄莺等	广西党史	4期	2005
江姐在万县被捕前后的英雄壮举	杜之祥	中华魂	7期	2005

（一百零四）张露萍

篇、书名	著(译)编者	出处	卷、期	年月日
心红似火，志坚如钢——忆张露萍烈士	车崇英	妇女生活	1期	1983
纪念余硕卿烈士	李澄	四川党史研究资料	9期	1983
灿烂的云霞——怀念余硕卿（张露萍）同志	胡代华	重庆日报		1983.11.27
名留千古——党的好女儿张露萍烈士	盛年等	贵州日报		1983.12.13，1983.12.14，1983.12.16，1983.12.20，1983.12.21
真理织成的心幕——忆叱咤风云的张露萍	冯开文	重庆青运史研究资料	5期	1984
回忆张露萍烈士的学生时代	李澄	重庆党史研究资料	11、12期	1984
张露萍从延安写给父母的信		重庆党史研究资料	11、12期	1984
闪光的红宝石——张露萍等七烈士遗骨迁葬记	孟勇	四川日报		1984.10.6
党的好女儿张露萍	李克林	人民日报		1985.7.14
张露萍传	施文淇	中国青年出版社		1985
魔窟奇女传——张露萍的故事	袁光厚	重庆出版社		1985
关于张露萍身世的调查	乔毅民等	四川党史研究资料	6期	1986
张露萍——巾帼英雄	白育琛 雷士忠	中国民兵	12期	1986
关于张露萍烈士的身世	车崇英	四川党史研究资料	2期	1987
党的英雄女儿——张露萍烈士生平事略	李澄	党史纵横	2期	1990

续表一

篇、书名	著(译)编者	出处	卷、期	年月日
军统电台"张露萍案"轶闻	俞 琦	红岩春秋	4期	1994
戴笠特工生涯的最大败笔——张露萍和她的"七人小组"战斗在军统中枢	吴江雄	贵州文史天地	6期	1997
张露萍：国民党"军统电台案"的"要犯"	金建明	党史纵览	6期	1999
潜伏在戴笠身边的"女侦察员"——红色女特工张露萍鲜为人知的故事	虎 林	法制与经济	6期	2001
		政府法制	1期	2002

二、合传

篇、书名	著(译)编者	出处	卷、期	年月日
四川人物志	虚 地	论语	68期	1935
蜀中畴人传	严敦杰	真理杂志	1卷1期	1944
蜀中文士	毛一波	"中央"日报		1957.5.17
蜀中文士补	毛一波	"中央"日报		1957.6.22
四川历史上的几个有名的妇女	享 邑	成都晚报		1962.2.28
蜀故笔谈——四川状元	李 寰	四川文献	38期	1965
四川古代名人	《历史知识》编辑部	四川省社会科学院出版社		1984
历代文化名人在四川	袁庭栋 张志烈	四川人民出版社		1985
四川历代名将	任宝根	巴蜀书社		1989
四川历史人物名胜词典	高 文等	四川人民出版社		1989
四川历代文化名人辞典	傅平骧等	四川文艺出版社		1992
巴蜀状元考	蔡东洲 李勇先	社会科学研究	4期	1994
巴蜀文化名人述略	崔荣昌	成都行政学院学报	5期	1999
漫话四川状元（连载一）	陈 崇	四川档案	2期	2000
漫话四川状元（续完）	陈 崇	四川档案	3期	2000
四川历代状元传略	王友平	巴蜀史志	4期	2003
历代巴蜀名人简谱	谭 红	文史知识	7期	2001

续表一

篇、书名	著(译)编者	出处	卷、期	年月日
巴蜀高劭振玄风——巴蜀百贤	李殿元	四川人民出版社		2001
巴渝英杰名流	傅德岷等	重庆出版社		2004
巴渝文化名人研究的学术思考	赵心宪	涪陵师范学院学报	6 期	2005
华阳人物志	林思进	成都美学林		1932
华阳人物志并序	林思进	华西学报	1 期	1933
华阳人物志世族表	林思进	华西学报	2 期	1934
成都历代名人	古元忠	成都市文管会		1990
成都状元	铁波罗 李燕	成都日报		2004.4.25
也说"成都状元"	萧源锦	文史杂志	4 期	2004
巴县历史人物（第一辑）	巴县县志编纂委员会	编者刊		1988
重庆古今风云人物	郑洪泉等	重庆大学出版社		1989
重庆名人辞典	重庆市地方志编纂委员会总编辑室	四川大学出版社		1992
重庆与名人	傅德岷 文成英	重庆出版社		2001
重庆历史名人典	王群生	重庆出版社		2005
通江历史人物选	政协通江县委员会	编者刊		1984
乐山市历代名人录	中共乐山市委宣传部、乐山市地方志编纂委员会	编者刊		1985
乐山历代人物传略	乐山地方志办公室	巴蜀书社		1990
乐山历史名人述略	杨炳昆	乐山师专学报（社科）	2 期	1991
青川县人物志	李实	四川省青川县志编纂委员会		1987
绵阳历任宰相宰辅简介	南治平	文史古今谈		1996
绵阳古今名人选	绵阳市地方志编纂办公室	四川人民出版社		1999
绵阳史上客籍人	陈见昕	绵阳市地方志编纂委员会办公室		2001

续表二

篇、书名	著(译)编者	出处	卷、期	年月日
岳池人物	中共岳池县委党史研究室、岳池县地方志办公室	编者刊		1998
三峡名人	宜昌市炎黄文化研究会	长江文艺出版社		1998
三峡名人（续）	宜昌市炎黄文化研究会	长江文艺出版社		2000
崇州历史名人录	崇州历史名人录编辑部	编者刊		2000
阆中历史名人	李奉治	重庆出版社		2001
合江人物	秦文彦	政协四川省合江县委员会		2001
巴渠人物纪事	唐敦教	四川人民出版社		2001
新都历史文化丛书：新都名人	李义让 冯修齐	四川人民出版社		2001
阆中历史名人	李文福	重庆出版社		2001
德阳市历代文化名人选	蒋万永	巴蜀书社		2003
罗江历代人物传略	刘良国	中国人民政治协商会议罗江县委员会		2003
眉山名人	政协四川省眉山市委员会	巴蜀书社		2004
双流100名人传	中共双流县委史志办公室	编者刊		2004
内江古今名人	中共内江市委党史研究室	编者刊		2005
洪雅县历代名人专辑	洪雅县历代名人碑林研究会	编者刊		2005
渠县艺文人物志	李隆炎	四川省渠县作家协会		
治水及其人物	姜蕴刚	说文月刊	3卷9期	1943
大禹与李冰治水的关系	黄芝冈	说文月刊	3卷9期	1943
李冰 文翁 诸葛亮	陶元甘	文史杂志	1期	1985
两汉三国之蜀贤及其著作	封思毅	四川文献	166期	1978
两汉时期西南人才地理特征分析	黎小龙	西南师范大学学报	2期	1995
试论两汉时期巴蜀人才的地域差异及影响	李桂芳	中华文化论坛	4期	2005
司马相如与卓文君行年考	李沬	文澜学报	3卷2期	1937
司马相如与卓文君	孙次舟	责善半月刊	1卷14期	1940

续表三

篇、书名	著(译)编者	出处	卷、期	年月日
卓文君与王昭君	王季思	胜流	5卷6期	1947
卓文君夜奔司马相如	李岱	吉林人民出版社		1958
卓文君与王昭君	易持恒	建设	14卷2期	1965
卓文君与司马相如的爱情悲剧	黄新根	妇女生活	1期	1982
司马相如夫妇的绝招		科技智囊	1期	1996
漫谈卓文君与司马相如传奇故事的戏剧	魏朗	文史杂志	5期	1996
母题的流变与模式的衍展——司马相如卓文君戏曲考论	苏涵	中华戏曲		2000
司马相如卓文君婚恋的身后遭遇	野芹	中文自学指导	3期	2000
何缘交接为鸳鸯——司马相如与卓文君	孔菁慧	齐鲁书社		2000
司马相如与卓文君	司马迁 张平光	阅读与鉴赏（高中）	1期	2002
司马相如与扬雄论略	贾名党 吴益群	贵州社会科学	3期	2004
陈范异同	陈述	国立北平师范大学		1919
谯周与陈寿	王定璋	西华大学学报（哲社）	1期	2005
杜甫与陈子昂	吴明贤	草堂	1期	1983
古雅同源 前后辉映——陈子昂与高适之比较	佘正松	四川师范学院学报（哲社）	2期	1993
李白与司马相如	陈钧	青海社会科学	6期	1986
李白与司马相如和扬雄	吴明贤	天府新论	5期	1989
李白与陈子昂	吴明贤	青海民族学院学报	4期	1989
蜀文化与陈子昂、李白	贾晋华	唐代文学研究	3辑	1992
赵蕤与李白	廖仲宣	文史杂志	5期	1995
李白与赵蕤	蒋志	绵阳师范高等专科学校学报	1期	2001
李白杜甫的比较研究	佐伯复堂	东洋文化	24期	1926
李白与杜甫	傅东华	商务印书馆		1927
李白与杜甫	定翔	北京益世报		1928.7.19，1928.7.22
评汪静之李杜研究	彦威	大公报·文学副刊	49期	1928.12.10
李杜研究	汪静之	商务印书馆		1928
李白と杜甫	鹽谷温	斯文	17编3号	1935

续表四

篇、书名	著(译)编者	出处	卷、期	年月日
李杜卒于水食辨	卢振华	师大月刊	30 期	1936
李杜比较观	吴南秋	民治月刊	17 期	1938
李杜之优劣论	斯 同	新民报半月刊	1 卷 5 期	1939
李白与杜甫	吴经熊	宇宙风乙刊	40 期	1941.3.1
李杜地位的完成	罗根泽	中央日报		1946.10.29
宋初的推崇李杜	罗根泽	中央日报		1946.11.19
杜甫与李白	霍松林	中央日报		1946.11.20, 1946.11.21
杜甫与李白的友谊	姚雪垠	文艺工作	1 期	1948
李白杜甫的友谊	丹 扉	公论报		1950.2.10
疑是と正是——李白と杜甫の対比	谷川英则	中国文化研究会会报	3 卷 2 期	1953
盛唐の二詩人	盐谷桓	學苑	174 期	1955
李白和杜甫的友谊	孙殊青	前哨	3 期	1957
		文艺世纪	14 期	1958
杜甫和李白的友谊	星 轺	读书月报	6 期	1957
杜甫与李白	曾克耑	文学世界	秋季号	1957
"杜甫""李白"	李成森	新民晚报		1957.5.29
李白与杜甫"比较"	吴鉴泉	东方	5 号	1959
李白杜甫及其《浮生六记》	谢利·M.布莱克	(伦敦)牛津大学出版社		1960
李白与杜甫	衡 若	新民晚报		1961.3.21
日涉漫钞(李杜优劣)	叶葱奇	文汇报		1961.1.22
李杜齐名	水 草	新民晚报		1961.3.26
杜甫和他的诗友李白	陈志宽	成都晚报		1962.4.12
李杜佳话	怀 南	北京晚报		1962.4.27
唐诗大厦的栋梁——略谈李白杜甫白居易的评价	林焕平	南宁晚报		1963.3.4
Two Great Chinese Poets, Li Pai and Tu Fu	Hu Pin-Ching	Chinese Culture	Vol. 2	1963
有关李杜交游的几个问题	耿元瑞	文学遗产增刊	13 辑	1963
李白与杜甫是怎样对待文学遗产的	北 窗	光明日报		1965.1.3
李白和杜甫是怎样对待遗产的	郝 兵	光明日报		1965.11.17
李杜齐名有几	选	"中央"日报		1965.5.18

续表五

篇、书名	著(译)编者	出处	卷、期	年月日
从唐诗看李杜的交谊	周子莳	古今谈	8期	1965
说杜甫赠李白诗一首——谈李杜之交谊与天才之寂寞	叶嘉莹	现代文学	28期	1966
盛唐李、杜及其诗风	钟仁杰	畅流	35卷11期	1967
李杜比较观	叶庆炳	国语日报		1968.1.23 1968.1.27
李杜比较研究	许世旭	庆祝高邮高仲华先生六秩诞辰论文集（下）		1968
中国两大诗圣——李白与杜甫	吴天任	图书馆馆刊	5卷1期	1972
		艺文印书馆		1972
李白と杜甫	高島俊男	評論社		1972
新李杜优劣论	茧庐	中华诗学	9卷1期	1973
李白と杜甫の交友についての一考察	渡部英喜	中国文学論考	1号	1973
李白与杜甫	阿瑟·库珀	企鹅书店		1973
评抑李扬杜	唐诵	安徽师大学报（哲社）	4期	1974
从李杜说起	张健	台北南京出版公司		1974
唐代的三位诗人：李白、王维与杜甫		（罗马尼亚）宇宙出版社		1978
诗坛韵事 岱岳锦霞——李白、杜甫、高适在泰山脚下的聚会	孟祥鲁	泰安师专学报	3期	1979
杜甫怎样评价李白	公盾	学术研究	4期	1979
杜甫与李白	朱曦	山花	6期	1979
试论李白与杜甫的政治理想	罗宗强	古典文学论丛	1辑	1980
试谈李白与杜甫的评价问题	刘夜烽	江淮论坛	4期	1980
李杜优劣古今谈	陈榕甫	文汇报		1980.12.7
李白与杜甫	陈香	台南凤凰城图书公司		1980
李杜论略	罗宗强	内蒙古人民出版社		1980
李白和杜甫	叶毓中	四川人民出版社		1980
《李杜论略》读后——给罗宗强同志的信	孙犁	天津日报		1981.10.17
李白、杜甫到过南岳吗	刘祯祥	湖南师院学报（哲社）	1期	1981
山水同辉 风采迥异	郭秀彦	山东师院学报	1期	1981

续表六

篇、书名	著（译）编者	出处	卷、期	年月日
诗歌史上的双子星座——李白与杜甫	罗宗强	文史知识	1 期	1981
李杜友谊在 千古仰高情	程有缀	太湖	1 期	1981
关于李杜优劣论	张式铭	湘潭大学学报（社科）	3 期	1981
杜甫与李白的友谊	李宽	东北师大学报（社科）	4 期	1981
李白、杜甫的友谊	马光复	中外作家逸事		1981
李白与杜甫	松浦友久	唐诗之旅		1981
李白与杜甫	石川忠久	人物中国的历史（六）		1981
简论李白和杜甫	燕白	四川人民出版社		1981
李白与杜甫的长安生活情况	纪孟漫	巨流图书公司		1981
李杜川北遗迹考察散记	濮禾章	草堂	1 期	1982
"李杜文章在，光焰万丈长"——李杜优劣论述评	陈贻焮	文艺理论研究	1 期	1982
"李杜相讥"辨	朱则杰	大学生丛刊	2 辑	1982
唐代历史转折时期的李、杜及其诗歌	裴斐	文学遗产	3 期	1982
谈李白、杜甫的友谊和天才的寂寞——从杜甫《赠李白》诗说起	叶嘉莹	北京师范大学学报（社科）	3 期	1982
李白对杜甫的影响	黄国彬	中外文学	11 卷 5 期	1982
历史上有七"李杜"和两"元白"	龚维英	历史知识	5 期	1982
李杜论略	罗宗强	内蒙古人民出版社		1982
李杜交游新考	郁贤皓	草堂	1 期	1983
关于李、杜、苏评价的争鸣		文荟	6 期	1983
从语言风格上看李杜之异同	杜仲陵	语文园地	2 期	1984
中国古典文学讲座：第八讲李白与杜甫	吴万刚	自修大学	2 期	1984
李白杜甫异同论	苏仲翔	湖南教育学院学报	4 期	1984
李白与杜甫的友谊	祁和辉	历史知识	4 期	1984
历代"李杜优劣论"画廊剪影	黄荣志	语文学刊	5 期	1984
李白、杜甫、高适的梁宋之游	葛景春	中州今古	6 期	1984
从李杜优劣论看罗大经的文学思想	梁勇	四川师院学报（社科）	3 期	1985
杜甫论李白	孙守让	语文园地	4 期	1985
李杜短长初探	顾伟列	济宁师专学报	1 期	1986
揭开李白与杜甫交恶之谜	吴市箫生	春秋	686 期	1986

续表七

篇、书名	著(译)编者	出处	卷、期	年月日
深情厚意 命运与共——杜甫《天末怀李白》	肖 逸 牧 樵	文学报		1986.3.27
李杜初识时地探索	王辉斌	四川师范大学学报（社科）	1期	1987
明人李杜比较研究浅说	朱易安	李白学刊	1辑	1987
悲剧的契合 永恒的契合——论李杜洛阳之会	张 宏	东岳论丛	5期	1988
"李杜优劣论"再议	邓元煊	四川师范大学学报（社科）	5期	1988
李杜友谊	孙移泰	语文月刊	9期	1988
素読李白・杜甫入門 中国二大詩人に学ぶ人生の知恵	安達忠夫	ごま書房		1988
李白杜甫的异称	徐传武	文科教学	1、2期	1989
论"一李九杜"与"一杜九李"的审美差异	羊春秋	长沙水电师院学报	2期	1989
李白与杜甫谁高低	南宫搏	春秋	758期	1989
诗坛双星辉映时——李白与杜甫的交游与追怀	崔 鹏	内蒙古电大学刊	3期	1990
李白陷狱与杜甫获罪	康怀远	祁连学报	1期	1991
"李杜文章在，光焰万丈长"——关于李、杜评估的历史回顾	方凤岐	江汉大学学报（社科）	4期	1991
李杜目论	胡国瑞	中国文学研究	4期	1992
"李杜优劣论"平议	云 松 子 由	思茅师专学报	1期	1994
		社科纵横	4期	1994
李白之死与此同杜甫之死	前野直彬	春草考——中国古典诗文论丛		1994
谈李白与杜甫	鄢国培	湖北财税	1期	1995
杜甫与高适李白游宋中考辨——兼辨杜李游鲁及杜入长安时间	乔长阜	杜甫研究学刊	2期	1995
杜甫和高适、李白同游宋中在何时——兼与乔长阜同志商榷	陶瑞芝	杜甫研究学刊	1期	1996
李杜晚年何尝有"隔阂"——杜诗郭解商榷之一	刘友竹	杜甫研究学刊	4期	1995
李杜文章嗟谤伤	周汝昌	杜甫研究学刊	4期	1996
陇右文化中的李白与杜甫	王晶波	中国典籍与文化	3期	1997
李杜异同与地域文化	蒋 志	绵阳师范高等专科学校学报	4期	1997
诗圣・诗仙・诗佛（上）	徐 克	苏州职业大学学报	1期	1997
诗圣・诗仙・诗佛（下）	徐 克	苏州职业大学学报	1期	1998

续表八

篇、书名	著(译)编者	出处	卷、期	年月日
不是幡动，是心动——试用接受美学的观点重新阐释李杜优劣论	葛景春	河南社会科学	1期	2000
论李杜友谊的历史存案	李建东	黎明职业大学学报	1期	2000
岳飞、李白和杜甫的相貌	王镜轮	紫禁城	2期	2000
论李杜的清丽观	陈应鸾	文艺理论研究	3期	2000
道儒存心性　文坛两巨星——李白、杜甫不同诗风根源之探析	唐琦斯	广西广播电视大学学报	1期	2001
		社科与经济信息	2期	2001
杜甫、高适、李白梁宋之游疑于开元二十五、六年说	邝健行	杜甫研究学刊	2期	2001
长乐坡前逢杜甫——天宝十二载李杜重逢于长安说	安旗	北京社会科学	2期	2001
真者无畏　善者无私　智者无忧——论李白·杜甫·苏轼的人格精神	胡萍	湖南社会科学	2期	2001
儒道互补，自适其性——从李白、苏轼等看封建文士的处世心态	王宝琴	牡丹江大学学报	2期	2001
李杜轩轾新观点（上篇）	陈潞	香港诗刊	3期	2001
李杜轩轾新观点（下篇）	陈潞	香港诗刊	4期	2002
李白杜甫对后世影响大小之比较	罗文进	重庆师专学报	4期	2001
儒、释、道与李、杜、王	陈炎	中国文化研究	4期	2001
论韩愈对李杜的评价	陈新璋	华南师范大学学报（社科）	6期	2001
李白的"携妓东山"和杜甫的"莫学野鸳鸯"——诗仙、诗圣女性观的一点比较	许德楠	宁夏大学学报（人文）	6期	2001
诗文"惊天地"友情"动鬼神"	李玉红 陈国菊	甘肃教育学院学报（社科）	增刊	2001
论李杜成为我国古代诗人第一的原因——为纪念李白诞生1300周年、杜甫诞生1289周年而作	谭文兴	重庆三峡学院学报	1期	2002
"别说"李杜优劣	陈钧	盐城师院学报	1期	2002
李白杜甫优劣论之我见	张丽芹	辽宁师专学报	1期	2002
谈杜甫论李白诗和杜甫与李白间"剀切"及"疏旷"的对待关系	邝健行	杜甫研究学刊	2期	2002
关于李白、杜甫梁宋之游若干问题的考证	王增文	商丘师范学院学报	3期	2002
记取当年相逢好——谈李杜交谊	陈春艳	文史知识	9期	2002
吴乔之李白杜甫优劣论	郑滋斌	唐代文学研究		2002

续表九

篇、书名	著(译)编者	出处	卷、期	年月日
李白 杜甫在兖州——兖州文史资料	政协山东省兖州市文史资料委员会	编者刊	6辑	2002
肃宗朝政局纷争与李杜的悲剧命运	李中华 张忠智	武汉大学学报（人文）	3期	2003
李杜友情新析	冯小禄	杜甫研究学刊	4期	2003
杜甫如何看待李白"从璘"事	张浩逊	杜甫研究学刊	4期	2003
论杜甫在东鲁时期与李白的交友及诗作	上田武（李寅生）	杜甫研究学刊	1期	2004
李白、杜甫和高适为何并未共登开封吹台	杜玉俭	中州学刊	3期	2004
诗仙诗圣寓昙云	刘泰焰	杜甫研究学刊	1期	2004
大鹏中天力不济 凤凰栖梧枝难觅——李杜悲剧人生的历史审视与现代阐释	杨再锋	昌吉学院学报	1期	2004
再论李杜	熊开芬	文山师范高等专科学校学报	2期	2004
李杜之变与唐代文化思潮的转型	葛景春	中州学刊	4期	2004
李杜优劣新论——圣者情怀：李杜优劣的根本原因	张秀成 张原成	西南民族大学学报（人文）	7期	2004
附势与媚俗：唐代诗人人格的另一面——以李白、杜甫、高适为中心	杨恩成 吕蔚	陕西师范大学学报（哲社）	3期	2004
祝允明と李白・杜甫	松村昂	東方学	107辑	2004
从英雄崇拜看李杜人格取向的差异	封野	南京师范大学文学院学报	1期	2005
李、杜梁宋之游实为宋州之游考证	王增文	商丘职业技术学院学报	1期	2005
李杜文章在 光焰万丈长——对李杜优劣论的一些思考	刘尚慈	徐州教育学院学报	2期	2005
韩愈论李杜刍议	常思春	杜甫研究学刊	4期	2005
李白与杜甫	郭沫若	人民文学出版社		1971
《李白与杜甫》讲析——郭沫若著《李白と杜甫》评论	王章陵	问题与研究	2、3期	1972
评郭沫若《李白与杜甫》	笕久美子	中国文学报	23期	1972
评郭沫若《李白与杜甫》	安东俊六	中国文学论集	4集	1974
评郭沫若的《李白与杜甫》	林曼叔	新源出版社		1974
郭沫若扬李抑杜及其他	林持章	明报	13卷7期	1978
《李白与杜甫》异议	缪志明	天津师院学报	1期	1979

续表一〇

篇、书名	著(译)编者	出处	卷、期	年月日
对古代作家的评论必须坚持历史唯物主义的方法——试谈《李白与杜甫》一书的扬李抑杜的倾向	张殿臣	四平师院学报（哲社）	1期	1979
也谈《李白与杜甫》——兼论李白的思想特征	李克臣 杜传勇	丹东师专学报	1期	1979
对《李白与杜甫》中几个问题的管见	张德鸿	昆明师院学报	3期	1979
关于《李白与杜甫》	萧涤非	文史哲	3期	1979
		新华月报	9期	1979
读《李白与杜甫》札记——李白出身于中亚碎叶补说	陈化新	延边大学学报（哲社）	3期	1979
文章千古事，得失寸心知——就对《李白与杜甫》的批评同萧涤非等同志商榷	李保均	四川大学学报（哲社）	4期	1979
读《李白与杜甫》	萧文苑	西北大学学报（哲社）	4期	1979
对《李白与杜甫》的几点意见	刘世南	文史哲	5期	1979
《李白与杜甫》述评	张德鸿	昆明师院国庆三十周年论文专集		1979
试论李白与杜甫的政治理想	罗宗强	古典文学论丛	1辑	1980
《李白与杜甫》一书读后	蒋逸雪	扬州师院学报（社科）	2期	1980
关于李、杜研究中的两个问题——重读《李白与杜甫》	陈昌渠	四川大学学报（哲社）	2期	1980
论李杜优劣之争——兼对《李白与杜甫》的一点意见	张步云	上海师院学报（社科）	2期	1980
对《李白与杜甫》一书的不同意见	赵建华等	语文教学通讯	2期	1980
对郭老抑杜的质疑——读《李白与杜甫》	吴代芳	郴州师专学报	2期	1980
评《李白与杜甫》	高建中	文学评论	3期	1980
对《李白与杜甫》的几点疑义	匡扶	文史哲	3期	1980
对《李白与杜甫》的一些异议	王学太	读书	3期	1980
郭沫若与杜甫	韩培基 江汗青	宁夏大学学报（哲社）	3期	1980
关于《李白与杜甫》中对杜甫评价的商榷	李汝伦	花城	4期	1980
《李白与杜甫》质疑点滴	陈介如	湖南师院学报（哲社）	4期	1980
试谈李白与杜甫的评价问题	刘夜烽	江淮论坛	4期	1980
也谈《李白与杜甫》	吴代芳	教学与研究	4、5期	1980

续表一一

篇、书名	著(译)编者	出处	卷、期	年月日
郭老把范传正访李白后裔的年份弄错了	洪素野	学术研究	6期	1980
关于《李白与杜甫》的争鸣	学	争鸣	38期	1980
对《李白与杜甫》一书的不同意见		解放军报		1980.12.23
"鹅鸭"必须经常"数"——《李白与杜甫》异议之一	钟来因	群众论丛	1期	1981
杜甫《警急》诸诗作意辨析——兼评《李白与杜甫》中的一个观点	左云霖	辽宁大学学报(哲社)	1期	1981
论诗人与酒——兼评《李白与杜甫》中"杜甫嗜酒终身"一章	吴迪	河北师大学报(哲社)	1期	1981
对《郭沫若与杜甫》一文的几点意见	谭文兴	宁夏大学学报(社科)	1期	1981
杜甫过的不是地主生活吗——兼与肖涤非、韩培基、江汗青诸同志商榷	宁业高	宁夏大学学报(社科)	1期	1981
也评《李白与杜甫》——兼与谭、宁二同志商榷	刘维俊 曹作芬	宁夏大学学报(社科)	2期	1981
恽逸群遗作选——关于《李白与杜甫》致郭沫若书	恽逸群	社会科学	2期	1981
谈《李白与杜甫》——对《郭沫若与杜甫》一文的补白	丁集思	宁夏大学学报(社科)	3期	1981
郭沫若同志就《李白与杜甫》一书给胡曾伟同志的复信		东岳论丛	6期	1981
"杜甫的地主生活"异议——读郭沫若著《李白与杜甫》札记	钟来因	江淮论坛	6期	1981
杜诗"伐叛必全惩"考释——《李白与杜甫》摘评之一	钟来因	徐州师范学院学报	1期	1982
评《李白与杜甫》对杜甫屈原关系的曲解	钟来因	福建论坛	1期	1982
对《李白与杜甫》一书的几点看法	廖士杰	宁夏大学学报(社科)	2期	1982
郭著《李白与杜甫》地理正误	谭其骧	历史地理	2辑	1982
郭沫若:《李白与杜甫》	群	读书	5期	1982
评价《李白与杜甫》应公允	力牧	北京晚报		1982.1.5
实事求是才能公允	何粗	北京晚报		1982.1.30
郭老的失误之作——杂谈《李白与杜甫》	王志尧	淮北煤院学报	3期	1985

续表一二

篇、书名	著(译)编者	出处	卷、期	年月日
《李白与杜甫》的得失	王锦厚	郭沫若学术论辩		1990
《李白与杜甫》的出版和《杜甫研究》的修订	杨廷治	北京大学学报（哲社）	5期	1991
重读《李白与杜甫》	刘纳	郭沫若学刊	4期	1992
对郭沫若《李白与杜甫》一书的再研究	凌如珊 徐越化	郭沫若学刊	2期	1993
郭沫若的《李白与杜甫》	陈永明	中国文学散论		1994
谁解其中味——关于《李白与杜甫》	周品生	楚雄师专学报	1期	1995
郭沫若笔下的真杜甫	曾亚兰	郭沫若学刊	1期	1997
论《李白与杜甫》的历史与政治内涵	胡可先	杜甫研究学刊	4期	1998
学术中的误区与误区中的学术——重评郭沫若的《李白与杜甫》	王辉斌	文学遗产	3期	1999
论郭沫若的李杜研究	谢保成	郭沫若学刊	2期	2001
如今了然识所在——再论郭沫若的《李白与杜甫》	刘茂林	郭沫若学刊	2期	2001
《李白与杜甫》：沉重的精神涅槃——郭沫若对"中国的庸人气味"的批判	曾永成	郭沫若学刊	2期	2002
《李白与杜甫》：乱世浊流中的文化抗争	曾永成	郭沫若学刊	3期	2002
士人格与仕途圆融之两难——《李白与杜甫》管窥	张顺发	重庆三峡学院学报	2期	2003
重读郭沫若的《李白与杜甫》——兼谈当代中国的文化评论	樊星	中国海洋大学学报（社科）	3期	2004
附势与媚俗，唐代诗人人格的另一面——以李白、杜甫、高适为中心	杨恩成 吕蔚	陕西师范大学学报（哲社）	3期	2004
《李白与杜甫》三题	谭解文	湘潭大学学报（哲社）	6期	2004
从社会历史的发展演变审视"李杜并称"与"扬杜抑李"两种文化思潮——兼论郭沫若的李杜研究	谢保成	郭沫若与20世纪中国文化		2004
向慕春风杨柳丝——再论郭沫若的《李白与杜甫》	刘茂林	郭沫若与20世纪中国文化		2004
《李白与杜甫》传达了晚年郭沫若怎样的心灵信息	邵燕祥	北京日报		2004.9.6
一部拓有极左印迹的文学评论专著——回眸郭沫若先生的《李白与杜甫》	王志尧	周口师范学院学报	3期	2005

续表一三

篇、书名	著(译)编者	出处	卷、期	年月日
《李白与杜甫》：隐秘的心灵自叙	贾振勇	海上文坛	7期	2005
刘禹锡与苏轼	卞孝萱	中国古典文学论丛	3辑	1985
李白和苏东坡与谜语	谭达先	羊城晚报		1962.10.27
王羲之 李白 杜牧 苏轼	杜英穆	名望出版社		1987
是"气节"过人 还是不知"义理"——从苏轼兄弟评价李白的分歧谈起	杨胜宽	四川师范学院学报（哲社）	1期	1993
苏轼和李白	张浩逊	吴中学刊	4期	1996
		辽宁师范大学学报（社科）	4期	1997
李白与苏东坡的社交生活	陈虹	南北极	314期	1996
文坛千古两谪仙——李白与苏轼比较研究	葛景春	社会科学研究	3期	1988
飘逸不群与空妙自然——李白与苏轼的文化意义	王定璋	九江师专学报	2期	1998
儒道互补，自适其性——从李白、苏轼等看封建文士的处世心态	王宝琴	牡丹江师院学报	2期	2001
深入探究李白、苏轼其人的文化意义	刘扬忠	求索	1期	2002
论太白、子瞻之"仙"气	龚红林	高等函授学报（哲社）	3期	2005
真放与旷达——李白苏轼人生态度和诗风比较	何念龙	乐山师范学院学报	8期	2005
苏轼和杜甫	张浩逊	吴中学刊	2期	1997
		杜甫研究学刊	1期	1998
二苏论杜比较	李凯	内江师专学报（社科）	1期	1997
		成都大学学报（社科）	2期	1997
欲乘明月光访君开素怀——闲谈苏轼与李白	羽军	四川戏剧	5期	2001
真者无畏 善者无私 智者无忧——论李白·杜甫·苏轼的人格精神	胡萍	湖南社会科学	2期	2001
文化视域中的李白与苏轼	刘石	求索	1期	2002
唐宋两代蜀士状元考	文守仁	四川文献	52期	1966
中伊友好往来的历史见证——唐代定居四川三台县的伊朗裔华籍人李珣、李玹、李舜玹兄妹	刘德仁 沈庆生	四川日报		1978.9.1
《茅亭客话》里的四川人物	雷履平	四川师院学报（社科）	1期	1981

续表一四

篇、书名	著（译）编者	出处	卷、期	年月日
宋代における四川官僚の系譜についての一考察	青山定雄	和田博士古稀記念東洋史論叢		1961
宋代川籍宰辅题名录（上）（下）	姚蒸明	四川文献	140、141期	1974
南宋四川における定居人士——成都府路、梓州路を中心として	伊原弘	東方学	54辑	1977
南宋川籍进士之研究（上）	吴龙财	社会科教育学刊	2期	1993
南宋川籍进士之研究（下）	吴龙财	社会科教育学刊	3期	1994
两宋蜀士题刻校补	陶喻之	四川文物	4期	2005
宋代成都的园艺家	崧	成都晚报		1961.8.13
水利"世家"	葛绳楠	安徽日报		1961.6.11
蘇易簡との一族	藤原有仁	中田勇次郎先生頌壽紀念論集		1985
陈尧叟在广西	李炳东	学术论坛	2期	1981
陈尧咨射于家圃——《卖油翁》故事考实	王文彦 卫平复	河南师范大学学报（哲社）	1期	1987
《宋史》勘误三则	庄剑	史学月刊	2期	1987
陈尧咨不当武官的启迪	黄渭铭	体育文史	6期	1987
《宋史·陈尧佐传》补考	蔡东洲	四川师范学院学报（哲社）	2期	1996
《陈省华神道碑》与《陈尧佐自制墓铭》研究	蔡东洲	西华师范大学学报（哲社）	5期	2003
宋代阆州陈氏研究	曦洲	四川师范学院学报（哲社）	4期	1997
宋代阆州三陈与明朝南充二陈"同族说"辨	陈良兵	四川师范学院学报（哲社）	2期	1998
宋代阆州陈氏研究的历史和现状	张玉宝	中华文化论坛	3期	1998
宋元阆州陈氏徙所考述	蔡东洲	四川师范学院学报（哲社）	6期	1998
宰相夫人也要下厨房	赵忠心	家教博览	9期	1999
宋代阆州陈氏研究	蔡东洲	天地出版社		1999
从阆中陈氏父子为政看宋代能员在地方开发方面的贡献	张绍诚	文史杂志	4期	2003
川北宋代陈氏遗迹考察	蔡东洲	四川师范学院学报（哲社）	1期	2001
陈尧佐家世事迹论述	程有为	漯河职业技术学院学报（综合）	1期	2003
拜谒三宰相墓	刘文泽	中州今古	5期	2004
安丙家族考论	蔡东洲	文献	4期	2004

续表一五

篇、书名	著(译)编者	出处	卷、期	年月日
唐宋八大家评传	张梗民	学生书局		1978
唐宋八大家逸闻趣事谈	郭文卿	中国物资再生	1期	1996
唐宋八大家列传	刘德清等	哈尔滨出版社		1995
唐宋八大家列传	颜邦逸等	吉林文史出版社		1998
唐宋八大家年谱	王冠辑	北京图书馆出版社		2005
宋代眉州士大夫的婚姻关系	陈宗秀	第二届宋史学术研讨会论文集		1996
宋代眉山苏氏婚姻与党争	马斗成	烟台大学学报（哲社）	2期	2001
宋代眉山苏氏家族祭祀生活探析——以三苏时代为中心	马斗成	文史	54辑	2001
宋代眉山苏氏家族与风水试探	马斗成	青岛大学师范学院学报	1期	2004
宋代眉山苏氏家族研究	马斗成	中国社会科学出版社		2005
苏家三父子	左舜生	万竹楼随笔		1957
		文艺史话及批评（1）		1970
三苏年谱汇证	易苏民	大学文选社		1969
三苏父子	黄伟达	文艺复兴	98期	1978
三苏学养之关联性	谢武雄	台中师专学报	10期	1981
三苏字号释考	刘少泉	四川图书馆学报	专刊之三	1981
三苏生平	张忠全 丁绍和	三苏博物馆		1985
三苏坟资料汇编	郏县档案馆	河南大学出版社		1986
三苏散论——纪念苏东坡诞辰九百五十周年	四川省眉山三苏博物馆、四川师范大学学报编辑部	四川师范大学学报丛刊	13辑	1987
宋人所撰三苏年谱汇刊	王水照	上海古籍出版社		1989
三苏新传	陈雄勋	中国工商学报	12期	1991
坡公号老泉考	李 李	国文天地	8卷9期	1992
三苏生平 简介	三苏博物馆	编者刊		1992
千古眉山留佳话 一门三代五书家	刘 诗	四川文物	6期	1994
三苏传——理想与现实	曾枣庄	学海出版社		1996
眉山三苏 苏洵 苏轼 苏辙		岳麓书社		1998
三苏与北宋进士科举改革	李希运	山东大学学报（哲社）	2期	1999
略论三苏出处进退的思想矛盾	闫笑非	佳木斯大学社会科学学报	4期	1999

续表一六

篇、书名	著(译)编者	出处	卷、期	年月日
魂牵梦绕 情有独钟——三苏在河南平顶山的活动和创作	贾彩云等	中州今古	5期	1999
三苏研究	曾枣庄	巴蜀书社		1999
三苏文化与眉山现代化	严文清	四川人民出版社		1999
苏氏二杰的楼观情结	刘嗣传	中国道教	3期	2000
一门三父子，都是大文豪——眉山三苏	毛建华	文史知识	7期	2001
三苏传	洪柏昭	广东高等教育出版社		2002
三苏与诸葛亮	马斗成	历史教学	4期	2004
三苏年谱	孔凡礼	北京古籍出版社		2004
苏门三杰	邓卫中	巴蜀书社		2004
郏县三苏坟	郭廷珍	河南城建高专学报	1期	1993
"三苏"葬河南缘由及"三苏"坟的变迁	李杰虎	中州今古	6期	2000
郏县三苏坟相关问题辨证	谢照明 潘民中	平顶山师专学报	6期	2002
三苏后代研究	舒大刚	巴蜀书社		1995
欧阳修与三苏的交谊	江正诚	艺文志	164、165期	1979
雷简夫与"三苏"	李悦现 邹念宗	文史哲	2期	1990
雷简夫慧眼荐"三苏"	邓 剑	理论导刊	3期	1994
雷简夫慧眼识贤荐"三苏"	李克明等	渭南师专学报（社科）	4期	1994
		陕西档案	6期	1999
旷世伯乐——雷简夫荐三苏	邓 剑 李克明	雷简夫荐三苏纪念会		1999
雷简夫荐"三苏"	李克明	光明日报		2003.8.19
老泉非苏洵别号辨正	姜克涵	学术论坛	3期	1957
苏老泉叫东坡问题	丛静文	自立晚报		1970.8.6
苏老泉就是苏东坡	周本淳	南京师院学报（社科）	2期	1979
《苏老泉就是苏东坡》小议	闻 虞	南京师院学报（社科）	4期	1979
苏老泉是苏东坡补正	刘法绥	南京师院学报（社科）	4期	1979
苏老泉究竟是谁	一 水	南京师院学报（社科）	4期	1979
老泉、东坡赘语	周本淳	南京师院学报（社科）	4期	1979

续表一七

篇、书名	著(译)编者	出处	卷、期	年月日
苏黄门非苏轼	曹济平	文史	9辑	1980
苏老泉就是苏东坡吗	常振国	广州师院学报（社科）	4期	1983
苏老泉应该是苏轼	冬子	求索	4期	1983
老泉非苏洵考	曾枣庄	社会科学研究	3期	1985
苏轼晚年别号苏老泉	王琳祥	历史月刊	118期	1997
子瞻子由兄弟离别次第考	易苏民	实践家政学报	1期	1969
二苏	杜弱	台肥月刊	14卷6期	1973
苏轼、苏辙的庐山真面目	武汉师院中文系古典文学教研组	武汉师院	1期	1974
学仕官名类释——苏轼、苏辙、黄庭坚、秦观、周邦彦	李慕如	今日中国	116期	1980
苏轼兄弟考制科（1）-（3）	王将贤	国文天地	13卷5-7期	1997
文豪父子苏轼世家	吴维中	吉林人民出版社		1997
苏轼兄弟异同论	曾枣庄	中国典籍与文化论丛		1997
悠悠二苏手足情	马斗成	文史知识	5期	2005
略谈苏轼父子成才与苏门教子	包玉兰	郧阳师专学报	2期	1989
老坡与小坡："家法"一脉承	杨胜宽	乐山师专学报（社科）	1期	1998
论毛滂与两苏的交谊	周少雄	文史	38辑	1994
文同 苏轼	于风	上海人民美术出版社		1960
"与君到处合相亲"——与可、东坡的十载修竹情	赵梅	西南师范大学学报（哲社）	3期	1995
苏轼与文同情谊探索	杨宗莹	师大国文学报	27期	1998
文同与二苏的交游及交往诗文系年考	罗琴	西南民族学院学报（哲社）	10期	2001
蘇軾と文同	河村晃太郎	関西大学中国文学会紀要	23号	2002
艺文馨百世，风义炳双星：文同和苏轼的友谊	文伯伦	文史杂志	1期	2005
苏轼与辛弃疾	谦忍	畅流	43卷5期	1973
苏辛话酒	连文萍	东方杂志	22卷11期	1989
苏、辛退居时期的心态平议	王水照	文学遗产	2期	1991
郭沫若与苏东坡	王锦厚等	武汉大学学报（哲社）	3期	1980

续表一八

篇、书名	著(译)编者	出处	卷、期	年月日
异代不同时，仿佛闻声息——郭沫若与苏轼	李保均	辽宁大学学报（哲社）	2期	1981
司马光、苏东坡、朱熹与池州	方既明	池州师专学报	1期	2000
宋代眉山苏氏家族研究	马斗成	中国社会科学出版社		2005
宋代成都宇文氏族考	王德毅	台湾大学历史系学报	16期	1991
		第五届亚洲族谱学术研讨会会议记录		1991
诗书持家，理学名门——宋代蒲江魏氏家族研究	胡昭曦	中国近世家族与社会学术研讨会论文集		1998
宋代华阳王氏家族科举论略	王善军	中华文化论坛	1期	2005
文天祥的先祖"来自成都"——"庐陵文氏"与四川渊源关系考	陈世松	中共成都市委党校学报（综合）	5期	1999
明代四川籍流人在辽东	杨旸	社会科学研究	6期	1986
略说明代西蜀四大家对四川文化的拓展	李朝正	社会科学研究	4期	1989
明代四川进士的地域分布及其规律	陈国生	西南师范大学学报（哲社）	3期	1996
明清全国进士与人才的时空分布及其相互关系	沈登苗	中国文化研究	冬之卷	1999
明清四川籍人才的归类分析	谭平	成都大学学报（社科）	4期	2003
明清巴蜀人物述评	蒋维明	巴蜀书社		2005
李调元、张问陶与李白	吴明贤	四川师范大学学报（社科）	6期	1991
试论杨升庵与李白	吴明贤	四川师范大学学报（社科）	2期	1989
杨慎与黄峨	吴培德	滇池	5期	1979
杨升庵与黄峨的爱情悲剧	陈廷乐	旅游天府	5期	1983
杨慎与黄峨	高宗恺	中华文化论坛	4期	1996
明代土司中的两位巾帼英雄	龚荫	西南民族大学学报（人文）	5期	1992
国朝四川儒林文苑传		广益丛报	206号	1909.6.27
			207号	1909.7.7
			208号	1909.7.16
			209号	1909.7.26
			210号	1909.8.5
			211号	1909.8.15
			212号	1909.8.25
曾湘乡门下两蜀四李	李寰	四川文献	55期	1967

续表一九

篇、书名	著(译)编者	出处	卷、期	年月日
顺康雍乾四朝馆选中之川籍人士	姚蒸民	四川文献	130期	1973
嘉道咸同光宣六朝馆选川人题名录	姚蒸民	四川文献	130期	1973
清代四川进士征略	李朝正	四川大学出版社		1986
清代四川进士的地域分布及其规律	陈国生等	中国历史地理论丛	2期	1994
海内孤页——杨锐出增刘光第的诗幅	胡力三	四川文物	4期	1985
杨锐 刘光第研究	王文等	巴蜀书社		1989
杨锐、刘光第、宋育仁爱国主义思想浅探——兼及维新派与光绪帝之双向依赖	林顿	成都大学学报（社科）	1期	1990
陈先沅、陈尧祖父子合传	李襄	四川文献	37期	1965
蜀中先烈备征录	朱之洪	重庆新记启渝公司		1923
蜀中先烈备征录	怀襄	四川文献	41、42期	1966
蜀中先烈备征录烈士题名	怀襄	四川文献	45期	1966
蜀中先烈备征录——四川丛书第一种	台北市四川同乡会四川丛书编辑委员会	编者刊		1977
七十二烈士中的三位四川人	四川省文史馆	四川日报		1961.4.2
黄花冈川籍三烈士——四川丛书第二种	台北市四川同乡会四川丛书编辑委员会	编者刊		1977
辛亥革命四川三大将军传	曾绍敏等	四川省社会科学院出版社		1986
碧血黄花铸英魂——记黄花岗之役死难的川籍三烈士	章江心	文史杂志	1期	2002
光辉业绩昭日月 先烈精神现国魂——记辛亥四川保路运动英烈龙鸣剑、谢奉琦、杨维事迹和遗物	史占扬	四川文物	4期	1991
重庆辛亥革命时期人物——辛亥革命暨重庆蜀军政府成立七十五周年纪念专辑	重庆市地方志编纂委员会总编审等	编者刊		1986
民国四川人物传记	周开庆	台湾商务印书馆		1966
民国四川人物续传	周开庆	四川文献研究社		1976
清华大学出身的四川学人	顾沛君委员会	四川文献	164期	1977
川籍抗战忠烈录——四川丛书第九种	台北市四川同乡会四川丛书编辑委员会	编者刊		1977

续表二〇

篇、书名	著(译)编者	出处	卷、期	年月日
川籍戡乱忠烈录——四川丛书第十种	台北市四川同乡会四川丛书编辑委员会	编者刊		1977
杨庶堪、张培爵、夏之时、朱文洪	重庆师范学院历史系	重庆地方志资料	1期	1986
"五老七贤"	张达夫 吕 钟	成都风物	1辑	1981
四川的"五老七贤"	唐振常	百年潮	5期	1998
巴蜀英烈传	雷贞恕等	四川少年儿童出版社		1982
四川党史人物传	中共四川省委党史工作委员会党史人物传编辑组	四川省社会科学院出版社		1984
四川革命烈士传（1-6辑）	四川党史人物传编辑组	四川省社会科学院出版社		1983-1988
巴山英烈	达县地委党史资料征集小组办公室	重庆出版社		1984
四川近现代人物传（1）	任一民	四川省社会科学院出版社		1985
四川近现代人物传（2）	任一民	四川省社会科学院出版社		1986
四川近现代人物传（3）	任一民	四川省社会科学院出版社		1987
四川近现代人物传（4）	任一民	四川省社会科学院出版社		1987
四川近现代人物传（5）	任一民	四川省社会科学院出版社		1988
四川近现代人物传（6）	任一民	四川省社会科学院出版社		1990
盐都英杰——自贡市部分革命英烈、历史名人简介	中共自贡市委宣传部	编者刊		1985
宜宾地区党史人物传1、2卷	中共宜宾地委党史工委	编者刊		1985
宜宾地区党史人物传3卷	中共宜宾地委党委工委	编者刊		1986
宜宾英烈	中共宜宾地委党史工委	编者刊		1987
重庆辛亥革命时期人物	重庆市地方志编纂委员会总编室等	编者刊		1986
忠魂颂——绵阳市党史人物选集	中共绵阳市委党史工作委员会	编者刊		1986

续表二一

篇、书名	著(译)编者	出处	卷、期	年月日
盐亭县党史人物传	盐亭县党史工作委员会	编者刊		1986
内江英烈 第一辑	中共内江市委党史工委办公室、中共内江市委组织部	编者刊		1986
内江英烈 第二辑	中共内江市委党史工委办公室、中共内江市委组织部	四川教育出版社		1989
内江英烈 第三辑	中共内江市委党史研究室	四川大学出版社		1997
杨闇公、冉钧、漆南薰、陈达三、李蔚如		重庆党史研究资料	1期	1987
重庆党史人物 第一集	中共重庆市委党史工委	重庆出版社		1987
重庆党史人物 第二集	中共重庆市委党史工委	重庆出版社		1991
甘洒热血拯中华——成都革命烈士传 第一辑	中共成都市委党史工作委员会	成都科技大学出版社		1987
泸州英烈传（第一辑）	中共泸州市委党史工作委员会办公室	编者刊		1987
泸州英烈传（第二辑）	中共泸州市委党史工作委员会办公室	编者刊		1988
开江党史人物	中共开江县委党史工委办公室	编者刊		1987
英烈传	中共武胜县委党史工作委员会	编者刊		1987
大竹革命烈士传	中共大竹县委党史工作委员会	编者刊		1987
四川近现代文化人物	四川省政协文史资料研究委员会、四川省文史馆	四川人民出版社		1989
四川近现代文化人物 续编	四川省政协文史资料研究委员会、四川省文史馆	四川人民出版社		1989

续表二二

篇、书名	著(译)编者	出处	卷、期	年月日
四川近现代文化人物　第三编	四川省政协文史资料研究委员会、四川省文史馆	四川人民出版社		1995
牺牲在黑暗年代的两位省委书记——穆青、罗世文	王凛若	红岩春秋	1期	1990
革命轶事话双江	何维藩	重庆党史研究资料	4期	1990
巴山忠魂——南江县"二战"先烈传记	南江县"二战"先烈传记编审领导小组	编者刊		1990
凤麓忠魂——达县市革命英烈传	中共达县市委党史研究室	四川人民出版社		1990
中共荣县党史人物传	中共荣县县委党史研究室	编者刊		1991
峨眉党史人物传　第一辑	中共峨眉山市委党史研究室	编者刊		1991
万县地区近现代人物（上辑）	周辅伦	成都科技大学出版社		1991
盐都英烈	中共自贡市委党史研究室	四川人民出版社		1991
泸县党史人物传	中共泸县县委党史研究室	编者刊		1991
中江党史人物传1——新民主主义革命时期	中共中江县委党史研究室	编者刊		1991
英烈千秋——涪陵党史人物	中共涪陵地委党史研究室	重庆出版社		1991
川陕苏区人物志　第一集	何光表 魏继红	中国社会出版社		1992
四川近现代人名录	任一民	四川辞书出版社		1992
四川统一战线人物录	中共四川省委统战部	四川科技出版社		1993
峥嵘岁月——民主革命时期中共绵竹地方组织斗争史实荟萃人物小传	蒋子林	绵竹县教育印刷厂		1993
西水东流	赵继兰	重庆出版社		1996
铜梁党史人物	敖良荣			1997
蜀风集	文守仁	新津县政协文史资料委员会		1998
青松傲霜雪——江姐、彭咏梧和川东游击队的故事	陈汉书等	重庆出版社		1982

续表二三

篇、书名	著(译)编者	出处	卷、期	年月日
长唱不落的红岩恋歌——江姐与彭咏梧的爱情生活	丁少颖	春秋	1期	2001
读李硕勋、赵一曼遗书有感	叶源洪	四川党史	1期	2002
中国近代少数民族爱国人物概论	刘德仁	西南民院学报（哲社）	4期	1991
西藏历代藏王及达赖班禅史要	刘家驹	开发西北	4卷5期	1935.11
		海音潮	17卷1期	1936.1
		西陲宣化	1卷4、5期	1936.3
历代达赖喇嘛事略		甘孜报		1959.5.26，1959.5.27
历代达赖喇嘛简介	王文火	西藏日报		1988.1.25
历辈达赖喇嘛事略	金兆鸿	中国边政	81期	1983.3
达赖喇嘛和《达赖喇嘛传》	牙含章	社会科学战线	1期	1984
四川甘孜藏区出生的四个达赖喇嘛（一）	小珊	文史杂志	6期	1988
四川甘孜藏区出生的四个达赖喇嘛（二）（三）（四）	小珊	文史杂志	1-3期	1989
历辈达赖喇嘛事略	成勒云丹嘉措	社会科学参考（青海）	21期	1989
历代达赖喇嘛亲政知多少	曾国庆	中国藏学	3期	2004
木雅五学者历史概况	降央扎巴	贡嘎山（藏文）	2期	1986
木雅五学者传（藏文）	森格桑波等	四川民族出版社		1986
康巴文化名人录	斯郎多吉	康巴文苑	2期	1991

三、家族谱牒

篇、书名	著(译)编者	出处	卷、期	年月日
古代巴蜀土著姓氏研究	罗开玉	中华文化论坛	1期	2001
成都氏族谱	费著	适园丛书	12集	1913
《成都氏族谱》小考	森田宪司	東洋史研究	36卷3号	1977
剑阁姓纂	剑阁县志编纂委员会办公室	编者刊		1987
族谱的方言与文化价值	崔荣昌	文史杂志	6期	1996

续表一

篇、书名	著(译)编者	出处	卷、期	年月日
初探成都市图书馆馆藏之家谱	夏剑军 吴 均	巴蜀史志	3 期	2002
文氏族谱（四川绵阳）	文丞承	刻本		1900
		补刻本		1916
尤氏家乘（四川江安）	尤廷宸	刻本		1900
济阳文通江氏谱（四川德阳）	江树森	刻本		1900
彭氏宗谱（四川丹棱）	彭如南	刻本		1900
李氏族谱（四川简阳）	李金林	刻本		1900
李氏族谱（四川简阳）	李德镒	石印本		1925
简西大屋沟李氏族谱（四川简阳）	李德允	石印本		1942
简州樊氏宗谱（四川简阳）	樊光斗	刻本		1900
简阳傅氏谱（四川简阳）	傅为霖	刻本		1900
射洪古绳乡杨氏族谱（四川射洪）	杨昌邲	刻本		1900
续修简阳樊氏宗谱（四川简阳）	樊树善等	石印本		1942
聂氏族谱（重庆长寿）	聂合忠等	刻本		1900
王氏宗谱（四川广元）	王廷杰	刻本		1901
仁沙乡李家坪李氏族谱（重庆丰都）	李兰亭	稿本		1901
云阳前观孙氏宗谱（重庆云阳）	孙长样等	木活字本		1901
弘农郡杨氏谱（四川）	杨陈亮	抄本		1901
简州东乡柳家沟王氏族谱（四川简阳）	王保衡	刻本		1902
李氏宗谱（四川仁寿）	李时英	刻本		1902
庄氏族谱（四川成都）	崇雅祠 庄氏后裔	刻本		1902
段氏族谱（四川内江）	段鸿章	刻本		1903
南阳邓氏肇修族谱（重庆奉节）	邓孝可	刻本		1903
南阳奉节邓氏续谱（重庆奉节）	邓传燻等	排印本		2001
刘氏族谱（四川泸州）	刘良坤	刻本		1903
汪氏重修族谱（四川仁寿）	汪朝魁	清咸丰十年抄本之抄本		1904
简阳东乡张家嘴陈氏族谱（四川简阳）	陈兆朴	刻本		1904
孙氏宗谱（四川宣汉）	孙余堂等	抄本		1904
李氏族谱（四川资阳）	李绍文	木活字本		1905

续表二

篇、书名	著（译）编者	出处	卷、期	年月日
合江金氏族谱（四川宣汉）	佚　名	刻本		1905
周氏宗谱（四川成都）	周辉有	刻本		1905
黄氏族谱（四川德阳）	黄义价	刻本		1905
成都君平张氏家谱（四川成都）	张仕声	刻本		1905
苏氏族谱（四川简阳）	苏宗禹	刻本		1905
苏氏宗谱（四川简阳）	苏梓材等	排印本		1947
袁氏族谱（四川合江）	袁右瞽	刻本		1906
曹氏宗谱（四川荣县）	曹兴杰	刻本		1906
张氏族谱（重庆长寿）	张绍芝	抄本		1906
		抄本		1966
邓氏族谱（四川资中）	邓达江	木活字本		1906
王氏族谱（四川合江）	王　泽	排印本		1907
冉氏宗谱（重庆梁平）	冉正志	抄本		1907
		抄本		2002
余氏族谱（四川富顺）	余铃亨等	木活字本		1907
桂公祠林氏家谱（四川双流）	林克安	刻本		1907
彭氏族谱（四川隆昌）	彭垫笈	排印本		1907
刘氏族谱（四川内江）	刘彦藻	木活字本		1907
阎氏家谱（四川苍溪）	阎永芳等	刻本		1907
阎氏宗谱（四川苍溪）	阎增英	排印本		2003
罗氏族谱（四川简阳）	罗学成	木活字本		1907
罗氏族谱（四川简阳）	罗明桂等	木活字本		1931
五应族谱（四川内江）	段纯模	刻本		1908
洪氏家乘（四川内江）	洪奎芳	木活字本		1908
刘氏家谱（四川宣汉）	刘子元	抄本		1908
杨氏宗谱（四知堂）（云阳）	杨忠绥等			1908
富顺自流井珍珠山王氏宝祠四修家谱（四川富顺）	王绳五等	排印本		1909
吴氏族谱（四川金堂）	吴璋主	刻本		1909
丁氏族谱（四川宣汉）	佚　名	刻本		1909
丁氏宗友新族谱（四川宣汉）	丁世恒	排印本		1996

续表三

篇、书名	著(译)编者	出处	卷、期	年月日
毛氏宗谱（四川武胜）	毛纲五	刻本		1907
		复印本		2000
四川顺庆府邻水县李氏懋熙堂族谱（四川邻水）	李 准 李 毅	排印本		1909
陈氏家谱（四川内江）	陈会文	刻本		1909
汉州张氏祠族谱（四川广汉）	张树荣等	刻本		1909
邹氏族谱初基（四川成都）	邹荫梦	稿本		1909
杨氏族谱（四川简阳）	杨士荣	刻本		1909
涪陵谭氏族谱（重庆涪陵）	谭孔铭 谭泗箴	木活字本		1909
宋氏族谱（四川宣汉）	佚 名	抄本		1910
蜀郫范氏族谱（四川郫县）	范由慰等	刻本		1910
续修蒲氏宗谱（四川广安）	蒲金麟	刻本		1910
陈氏重续宗谱（四川资阳）	陈朝瑞等	刻本		1911
义门墨池陈汝耀分支谱（四川资阳）	陈本初	打印本		1997
郭氏族谱（四川隆昌）	郭光墡等	排印本		1910
郭氏副使祠宗谱（四川隆昌）	郭人彤等	石印本		1912
郭氏孟四始祖世系族谱（四川隆昌）	郭光济等	石印本		1947
尹氏四修宗谱（四川仁寿）	尹如涛等	刻本		1911
李氏族谱（四川泸县）	李 馨	刻本		1911
渝北续修徐氏族谱（重庆渝北）	徐祖禄等	广益书局排印本		1911
陈氏家乘（四川内江）	陈象环	木活字本		1911
彭氏宗谱（重庆巴南）	彭钟模	刻本		1911
覃氏族谱（四川宣汉）	覃崧士等	刻本		1911
杨氏家乘（四川天全）	杨星南	刻本		1911
钟氏族谱（四川成都）	钟炳江等	木活字本		1911
钟氏族谱（四川成都）	钟开翰等	排印本		1942
伍氏宗谱（四川仁寿）	伍正学等	稿本		清末
阮氏族谱（四川成都）	阮国珏	木活字本		清末
徐氏族谱（四川简阳）	佚 名	刻本		清末
陈氏谱牒（四川）	佚 名	刻本		清末

续表四

篇、书名	著(译)编者	出处	卷、期	年月日
成都吴氏族谱（四川成都）	吴道源等	石印本		1912
吴氏老族谱（四川宜宾）	吴正昌	稿本		1912
吴氏族谱（四川仁寿）	吴溶江	刻本		1912
李氏族谱（四川宣汉）	佚　名	抄本		1912
李氏族谱（四川宣汉）	李宽芳	刻本		1939
韩氏宗谱（四川宣汉）	韩思举	刻本		1912
四川仁寿县戴氏十三宗支第一次会刊家谱（四川仁寿）	戴冕等	刻本		1912
四川资州西乡大有场钟氏族谱（四川资中）	钟肇芬	刻本		1912
罗氏族谱（四川新都）	罗庆丰	稿本		1912
朱氏族谱（四川仁寿）	朱灿远	刻本		1913
陇西李氏续修族谱（巴县）	李春蓉等	刻本		1913
李氏续谱（四川简阳）	李芝淮	排印本		1913
蒲江县插旗乡李氏族谱（四川蒲江）	佚　名	增补稿本		1913
吴氏族谱（重庆）	吴传芬	中西书局排印本		1913
余氏家谱（四川荣县）	余懋昭	木活字本		1913
孟氏族谱（四川）	合族纂修	石印本		1913
黄氏族谱（四川内江）	黄祖墀	刻本		1913
蓉城叶氏宗族全谱（四川成都）	叶祖经	排印、石印本		1913
蓉城叶氏宗族全谱（四川成都）	叶祖学	排印、石印本		1944
罗氏族谱（四川中江）	佚　名	刻本		1913
创修王氏族谱（四川泸州）	王大用	排印本		1914
冉氏家谱（重庆云阳）	冉广逵等	刻本		1914
余氏家谱（四川威远）	余天仲	刻本		1914
段氏宗谱（重庆江北）	段平阶	刻本		1914
陈氏族谱（四川金堂）	陈寿彤	排印本		1914
曾氏通谱、蜀支谱（四川成都）	曾尔楷	刻本		1914
闵氏族谱（四川新都）	闵忠俊	刻本		1914
新都县闵氏族谱（四川新都）	闵昌铨	石印本		1938
杨氏重修宗谱（四川简阳）	杨家驹	排印本		1914

续表五

篇、书名	著(译)编者	出处	卷、期	年月日
蒲江县复兴乡赵氏族谱（四川蒲江）	赵昌煦等	木活字本		1914
赵氏家乘（四川绵竹）	赵邠等	排印本		1914
蜀南宜宾赵氏家谱（四川宜宾）	赵清熙	排印本		1914
邓氏族谱（四川眉山）	邓炳晒 邓鹤林	刻本		1914
罗氏支谱（四川彭州）	罗启漳	刻本		1914
罗氏族谱（四川彭州）	罗宗亮等	石印本		1941
李氏族谱（四川富顺）	李其昌等	刻本		1915
胡氏增定蜀谱（四川郫县）	胡昭文	石印本		1915
新建乡孙氏族谱（重庆丰都）	孙大榜	稿本		1915
杨氏宗谱（四川射洪）	杨华	刻本		1915
续修资中廖氏族谱（四川资中）	廖衡等	排印本		1915
隆昌罗氏世谱（四川隆昌）	罗伦蔚等	排印本		1915
任氏宗谱（四川宣汉）	任家修	木活字本		1916
周氏宗谱（四川新都）	周煜南等	木活字本		1916
马氏族谱（四川崇州）	马龙章	排印本		1916
范氏族谱（四川双流）	范荣传	石印本		1916
华阳范氏族谱（四川双流）	范启传 范仁传	石印本		1927
杨氏谱（四川蒲江）	杨毓中	刻本		1916
冉氏宗谱（四川宣汉）	冉崇先	抄本		1916
冉氏族谱（四川宣汉）	冉献琛	民国七年抄本之复印本		2000
宣汉冉氏新谱（四川宣汉）	冉崇品	排印本		2003
萧氏家谱（四川高县）	萧世钦	木活字本		1916
霍氏族谱（重庆綦江）	霍重光	刻本		1916
霍氏族谱（重庆綦江）	霍重光 霍人笔	排印本		1989
霍氏族谱（重庆綦江）	霍集吾 霍季彬	抄本		1998
		复印本		2000
罗氏族谱（重庆荣昌）	罗朝泰	刻本		1916
王氏家谱（四川仁寿）	王永泰	排印本		1917
绵竹唐氏族谱（四川绵竹）	唐渊如	石印本		1917

续表六

篇、书名	著(译)编者	出处	卷、期	年月日
张氏族谱（重庆荣昌）	张家韶等	排印本		1917
张氏族谱（四川绵阳）	张培械	石印本		1917
万县杨氏族谱（重庆万州）	杨兴咏等	木活字本		1917
资中杨氏祠支谱（四川资阳）	杨成枢	排印本		1917
杨氏续修族谱（四川资阳）	杨永熙	稿本		1928
		复印本		1985
杨氏祠宗谱杞公卷滥泥沟分册（四川资阳）	杨世玉	抄本		1998
四川成都金渊廖氏积庆祠增修族谱（四川成都）	廖学仁	木活字本		1917
钟氏族谱（四川成都）	钟家勤	石印本		1917
屏山庆堂吴氏宗谱	佚 名	木活字本		1918
袁氏族谱（四川宣汉）	佚 名	抄本		1918
张氏荣锦祠世谱（四川荣县）	张铭忠等	排印本		1918
荣县张氏文献录（四川荣县）	张铭忠等	排印本		1918
高氏宗谱（四川新都）	高先煦	排印本		1918
邹氏家谱（四川荣县）	邹 铭	石印本		1918
葛氏宗谱（四川峨边）	葛朝君	抄本		1918
		影印本		2000
程氏家谱（重庆黔江）	程昌备	排印本		1918
魏氏三修百字谱（四川巴中）	佚 名	刻本		1918
石氏宗谱（四川兴文）	石日英	排印本		1919
万县里牌溪史氏族谱（重庆万州）	史锡永	排印本		1919
林氏家乘（四川）	林德赋 林桂馨	刻本		1919
郭氏族谱（四川乐至）	郭祖彤	木活字本		1919
高家坡高氏族谱（四川内江）	高 第	刻本		1919
云阳程氏家乘（重庆云阳）	程世模等	排印本		1919
傅氏宗谱（四川成都）	傅泰圻等	石印本		1919
李氏族谱（四川仁寿）	李本一	传抄本		1920
吴氏族谱（重庆綦江）	吴光璁等	石印本		1920
华阳重修谢氏族谱（成都）	谢益侯等	排印本		1920
冯氏宗谱（四川宣汉）	冯国纲	抄本		1920

续表七

篇、书名	著(译)编者	出处	卷、期	年月日
重修谢氏族谱（四川成都）	谢溢侯等	排印本		1920
续修谢氏族谱（四川成都）	谢世琼	排印本		1948
王氏宗祠再续谱（成都）	王秉璠等	排印本		1921
包鸾镇老龙洞李氏支谱（重庆丰都）	佚名	抄本		1921
吴氏宗支谱（四川仪陇）	吴道南	刻本		1921
夏氏族谱（四川仁寿）	夏光森等	刻本		1921
张氏续修宗谱（四川仁寿）	张盛河	石印本		1921
符氏族谱（四川宣汉）	符锡祺	刻本		1921
		复印本		1999
杨氏族谱（四川射洪）	杨志先	石印本		1921
简阳邓氏族谱（四川简阳）	邓培蕤	排印本		1921
河源欧阳氏族谱（四川资中）	佚名	木活字本		1921
续修刘氏族谱（重庆万州）	刘隆美	木活字本		1921
刘氏族谱（四川新都）	刘晋贤	石印本		1921
雷氏族谱（四川中江）	雷顺霖	抄本		1921
周氏族谱（四川宣汉）	佚名	刻本		1922
郎氏族谱（四川宣汉）	佚名	抄本		1921
		复印本		2000
荣昌吴家镇陈氏族谱（重庆荣昌）	陈家骐等	石印本		1922
陈氏族谱（四川仪陇）	陈琦	刻本		1922
仁寿县团墩坝陈氏族谱（四川仁寿）	陈世俊	石印本		1922
严陵郭氏家谱二编（四川威远）	郭维桢 郭希振	石印本		1922
严陵郭氏家谱三续（四川威远）	郭宏昌等	石印本		1949
楚蜀孙氏三修族谱（重庆万县）	孙惟纯 孙益悉	木活字本		1922
温江张庐族谱（四川双流）	张耀勋	排印本		1922
绵西张氏族谱（四川绵阳）	张焕堂	刻本		1922
叶氏族谱（重庆长寿）	佚名	刻本		1922
万氏宗谱（四川郫县）	万全泽	石印本		1922
武城曾氏族谱（重庆江津）	曾灿光等	石印本		1922
天彭贺氏族谱（四川彭州）	贺维翰等	刻本		1922

续表八

篇、书名	著(译)编者	出处	卷、期	年月日
詹氏族谱（四川荣县）	詹鸿章	石印本		1922
漆氏续修谱（四川成都）	漆家永	木活字本		1922
颜氏族谱（四川威远）	颜克衍	排印本		1922
史氏支谱正编（重庆万州）	史封铨	抄本		1923
王氏族谱（重庆长寿）	王卓成 王华斋	抄本		1923
王氏族谱（重庆长寿）	王植槐 王荫槐	石印本		1929
傅氏族谱（四川遂宁）	傅汝翼等	刻本		1923
冯氏族谱（四川成都）	冯文端	刻本		1923
温氏余庆祠族谱（四川新都）	温兴玉等	石印本		1923
濱江雷氏六修支谱（四川资阳）	雷邦固	刻本		1923
廖氏世芳公支谱（四川彭州）	廖举之	石印本		1923
戴氏谯海谱（四川蒲江）	戴钴铨	石印本		1923
王氏族谱（四川内江）	王全烈	排印本		1924
龙桥王氏再续族谱（四川内江）	佚名	石印本		1940
续修昌元甘氏族谱（重庆荣昌）	甘廷玺	排印本		1924
李氏族谱（四川富顺）	李仕齐	刻本		1924
遂宁张氏族谱（四川遂宁）	张崇阶等	刻本		1924
杨氏族谱（四川潼南）	佚名	据刊本复印		1924
陈氏族谱（重庆荣昌）	陈国常	排印本		1924
简阳游氏谱（四川简阳）	游文薰等	排印本		1924
杨氏族谱（重庆潼南）	佚名	刻本		1924
廖氏族谱（四川）	廖萱荣等	石印本		1924
廖氏族谱（四川）	廖世贵	排印本		1994
刘氏宗谱（四川仁寿）	刘以康等	石印本		1924
林氏宗谱（四川内江）	林宜成	石印本		1925
涪陵北里白氏族谱（重庆涪陵）	白润斋	抄本		1925
穆深江氏续修宗谱（四川德阳）	江兴礼等	石印本		1925
李氏家乘（重庆江津）	李荣海	木活字本		1925
张氏族谱（重庆巴县）	张学坤 张长源	石印本		1925
张氏族谱（四川高县）	张富源	刻本		1925

续表九

篇、书名	著(译)编者	出处	卷、期	年月日
张氏族谱（四川）	张 鼎	稿本		1925
		石印本		1930
蓬溪西乡叶氏续修宗谱（四川蓬溪）	叶德生	刻本		1925
郑氏族谱（四川隆昌）	郑恺瑞	石印本		1925
左氏续修谱（重庆长寿）	佚 名	石印本		1926
江氏族谱（重庆长寿）	江树成	稿本		1926
何氏宗谱（四川）	何腾禄	石印本		1926
陈氏润周公派下支谱（四川郫县）	陈国栋	刻本		1926
唐氏族谱（重庆开县）	佚 名	木活字本		1926
彭氏宗谱（四川宣汉）	佚 名	刻本		1926
彭氏族谱（四川简阳）	佚 名	石印本		1926
四川省资州内江县冯氏族谱（四川内江）	冯成烈	排印、石印合璧本		1926
富顺西湖曾氏祠族谱（四川富顺）	曾炽繁等	石印本		1926
川滇黔闵氏合修族谱（四川珙县、泸县等）闵燮忠等		排印本		1926
闵氏族谱（四川高县）	四川高县闵氏修谱事务所	石印本		1926
邓焕公五福堂五族同宗族谱（四川）	合族纂修	排印本		1926
刘氏族谱（重庆渝北）	刘继钧	石印本		1926
魏氏谱牒（四川内江）	佚 名	石印本		1926
文氏家谱（四川安岳）	文光悃	排印本		1927
任氏族谱（四川剑阁）	周绍文	抄本		1927
陇西郡李氏族谱（四川双流）	李东元等	清光绪六年修订本之排印本		1927
邱氏总谱（四川简阳）	邱安兰等	刻本		1927
吕氏族谱（重庆）	吕明杰等	石印本		1927
上启侯氏族谱（四川高县）	侯泽金	抄本		1927
新都夏氏谱（四川新都）	夏代选等	石印本		1927
马氏族谱（四川乐山）	佚 名	抄本		1927
徐氏宗谱（四川简阳）	徐必元	木活字本		1927
报恩寺张氏家谱（四川内江）	张有荣	石印本		1927
吕氏宗谱（四川仪陇）	吕献忠	抄本		1928

续表一〇

篇、书名	著（译）编者	出处	卷、期	年月日
邻水任氏宗谱（四川邻水）	任翔	石印本		1928
大邑崇庆石氏族谱（四川大邑、崇庆）	石良玉	刻本		1928
陇西李氏续修族谱（重庆）	显文修	石印本		1928
巫氏族谱（四川威远）	巫缵	石印本		1928
余氏族谱（四川泸县）	余隆廷 余明辉	石印本		1928
周氏家乘（重庆江津）	周宗彬等	石印本		1928
周氏族谱（四川郫县）	周家相	石印本		1928
马氏宗族谱（四川新都）	马开桂	石印本		1928
泸县丁市坝郭氏族谱（四川泸州）	郭湛	石印本		1928
陈氏蜀谱（四川成都）	陈庆钟	石印本		1928
渝北邓氏崇孝堂续修族谱（重庆）	邓步矩	石印本		1928
绵西唐氏二修族谱（四川绵阳）	唐恭文等	刻本		1928
梁氏族谱（重庆）	梁荣芳	石印本		1928
武城曾氏重修族谱（四川）	曾青山等	石印本		1928
郑氏族谱（四川泸县）	郑光中 郑恺瑞	石印本		1928
渝北邓氏崇孝堂续修族谱（重庆渝北）	邓步矩	石印本		1928
苏氏族谱（四川泸州）	苏介	石印本		1928
简东王氏初修族谱（四川简阳）	王寿廷	石印本		1929
合铜尹氏新修族谱（重庆）	尹赐樱	石印本		1929
罗江谢氏宗祠族谱（罗江）	谢钦安	石印本		1929
周氏族谱（重庆长寿）	周立楷等	石印本		1929
石桥垱李氏族谱（重庆）	李建荣等	木活字本		1929
阳川孙氏留川世系分谱（四川）	孙兆鹏	石印本		1929
胡氏宗谱（四川简阳）	胡宗阎	刻本		1929
阳川孙氏留川世系分谱（四川）	孙兆枟	石印本		1929
陈氏族谱（四川成都）	陈贞祥	排印本		1929
黄氏宗谱（重庆江北）	黄泽润	石印本		1929
涪陵张氏宗谱（重庆涪陵）	张登友等	抄本		1929
张氏族谱（四川郫县）	张朝先	刻本		1929

续表一一

篇、书名	著(译)编者	出处	卷、期	年月日
张氏族谱（重庆永川）	张志慈等	石印本		1929
江口张氏族谱（四川剑阁）	佚 名	抄本		1929
梨东张氏谱书（四川宣汉）	张得盛	刻本		1929
廖氏燕诒祠族谱（四川富顺）	廖文濂等	石印本		1929
保合乡燕子窝刘氏宗谱（重庆丰都）	刘宇璜	石印本		1929
刘氏普公族谱（四川眉山）	刘在廷	石印本		1929
刘氏族谱（四川仁寿）	刘茂光等	石印本		1929
罗江谢氏宗祠谱（四川绵阳）	谢钦安等	石印本		1929
严氏家乘（四川内江）	佚 名	石印本		1929
牟氏平阳堂续修族谱（重庆巴南）	牟鸿模	石印本		1930
李氏宗谱（四川三台）	李大玺	抄本		1930
续修汪氏统宗正脉谱（重庆长寿）	汪正雄 汪家露	石印本		1930
汪氏宗谱（四川简阳）	汪金相	大中印务局排印本		1930
汪氏宗谱简明表（四川简阳）	汪金相	刻本		1930
周氏宗谱（四川）	周凤梧等	石印本		1930
云阳涂氏族谱（重庆云阳）	涂凤书	排印本		1930
黄氏族谱（四川新都）	黄光寿	石印本		1930
许氏族谱（四川射洪）	许大履	石印本		1930
张氏族谱、张氏分谱（重庆璧山）	张鸿澜等	排印本		1930
张氏族谱（四川内江）	张协中	石印本		1930
内江资家乡张氏族谱（四川内江）	张正荣	石印本		1930
张氏家谱（四川富顺）	张兴梁	石印本		1930
华阳魏氏宗祠族谱（四川成都）	魏殿元	石印本		1930
钟氏族谱（重庆万县）	钟昌荣	排印本		1930
松溉罗氏族谱（重庆永川）	罗泰莹等	石印本		1930
尹氏联宗初修通谱（四川宣汉）	尹顶酸	石印本		1931
宣汉尹氏族谱（四川宣汉）	尹全德	排印本		2000
（毛氏）先德备忘录（四川泸县）	毛焕煊	排印本		1931
钟氏瑞龄公派下支谱（四川内江）	钟高榜	排印本		1931
李氏族谱（四川安岳）	李佑平等	木活字本		1931

续表一二

篇、书名	著(译)编者	出处	卷、期	年月日
林氏谱名名目牌示列件录（重庆璧山）	林贵祥 林世荣	石印本		1931
胡氏族谱（四川仁寿）	胡崇栽	石印本		1931
华山高氏族谱（四川内江）	高秉明	石印本		1931
陈氏族谱（四川内江）	陈明迪	石印本		1931
游氏族谱（四川邻水）	游士楷	石印本		1931
蒲江县成佳乡名山县联江乡杨氏族谱（四川）	杨大廷	稿本		1931
钟氏瑞龄公派下支谱（四川内江）	钟高榜	排印本		1931
丁氏族谱（重庆合川）	丁禹孝	清光绪二十二年本之增补 石印本		1932
吴氏族谱（四川三台）	吴玉芝等	排印本		1932
范氏族谱（四川成都）	范仰超等	石印本		1932
凌氏族谱（四川资阳）	凌光烈	石印本		1932
陶氏族谱（四川成都）	陶宗钧	排印本		1932
锦官黄氏四支分谱（四川成都）	黄氏中正堂	排印本		1932
杨氏族谱（重庆巴县）	杨国孝	石印本		1932
杨氏家谱（四川新都）	杨崇焕	石印本		1932
杨氏续修族谱（四川犍为）	杨继统等	石印本		1932
杨氏家谱（四川荣县）	杨炳钰	石印本		1932
涪陵乐氏宗谱新修支谱（重庆涪陵）	乐学全	抄本		1932
台子山刘氏续修支谱（重庆涪陵）	刘安纯	石印本		1932
刘氏族谱（四川中江）	刘菼	刻本		1932
钟氏族谱（四川威远）	钟永玉等	石印本		1932
涪陵鲜氏支谱（重庆涪陵）	鲜以儒	抄本		1932
严氏家谱（四川内江）	严修炳	石印本		1932
王氏族谱（四川泸州）	王家濬	石印本		1933
栗子乡王氏族谱（重庆丰都）	王惇五	木活字本		1933
于氏族谱（四川万源）	佚名	石印本		1933
四川仁寿视高铺左氏宗谱（四川仁寿）	左立太	排印本		1933
吴氏族谱（四川简阳）	吴其榜等	石印本		1933
余氏族谱（重庆涪陵）	佚名	刻本		1933

续表一三

篇、书名	著(译)编者	出处	卷、期	年月日
余氏家谱（四川资中）	余定邦	石印本		1933
徐氏族谱（四川成都）	佚名	石印本		1933
张氏族谱（四川绵竹）	张玉铉	石印本		1933
廖氏族谱（四川内江）	廖校成	石印本		1933
蜀南资仁卢氏族谱（四川）	卢寿仁	排印本		1933
钟赟氏宗谱（四川成都）	钟永成	石印本		1933
创修罗氏特凌支支谱（四川泸州）	罗豫良等	石印本		1933
续修文氏族谱（重庆巴南）	文承修	排印本		1934
朱氏大进续修族谱（四川简阳）	朱孝烈等	石印本		1934
李氏三修族谱（四川资阳）	李全善等	石印本		1934
迁建吴氏宗谱（四川）	吴光辉 吴光鉴	排印本		1934
陈氏族谱（重庆长寿）	陈夔扬	抄本		1934
陈氏族谱（四川新都）	陈兴庸等	稿本		1934
陈氏族谱（四川新都）	陈兴仁等	稿本		1964
忠县秦氏家乘（重庆忠县）	秦孔旭	石印本		1934
曹氏族谱（重庆巴南）	曹灵哲等	石印本		1934
兴义乡张家坪张氏族谱（重庆丰都）	张学明	石印本		1934
高县张氏支谱（四川高县）	张继田	抄本		1934
新都乔氏家乘（四川新都）	乔明晰等	石印本		1934
杨氏族谱（四川南充）	杨文渊	稿本		1934
魏氏支祠族谱（四川彭县）	魏文英	石印本		1934
简阳应氏族谱（四川简阳）	应鸣珂	石印本		1934
重修庆符严氏家谱上、下祠堂谱（四川高县）	严树深 严树本	刻本		1934
刘氏睦族记（四川绵阳）	刘万邦	排印本		1934
四川向氏总谱（四川）	向云隐	刻本		1935
李氏宗谱（四川仁寿）	李茂浓	石印本		1935
汉安邱氏家乘（四川内江）	邱世勋	石印本		1935
陈氏族谱（四川都江堰）	陈光觐	石印本		1935
蜀西叶氏族谱（四川）	叶绍文	石印本		1935
徐氏家谱（重庆涪陵）	徐怀渭	石印本		1935

续表一四

篇、书名	著(译)编者	出处	卷、期	年月日
徐氏族谱艺文读本（四川眉山）	徐光远等	石印本		1935
徐氏族谱（四川眉山）	徐元烈	石印本		1939
蜀西崇阳王氏族谱（四川崇庆）	王濬章	排印本		1936
庆符李氏族谱（四川高县）	李开炯	刻本		1936
井研胡氏族谱（四川井研）	胡安澜等	石印本		1936
刘氏族谱（四川内江）	刘业等	刻本		1936
夏氏家乘（重庆江津）	夏鸿儒等	石印本		1936
唐氏族谱（四川达州）	唐华山	刻本		1936
义门陈氏族谱（四川金堂）	陈一清	抄本		1936
陈氏族谱（四川隆昌）	陈忠桐	排印本		1936
陈氏族谱（四川隆昌）	陈一桂等	石印本		1936
刘氏族谱（四川内江）	刘业枞等	刻本		1936
刘氏支谱（四川资阳）	刘宗尧	石印本		1936
郫县薛氏支谱（四川郫县）	薛大光等	石印本		1936
四川安岳县陈氏族谱（四川安岳）	陈显焊	排印本		1936
崇阳王氏家传（四川）	王璨章等	排印本		1937
甘氏族谱（四川合江）	甘泽清	石印本		1937
续编李氏族谱（四川广汉）	李赞霖	排印本		1937
李氏族谱简明表（四川简阳）	李崇相	石印本		1937
武城曾氏重修族谱（四川宣汉）	曾贡三	刻本		1937
武城宣汉曾氏续修族谱（四川宣汉）	曾威	排印本		2003
崇庆岷滨秦氏族谱（四川崇庆）	佚名	石印本		1937
何氏族谱（重庆涪陵）	何星核等，重庆市涪陵何氏文化课题研究小组	石印本		1937
		排印本		2002
何氏宗谱（重庆涪陵）	何永钦等	排印本		1992
南坪何氏宗谱（重庆涪陵）	何守谦等	排印本		1994
何氏宗谱（重庆涪陵）	何家厚等	排印本		1995
李渡何氏世谱（重庆涪陵）	何汝轩等	排印本		1995
何氏仲兰公谱（重庆涪陵）	何烈光	排印本		1995
何氏族谱（重庆涪陵）	何孝唐	排印本		2000
钟氏复周祠族谱（四川内江）	钟泽南	石印本		1938

续表一五

篇、书名	著（译）编者	出处	卷、期	年月日
吴氏族谱（四川仁寿）	吴子中	石印本		1938
四川省仁寿县煎茶溪揽祥埂新修胡氏族谱（四川仁寿）	胡永南	排印本		1938
新都县闵氏族谱	闵昌铨	石印本		1938
涪陵周氏家谱（重庆涪陵）	佚名	石印本		1938
马氏族谱（四川）	马亶尊	石印本		1938
新纂绵竹彭氏宗谱（四川绵竹）	彭正官等	排印本		1938
江北乐碛戴氏宗谱（巴县）	戴正诚	排印本		1939
俞氏宗谱（四川西昌）	俞德勋	抄本		1938
西昌姜坡玉里伯牙吾氏家乘（四川西昌）	俞世刚	排印本		2004
刘氏宗谱（四川开江）	刘放策	刻本		1938
刘氏宗谱（四川资阳）	刘义荣	排印本		1938
潘氏族谱（重庆长寿）	潘洪烈	抄本		1938
钟氏复周祠族谱（四川内江）	钟泽南	石印本		1938
德安陈氏谱	任乃强	康导月刊	1卷12期	1939
晋氏族谱（四川简阳）	晋光畬等	石印本		1939
李氏家乘（四川富顺）	李远荣	钞本		1939
黄氏族谱（四川中江）	黄兴辅 黄德朋	石印本		1939
鸯溪张氏族谱（四川剑阁）	张煜	抄本		1939
费氏族谱（四川宣汉）	佚名	抄本		1939
贺氏宗谱（重庆垫江）	佚名	石印本		1939
江北乐碛戴氏宗谱（重庆巴县）	戴正诚	排印本		1939
包氏族谱（四川渠县）	包月涛	石印本		1940
余氏族谱（四川青神）	余一海	石印本		1940
张氏应西公支谱（四川成都）	张金元	石印本		1940
磐石镇张氏族谱（四川达州）	张子履	石印本		1940
		复印本		1994
新舌乡秦氏家乘（重庆丰都）	秦嵩年	石印本		1940
张氏族谱（四川成都）	张炳贤	石印本		1941
增修邹氏宗谱（重庆丰都）	邹家成	石印本		1941
游氏族谱（四川）	游德馥等	石印本		1941

续表一六

篇、书名	著(译)编者	出处	卷、期	年月日
赵氏族谱（四川温江）	赵心弈	石印本		1941
邓氏蜀谱（四川成都）	邓自菱 邓兆淞	石印本		1941
宜宾吕氏宗谱（四川宜宾）	吕平林等	石印本		1942
夏氏族谱（四川仁寿）	夏安廷	油印本		1942
夏氏族谱（四川达县）	佚名	刻本		1942
余氏族谱（重庆长寿）	余绣宇	抄本		1942
门氏族谱（四川内江）	门四穆	排印本		1942
营台乡玉带山黄氏宗谱（重庆丰都）	黄进祥	稿本		1942
万氏族谱（四川简阳）	万殊主	石印本		1942
重庆万县刘氏族谱（重庆忠县）	刘兆禄	石印本		1942
蓉城叶氏宗族全谱（成都）	叶祖学 叶祖盤	石印本		1943
四川简阳吴氏族谱	吴启御等	石印本		1943
吴氏族谱后姓始祖泰伯公传下总世系（四川）	吴启街等	石印本		1943
吴氏族谱（四川简阳）	吴启御	石印本		1943
吴氏族谱（四川简阳）	吴开治	排印本		1999
汪氏族谱（四川井研）	汪正玶	石印本		1943
林氏族谱（四川仪陇）	林寿森等	抄本		1943
莫氏三修族谱（湖南武冈、四川汉源）	莫卜场等	木活字本		1943
黄氏五修族谱（四川绵阳）	黄潘昭	石印本		1943
四川省铜梁许氏族谱（四川铜梁）	许长鹤	排印本		1943
四川省铜梁许氏世系（四川铜梁）	许嘉立	抄本		1981
零陵雷氏族谱（四川中江）	雷玛等	石印本		1943
四川中江崇庆蔡氏族谱（四川崇州）	蔡大开等	石印本		1943
赵氏族谱（四川内江）	赵秉金等	石印本		1943
郑氏族谱（四川资中）	郑中武	排印、石印本		1943
刘氏宗谱（四川简阳）	刘柏心	石印本		1943
万邑牟氏族谱（重庆万州）	牟凤章等	排印本		1944

续表一七

篇、书名	著(译)编者	出处	卷、期	年月日
冉氏家谱（重庆酉阳）	冉懋德	石印本		1944
		复印本		2002
荣昌安富镇林氏宗祠增修族谱（重庆荣昌）	林居贞	石印本		1944
陈氏聚星谱（重庆綦江）	陈德音	石印本		1944
大邑陈氏族谱（四川大邑）	陈光镕	稿本		1944
岳东场罗氏宗谱（四川苍溪）	罗崇彦等	石印本		1944
插旗山王氏族谱（四川大竹）	王履尚	抄本		1945
林氏丰裕祠族谱（四川新都）	林运苹	石印本		1945
高氏族谱（四川仁寿）	高怀轩	石印本		1945
陈华英公族谱（四川成都）	陈光榕	稿本		1945
邓氏宗谱（重庆长寿）	邓余封	石印本		1945
钟氏族谱（四川仪陇）	钟培植 钟喆	木活字本		1945
李氏族谱（重庆长寿）	李俊武	石印本		1946
李氏族谱（四川罗江）	李继斌	石印本		1946
邱氏家谱（四川简阳）	邱作椿	稿本		1946
彭氏宗谱（四川宣汉）	彭轻达	石印本		1946
文氏族谱（四川宣汉）	文吉山	刻本		1946
		复印本		2000
遂宁谢氏家乘（四川遂宁）	谢大楷 谢大澍	石印本		1946
排牙石邓氏族谱（四川宣汉）	邓定江	石印本		1946
邓氏族谱（四川宣汉）	邓平杰	排印本		2003
王氏族谱（四川宣汉）	佚 名	排印本		1947
毛氏族谱（四川仁寿）	毛登鑫	石印本		1947
王氏族谱（四川宣汉）	佚 名	排印本		1947
李氏族谱（四川威远）	李光镇等	石印本		1947
余氏族谱（重庆丰都）	余正位	刻本		1947
谢氏族谱（四川仪陇）	谢彬等	石印本		1947
蒲氏族谱（四川南充）	蒲益发	石印本		1947
廖氏族谱（四川宣汉）	廖吉成	抄本		1947
		复印本		2000

续表一八

篇、书名	著(译)编者	出处	卷、期	年月日
蓝氏族谱（四川隆昌）	蓝鸿勋	石印本		1947
谢氏族谱（四川仪陇）	谢彬等	石印本		1947
顺庆罗氏宗谱（四川南充）	罗豫章	石印本		1947
罗氏宗谱（四川仪陇）	佚　名	石印本		1947
新修罗氏宗谱（四川乐至）	罗廷坤	石印本		1947
左氏族谱（重庆万州）	左官贤	排印本		1948
重修庆符县城何氏家谱（四川高县）	佚　名	石印本		1948
罗氏善庆祠族谱（威远）	罗万藻 罗世巍	石印本		1948
徐氏五修族谱（四川资阳）	徐日晟	木活字本		1948
陈氏绍德祠族谱（四川）	陈顺庚等	排印本		1948
开江燕峰孙氏族谱（四川开江）	孙　绅等	石印本		1948
开江燕峰孙氏族谱（四川开江）	合族纂修	排印本		2005
续修谢氏族谱（成都）	谢世琼	排印本		1948
彭氏族谱（四川双流）	彭家凤	石印本		1948
湛氏族谱（重庆丰都）	湛习之	石印本		1948
罗氏善庆祠族谱（四川威远）	罗万藻	石印本		1948
罗氏家谱（四川宣汉）	罗兴朝	抄本		1948
豫章宣汉罗氏宗谱（四川宣汉）	罗兴朝	排印本		2000
聂氏族谱（隆昌）	聂华国等	石印本		1949
严陵郭氏家谱三续（威远）	郭宏昌等	石印本		1949
于氏族谱（四川营山）	于光煊	抄本		1949
王氏宗谱（四川宣汉）	王禹成	石印本		1949
		复印本		2000
王氏族谱（四川宣汉）	王耀煜	抄本		1964
余氏族谱（四川宣汉）	余维国	抄本		1949
徐氏族谱（四川宣汉）	佚　名	抄本		1949
黄氏宗谱（四川宣汉）	黄广发	抄本		1949
康氏宗谱（四川宣汉）	佚　名	抄本		1949
泸县金宝山张家坝张氏族谱（四川泸州）	张其鉴	石印本		1949

续表一九

篇、书名	著(译)编者	出处	卷、期	年月日
雷氏宗谱（四川宣汉）	雷绍周	抄本		1949
		复印本		2000
邓氏分谱（四川广安）	邓绍明	稿本		1949
聂氏族谱（四川隆昌）	聂华国等	石印本		1949
田氏族谱（四川简阳）	佚名	石印本		民国
李氏族谱（四川宣汉）	佚名	抄本		民国
竹子乡杜氏族谱（重庆丰都）	佚名	抄本		民国
吴氏族谱（四川简阳）	吴文巽	排印本		民国
冷氏族谱（四川资中）	佚名	石印本		民国
汪氏第五次续修宗谱（四川）	汪本璜	排印本		民国
罗家沟汪氏族谱（四川简阳）	汪卫崇 汪文翰	清嘉庆谱、光绪谱之排印本、石印本		民国
（林氏）长山世谱（四川资中）	佚名	木活字本		民国
周氏家谱（四川松潘）	佚名	抄本		民国
罗氏族谱（内江）	罗懋昭	内江豫章祠续修石印本		民国
侯氏族谱（四川简阳）	严正相	石印本		民国
施氏家谱（四川简阳）	佚名	石印本		民国
晏氏家乘（四川内江）	晏思洛等	石印本		民国
徐氏族谱（四川资阳）	徐襄朝	木活字本		民国
唐氏族谱（四川苍溪）	佚名	木活字本		民国
陈氏族谱（四川成都）	佚名	刻本		民国
陈氏宗谱（四川中江）	佚名	石印本		民国
黄氏族谱（四川内江）	佚名	石印本		民国
黄氏族谱（四川资阳）	黄治平	木活字本		民国
成都县曹氏族谱（四川成都）	曹树修	抄本		民国
鄢氏族谱（四川简阳）	佚名	排印本		民国
邹氏族谱（四川宣汉）	佚名	抄本		民国
武城曾氏重修族谱（重庆涪陵）	佚名	排印本		民国
（曾氏）宗圣支谱（四川隆昌）	曾昭煌	石印本		民国
曾氏赣蜀合谱稿本（四川筠连）	曾宪孔	排印本		民国
卢氏族谱（四川眉山）	卢士选	刻本		民国
玉屏戴氏宗谱（重庆江北）	佚名	石印本		民国

续表二〇

篇、书名	著(译)编者	出处	卷、期	年月日
戴氏谱系（重庆长寿）	佚名	抄本		民国
谢氏族谱（四川成都）	谢含华	稿本		民国
罗氏家乘（四川射洪）	佚名	石印本		民国
罗氏族谱（四川内江）	罗懋昭	石印本		民国
庆符严氏家谱（四川高县）	严树滋	石印本		民国
谭氏宗谱（四川仪陇）	谭志儒 谭经畴	木活字本		民国
李氏族谱（重庆渝北）	李应新	石印本		1950
黄氏支谱（四川泸县）	黄先楷等	石印本		1950
项氏谱册（四川三台）	佚名	抄本		1950
刘氏族谱（四川新都）	刘家荣	稿本		1957
营台乡石盘龙村夹落坝刘氏族谱（重庆丰都）	佚名	抄本		1961
薛氏族谱（四川新都）	佚名	抄本		1964
文氏族谱（四川高县）	文正英	抄本		1975
雷氏家谱（忠县）		排印本		1980
徐氏家谱（重庆云阳）	徐久明	稿本		1981
汇南乡林家沟张氏族谱（重庆丰都）	张家珍	稿本		1981
从家谱中发现的新史料	廖文煜	历史知识	5期	1982
西昌礼州余氏族谱（四川西昌）	余文乐	复印本		1982
湛普乡谭氏族谱（重庆丰都）	谭佑卿	油印本		1983
唐氏谱书（四川宣汉）	唐怀镜	排印本		1984
蒋氏祖谱（丰都）	佚名	抄本		1985
刘氏族谱（渠县）	佚名	抄本		1985
石氏家谱（万县）	佚名	抄本		1985
吴氏族谱（四川宜宾）	吴昌焯	油印本		1985
奉氏族谱（四川）	奉世光	清道光三十年修本之复印本		1985
古氏族谱（四川泸县）	古富田	抄本		1985
牧马山傅氏宗谱（四川双流）	傅荣清	稿本		1985
古氏宗祠（四川邛崃）	古芝光等	油印本		1986
悦氏家谱（四川沐川）	悦登庸	写本之复印本		1986

续表二一

篇、书名	著(译)编者	出处	卷、期	年月日
龚氏宗谱（重庆黔江）	龚节俭	排印本		1986
杜氏族谱（四川射洪）	杜光兴	打印本		1986
奉氏族谱（渠县）	佚名	抄本		1986
余氏家谱（綦江）	佚名	抄本		1986
长滩苟氏史志（四川通江）	苟正纯	油印本		1987
营台乡日照坝刘氏族谱（重庆丰都）	刘大贵	油印本		1987
李氏家谱（綦江）	佚名	抄本		1988
传为蒙古族之西昌《余氏族谱》考辨	李绍明	四川文物	4期	1988
河内（向氏）志（四川南川、南充）	向荣礼	油印本		1989
王氏族谱（重庆）	王光立	排印本		1989
包鸾镇文家坝周氏族谱（重庆丰都）	周必赞	排印本		1989
三坝乡竹子黄氏史略（重庆丰都）	黄少文	油印本		1989
《刘氏考订族谱》及其史料价值	刘文杰 徐学初	四川文物	2期	1990
花桥吴氏族谱（重庆巴南）	吴家鑫等	稿本		1990
郑氏宗谱（四川大竹）	郑永富	排印本		1990
栗子乡刘氏族谱（重庆丰都）	甘大启	排印本		1990
屏山莫氏宗谱（四川屏山）	屏山莫氏宗谱编纂小组	排印本		1990
古氏宗谱（重庆垫江）	古光辉	油印本		1991
营台乡四方村青龙湾杨氏族谱（重庆丰都）	杨治元	油印本		1991
向氏籍派（四川南川）	向光辉	稿本		1992
向氏族谱（重庆万州）	向国堂	排印本		1992
四川省忠县丁氏宗谱初稿（重庆忠县）	丁宗裕	排印本		1992
古氏族谱（四川新都）	古家信	抄本		1992
林氏宗谱（四川资中）	林文成	复印本		1992
范氏族谱（四川罗江）	范继绪	排印本		1992
黄氏族谱（四川简阳）	黄才志	打印本		1992
雷姓三房宗支简谱（四川渠县）	雷培金	排印本		1992

续表二二

篇、书名	著（译）编者	出处	卷、期	年月日
王氏家谱（四川都江堰）	王高柏	排印本		1993
栗子乡甘姓发展史（重庆丰都）	甘大启	稿本		1993
栗子乡杜姓发展史略（重庆丰都）	甘大启	稿本		1993
栗子乡陈氏发展史（重庆丰都）	甘大启	稿本		1993
左氏族谱（重庆丰都）	左远来等	油印本		1993
飞鹅石陈氏宗族谱志（四川綦江）	陈廷杰等	排印本		1993
尹氏敦睦堂家谱（四川江津、重庆）	尹荣福	排印本		1993
向氏源流（四川通江）	向平章	排印本		1993
陈氏宗谱（重庆武隆）	陈仁昌	打印本		1993
武隆县陈氏宗亲族谱	陈纪芳	排印本		1997
凉山白彝曲木氏世家（四川凉山）	曲木约质	云南人民出版社		1993
四川省遂宁市中区兴隆乡龙虎沟吴氏宗谱（四川遂宁）	吴章虎	排印本		1993
楚入川始祖洪家公吴氏宗谱（四川简阳）	吴从龙	排印本		1993
佛建乡水天坪周氏族谱（重庆丰都）	周茂祥	排印本		1993
韦氏宗谱（重庆南川）	韦述职	排印本		1993
韦大郎后裔人物志（南川）	韦述职	排印本		2005
尹氏敦睦堂家谱（重庆）	尹荣福	排印本		1993
尹氏族谱（重庆）	尹朝淮	排印本		2001
秦氏族谱（重庆綦江）	秦文理	油印本		1993
兰陵世家缪氏族谱（四川）	缪明均	排印本		1993
郑氏庠元公房族谱（四川宜宾）	郑享权	排印本		1993
蓝氏族谱（重庆荣昌）	蓝秀鹋	复印本		1993
王氏族谱（四川仁寿）	王道洄 王权达	打印本		1994
古氏族谱（重庆梁平）	古铭声	排印本		1994
川东道重庆府璧山县天池古氏谱（重庆璧山）	古洪兴	清光绪十七年抄本复印本		1994
古氏族谱（重庆璧山）	古大志	排印本		1995
冉氏新谱（重庆梁平）	冉隆轩	抄本		1994
齐郡宁氏莲邵续修家乘（彭水）	佚名	抄本		1994

续表二三

篇、书名	著(译)编者	出处	卷、期	年月日
新城乡麦地湾李氏族谱（重庆丰都）	李正鹄	排印本		1994
吉完凼吴氏志（重庆垫江）	吴宗儒等	排印本		1994
吴氏族谱（四川内江）	吴性光等	排印本		1994
吴氏族谱（四川资阳）	吴知白	稿本		1994
陈氏族谱（四川大竹）	陈自华	打印本		1994
新台乡彭氏族谱（重庆丰都）	彭建侯	油印本		1994
杨公应诚家谱（四川威远）	杨万学	排印本		1994
钟氏族谱（重庆巴县）	重庆华岩钟氏宗会	排印本		1994
牌坊徐氏家谱（四川大竹）	徐开运	清同治抄本之复印本		1994
苍溪陶氏源流（四川苍溪）	陶家明 陶家齐	打印本		1994
四川南川谈氏族谱（重庆南川）	四川南川谈氏族谱编修会	排印本		1994
谢氏族谱（重庆黔江）	谢世银等	排印本		1994
尹氏家志（四川荣县）	尹斌庸	排印本		1995
四川省万县市龙宝区龙沙镇丁家坝丁正孝家谱（重庆万州）	丁天禄等	排印本		1995
莲花洞李氏支谱（重庆丰都）	李志高	油印本		1995
董家镇岩纲峡李氏支谱（重庆丰都）	李德茂	稿本		1997
镇江乡狮山沟李氏支谱（重庆丰都）	李文林	抄本		1997
石岭乡肖家湾李氏族谱（重庆丰都）	李兆祥	排印本		1998
龙孔乡李家坝李氏宗谱（重庆丰都）	李志纪	稿本		2000
吴氏垫江志（重庆垫江）	吴良士等	排印本		1995
吴氏宗谱（四川金堂）	吴成泉	排印本		1995
吴氏族谱（四川珙县）	吴学初等	石印本		1995
刘氏族谱（重庆垫江）	刘万国	打印本		1995
王氏族史（四川宣汉）	王亚吾	打印本		1995
金氏家乘（重庆南川）	金俊华	排印本		1995
董家镇夹槽湾姚氏宗谱（重庆丰都）	姚玉枢	排印本		1995

续表二四

篇、书名	著(译)编者	出处	卷、期	年月日
俸氏族谱（四川广汉）	俸良成	排印本		1995
唐氏族谱（四川大竹）	唐元国等	打印本		1995
秦氏源流谱（四川安岳）	秦福炯	油印本		1995
湖北麻城王友山冯氏巴县谱系拾略（重庆）	王先舜	排印本		1995
四川省万县市龙宝区龙沙镇丁家坝丁正孝家谱	丁天禄等	排印本		1995
蒲氏宗谱（重庆黔江）	黔江蒲氏宗谱纂修组	排印本		1995
刘氏族谱（重庆垫江）	刘万国	排印本		1995
蒋氏家谱·重庆大足天台山宗支（大足）	蒋少明	排印本		1995
陈氏宗谱（江津、巴县）	陈氏族会	排印本		1995
一部真实反映清初移民社会生活史的族谱	陈世松	四川文物	3期	1996
王氏族谱（四川宣汉）	王才亮	打印本		1996
黄氏宗谱（四川资阳）	黄古岩	排印本		1996
栗子乡毛氏史略（重庆丰都）	甘大启	稿本		1996
崇新乡李氏宗祠族谱（重庆丰都）	李春芳	油印本		1996
李氏家谱（四川资阳）——资阳文献丛书	王洪林	排印本		1996
吴氏族谱（重庆璧山）	吴大位	稿本		1996
公平吴氏续谱（重庆奉节）	吴国林等	排印本		1996
大庄系忠县吴氏族谱（重庆忠县）	吴扬清	稿本		1996
吴氏族谱（四川宜宾）	吴正荣	排印本		1996
孝儿镇吴氏宗谱（四川珙县）	吴德富	稿本		1996
黄氏族谱（四川大竹）	黄景泽	排印本		1996
黄氏族谱（四川安岳）	黄朝金	排印本		1996
黄氏通谱（重庆潼南）	黄乾鲁	排印本		1996
张氏支谱（四川达川）	张里季	排印本		1996
芦山苏氏大宗总族谱（四川芦山）	芦山苏氏大宗总族谱编委会	打印本		1996
秦氏繁衍史（重庆彭水）	秦成德	排印本		1996
庐江郡何氏大同宗谱副卷（四川）	何正猷等	打印本		1996

续表二五

篇、书名	著(译)编者	出处	卷、期	年月日
龙观乡桂氏族谱（四川宣汉）	佚名	抄本		1996
湛氏史志（重庆涪陵）	湛凌松等	排印本		1996
杨氏族谱（四川资阳）	杨兴著	排印本		1996
刘氏族谱（垫江）	佚名	抄本		1996
周氏族谱（重庆潼南）	潼南县周氏族谱翻印委员会	清光绪二十六年本之排印本		1996
周氏族谱·续编本（重庆潼南）	佚名	排印本		2001
喻氏史略（四川巴中）	喻氏史略编委会	影印本		1996
邹氏族谱（重庆）	邹崇勋	排印本		1996
柏氏族谱（四川岳池）	柏用硕等	油印本		1996
柏氏续谱纪念册（四川岳池）	柏斌武	排印本		1999
潘氏家谱（四川达县）	潘传胪	打印本		1996
阆中《陈氏族谱》考论	蔡东洲	文献	3期	1997
勾氏第四次续谱（四川）	勾季良	排印本		1997
古氏族谱（四川甘洛）	古新民	排印本		1997
达州石氏族谱（四川达州）	石月明	稿本		1997
		复印本		2002
白氏宗录（四川巴中）	《白氏宗录》编写筹备组	排印本		1997
武隆县陈氏宗亲族谱（重庆武隆）	陈纪芳	排印本		1997
李氏族谱（四川达州）	李盛群	排印本		1997
吴氏族谱（四川宜宾）	吴锡灯	稿本		1997
四川省简阳市吴氏族谱（四川简阳）	吴国绪等	排印本		1997
世德堂冕宁县周氏家谱（四川冕宁）	周长荣	排印本		1997
汝南袁氏裔（四川南川）	袁友伯 袁信珏	排印本		1997
郝氏族谱（四川开江）	郝志方	打印本		1997
姚氏族谱（四川泸州）	姚德浦	复印本		1997
郭氏家族谱（四川汉源）	郭敬先	排印本		1997
陈氏族谱（四川大竹）	陈学织	打印本		1997
四川省达川市磐石乡张氏族谱（四川达川）	张导锡	排印本		1997

续表二六

篇、书名	著(译)编者	出处	卷、期	年月日
万氏族谱（重庆）	万中立等	排印本		1997
四川省泸州市特兴镇竹子坪万氏宗谱（四川泸州）	万立荣	排印本		1997
董氏族谱（四川岳池）	董善政	排印本		1997
杨氏树德堂家谱（四川宣汉）	杨承湘	打印本		1997
栗子乡雷氏宗谱（重庆丰都）	甘大启	排印本		1997
刘氏宗族谱（重庆云阳）	刘化安	排印本		1997
核桃街刘氏圣宗全谱（四川三台）	刘德铭	打印本		1997
高县杨柳萧氏家谱（四川高县）	萧卓泉	排印本		1997
庞氏家谱（四川宣汉）	庞成烈	打印本		1997
龚氏家谱（四川三台）	龚廉编	打印本		1997
南阳金华徐氏（重庆）	徐存耀	排印本		1997
对《徐氏渊源》的探讨解释	徐存耀	排印本		1997
牌坊徐氏家谱（四川大竹）	徐鸿章	排印本		1997
彝族历史文化（四川凉山）——依俄阿候咪振七支谱牒	马燕静	甘洛县西昌干休所		1997
徐氏族谱（重庆长寿）	长寿云集花山村古墓城徐氏编辑组	排印本		1998
郫县古城潘姓源流（四川成都）	潘泰孚	排印本		1997
重庆市丰都县理明乡古氏宗族谱（重庆丰都）	古乾勇	油印本		1998
龙潭三槐王氏家谱（重庆酉阳）	王怡富 王贵嘉	打印本		1998
合江县东乡上沟李氏族谱	不详	排印本		1998
甘氏族谱（重庆江津）	甘相章	排印本		1998
邻水县甘氏族谱（四川邻水）	甘立福	排印本		1998
冉氏宗谱（四川宣汉）	冉启清	排印本		1998
宣汉向氏宗谱（四川宣汉）	向此盛	清同治十年刻本之复印本		1998
宣汉向氏族谱（四川宣汉）	向积道	排印本		1998
虎威乡鹦鹉村李氏族谱（重庆丰都）	李德佑	稿本		1998
李氏本支族谱（重庆南川）	李茂辉等	排印本		1998
白市吴氏家谱（四川广安）	吴北海	排印本		1998

续表二七

篇、书名	著(译)编者	出处	卷、期	年月日
吴氏族谱（四川荣县）	吴永兴	排印本		1998
奉氏家谱（四川达县）	奉子富	清同治八年抄本之复印本		1998
大堡乡周氏族谱（重庆丰都）	周逸民	排印本		1998
姚氏族谱（四川蓬安）	姚丕舜	排印本		1998
徐氏族谱（重庆长寿）	徐国荣	排印本		1998
徐氏家谱（重庆梁平）	徐昌明等	排引本		1998
荣昌县郭氏绍曾支谱（重庆荣昌）	郭质君 郭礼淮	油印本		1998
唐氏家谱志（四川金堂）	唐盛庵	稿本		1998
重岩黄氏宗谱（重庆丰都）	黄安舟	油印本		1998
黄氏族谱（重庆忠县）	黄复定	排印本		1998
梁氏宗谱（四川仁寿）	梁宗诰 梁明经	清同治六年本之续修打印本		1998
四川富顺陈氏支谱（四川富顺）	陈善良	排印本		1998
川黔边陈氏（四川、贵州）	川黔边陈氏联宗合谱领导小组	排印本		1998
庹氏族谱	三 鹏	排印本		1998
刁氏族谱（四川泸州）	刁光大	排印本		1998
丰都涂氏族谱（重庆丰都）	涂志卿	排印本		1998
涂氏族谱（四川宣汉）	涂群德	排印本		1998
彭氏族谱（四川大竹）	彭文洪	排印本		1998
张氏族谱（四川大竹）	张文雄	排印本		1998
乐山张氏族谱（四川乐山）	张章模	排印本		1998
包鸾镇傅氏家族历史名册（重庆丰都）	傅章德	排印本		1998
郑氏志（重庆垫江）	郑先荣	排印本		1998
璧南刘家沟一脉刘氏族谱（重庆璧山）	刘先义	排印本		1998
蒋氏族谱（四川安岳）	蒋祖全	排印本		1998
谭氏宏亮公房谱（四川）	谭祖成	排印本		1998
重庆市奉节县公平古由才公族谱（重庆奉节）	古恒昭	稿本		1999
左氏籍谱（四川阆中）	左思彰	排印本		1999

续表二八

篇、书名	著(译)编者	出处	卷、期	年月日
屏山邓族千年史探索（四川屏山）	邓圣时	排印本		1999
冉氏宗谱（重庆彭水）	冉启炽	排印本		1999
荣州向氏家乘（四川荣县）	向喜英	排印本		1999
太原王氏族谱（重庆永川、荣昌、大足）	王依君	排印本		1999
太原堂王氏族谱（重庆）	王崇溥	排印本		1999
王氏宗谱（重庆万州）	王其学	油印本		1999
槐荫射洪王氏家谱（四川射洪）	王桓松	打印本		1999
重庆市潼南县三堆山陈氏族谱（重庆潼南）陈运岳		排印本		1999
陈氏家乘记（重庆铜梁）	陈彰模	排印本		1999
陈氏家乘记·续（重庆铜梁）	陈敏中等	排印本		2003
纂修陈氏族谱（四川叙永）	陈敬伦等	清同治七年刻本之复印本		1999
纂修陈氏族谱续谱（四川叙永）	陈贤滨	复印本		1999
兴义镇陈氏联宗合谱（重庆丰都）	陈九河	排印本		1999
陈氏应孝祠族谱（四川涪陵）	陈兴理	排印本		1999
四川长宁杜氏宝田族谱（四川长宁）	杜安富	排印本		1999
花古马场（吴氏）家谱（四川宜宾）	吴仲臣等	排印本		1999
余氏家谱（重庆长寿）	余永德	排印本		1999
余氏支谱（四川梓潼）	余俊德	排印本		1999
周氏族谱（四川金堂）	周后选	抄本		1999
四川邻水徐氏族谱（四川邻水）	邻水徐氏族谱编纂组	排印本		1999
广东遑落系徐氏家谱（四川大竹）	徐友恒	排印本		1999
徐氏族谱（四川大竹、渠县、万源）	徐健懋	排印本		1999
徐氏族谱（四川达州）	徐健懋	排印本		1999
黄氏族谱（重庆）	黄沛之	排印本		1999
黄氏通书暨重庆巴南二圣四支黄氏谱（重庆巴南）	黄诗群	排印本		1999
黄氏宗谱（四川盐亭）	黄丕钟	排印本		1999
张氏宗谱（中江县）	中江县张氏后裔			1999

续表二九

篇、书名	著(译)编者	出处	卷、期	年月日
武城曾氏重修族谱（四川隆昌）	四川隆昌武城曾氏家族委员会	排印本		1999
孟氏家谱（四川长寿）	孟志贤	排印本		1999
马氏族谱（四川泸州）	不详	排印本		1999
四川威远姚氏家谱（四川威远）	姚舜之	排印本		1999
长宁袁氏族谱（四川长宁）	袁开勇等	排印本		1999
（续修）狮山滩袁氏族谱（重庆长寿）	袁其伦	排印本		1999
（续修）回龙场袁氏族谱（重庆长寿）	袁克华	复印本		2001
长寿县晏子山李氏族谱（重庆长寿）	佚名	排印本		1999
万县何氏家族史料汇编（重庆万州）	重庆市万州区《万县何氏家族史料编纂组》	排印本		1999
新编何氏族谱（四川巴中）	何进	排印本		1999
李氏族谱（四川射洪）	李善昌等	排印本		1999
宣汉李氏家族文化（四川宣汉）	李光爵	排印本		1999
郭氏族谱（四川泸州）	郭汉屏	排印本		1999
金氏家乘（四川南川）	金俊华	排印本		1999
天生镇桂氏族谱（四川宣汉）	桂成道	排印本		1999
唐氏新联族谱（四川开江）	唐监树	排印本		1999
董家镇关圣场梁氏族谱（重庆丰都）	梁德军	排印本		1999
张氏宗谱（四川宣汉）	张忠德	打印本		1999
张氏万知谱（重庆黔江）	张玉礼等	排印本		1999
张氏族谱（四川大竹）	佚名	排印本		1999
补修傅氏涪陵六世祖敬斋公支系家谱（四川涪陵）	傅家溎	油印本		1999
傅氏族谱（四川渠县）	傅昌志	排印本		1999
邹氏国弼公后裔续修族谱（四川富顺）	邹今淳	排印本		1999
南川杨氏族谱（重庆南川）	南川杨氏族谱编撰组	排印本		1999
贾氏人文家教谱（四川三台）	贾子昌等	打印本		1999
赵氏有华支谱（四川宣汉）	赵臣弟	排印本		1999

续表三〇

篇、书名	著(译)编者	出处	卷、期	年月日
郑氏族谱（四川成都）	郑烜丰	排印本		1999
郑氏族谱（重庆万州）	郑汉安	油印本		1999
钟氏族谱（四川大竹）	钟代禄	打印本		1999
宝树堂谢氏宗谱族词（重庆巴南）	谢德贵	排印本		1999
冕宁县谢氏族谱	谢云卿	排印本		1999
四知堂杨氏族谱金江分谱（四川、云南）	杨顺赋	排印本		1999
瞿氏族谱（重庆涪陵）	瞿树敏等	排印本		1999
龚氏家族族谱（四川三台）	龚德源	打印本		1999
栗子乡罗姓发展史略	甘大启	排印本		1999
冯氏族谱（四川邻水）	冯氏族谱编委会	排印本		1999
屏山邓族千年史探索（四川屏山）	邓圣时	排印本		1999
廖氏族谱（四川）	廖治维	排印本		1999
新发现的研究四川客家源流的重要族谱清咸丰《巫氏族谱》	刘世旭	四川文物	1期	2000
文氏族谱（四川宣汉）	文永丰	排印本		2000
田氏族谱（重庆南川）	合族纂修	排印本		2000
冉氏宗谱（四川宣汉）	冉正本	清咸丰元年刻本之复印本		2000
朱氏族谱（四川大竹）	朱万述	排印本		2000
谢氏族谱（四川大竹）	谢诚心	清光绪八年写本之复印本		2000
崇德堂奉节县史氏族谱（重庆奉节）	《崇德堂奉节县史氏族谱》编委会	排印本		2000
长山王氏家谱（重庆彭水）	王学军	排印本		2000
蓬南四支族李氏宗谱（四川蓬溪）	李朝凯	排印本		2000
吴氏族谱（四川中江）	吴杰三	排印本		2000
吴氏族谱（四川荣县）	吴世湘	稿本		2000
川闽始祖得昌嘉铨振地公后裔吴氏族谱（四川简阳）	吴昊	排印本		2000
何氏族谱（四川广安）	何鹏程	排印本		2000
邱氏家谱（四川大竹）	邱乘家	排印本		2000
宣汉武氏族谱（四川宣汉）	武泽宗	排印本		2000
成都黉门支派林氏家谱（四川成都）	林华德	影印抄本		2000

续表三一

篇、书名	著(译)编者	出处	卷、期	年月日
徐氏宗谱（四川巴中）	徐新明	排印本		2000
林氏家谱（四川宣汉）	林因福	抄本		2000
江池郎氏族谱（重庆丰都）	郎叔光等	排印本		2000
营台玢公支系郎氏族谱（重庆丰都）	郎少奎等	排印本		2000
岳氏族谱（四川蓬安）	岳元虎	抄本		2000
高家镇梁氏家乘（重庆丰都）	梁绍霖	复印本		2000
刘氏德福堂族谱（重庆九龙坡）	刘家林	排印本		2000
剑阁白龙镇杨氏族谱（四川剑阁）	杨培善	排印本		2000
宣汉柳氏族谱（四川宣汉）	柳玉章	排印本		2000
溯源索流：杨氏家族史话（四川苍溪）——四川苍溪河西江南山杨家湾	杨正川	排印本		2000
黔渝边向氏谱（四川南川、贵州正安）	向克怀	排印本		2000
重庆璧山孙氏谱牒（重庆璧山）	孙代兴	排印本		2000
孙氏宗谱（四川剑阁）	孙浩林等	排印本		2000
乐安宣汉孙氏家族文化（四川宣汉）	孙光贵	胶印本		2000
重庆璧山县申氏宗族家谱	申永康	油印本		2000
秦氏家乘（重庆丰都）	秦泽虎	排印本		2000
夏氏族谱（四川达县）	夏明显	排印本		2000
夏氏族谱（四川邻水）	夏显林	排印本		2000
夏氏族谱（四川武胜）	夏泽文	排印本		2000
徐氏宗谱（四川巴中）	徐新民	排印本		2000
唐氏宗谱（四川达县）	唐仁德 唐宣智	打印本		2000
唐氏族谱（四川宣汉）	唐元国	排印本		2000
许氏江源支系宗谱（四川古蔺）	许济扬等	排印本		2000
四川华蓥山祝氏族谱（四川华蓥）	祝明文	排印本		2000
胡氏族谱（四川蓬溪）	胡传淮	排印本		2000
陈氏家谱（四川垫江）	陈华君	排印本		2000
凤凰颍川堂陈氏族谱（重庆）	陈能坚	油印本		2000
同兴乡陈氏族谱（重庆丰都）	陈定祥	排印本		2000

续表三二

篇、书名	著(译)编者	出处	卷、期	年月日
陈氏支谱（四川宣汉）	陈积利	稿本		2000
重庆北碚歇马黄氏家谱（重庆北碚）	黄嘉扬	打印本		2000
毛坪黄氏四修族谱（重庆丰都）	黄世祥	稿本		2000
厢坝乡黄氏六修支谱（重庆丰都）	黄仁义等	排印本		2000
新建乡锡福桥黄氏族谱（重庆丰都）	黄汉杰	排印本		2000
黄氏族谱（四川宣汉）	黄学伦	清道光七年刻本之复印本		2000
安岳黄氏通谱（四川安岳）	安岳黄氏通谱编修委员会	排印本		2000
许氏江源支系宗谱（四川古蔺）	许齐扬等	排印本		2000
张氏宗谱（四川宣汉）	张仁义	清光绪二十一年刻本之复印本		2000
张氏支谱（四川宣汉）	张德海	抄本		2000
邻水姜氏族谱（四川邻水）	姜景云	排印本		2000
马氏宗谱（四川武胜）	马道畅	抄本		2000
隆氏族谱（重庆丰都）	隆长伦 隆泽华	排印本		2000
冯氏族谱（四川宣汉）	冯定海	排印本		2000
武城曾氏续修谱牒（四川）	曾一书	排印本		2000
剑阁白龙镇杨氏族谱（四川剑阁）	杨培善	排印本		2000
雷氏宗谱（四川宣汉）	雷文星	清同治二年刻本之复印本		2000
雷氏族谱文化（四川宣汉）	雷承礼	排印本		2000
赵氏族谱（四川江安）	赵秀泽	排印本		2000
赵氏族谱（四川达县）	赵本科	排印本		2000
邓氏族谱（四川宣汉）	邓朝朋	排印本		2000
赖氏松阳堂族谱（重庆江津）	赖学礼等	排印本		2000
萧氏支族谱（四川宣汉）	萧庆生	清同治五年刻本之复印本		2000
宣汉萧氏支族谱（四川宣汉）	萧永达	排印本		2000
卢氏族谱（四川达州）	卢锡武	排印本		2000
龙氏宗谱概述（四川）	龙建国 龙儒芳	排印本		2000
谌氏益珍老祖简谱暨百岁安仕祖支谱（四川三台）	谌敦燮	排印本		2000

续表三三

篇、书名	著(译)编者	出处	卷、期	年月日
胡氏族谱（四川蓬溪）	四川省蓬溪县文井镇《胡氏族谱》编委会	排印本		2000
涪陵韩氏宗谱（重庆涪陵）	韩善模	排印本		2000
蓝氏族谱（重庆荣昌）	蓝祯伟等	排印本		2000
戴氏族谱（四川宣汉）	戴茂德	传抄本		2000
钟姓源流述略（重庆涪陵）	钟世昌	排印本		2000
谢氏族谱（四川大竹）	谢诚心	清光绪八年稿本之复印本		2000
罗氏家谱（四川蓬溪）	罗正洲等	排印本		2000
罗氏族谱（四川资中）	罗家义	排印本		2000
罗洪谱系（四川凉山）	罗家修	排印本		2000
谭氏入川苗裔宏智公房谱（四川）	谭天胜	排印本		2000
谭氏宗谱（四川）	谭仕禄	排印本		2000
谭氏宗谱（四川开江）	谭顺仕 谭顺意	排印本		2000
饶氏族谱（四川）	饶中学	排印本		2000
彝历谱牒（四川金阳）	穆志途	金阳县人民政府		2000
王氏族谱（四川宣汉）	谭宇昌	排印本		2001
杜氏族谱（四川三台）	杜元庆	排印本		2001
成都东山客家氏族志	李全中	四川人民出版社		2001
重庆市万州区吴姓谱（重庆万州）	吴继发	排印本		2001
吴氏族谱（四川安岳）	安岳县附郭乡吴氏宗谱编纂委员会	排印本		2001
余氏族谱（四川邻水）	余代扬	排印本		2001
周氏宗谱（重庆涪陵）	周义生	复印本		2001
周氏族谱（重庆长寿）	长寿周氏族谱编委会	排印本		2001
周氏族谱（重庆江津）——重庆江津二溪五福支	周守荣等	打印本		2001
陈氏族谱（四川大竹）	陈德昂	排印本		2001
姜氏族谱·渝北苦竹溪	继 武 继 安			2001
张氏族谱通集（重庆奉节）	张振煞	打印本		2001
张氏源流·才本集（黔江）	张贵端	排印本		2001

续表三四

篇、书名	著（译）编者	出处	卷、期	年月日
张氏族谱（四川剑阁）	张宇衡 张怀荣	打印本		2001
南阳奉节邓氏续谱（重庆奉节）	邓传埙等	排印本		2001
杨氏家谱杨柱支谱（四川邻水）	杨柱	手写稿复印本		2001
夏氏族谱（四川武隆）	夏宗义	排印本		2001
谢氏族谱（四川大竹、邻水）	谢俊成	排印本		2001
甘氏族谱（四川富顺、自贡）	甘居才	排印本		2001
李氏族谱（普恒支族）（四川綦江、江津）	李成良	排印本		2001
唐氏续修谱（重庆梁平）	唐廷玠	排印本		2001
唐氏宗谱（四川）	唐吉亨	排印本		2001
唐氏宗谱（四川安岳）	唐吉享	排印本		2001
黄氏家谱（四川）	黄绍杰	排印本		2001
康氏族谱（四川安岳）	康润民	排印本		2001
张氏族谱（四川金堂）	张廷君等	排印本		2001
彭氏宗谱（四川宣汉）	彭宗驰	排印本		2001
忠县彭氏志（重庆忠县）	彭家华	排印本		2001
崇仁堂彭氏宗谱（重庆忠县）	彭家华	排印本		2004
蒲成麟凤刘氏宗谱（四川蒲江）	刘子俊	抄本		2001
刘氏族谱（贵州松桃、印江，四川秀山）	刘岗	排印本		2001
彭城刘氏大湾堂五修宗谱（四川通江）	刘正珏	排印本		2001
彭水刘氏源流（重庆彭水）	彭水刘氏源流编委会	排印本		2001
邻水县龙桥乡刘氏族谱（四川邻水）	邻水龙桥乡刘氏大宗祠族谱编修委员会	排印本		2001
叶氏家谱（四川宣汉）	叶迎彬	排印本		2001
傅氏万一公族谱（四川简阳）	傅育金	排印本		2001
杨氏家谱杨柱支谱（四川邻水）	杨柱	复印本		2001
杨氏族谱（四川宣汉）	杨绍琦	民国初年抄本之传抄本		2001
邻水县九龙场章氏族谱（四川邻水）	章社村	排印本		2001
达县明月廖氏族谱（四川达县）	廖正杰	排印本		2001

续表三五

篇、书名	著(译)编者	出处	卷、期	年月日
蒲氏宗谱（四川广安）	四川广安蒲氏宗谱编委会	排印本		2001
熊氏族谱（重庆梁平）	熊代义	排印本		2001
熊氏族谱（长寿）	重庆市长寿熊氏族谱编纂领导小组	排印本		2001
熊氏家谱（万县）	佚名	油印本		2001
永昌唐马氏族谱（四川）	佚名	抄本		2001
四川省长宁县万岭菁柏杨坪王氏族谱（四川长宁）	王万正	抄本		2001
练氏宗族谱（四川大竹）	练芳恩	排印本		2001
丁氏家史家谱（四川营山）	丁忠正	稿本复印本		2001
四川省德昌米易县云南籍卢氏家谱（四川）	卢国华等	排印本		2001
豫楚罗氏家谱（四川岳池）	罗安俊	排印本		2001
谢氏族谱（四川大竹）	谢俊成	排印本		2001
郑氏族谱（重庆长寿）	长寿县焦家乡郑家石塔郑氏族谱修编委员会	排印本		2001
田氏族谱（铜梁、南平）	佚名	排印本		2001
谭氏族谱（石柱）	谭康英	排印本		2001
石柱县谭氏元吉号宗谱（石柱）	谭国诚	排印本		2004
朱氏宗族谱（巴渝地区）	佚名	排印本		2001
广安《邓氏分谱》	陈世松	寻根	6期	2002
邻水田氏族谱（四川邻水）	田华明	排印本		2002
黔江李姓谱略（重庆黔江）	李华山	排印本		2002
李长庚族谱（重庆合川）	李芳仓	抄本		2002
陇西李氏族谱（重庆云阳）	李柿祥	排印本		2002
李氏族谱·大方李自元祖宗支谱（璧山）	李德钧	排印本		2002
赵氏族谱（四川彭水、成隆、贵州、务川）	赵永安	排印本		2002
王氏宗谱（四川资阳）	王洪林	排印本		2002
太原派金华王氏谱（重庆忠县）	王世柱等	排印本		2002

续表三六

篇、书名	著(译)编者	出处	卷、期	年月日
何氏族谱（重庆垫江）	重庆市涪陵区何氏	排印本		2002
四川武胜县龙女郁马坪何氏宗祠何氏族谱（四川武胜）	何炳成 何培生	排印本		2002
子贞何氏族谱（四川通江）	何光宇	排印本		2002
周氏族谱（四川大竹）	周百友	胶本		2002
安定胡氏宗谱续编（重庆巴南）	胡远兴等	排印本		2002
邻水姜氏族谱（四川邻水）	姜景云	排印本		2002
达州柏树郭氏族谱（四川宣汉）	郭光敬	排印本		2002
晋昌唐氏族谱（重庆大足）	唐冠华	排印本		2002
陈氏族谱（重庆巴南）	陈永强	排印本		2002
黄氏族谱（四川宣汉）	黄明祥	打印本		2002
重庆合川大沱梁氏族谱（重庆合川）	梁 深等	排印本		2002
张氏族谱（四川郫县）	张天成	排印本		2002
成都张赓盛公的后裔们（四川简阳）	张永常	排印本		2002
喻氏史略（四川巴中）	喻哲文	排印本		2002
彭水刘氏源流	刘汉奎	排印本		2002
宣达桂氏族谱文化（四川宣汉、达县）	桂逢基	排印本		2002
犍为袁氏公肇堂家族志（四川犍为）	袁邦志	排印本		2002
杨再思氏族通志（湖南、贵州、四川）	杨昌坤	排印本		2002
杨氏家族文化·弘农尚志支系（四川宣汉）	杨泽文	排印本		2002
宣汉邵陵杨氏族谱（四川宣汉）	杨 举	排印本		2002
赵氏族谱（重庆彭水）	赵永安	排印本		2002
赵家简史（四川平昌）	赵学成	排印本		2002
萧氏家谱（重庆铜梁）	萧远田等	排印本		2002
庞氏家谱（四川达县）	庞大鹏	排印本		2002
邻水县 大竹县 范族宗谱（四川邻水、大竹）	邻水、大竹县范氏宗谱修谱委员会、编辑委员会	排印本		2002

续表三七

篇、书名	著(译)编者	出处	卷、期	年月日
彭水刘氏源流（重庆彭水）	彭水刘氏源流编委会	排印本		2001
彭水刘氏源流（重庆彭水）	刘汉奎	排印本		2002
沛郡南阳朱氏宗谱·重庆宗支（重庆）	朱世刚	排印本		2002
垫江谢氏志（重庆垫江）	谢开平	排印本		2002
罗氏族谱（重庆璧山）	罗章明	排印本		2002
四川省资阳市雁江区堪嘉坝镇蒲角村杨家湾杨氏宗谱·九十八世朝彩支系家史	杨世玉	排印本		2001
重庆华岩陈氏虞垱公族谱	舒元福	排印本		2002
重庆华岩陈氏虞垱公族谱·颍川堂江州义门宁化平远派	佚名	复印本		2002
廖氏族谱	廖运杰	排印本		2002
同治四年《陈氏族谱》的文物举证	陈世松	四川文物	1期	2003
贡川陈氏家族源流考	陈世松	闽西职业大学学报	1期	2003
邓翰林与广安邓氏	陈世松	寻根	5期	2003
王氏宗族谱（四川大竹）	王国定	打印本		2003
王氏谱牒（四川宣汉）	王昭林	排印本		2003
尹氏族谱（四川乐至）	四川乐至县尹氏族谱编写组	排印本		2003
汝仙汝惠杜氏族谱（四川达县）	杜自然	抄本		2003
汪氏族谱（重庆石柱）	汪祥柏	石柱汪氏家族		2003
石氏族谱（四川大竹）	石克兴	排印本		2003
白氏乐阳祠族谱（四川成都）	白昆声	排印本		2003
向氏宗谱（四川遂宁）	遂宁向氏宗谱编修委员会	排印本		2003
沛郡南阳朱氏宗谱·重庆支谱	朱世刚	排印本		2003
天字坪吴氏家谱（四川宣汉）	吴财兴	排印本		2003
何氏族谱（四川南充）	何顺流等	排印本		2003
甘氏族谱：渝川黔甘氏（渝川黔）	渝川黔甘氏族谱委员会编辑委员会	排印本		2003
苏氏宗谱（四川盐亭）	苏义仁	打印本		2003
周氏族谱（四川大竹）	周方华	胶印本		2003

续表三八

篇、书名	著(译)编者	出处	卷、期	年月日
邻水县两河乡周家坝周氏家谱（四川邻水）	周景华等	排印本		2003
唐氏族谱（四川）	唐定德	排印本		2003
唐氏续谱（四川金堂）	唐定德	排印本		2003
唐氏族谱（四川金堂）	唐积耀等	排印本		2003
金堂县福兴镇八田村唐氏族谱（四川金堂）	唐章永	排印本		2003
唐氏蜀支合谱（四川三台）	唐胜佳等	排印本		2003
晋阳唐氏四川巴山文化·仕贤支（四川渠县）	唐沛竺	排印本		2003
涂氏族谱（重庆江津）	涂先荣	排印本		2003
黄氏通谱暨重庆地区十三支黄氏谱（重庆）	黄坤瑜	排印本		2003
巴域黄氏宗谱（四川）	黄义禄	排印本		2003
傅氏家谱（四川筠连）	傅兴朝	排印本		2003
重庆永川市倪家沟张氏族谱（重庆永川）	张祖舜	排印本		2003
汤氏族谱（四川三台）	汤振武	排印本		2003
杨氏家谱（四川宣汉）	杨波	排印本		2003
杨氏家谱（四川岳池）	杨子执 杨荣礼	排印本		2003
杨氏族谱（四川安岳）	安岳县杨氏族谱统修委员会	排印本		2003
三台盐亭绵阳贾氏人文家教谱（四川）	贾子昌等	打印本		2003
湘黔渝贵仕文友信德行等十支系郑氏通谱（重庆等）	郑自让	胶印本		2003
严氏家谱（重庆忠县）	严国权	排印本		2003
孙刘袁姜五姓合谱（四川盐亭）	孙启松等	排印本		2003
铁改余氏宗谱·黄金家族（第1集）	江巴綦南铜大余氏续谱委员会	排印本		2003
余氏宗谱（续修本）（四川武胜）	余氏宗谱续编小组	打印本		2003
陈氏族谱·义门彦豪公驻渝部分（重庆市南岸）	陈晰镜	排印本		2003
南充东境彭姓的由来和习俗	彭邦炯	寻根	4期	2004

续表三九

篇、书名	著(译)编者	出处	卷、期	年月日
重庆合川市王氏族谱（重庆合川）	王氏宗族委员会			2004
中江县龙台地区三槐王氏族谱（四川中江）	王开彬等	中江县龙台地区王氏家族		2004
重庆合川胡氏族谱（重庆合川）				2004
重庆合川胡氏族谱（重庆合川）		排印本		2004
全国胡氏族谱大通考（铜梁、云阳）	胡 海（金胜）	排印本		2004
张氏族谱（永川）	续修《张氏族谱》委员会	排印本		2004
叶氏宗族谱（忠县）	叶国村	排印本		2004
石柱县谭氏元吉号宗谱（石柱）	谭国诚	排印本		2004
方氏族谱（四川）	方周贵	排印本		2004
陇西李氏（子华公世系）族谱（云阳）	李明安	排印本		2004
重庆合川左氏族谱（重庆合川）	左绍琰	排印本		2004
四川巴中别氏家谱（四川巴中）	别正堂	排印本		2004
盐亭三元牌坊河何氏族谱（四川盐亭）	何兴涛	排印本		2004
冷氏族谱（四川安岳）	冷祯盛	排印本		2004
四川省射洪县北支系汪氏宗谱（四川射洪）	汪天文等	排印本		2004
姚氏续谱（四川蓬溪）	姚氏续谱编委会	排印本		2004
周氏道光支族谱（重庆綦江）	周积仁	胶印本		2004
长寿殷氏族谱（重庆长寿）	殷之时	排印本		2004
唐氏族谱（四川金堂）	唐克金等	排印本		2004
唐氏族谱（四川金堂）	唐章国等	排印本		2004
涂氏族谱（重庆彭水）	涂兴平	排印本		2004
川北苍溪县开漳圣王陈氏宗谱（四川苍溪）	陈茂兴	排印本		2004
重庆巴南安澜区罗锅坝磨滩千丘塝黄氏族谱续修本（重庆江北）	黄学效	排印本		2004
重庆南岸文峰黄氏族谱（重庆南岸）	黄富燮	排印本		2004
张氏族谱（重庆永川）	张珂荣	排印本		2004
杨氏族谱（重庆永川）	杨达吉	排印本		2004

续表四〇

篇、书名	著(译)编者	出处	卷、期	年月日
重庆市璧山县老鸦滩杨氏家谱（重庆璧山）		复印本		2004
杨氏宗谱·资中大祠堂杞公卷·资阳市雁江区堪嘉坝镇蒲角村杨家湾（滥泥沟）分册	杨世玉	排印本		2004
弘农大足杨氏族谱·卷一（重庆大足）	弘农大足杨氏族谱编委会	排印本		2004
大竹廖氏族谱（四川大竹）	廖提双	排印本		2004
剑阁颜姓入门（四川剑阁）	颜继禄	排印本		2004
曹氏家谱·陶家镇九龙支族（四川）	曹光伦	排印本		2005
杨氏族谱（四川）——弘农杨氏·三鳝堂重庆合川三汇坝政仁公系谱	杨世才	排印本		2005
中华杨氏（重庆市荣昌县）	杨进申	排印本		2005
姜氏族谱朝阳公世系（四川富顺）	姜正玺等	排印本		2005
太原王氏城口支族谱（重庆城口）	王文海	排印本		2005
李氏家谱（四川乐至）	李圣太等	排印本		2005
李氏家谱·梁平县斑竹园（重庆梁平）	作者不详	排印本		2005
奉节花园詹氏族谱（重庆奉节）	詹先富 詹绪河	排印本		2005
陈氏族谱（四川）——义门陈氏观第支系族谱	陈思毅	排印本		2005
陈氏宗谱（长寿）	重庆长寿星团嘴陈氏宗祠	排印本		2005
陈氏族谱（重庆大足）	重庆市大足县飞龙祖·辛三公陈谱氏族编委会	排印本		2005
黄氏族谱（四川）	黄氏族谱编纂委员会	排印本		2005
四川开江白岩河孙氏族谱（四川开江）	孙和平	排印本		2005
谢氏族谱（四川安岳、重庆潼南）	谢氏族谱编修委员会	排印本		2005
韦大郎后裔人物志（南川）	韦述职	排印本		2005
蔡氏家乘（四川射洪）	蔡芸等	排印本		2005

续表四一

篇、书名	著(译)编者	出处	卷、期	年月日
四川省射洪县覃氏宗谱（四川射洪）	《覃氏宗谱》编辑委员会	排印本		2005
赵氏族谱（渝东南边区及黔北边区）	渝黔边赵氏族谱编辑委员会	排印本		
李氏本支族谱（南川）	茂 辉	排印本		
凤凰堂川颍陈氏族谱（重庆沙坪坝）	佚 名	排印本		
杨氏族谱：潼南县姬家坝光基始祖宗支（重庆潼南）	重庆市潼南县双江杨氏文化研究会	排印本		
重庆市张氏族谱（重庆）	张乾乂	排印本		
巴渝张氏家谱（重庆）	佚 名	排印本		
长寿县狮子滩（袁家坪）袁氏族谱·续修（重庆长寿）	佚 名	排印本		
钟氏族谱（重庆）	重庆华岩钟氏宗会	排印本		
高氏族谱（四川）	高传亮 高德胜	排印本		
谭氏族谱（四川）	佚 名	复印本		
忠孝谱·酉阳土家族冉土司家谱（酉阳）	冉正斌	影印本		
四川万县响水乡丁氏族谱（万州）	合族纂修	据清同治年间抄本照相还原		

图书在版编目（CIP数据）

巴蜀文化通史.巴蜀文化研究论著索引：共五册/章玉钧，谭继和主编；李敬洵编.--成都：四川人民出版社，2021.12
ISBN 978-7-220-10582-1

Ⅰ.①巴… Ⅱ.①章… ②谭… ③李… Ⅲ.①文化史—四川 Ⅳ.①K297.1

中国版本图书馆CIP数据核字（2017）第282171号

BASHU WENHUA TONGSHI
BASHU WENHUA YANJIU LUNZHU SUOYIN

巴蜀文化通史 巴蜀文化研究论著索引（共五册）

李敬洵 编

出品人	黄立新
项目统筹	谢 雪 董 玲 谢 寒
责任编辑	邹 近 任学敏 王卓熙 蔡林君
封面设计	张 科
装帧设计	经典记忆 戴雨虹
责任校对	舒晓利
责任印制	祝 健
出版发行	四川人民出版社（成都三色路238号）
网　　址	http://www.scpph.com
E-mail	scrmcbs@sina.com
新浪微博	@四川人民出版社
微信公众号	四川人民出版社
发行部业务电话	（028）86361653　86361656
防盗版举报电话	（028）86361653
制　　版	四川胜翔数码印务设计有限公司
印　　刷	成都东江印务有限公司
成品尺寸	180mm×260mm
插　　页	18
印　　张	149.25
字　　数	4160千
版　　次	2021年12月第1版
印　　次	2021年12月第1次印刷
书　　号	ISBN 978-7-220-10582-1
定　　价	640.00元（共五册）

■版权所有·侵权必究
本书若出现印装质量问题，请与我社发行部联系调换
电话：（028）86361656